노태우 시대의 재인식

전환기의 한국사회

KB119150

나남
nanam

나남신서 · 1638

노태우 시대의 재인식
전환기의 한국사회

2012년 8월 15일 발행
2012년 11월 5일 4쇄

편저자_ 康元澤
발행자_ 趙相浩
발행처_ (주) 나남
주소_ 413-756 경기도 파주시 교하읍
       출판도시 518-4
전화_ (031) 955-4601 (代)
FAX_ (031) 955-4555
등록_ 제 1-71호(1979.5.12)
홈페이지_ http://www.nanam.net
전자우편_ post@nanam.net

ISBN 978-89-300-8638-7
ISBN 978-89-300-8001-9 (세트)
책값은 뒤표지에 있습니다.

나남신서 · 1638

노태우 시대의 재인식

전환기의 한국사회

강원택 편

나남
nanam

Reconsidering the Roh Tae Woo Era

South Korea at the Crossroads

edited by

Won-Taek Kang

nanam

머리말

역사는 경로의존적이다. 어제 일어난 일은 오늘의 우리 삶에 어떤 형태로든 영향을 미칠 수밖에 없다. 특히 거대한 변화와 함께 새로운 질서가 형성되어 가는 시기에 내려진 결정이나 발생한 사건은 그 이후의 정치적 · 경제적 · 사회적 질서와 제도 형성에 커다란 영향을 미칠 수밖에 없다.

해방 이후 한국 사회는 여러 차례의 전환기를 맞았다. 4 · 19 학생혁명, 5 · 16 군사 쿠데타, 10 · 26 사태, 6월 민주항쟁이 모두 그 예가 될 수 있다. 이 모든 격변은 기존의 정치체제를 붕괴시키고 새로운 정치 질서를 수립하게 한 사건들이었다. 말하자면 이전 질서와 단절하게 하는 사건들이었다. 그러나 오늘날의 우리는 1987년 민주화 이후 생성된 새로운 정치 질서의 기반 위에 살고 있다. 그때 만들어진 질서가 근본적 변화 없이 오늘날의 우리 삶의 여러 영역을 규정하는 것이다. 그런 점에서 볼 때 민주화 이후 첫 대통령이었던 노태우 정부 시기는 현재의 정치적 · 경제적 · 사회적 질서의 기반을 닦은 매우 중요한 시기였다.

사실 노태우 정부 시기는 안팎으로 커다란 전환기였다. 국내적으로는 권위주의 체제로부터 민주주의로 이행하는 시기였다. 노태우가 구권위주의 체제의 일원이었다고 해도 그는 민주적 경쟁을 통해 당선된 정통성을 갖는 대통령이었다. 그가 민주화 직후의 높은 기대감을 충족할 만큼 과감하고 전면적인 개혁을 달성하지는 못했지만, 이 시기에 마련된 정치질서는 오늘날의 한국 정치의 중요한 틀을 마련했다.

또한 대외적으로도 그의 재임 시기는 전환기였다. 노태우가 집권하던 시기는 소련 및 동유럽의 사회주의권이 붕괴하고 독일이 재통일되는 등 국제질서가 탈냉전으로 재편되던 시기였다. 노태우 정부는 이러한 국제 질서의 변화에 적절하게 대응하며 소련, 중국, 베트남을 포함한 구동구권 국가들 및 북한과의 새로운 관계 개선을 이끌어 냈다. 이러한 북방정책의 성과는 오늘날 한국의 국제관계와 통상환경에 지대한 영향을 미친다.

이처럼 오늘날의 한국 사회를 이해하기 위해서는 전환기였던 노태우 정부 시기에 대한 이해가 중요할 수밖에 없다. 그럼에도 불구하고 노태우 정부에 대한 학술적 연구와 관심은 그동안 놀랄 만큼 적었다. 12·12 사건이나 비자금 등 노태우 대통령에 대한 부정적인 기억 때문일 수 있지만, 각종 여론조사에서 노태우 대통령에 대한 평가도 매우 낮다. 그러나 이와 무관하게 그의 재임 시절의 업적에 대한 평가는 역사적으로 재조명될 필요가 있다.

이 책의 저자로 참여한 학자들은 모두 노태우 대통령의 집권기에 젊은 날을 보냈다. 우리들의 기억 속에 그 시절은 아름답고 희망찬 것은 결코 아니었다. 오히려 그때를 생각하면 1987년 대선에서 양김의 분열과 그로 인한 민주 진영의 패배에 대한 아픔이 먼저 떠오른다. 그러나 비교정치적으로 볼 때 다른 나라에 뒤처지지 않는 안정된 민주주의와 경제적 번영을 이뤄낸 오늘을 설명하기 위해서는 20년 전 이뤄진 새로운 질서의 첫 출발점에 대한 재평가가 필요하다고 우리는 생각했다.

기존의 연구 자료가 많지 않았고 또 세간의 부정적 평가에 대한 선입관을 극복하기 위해서, 또 한편으로는 그 시절의 생생한 경험을 전해 듣기 위해서 우리는 노태우 정부 시절 중요한 정책결정 과정에 참여한 분들을 직접 모시고 이야기를 들었다. 귀중한 시간을 내어 유익한 정보를 제공해 주신 정해창 전 대통령비서실장, 손주환 전 정무수석, 김종휘 전 외교안보수석, 김종인 전 경제수석, 박철언 전 정무장관께 연구진을 대표하여 깊은 감사의 말씀을 드린다. 또한 인터뷰를 위한 공간을 제공해 주신 SK경영경제연구소 박우규 소장, 인터뷰 섭외와 자료 제공에 도움을 주신 박영훈 전 사정비서관께도 심심한 사의를 표한다. 여러 가지 수고스러운 일을 묵묵히 잘 처리해 준 서울대 정치학과 석사과정 송정민 군에게도 고맙다는 말을 전한다.

'잃어버린 시간'이라는 표현은 정치적 구호로서는 그럴싸하게 들릴지도 모르지만 현실에서는 존재할 수 없다. 오늘의 우리를 더 잘 이해하기 위해서는 어제의 우리를 제대로 이해해야 한다. 이 책은 학술적으로 소홀히 다뤄진, 그러나 역사적으로 매우 중요한 시대에 대한 되돌아보기의 작업이다. 마침 올해는 노태우 정부의 커다란 업적 중 하나라고 할 수 있는 중국과의 국교 20주년이 되는 해이다. 이 책이 민주화 전환기에 대한 새로운 학술적 관심과 논쟁, 재평가를 이끌어 낼 수 있는 자극제가 될 수 있기를 기대한다.

연구진을 대표하여

2012년 7월

나남신서 · 1638

노태우 시대의 재인식
전환기의 한국사회

차 례

제 2 부 대외관계

서언 : 노태우 리더십의 재평가

강원택

한국에서 역대 대통령에 대한 평가는 그리 호의적이지 않다. 민주화 이후에만 모두 5명의 대통령이 커다란 국민적 기대 속에 취임했지만, 예외 없이 임기 말이 되면 비리, 실정 등 여러 가지 요인에 의해 비난의 대상으로 전락했다. 그리고 이러한 비판적 평가는, 재임 중의 성과와 무관하게, 임기 후까지 지속된다. 그러나 역대 통치자에 대한 부정적 평가에도 불구하고 흥미롭게도 비교 정치적으로 볼 때 한국은 이른바 '민주주의의 제3의 물결'을 타고 권위주의로부터 벗어난 많은 국가들 가운데서 돋보일 만큼 안정적인 민주주의의 공고화 과정을 밟았고, 사회적·경제적으로도 지속적인 성장을 계속했다. 다시 말해, 지난 25년간 우리 사회가 거둔 여러 영역에서의 성장에도 불구하고 그 기간 동안 통치한 역대 대통령에 대해서는 비판적 평가를 내리는 역설적 현상이 나타난다.

민주화 이후 통치한 5명의 대통령 가운데서도 유독 낮은 평가를 받아 온 대통령은 노태우일 것이다. 그러한 낮은 평가의 원인으로는 여러 가지가 있을 수 있지만, 그 중 한 가지 중요한 이유는 그가 민주화 이후 대통령으로 당선되었지만 구권위주의 체제의 일원이었다는 사실과 관련이 있을 것이다. 따라서 노태우 정부에 대한 평가는 일단 대체로 유보적이거나 제한적이다. 예컨대, 노태우 정부 시기는 "과도정부요, 이 기간은 안정된 민주주의를 정착하는 데는 이르지 못한 '유보적 성공'(mixed success)의 시기"(안청시, 1994: 2)로 평가하기도 하고, "군사적 권위주의 체제로부터 민주주의적 시민사회로 전이하는 중간단계"(진덕규, 1994: 85)로 간주하거나, 혹은 "군사정권이라고 말하기도 어렵고 완전한 의미에서의 민간정권이라고도 하기 어려운 중간적, 과도기적 성격의 정권"(김영명, 1999: 276)으로 규정되었다. 심지어 더 비판적 시각에서 노태우 정부를 "이완된 군부 독재"(dictablanda)(최장집, 1990: 258), 혹은 "연성군부정권, 부드러운 독재, 의사(疑似) 군부(독재)정권, 온건한 군부정권, 부드러운 군부 독재"로 보는 견해까지도 존재한다(조희연, 1995: 299).

이와 같이 권위주의와 민주주의라는 2가지 속성이 혼재된 시기로 노태우 정부를 평가하게 된 것은, 민주화 직후 고조된 급격한 개혁과 과감한 변화에 대한 국민적 기대감을 충분히 반영하지 못했다는 인식과 관련이 있다. 그런데 한편으로 이런 미흡한 개혁과 변화라는 비판적 평가의 기저에는 노태우 대통령의 개인적 리더십에 대한 불만도 내재되어 있다. 즉, "노태우 정부 출범 이후 우리 사회 전반에 걸쳐 '기율'과 '효율'이 사라졌"는데 "이에 대한 책임 혹은 원인(은) 권위의 해체와 대통령의 지도력 부재" 때문이라는 것이다. 즉, "이러한 위기를 극복하기 위해서는 권위(공권력)를 복원하고 대통령의 지도력과 위기관리 능력을 발휘"했어야 했지만 노태우 대통령은 그렇게 하지 못했다는 것이다(염홍철, 2000: 24). 노태우 정부 당시 회화적으로 불린 '물태우'라는 표현은 단적으로 그의 리더십에 대한 불만을 상징적으로 보여준다.

그러나 사실 어떤 대통령이라도 민주화 직후의 폭발적 참여와 고조된 기대감을 제대로 충족시키기란 쉽지 않았을 것이다. 더욱이 한국의 민주화는 혁명이 아니라 권위주의와 민주주의 세력 간의 타협에 의해 이뤄졌다는 점에서, 과감하고 혁신적인 리더십의 발휘를 어렵게 하는 현실정치적 제약이 분명히 존재했다.

그럼에도 불구하고 노태우의 통치시기는 민주화 이후 새로운 질서를 형성하는 중요한 전환기였다. 정치사회적 변화가 어느 정도까지 경로 의존적(path-dependent)일 수밖에 없다는 사실을 감안하면, 그 이후의 한국 민주주의의 전개과정과 발전경로에서 노태우 대통령의 통치기를 제외하면 설명할 수 없는 것들이 너무도 많다. 예를 들면, 민주화의 출발점이 된 1987년 6·29 민주화 선언, 북방정책과 대북관계 개선의 획기적 전환점이 된 1988년 7·7 선언, 정당정치의 커다란 변화를 이끈 1990년 3당합당 등은 모두 노태우에 의해 주도되거나 결정되었다. 이에 대한 역사적 평가는 사람마다 다를 수 있지만, 이러한 결정은 어떤 형태로든 그 이후의 정치지형과 정책노선에 커다란 영향을 미쳤다. 취약한 리더십이라고 노태우 대통령을 비판하지만 이처럼 오늘날까지 영향을 미치는 중요한 결단과 결정의 과정은, 다른 대통령들과 마찬가지로, 결코 쉬운 일이 아니었을 것이다.

한편으로는 노태우에 대한 그동안의 낮은 평가는 대통령 리더십 연구의 방법론적 한계와도 관련이 있어 보인다. 즉, 대통령 리더십 연구가 방법론적으로 "상당부분 여론조사나 전문가조사를 통해 대통령의 인기도 혹은 순위매김식의 연구에 머물고" 있었기 때문이다. 따라서 "이제는 이러한 원론적, 저널리즘적 관심을 넘어서서 제도화된 평가의 틀을 마련"하는 일이 필요하다(박명호, 2007: 194). 리더십에 대한 평가는 정치지도자가 통치했던 시대적 조건, 환경에 대한 고려와 무관하게 이뤄질 수는 없을 것이다. 이런 점에서 이제 20여 년 전 그 시절의 정치적 이해관계와 사건에서 한걸음 떨어져, 노태우의 통치시기와 리더십을 오늘날의 새로운 관점에서 평가하는 일은 의미가 있을 것이다. 이 장에서는 한국 민주주의의 공고화 과정이라는 관점에서 노태우 정부의 역할과 리더십의 특성을 살펴보고자 한다.

강한 리더십과 약한 리더십

앞서 지적한 대로, 노태우 대통령에 대한 일반의 평가는 낮은 편이다. 대부분의 여론조사에서 노태우 대통령에 대한 호감도는 낮게 나타난다. 예를 들면, 여론조사 기관인 리서치뷰가 2011년 6월 조사한 역대 대통령에 대한 호감도를 보면, 박정희 대통령 34.7%, 노무현 대통령 31.5%, 김대중 대통령 14.5%, 현직인 이명박 대통령 9.5%, 전두환 3.1%, 이승만 대통령 1.7%, 김영삼 대통령 1.3%, 노태우 대통령 0.5%로 나타났다(〈경향신문〉, 2011.7.2).[1] 역대 대통령 가운데서 노태우 대통령에 대한 호감도가 가장 낮게 나타났다. 다른 여론조사에서도 이러한 평가의 패턴은 크게 다르지 않다.

그러나 이러한 세간의 평가는 이해하기 힘든 측면이 많다. 다음의 표는 역대 대통령이 정치발전, 경제발전, 남북화해라는 3가지 영역에서 긍정적 기여를 했다고 평가하는 응답자의 비율을 정리한 것이다. 노태우 대통령은 이 조사에서도 정치발전, 남북화해 두 분야에서 모두 가장 낮은 평가를 받았다. 경제발전 분야에서도 외환위기를 초래한 김영삼 대통령과 별 차이 없는 낮은 평가를 받았다. 그런데 실제 추진되고 성취된 구체적 정책성과를 보면 과연 이런 수준의 낮은 평가가 온당한 것인지 의구심이 든다.

정치발전과 관련해서 보면, 노태우 대통령에 대한 평가는 독재자라는 비판을 받았던 이승만, 박정희, 그리고 심지어 전두환보다도 긍정적 평가의 비율이 낮다. 이런 평가의 기저에는 아마도 부분적으로는 노태우 대통령 역시 5공청산과 관련하여 김영삼 정부 시절 법적 처벌을 받았다는 점, 그리고 불법 정치자금과 관련된 문제점이 고려된 탓일지도 모른다. 그러나 적어도 민주화된 환경에서 치러진 선거에서 당선된 민주적 정통성을 가진 대통령이, 군사쿠데타를 통해 권력을 잡은

---

1 http://news.khan.co.kr(검색일 2012.2.19)

세 정책 영역에서 역대 대통령의 기여도에 대한 긍정적 평가의 비율

긍정적 평가(%)	정치발전	경제발전	남북화해
이승만	44.1	37.6	24.5
박정희	72.4	94.2	31.6
전두환	29.4	48.7	21.0
노태우	21.4	25.3	20.0
김영삼	36.0	24.9	37.5
김대중	67.4	56.6	86.7
노무현	67.9	58.6	80.1

주 : 이명박 대통령도 평가 대상이었으나, 현역이라는 점을 감안하여 여기서는 제외하였음.
자료 : 동아시아연구원, 2010, 〈2010 국가정체성에 대한 여론조사〉. (2010.10.15)

박정희나 전두환, 그리고 발췌개헌, 사사오입 개헌 등 헌정을 유린하며 집권을 연장한 이승만보다, 정치발전과 관련하여 더 낮은 평가를 받는다는 것은 수긍하기 어려운 결과이다. 더욱 이해하기 어려운 것은 남북화해 분야에 대한 평가이다. 노태우 정부의 대표적 업적을 꼽으라면 아마도 북방정책이 될 것이다. 소련, 중국 및 구동구권 국가들과의 관계개선을 이뤘고 이는 주지하듯이 오늘날 한국의 경제 및 국제정치적 발전의 원동력이 되었다. 이와 함께 남북기본합의서, 남북고위급회담, 비핵화선언 등 대북정책에서도 상당히 중요한 변화를 이끌어 냈다. 그럼에도 불구하고 냉전적 남북관계를 이끌어 온 이승만, 박정희 대통령과 비교할 때, 남북 화해・발전에 대한 기여에서 노태우가 매우 낮은 평가를 받는 것은 이해하기 어려운 일이다.

경제발전과 관련해서도 유사한 패턴이 나타난다. 노태우 정부 시기의 경제는 극심한 노사분규와 국제수지 적자, 가파른 물가상승과 국가경쟁력 저하라는 악재 속에서도 각종 지표는 비교적 건전한 수준을 유지했다. GNP는 1987년 1,289억 달러에서 1992년 2,900억 달러로 2배 이상 증가하였고, 1인당 GNP도 1987년 2,700달러에서 1992년에는 7

천 달러로 2배나 증가했다. 임기 중 연평균 8.4%의 경제성장을 달성하였으며, 고용에서도 통계가 시작된 1963년 이래 가장 낮은 2.3%의 실업률을 기록하였다(윤여준, 2011: 380~381). 또한 인천공항, KTX, 서해안 고속도로 등 오늘날 높은 평가를 받는 중요한 국책사업이 이때 추진되었고, 200만 호 주택건설도 이뤄졌다. 따라서 노태우 대통령이 경제발전에 대한 기여도가 낮다는 것은 사실 올바른 평가라고 볼 수는 없을 것 같다. 이런 점에서 볼 때 노태우 대통령에 대한 세간의 평가는 실제 추진된 정책과 그 업적에 대한 평가라기보다는 대중에게 각인된 '어떤' 부정적 이미지와 더 관련되었을 것으로 보인다.

노태우 대통령에 대한 부정적 이미지는 무엇일까? 아마도 제일 먼저 들 수 있는 것은 김영삼 정부 시절에 추진된 5공청산 과정에서 전두환과 더불어 1979년 12·12 쿠데타를 주도했고, 또 재임 중 거액의 비자금을 조성하여 법적 처벌을 받은 것이다. 특히 비자금 문제는 통치자의 도덕성이라는 측면에서 노태우 대통령에 대한 부정적 이미지 형성에 큰 영향을 미쳤다. 그러나 이러한 '개인적' 비리 요인이 노태우 정부 때 이뤄진 여러 성과에 대한 평가를 낮추게 한 근본적 원인이라고 보기는 어려울 것 같다. 예컨대, 전두환의 경우에는 유사한 개인적 비리가 드러났음에도 불구하고 앞의 표에서 보듯이, 경제발전에 대한 기여도에서는 비교적 높은 평가를 받았다. 노태우 대통령에 대한 낮은 평가의 중요한 원인은 오히려 그의 리더십 스타일과 관련이 있어 보인다. 일반적으로 노태우 대통령의 리더십은 유약하고 소극적인 것으로 인식된다. 그런 유약한 이미지가 노태우 대통령에 대한 평가를 낮게 하는 것으로 보인다.

노태우 대통령에 대한 이러한 평가는 대표적으로 안병만(1998)의 연구에서 확인할 수 있다. 안병만은 바버(Barber, 1992)가 설정한 대통령 리더십의 유형을 우리나라의 사례에 적용하여 역대 대통령을 평가했다. 바버는 대통령의 리더십 유형은 "직무수행에 얼마나 많은 에너지를 투자하는가에 따라 적극적이냐 소극적이냐로 나눌 수 있으며, 직무수행을 즐기는가 또는 그렇지 않은가에 따라 긍정적이냐 또는 부정적이냐로 나눌 수 있는데", 이들의 조합에 의해 대통령을 "적극적-긍정적(active-positive), 적극적-부정적(active-negative), 소극적-긍정적(passive-positive), 그리고 소극적-부정적(passive-negative)"의 4가지 유형으로 분류했다. 이 가운데 적극적-긍정적 유형은 매사에 적극적이고 대통령으로서의 직무수행을 즐기는 사람으로, 자존심이 높고 환경장악능력이 탁월한 경우로, 바버는 이를 가장 이상적인 유형으로 평가한다(안병만, 1998: 258).

안병만(1998: 259)에 의하면, 이런 분류에 따를 때 우리나라에서 역대 대통령 가운데 가장 이상적인 '적극적-긍정적' 스타일은 박정희 한 사람뿐이다. "박정희는 대통령으로서 근대화의 비전을 제시하면서 자신감을 갖고 자신의 정책을 적극적으로 추진했으며 환경을 장악하고 적절히 통제함으로써 성공적으로 대통령 직무를 수행한 것으로 평가받는다"는 것이다. 이에 비해 노태우 대통령은 바버의 대통령의 네 유형을 적용하면 '소극적-긍정적'이거나 '소극적-부정적'이다. 정치, 행정학자들을 대상으로 한 설문에서도 노태우 대통령에 대한 개인적 인상에 대해 절반 가까운 응답자들은 '우유부단'하다고 지적했다. 이 연구에서 볼 수 있듯이, 지금까지 '물태우', '우유부단', '유약' 등이 노태우 대통령에 대한 일반적 이미지라는 것을 부인하기 어렵다. 이런 특성은 노태우라는 개인의 성격과도 물론 관련되어 있을 것이다. 노태우는 군 출신이라고 해도 성격에서, 예컨대 같은 군 출신인 전두환과는 전혀 다른 특성을 지녔다.

그러나 안병만이나 바버의 이런 평가는 리더십의 특성을 지나치게 단순화했으며, 그 평가의 기준 역시 구체적인 역사적, 상황적 요인을 감안하지 않은 평면적, 탈(脫)맥락적이라는 비판을 받을 만하다. 상이한 환경과 조건에 놓여 있던 정치 지도자의 리더십에 대한 평가가 언제나 동일한 기준에 의해 이뤄질 수는 없는 일이기 때문이다. 카리스마를 갖는 강한 리더십이 필요할 때도 있지만 항상 그런 유형의 리더십이 요구되는 것은 아니며, 때로는 부드럽고 편안한 리더십이 더 선호되는 경우도 존재할 것이다. 즉, 리더십의 역할을 규정하는 시대적 제약조건이 언제나 존재하기 마련이며, 정치 환경적 제약요인을 고려하지 않은 채 리더십의 특성을 개인적 요소에 맞춰 평가하는 것은 적절한 방식이라고 보기 어렵다. 예컨대, 박정희가 바버의 평가기준에 따라 가장 이상적인 지도자라는 평가를 그대로 받아들인다고 해도, 박정희가 만일 노태우의 경우처럼 민주화 직후인 1987년 대선에서 대통령이 되었더라면, 안병만(1998: 259)의 지적대로 "환경을 장악하고 적절히 통제"할 수 있었을지는 미지수이다. 박정희가 그의 강한 리더십을 발휘할 수 있었던 것은 권위주의 체제에서 정치를 통제하고 군대, 정보기관, 경찰 등의 물리력으로 반대자를 억누를 수 있었기 때문이다. 1987년 이후 시대에 박정희 스타일의 리더십은 이제 막 출범한 한국의 나약한 민주주의 체제에 득이 되기보다는 해를 끼쳤을 가능성이 크다. 민주화 이후 각종 요구가 폭발적으로 터져 나오는 시기에 '환경을 장악하고 적절히 통제'하기란 쉽지 않은 일이었을 것이고, 그 목적을 굳이 달성하기 위해서라면 억압적 방식에 호소할 수밖에 없었을 것이다. 그러나 민주화 초기에 권위주의적이고 억압적인 리더십을 국민이 원했을 리도 없고 결코 정치적으로 수용되었을 리도 없다. 아마도 상상할 수 없는 수준의 거대한 저항과 희생이 수반되었을 것이다. 이처럼 시대적 제약조건을 고려하지 않은 리더십 평가는 사실상 무의미한 것이다.

이와 관련된 또 다른 리더십 평가의 기준은, 특정 지도자의 성격 (*personality*) 보다 그 지도자가 이끌던 시대의 요구가 어떤 것이며, 그 요구에 얼마나 잘 부응했는지에 대한 것이다. 시대마다 국민들이 처한 상황이 다르기 때문에 그 사회의 문제해결을 위한 리더십의 특성도 각기 달라질 수밖에 없기 때문이다. 이런 특성을 잘 보여주는 사례가 1945년 영국 총선일 것이다(강원택, 2008: 208~224). 제2차 세계대전 중 영국은 보수당의 윈스턴 처칠(Winston Churchill)을 수상으로 하는 전시연립정부를 구성했다. 당시 처칠과 보수당 각료들은 대체로 전쟁과 대외관계를 맡았고, 경제, 복지 등 국내정책과 관련된 사안은 노동당 소속 각료들이 담당했다. 전시연립정부는 대체로 원만하게 운영되었고 때때로 갈등이 생겨나더라도 개인적 수준의 것일 뿐, 정당 간 갈등으로 비화되지 않았다. 독일과의 전쟁이 끝난 직후 연립정부는 해산되었고, 1945년 7월 총선이 실시되었다. 보수당은 1918년 제 1차 세계대전 직후 당시 전시연립정부를 이끌었던 로이드 조지(Lloyd George)가 그랬던 것처럼, 큰 승리를 거둘 것으로 믿었다. 그러나 선거 결과는 클레멘트 애틀리(Clement Attlee)가 이끄는 노동당의 압승이었다. 당시 영국 유권자들은 전쟁을 승리로 이끈 불굴의 의지와 전략보다 전후재건과 사회개혁을 이끌어 낼 수 있는 새로운 리더십을 원했던 것이다. 이처럼 시대적으로 요구되는 정치 리더십의 특성은 주어진 환경에 따라 각기 달라질 수밖에 없다.

그렇다면 노태우 대통령의 리더십을 제대로 평가하기 위해서는 그가 집권했던 시기의 한국 사회에 대한 이해가 전제되어야 한다. 과연 1987년 민주화 직후 우리 사회에 요구되었던 리더십은 어떤 것이었을까?

주지하듯이 한국의 민주화는 권위주의 세력과 민주화 세력 간의 '타협'에 의해 이뤄졌다. 타협에 의한 민주화라는 것은 어느 한 세력이 다른 세력을 완전히 굴복시킬 수 없는 힘의 대칭적 관계가 존재했다는 것을 의미한다. 다시 말해 민주화가 이뤄졌지만 내부적으로는 전혀 다른 정치적 세계관과 이해관계를 갖는 적대적 두 세력이 여전히 공존했던 것이다. 이런 상황에서 카리스마를 지닌 강한 리더십이라는 것은 2가지 적대적 방향 중 어느 한쪽으로 국정을 강하게 밀고 나간다는 것을 의미한다. 이는 어렵게 타협을 이뤄낸 두 세력 중 한 세력을 적대시하게 될 수밖에 없다. 이렇게 된다면 이제 막 출범한 연약한 민주주의 체제는 매우 불안정하게 될 가능성이 크다. 더욱이 임혁백(1994)의 분석처럼, 정치적 타협을 이뤄낸 것은 두 진영의 온건파였으며, 각 진영의 강경파는 타협을 통해 갈등이 봉합된 것에 대해 불만을 갖고 있는 상황이었다. 권위주의 세력에서는 전두환을 정점으로 하는 전두환 정권 군부세력의 일부가 강경파를 대표했을 것이고, 민주화운동 세력에서는 제도권 밖에서 투쟁해온 재야, 노동, 학생 운동권 세력이 강경파였을 것이다. 갓 민주화된 환경에서 대통령이 과거 권위주의 시대에서처럼 '사회적 안정과 질서, 기율, 일사불란'을 강조하며 강력한 리더십을 발휘하고자 했다면, 이는 많은 국민들에게 권위주의 체제로의 회귀로 비쳤을 것이며, 또 한편으로는 민주화 추진세력 중 강경파를 자극하여 이들의 격렬한 저항과 투쟁을 불러왔을 것이다. 이는 또다시 군부를 비롯한 권위주의 강경파를 자극함으로써 결국에는 강경 대 강경이 맞서는 정국으로 이어지게 만들었을 가능성이 크다. 상황이 이런 지경에 달하게 되면 매우 불안정한 국면을 맞게 되고 민주화는 궁극적으로 파국으로 치달을 수도 있었다. 따라서 민주화라는 정치적 변화에도 불구하고 현실적으로는 여전히 강고하게 남아 있는 구체제의 세력을 둔 채 과감하고도 근본적인 변화를 추구한다는 것은 6·29 민주화 선언과 함께 만들어진 '불안한 힘의 균형' 상태를 위태롭게 할 수 있었다.

구권위주의 체제 내에 존재하는 불만은 1989년 3월 총무처 장관직에서 사임한 김용갑의 경우에서 찾아볼 수 있다. 노태우 정부 출범 후 1년을 지날 즈음이던 당시 김용갑은 통일민주당 당수였던 김영삼이 요구한 노태우 대통령의 "중간평가를 신임과 연계시켜 야권과 일대 결전을 벌인 후 승리하면 그 여세를 몰아 정계를 개편하고 사회 곳곳의 좌경세력을 과감히 척결, 자유민주주의를 확고히 뿌리내려야 한다"(〈한국일보〉, 1989. 3. 15, 2면)고 주장했다. 중간평가가 당시 야당이 요구해온 5공청산과 맞물려 있었던 만큼 김용갑의 주장은 여소야대의 국면을 근본적으로 뒤집고, 경우에 따라서는 구질서로의 복귀를 시도하려는 강경파의 목소리를 대변하는 것이었다. 사임의 변에서도 김용갑은 "지난 1년 사이 민주화의 추진과 더불어 자유민주주의를 위협하고 체제를 전복하려는 좌경세력이 급격히 팽창, 확산돼 말 없는 다수 국민들이 이를 심각히 우려하고 있으며 나 역시 책임과 함께 개탄해 마지않는다"

(〈한국일보〉, 1989. 3. 15, 1면)고 밝혔다. 또 한편 민주화운동 진영에서는, 문익환 목사나 임수경의 밀입국 사건에서 보듯이, 당시로서 매우 전향적이었던 노태우 정부의 대북정책의 기조를 훨씬 뛰어넘어, 기존 질서를 급격하게 변화시키려는 저항적 움직임이 나타났다. 민주화 이후에도 새로운 체제에 불만을 갖는 적대적 두 세력이 여전히 존재했던 것이다.

그런데 한국의 대통령은 매우 강력한 권력을 갖고 있다. 국회의 견제권한 강화나 시민사회, 언론의 감시기능이 꾸준히 강화되어 온 오늘날에도 한국의 대통령은 강력한 권한을 행사한다. 이를 생각할 때 권위주의 체제에서 막 벗어난 1980년대 후반 대통령이 행사할 수 있는 권한은 더욱 막강했을 것이다. 특히 3당합당으로 입법권력까지 장악한 이후에 노태우 대통령의 권력은 실제로 매우 강력했다. 더욱이 그 스스로 군인 출신이었다. 만일 노태우가 마음만 먹었더라면 막강한 권력을 행사할 수도 있었을 것이다. 그러나 그런 권력행사는 민주화 초기의 불안정한 상황을 더욱 악화시켰을 것이다. 사실 민주화 직후 요구되었던 리더십은 또 다른 강력한 통치자의 등장이 아니었다. 민주화된 환경에 맞게 다양한 의견과 주장의 분출을 허용하고 그러한 요구에 귀기울여 달라는 것이었다. 강한 리더십이 아니라는 것에 대한 불만이 사회적으로 표출되었지만, 또 한편으로는 '물태우'라는 표현처럼 대통령을 희화화할 수 있는 그런 변화된 환경을 국민들은 즐겼던 것이다. 즉, 또 다른 카리스마적인 강한 권력자를 원하지 않는 시대적 요구가 존재했다.

노태우 스스로도 그런 분위기를 깨닫고 있었다. "민주화가 대세가 되면서 상황이 달라졌다. 국민들은 더 이상 권위적인 대통령을 원하지 않았다. 보통사람들도 큰소리를 치며 당당하게 꿀릴 것 없이 살아가고 싶어하는 시대가 된 것이다. 국민들은 대선을 통해서도 이런 원망(願望)을 분명히 보여주었다."(노태우, 2011b: 481) 노 대통령은 취임사에서 '위대한 보통사람의 시대'를 선언하며 "저는 국민을 일방적으로 이끄는 대통령이 되기를 원하지 않습니다. 그렇다고 이끌려 다니는 대통령이 되지도 않을 것입니다. 국민과 어깨를 나란히 하고 꿈과 아픔을 같이하는 국민의 동행자(同行子), 이것이 제가 진실로 추구하는 대통령의 모습입니다"(노태우, 2011a: 425)라고 밝혔다. 여기서 보통사람이 의미하는 것은 바로 탈권위주의다. 그런 점에서 볼 때, 개인적 카리스마에 의존한 강한 리더십이 1987년 이후 여전히 불안정한 민주체제를 이끌어 나가는 데 반드시 바람직한 것이었다고 보기는 어렵다. 오히려 '노 대통령의 독특한 연성 리더십 스타일'(윤여준, 2011: 360)이 민주화 직후의 불안정한 상황에서는 민주화로의 연착륙을 위해서는 더 적합한 형태였던 것이다. 인용된 임혁백(1997: 15)의 글은 민주화 직후라는 시대적 환경 속에서 노태우 대통령의 리더십의 특성과 그 의미를 잘 묘사한다.

> '무결정의 결정'이라는 노태우 대통령의 독특한 수동적 리더십이 평화적 정권교체를 가능케 한 요인이었다. 노태우 대통령은 권력을 적극적으로 행사하는 유형이 아니라 여론의 행방에 귀를 기울이는 유형의 지도자였다. 그는 반대세력의 전투적 도전에 대해서 긴급조치나 계엄령과 같은 특단의 조치를 취하지 않음으로써 집권세력과 반대세력 간의 전면적 대결을 피할 수 있었다. 그는 3당합당을 통해 거대 여당을 거느리고 있음에도 불구하고 그 권력을 최대한으로 행사하지 않았다. … 노태우 대통령은 후계자 선출과정에서도 직접 개입하지 않음으로써 집권 여당으로서는 보기 드물게 민주적 과정을 통한 대통령후보의 선출을 가능하게 하였으며, 야당의 중립선거관리내각 요구를 수용함으로써 선거 이후의 정통성 시비를 제거하여 정권의 평화적 이양에 기여하였다.

이처럼 노태우 대통령은 "수동적 정치, 국민적 합의를 이룩할 수 있는 상황의 조성과 그것에 입각한 정치력의 행사라는 소극성에 치중하였기 때문에 이른바 '물정부'라는 비판을 면할 수 없었"지만, "그것 자체가 곧 점진적 정치발전으로 이어질 수 있는 하나의 계기를 제공"했던 것이다(진덕규, 1994: 84~85). '참고 기다리는' 리더십으로 인해 민주화 직후의 불안정한 전환기를 넘긴 한국 정치는 이후 김영삼, 김대중, 노무현으로 이어지면서 민주주의의 공고화 과정을 착실하고 안정적으로 이끌어 나갈 수 있었다.

시대적 요구와 리더십

카리스마를 지닌 강한 리더십보다 부드럽고 타협적인 리더십이 선호되었다고 하더라도 정치 지도자라면 그의 시대가 요구하는 정책적 변화를 이끌어낼 수 있어야 한다. 정치 지도자라면 재임기간 중 그 사회를 미래를 향해 '이끌고 가는' 모습을 보여야 하기 때문이다. 그런 점에서 노태우 리더십을 평가하는 또 다른 기준은 1987년 이후 한국 사회가 어떤 정책적 변화를 요구했는지에 대한 것이다. 그렇다면 1988년부터 1993년까지 노태우 대통령이 집권하던 시기는 역사적으로 어떤 특성을 지녔다고 할 수 있을까?

노태우 대통령의 재임 시기를 묘사할 수 있는 가장 적절한 단어는 '전환기'라고 할 수 있을 것 같다.[2] 국내적으로는 오랜 권위주의 지배체제로부터 민주화로의 이행이 시작되었을 때 노태우 정부가 출범했다. 그의 재임기간은 국제적으로는 제2차 세계대전 이후 지속된 미소 간의 적대적 대결이 종식되고 소련 연방의 해체와 동유럽 사회주의 체제가 붕괴하면서 탈냉전의 시기로 접어드는 시기였다. 이러한 국내외 정치 환경의 급격한 변화 속에서 새로운 국가정책의 방향을 제시해야 했다.

우선 국내 정치적으로는 민주화의 진전과 권위주의 유산의 청산 작업이 요구되었다. 노태우 정부는 취임 이후부터 적극적으로 이에 대응

---

2 이러한 특성은 노태우 정부에 대한 이후의 저작 제목에서도 확인해 볼 수 있다. 노태우 대통령이 쓴 자신의 회고록 하권(2011b)의 부제가 "전환기의 대전략"이며, 안청시 외(1994)의 책 제목도 "전환기의 한국 민주주의"이고, 조갑제(2007)의 노태우 육성회고록의 부제도 "전환기의 대전략"이다.

하는 모습을 보였다. "대통령 당선자 시절인 1988년 1월에는 '민주화 합추진위원회'를 설치하여 5·18 민주화운동을 민주화 투쟁으로 재정의하고, 반민주 법령의 개정과 폐지, 그리고 복수노조 설립 허용 등의 방침을 마련하였다. 이어 정권 출범 직후에는 안기부 및 보안사의 기능을 축소하는 한편, 검찰의 위상을 제고시키는 방향으로 권력 내지는 사정기관의 개혁을 단행하였다."(윤여준, 2011: 360) 그리고 정치적으로 더욱 예민한 과거 권위주의 체제의 유산 청산작업에도 나섰다. 염홍철(2000: 26~27)은 이에 대해서 다음과 같이 평가한다.

> 사실상 전두환 정부와 뿌리가 같았던 노태우 정부에서 이른바 '5공청산'을 주도했다. 정국의 주도권을 다시 확보하고자 지배블록 주도로 이루어진 5공청산은 전두환의 대국민 사과담화와 백담사 은둔, 전두환 사면과 5공청산의 연내 종결을 이끌어내기 위한 6개항의 민주화 조치, 내각과 당직개편, '5공비리 특별수사부' 설치 등으로 이어졌으며, 5공비리 특별수사부는 두 달에 걸친 조사 끝에 47명을 구속하고 29명을 불구속하는 등 5공비리 관련자에 대한 대대적인 사법처리를 했다. 그래도 종결되지 않자, 전두환 전 대통령의 국회 증언과 정호용 의원의 의원직 사퇴, 이희성 주택공사 이사장의 사표, 이원조 의원에 대한 검찰 고발 등을 수용함으로써 1년 6개월 이상을 끌어오던 5공청산은 여야 합의로 해결되었다(염홍철, 2000: 26~27).

전용주(2007: 177) 역시 "시민 기본권의 확대를 위해 형법 및 형사소송법 개정, 국가보안법 개정, 집회와 시위에 대한 법률 제정, 그리고 언론 자유를 보장하기 위해 언론기본법을 폐지하고 정기간행물 등록법과 방송법을 제정"하는 등의 시민권적, 절차적 민주주의의 확대 노력은 여소야대 국회에서가 아니라 1987년에 대부분 이뤄졌다는 점에서 노태우 대통령의 긍정적 역할을 인정해야 한다고 평가한다. 또한 군의 전면적 탈정치화는 이후 김영삼 정부에서 이뤄진 하나회 척결로 매듭을 짓지만, 노태우 대통령은 민주화 이행과정에서 심각한 장애가

될 수 있는 군의 정치개입도 억제했다(강문구, 1999: 6; 염홍철, 2000: 30; 윤여준, 2011: 360). 사실 이런 모든 조치는 노태우 대통령의 자기 기반을 스스로 약화시킬 수 있는 태생적 한계를 갖는 사안이기도 했지만, 시대적으로 요구되는 변화의 방향이었다.

정치적으로 민감한 국내문제와 비교할 때, 노태우 대통령은 국제정치적 질서의 변화에 대해서는 매우 적극적이고 과감하게 대응했다. 노태우 대통령의 가장 큰 치적으로 평가받는 북방정책은 대통령 취임 직후부터 매우 신속하고 강력하게 추진되었다. 북방정책 이외에도, 7·7 선언 이후 북한과의 획기적인 관계의 변화가 추진되었고, 국내적으로도 미군기지 이전과 국방개혁을 추진했을 뿐만 아니라 이인모 노인의 북송문제까지 노태우 정부 시기에 검토되었다. 이전의 굳건한 반공주의를 감안할 때 가히 급격하다고 할 만한 변화의 모색이었다.

그런데 당시에 국제정치적으로 탈냉전 환경으로 변모해 갔지만 국내적으로는 여전히 남북한 간의 군사적 대치상태가 계속되었다. 즉, 한반도에서는 냉전적 질서가 공고하게 남아 있었다. 이런 상황에서 노태우 정부가 추진한 북방정책이나 대북관계 개선은 이전까지 사실상 불가침의 영역으로 남아 있던 냉전적 반공이데올로기에 대한 변화, 도전을 의미하는 것이었고, 그만큼 이 역시 국내정치적으로 상당한 부담과 위험을 감수해야 하는 것이었다. 또한 대외적으로도 소련, 중국 등 북방정책 대상 국가와의 미묘한 관계도 있지만, 전통적 우방이었던 미국, 일본, 대만과의 관계에도 영향을 미칠 수 있는 일이었다. 이러한 국내외적 어려움에도 불구하고 임기 내내 일관성을 갖고 급변하는 국제정치적 질서에 적극적으로 대응하도록 한 노태우 대통령의 리더십은 높이 평가할 만하다. 다시 말해 국제정치적 전환기에 그 특성을 읽고, 안팎의 반발을 누르고, 그러한 변화에 적극적으로 대응하도록 한 것을 두고 유약한 리더십이라고 부르는 것은 적절하지 않아 보인다.

북방정책이나 대북정책의 변화에 대해서는 특히 집권세력 내부에서 상당한 반대가 존재했다. 그것은 이러한 정책들이 민주적 정통성을 결여한 군부 권위주의 체제가 존재의 이유로 내세웠던 반공주의의 약화나 변화를 초래할 수 있었기 때문이다. 이와 같은 반발은 집권기반의 약화로 이어질 수 있다는 점에서 매우 부담스러운 것이기도 했다. 이러한 특성은 노태우 정부가 권위주의 체제의 기반 위에서 민주화 시대의 대통령이 되었다는 태생적 한계와도 깊은 관련이 있다. 다시 말해서, 노태우 정부는 이전 체제와 단절과 연속이라는 2가지 속성을 동시에 갖고 있었다.

> 노태우 대통령은 6·29 민주화 선언을 통해 저항세력의 주장을 약화시키고 경쟁선거를 통해 집권했으나 기존 권력블록의 자원이 동원된 승리였고 인맥과 엘리트 충원 면에서는 전두환 정부의 연장이라는 태생적 한계를 지니고 있었다. 민간사회는 성장하여 국가의 일방적 지배를 더이상 허용하지 않게 되었으나, 남북대치 상황으로 인한 보수적 이념과 발전주의 이데올로기를 신봉하는 중산층의 성향이 그대로 유지되었고, 정권의 성격은 군부 권위주의로부터 어느 정도 탈피하여 민주적 절차를 상당히 회복했으나 지배세력의 근본적인 속성에는 변화가 없었다(염홍철, 2000: 22).

따라서, 즉 새로운 변화, 새로운 체제를 거부하려는 강경파가 존재하던 상황에서, 북방정책이나 대북교류의 확대와 같은 당시로서 대단히 획기적인 정책 프로그램을 추진하기 위해서는 어떠한 반대도 물리치고 나가겠다는 리더의 강력한 의지가 필요했다. 실제로 북방정책 추진과정에서 군을 비롯한 집권층 내부에서 적지 않은 반발이 있었다.

북방정책을 주도한 인물 중 하나인 박철언(2005b: 25)은 북방정책에 대해 "여권의 중추세력인 보수층으로부터 엄청난 비판과 공격"이 끊임없이 계속되었다고 밝힌다. 또한 용산 미군기지 이전 문제에 대해서는 대통령 비서실장뿐만 아니라 국방부 장관과 3군 총장이 함께 대통령에게 반대의사를 밝혔고 그 과정에서 이를 추진하는 책임자들을 반미주의자라고 하는 비판까지 집권층 내부에서 제기되었다(김종휘 인터뷰,

서울, 2011. 11. 19). 오늘날 국제사회에서 중국의 부상을 고려할 때 노태우 정부가 이룬 커다란 업적 중 하나는 바로 한국과 중국 간 수교일 것이다. 그러나 당시에는 "전통적 우방인 대만 정부를 버리고, 그것도 수교계획을 그들에게 속였으며, 6·25 전쟁 때 불법 개입하여 북진통일을 저지했던 적으로부터 한마디의 사과도 받아내지 못했다는 비판"이 제기되었다(조갑제, 2007: 27). 노태우 정부의 이와 같은 정책 전환에 대해 구권위주의 세력으로부터의 반발을 가장 잘 보여준 사례는 아마도 민병돈 당시 육사 교장의 경우일 것이다. 민병돈 장군은 1989년 3월 육사 졸업식에서 "최근 우리 사회 및 정치 현상을 지적, '가치관의 혼란', '적성국과 우방국의 개념 혼돈', '환상과 착각', '착잡하고 염려스러운 일'"(〈동아일보〉, 1989. 3. 21) 등의 표현을 쓰며 북방정책으로 대표되는 노태우 정부의 정책전환을 비판했던 것이다. 이러한 군의 불만은 김영삼(2000: 154)에 의해서도 지적된다. 김영삼은 "비록 대통령이 되었지만, 노태우가 군부 내에서 확고한 위치를 차지하고 있는가도 의문이었다. 군부와 군 출신 인맥은 여전히 권력의 향방을 가늠할 수 있는 영향을 갖고 있었고" 이러한 위험성은 1993년 자신이 하나회를 척결할 때까지 지속되었다고 적고 있다. 김영삼의 '군부 내에서 확고한 위치를 차지하는지 의문'이라는 지적이 과연 올바른 것인지 의구심이 들지만, 이런 사례들은[3] 노태우 대통령의 정책방향에 대한 내부의 반발이 적지 않았다는 사실을 알게 해주는 것이다. 즉, 이런 사례들은 북방정책 등 새로운 방향으로의 정책전환에 대한 집권세력 내부의 비판과 불만, 권위주의 체제 출신 신구주류 간의 갈등이 간단치 않았음을 보여준다. 노태우 대통령의 어려움은 야당과 학생들로부터의 비판뿐만 아니라 집권세력 내부의 강경파들로부터도 상당한 비판을 받았다는 것

---

3 오히려 윤여준(2011: 360)은 "노 정권이 민주화된 국가운영에서 가장 크게 기여한 것은 군에 대한 통제였다. 무엇보다 전두환 정부의 입김을 조기에 제거, 군에 대한 장악력을 확보한 데 이어 국군조직법과 군인사법 등 법령 개정을 단행하였다. 물론 그로 인해 육군사관학교 교장의 의정상 결례 등 일각에서 군의 반발이 나타나기도 하였지만, 큰 문제없이 수습될 수 있었다"고 밝히고 있다.

이다. 북방정책은 이런 비판을 극복한 노태우 리더십의 결과였다.

새로운 변화를 향한 그의 리더십의 특성은 국내 정치적인 면에서도 확인할 수 있다. 노태우 대통령은 그가 권위주의 체제에서 출발했지만 민주화 이후 자유롭고 공정한 선거를 통해 당선된 정통성을 가진 대통령으로서 새로운 정치질서를 마련하기 위해 노력했고, 그 과정에서 구체제의 기득권 세력으로부터 반발을 사게 된 것이다.

> 노태우 정부는 군사적 권위주의 체제로부터 민주주의적 시민사회로 전이하는 중간단계에 놓여 있었다. … 민주화는 이전의 지배세력에게는 새로운 정치로의 전환이기 때문에 자기 제약일 수밖에 없다. 그것은 심한 경우 지배세력이 가지고 있는 기득권의 포기로 이어지게 되었다. 이 점에서 노태우 정부는 처음부터 민주화를 실현해야 하는 정치적 과제를 안고 있었기 때문에 그것에 따르는 문제점에 부딪힐 수밖에 없었다(진덕규, 1994: 85).

이와 관련해서 생각해 볼 수 있는 것이 3당합당이다. 1988년 총선에서 여소야대가 되면서 국정운영에 어려움을 겪던 노태우 대통령은 국회 내 안정적인 과반의석을 확보하기 위해 야당을 이끌던 김영삼, 김종필과 합당을 통해 민주자유당을 창당했다. 그러나 노태우 대통령으로서는 3당합당으로 여소야대 정국의 돌파뿐만 아니라, 구체제에 미련을 가졌던 구지배세력에 대한 의존 없이 자신의 독자적 지지기반을 확대해 나갈 수 있었다(이하 논의는 강원택, 2012). 3당합당과 함께 노태우는 권위주의 체제 구주류세력과 야당 양쪽에서 받아온 정치적 공세와 비판에서 벗어날 수 있게 되었다. 다시 말해, 3당합당이 노태우에게 중요했던 이유는 일차적으로는 여소야대의 구도를 깨트리고 국회 내 안정적 다수를 확보함으로써 정국운영의 주도권을 갖게 되었다는 것이지만, 또 한편으로는 더 이상 구권위주의 체제 구주류세력에게 정치적으로 의지하지 않아도 되는 상황을 만들어냈다는 점이다. 특히 과거 민주화운동의 한 축이었던 김영삼과 연대함으로써 과거 권위주의의 일부라는 부담에서 벗어나 민주화된 정치환경에 적합한 새로운 정체성을 확립할 수 있게 되었다. 김영삼과 같은 정파에 속하게 됨으로써 민주 대 반민주 구도에 노태우 정부나 민자당을 자리매김하기는 어렵게 되었다. 물론 합당 당시에 의도하지 않은 결과라고 할 수 있지만 한국의 보수정치가 민주화된 환경에서 구권위주의의 핵심세력과 결별하면서 새로운 정체성을 만들어내는 데 중요한 계기를 마련한 것이다.

그런 점에서 볼 때 노태우 리더십에 대한 여러 가지 평가에도 불구하고, 자기의 태생적 한계를 극복하고 새로운 환경에 맞는 변화를 이끌기 위해 애썼다는 점은 분명해 보인다. 물론 그 이후에 집권한 김영삼, 김대중과 같은 규모나 수준으로 민주화 조치를 과감하게 할 수 없었던 원천적 한계는 분명하게 존재했다. 중요한 것은 그러한 한계 속에서도 민주주의의 진전을 향한다는 뚜렷한 방향성을 지녔다는 점이다. 사실 무력을 통한 권력탈취로 인해 민주적 정통성의 결여라는 결정적 취약점을 가졌던 이전 권력과는 달리, 6·29 민주화 선언 이후 만들어진 자유롭고 민주적인 경쟁 속에서 당선된 노태우 대통령으로서는 이전의 권위주의 통치자들과 자신을 동일시할 필요가 없었던 것이다. 그러면서 전환기라는 시대적 상황에 맞춰 내부적으로 민주화와 과거청산, 외부적으로 탈냉전 질서에의 대응을 위해 노력했고, 권위주의 시대의 지배정치세력들이 민주화라고 하는 새로운 질서에 적응할 수 있도록 하는 계기를 마련했다. 이 과정에서 그러한 변화를 거부하는 구지배세력의 반발에 부딪혔지만 성공적으로 새로운 질서로의 재편을 이뤄냈던 것이다. 온건하고 소극적으로 보이는 그의 리더십 스타일에도 불구하고 민주주의로의 전환기에 통치자에게 주어진 시대적 소임을 과단성 있게 실행했던 것이다.

글을 마치면서

노태우 대통령의 리더십에 대한 평가가 상대적으로 낮은 이유는 분명히 그의 온건하고 소극적으로 보이는 성격과 관련이 있어 보인다. 그러나 또 한편으로는 그의 재임기간은 오랜 군부 권위주의 체제로부터 기다려왔던 민주화를 달성하면서 민주주의에 기반을 둔 제대로 된 새로운 정치적 질서를 조속히 이루고자 하는 강한 기대감이 존재했던 시기였다. 사실 우리가 4·19 혁명이나 10·26 사태 이후의 한국 정치에서 본 것처럼, 권위주의 체제의 정치적 억압이 사라지고 난 직후에는 걷잡을 수 없는 참여의 폭발과 급격하고 총체적인 변화의 기대감이 강하게 표출되는 것이 일반적이다. 문제는 4·19 혁명 이후와는 달리 6·29 민주화 선언 이후에는 그 이전의 정치적 반대세력이 지배세력을 압도하지 못하는 상황이었다. '타협'을 통한 민주화라는 근본적 제약이 원천적으로 존재했던 것이다.

여기에 노태우는 민주화로 전환된 환경에서 당선된 권위주의 세력 출신의 대통령이었다는 사실도 또 다른 제약이었다. 그러나 민주화 추진 세력의 다른 누가 대통령이 되었다고 하더라도 국민 다수가 기대하는 대로 단기간 내에 총체적인 탈권위주의와 민주주의 공고화를 5년이라는 짧은 재임기간 중 달성하기란 쉽지 않은 일이었을 것이다. 사실 돌이켜 보면, 민주주의 공고화나 탈권위주의를 민주화 초기 5년 만에 달성할 수 있을 것이라고 생각한 것 자체가 지나친 기대감의 소산이었다. 더욱이 민주화 이후에도 여전히 권위주의로의 복귀를 희구하는 불만세력이 실재했고, 또 한편으로는 타협이라는 불완전한 방식을 통한 민주화로의 전이방식에 대해 불만을 가졌던 세력도 존재했다. 이와 같은 상황에서 정치지도자에게 요구되는 중요한 역할은 '깨지기 쉬운' 체제전환 초기의 불안정한 상황을 잘 관리해서 새로운 체제가 안정적으로 나아가도록 하는 기반을 만들어 내는 것이라고 할 수 있다. 그런 점에서 볼 때, 민주화로의 체제전환 초기에 카리스마를 지닌 강력한 리더십은 오히려 불필요한 자극을, 특히 각 진영의 '강경파'에게 줄 수 있고, 정치상황을 더욱 혼란하게 할 수 있는 것이었다. 오히려 '기다리고 참는다'는 노태우 대통령의 리더십 스타일이 그의 시대에 더욱 적절하고 바람직한 형태라고 할 수 있다.[4] 노태우 역시 그런 자신의 시대적 소임을 잘 이해했다.

> 누군가 "시중에서 '물태우'라고 하는데 아십니까?" 하고 물었다. … 정색을 하면서 "지금까지의 권위주의 시대 … 에서 민주주의 시대로 한꺼번에 건너뛰기는 쉽지 않지요. 역사의 발전은 필요한 과정을 거쳐야 합니다. 이 과정에 징검다리 역할을 하는 것이 역사가 나에게 부여한 소명이라고 생각합니다. 그 징검다리가 될 수 있다면 누가 뭐라고 부른들 어떻습니까"라고 대답했다(이경형, 2011: 842).

따라서 체제전환기의 노태우 대통령에 대한 평가는, 그가 민주주의의 공고화를 이뤄냈느냐 하는 것보다, 당시의 불안정한 체제를 적절히 관리하면서도 권위주의의 청산과 민주체제로의 이행이라는 새로운 질서를 향한 방향의 설정을 해냈느냐 하는 데서 찾아야 한다. 그런 점에서 볼 때, 노태우 대통령은 외형적으로 조용하고 소극적인 듯이 보였지만, 북방정책이나 대북관계 개선, 권위주의 청산작업, 군 개혁작업 등 그 시대가 요구하는 중요한 정책과제를 추진했다. 이러한 정책추진은 한편으로는 지지기반의 약화를 감안해야 하는 쉽지 않은 일이었다. 그러나 그러한 태생적 한계와 과거 지지집단의 반대를 극복하고 상당한 정책적 변화와 성과를 이뤄냈다. 소극적이고 약하다는 이미지와는 달리 시대적 흐름을 읽고 과단성 있게 정책적 변화를 이끌어 낸 것이다. 그런 점에서 노태우 리더십에 대한 여전히 낮은 평가는 타당해 보이

---

4 임혁백(1994: 295)은 이런 점을 감안하여 노태우 대통령의 당선에 대해서 "노태우 후보의 당선은 군부 쿠데타에 의한 신생 민주주의의 '급격한 사망'(sudden death)을 피할 수 있게 했다는 점에서 장기적으로 보면 한국 민주주의 공고화(consolidation)에 역설적 기여를 했다고 볼 수도 있다"고 지적한다.

지 않는다. 리더십을 지도자 개인의 성격 탓으로 규정하는 것은 올바른 접근으로 보기 어렵다. 그보다는 주어진 정치환경의 조건 속에서 시대적 흐름에 제대로 대응했느냐 하는 것이 더 적절한 평가의 기준이 되어야 한다. 5년이라는 제한된 임기, 그리고 구권위주의 체제라는 태생적 기반의 한계 등에도 불구하고 체제전환기라는 불안정한 상황을 잘 관리했고 그 시대에 맞는 리더십을 보여주었고 새로운 질서를 이루기 위한 노력을 보였다. 민주화 이후 20여 년을 보내면서 이제 여론조사와 같은 저널리즘적 조사방식에서 벗어나 시대적 흐름 속에서의 리더십의 역할을 바라보려는 보다 객관적이고 합리적인 대통령에 대한 평가작업이 필요해 보인다. 지금까지 살펴본 대로, 노태우 대통령이야말로 리더십에 대한 새로운 평가가 절실하다는 것을 가장 잘 보여주는 적절한 사례가 될 것이다.

■ 참고문헌

단행본

강원택(2008), 《보수 정치는 어떻게 살아남았나: 영국 보수당의 역사》, 동아시아연구원.

공보처(1992), 《제6공화국 실록: 노태우 대통령 정부 5년 ① 정치》, 정부간행물제작소.

김영명(1999), 《고쳐 쓴 한국현대정치사》, 을유문화사.

김영삼(2000), 《김영삼 회고록: 민주주의를 위한 나의 투쟁 3》, 백산서당.

노재봉 외(2011), 《노태우 대통령을 말한다: 국내외 인사 175인의 기록》, 동화출판사.

노태우(2011a), 《노태우 회고록(상): 국가, 민주화, 나의 운명》, 조선뉴스프레스.

_____(2011b), 《노태우 회고록(하): 전환기의 대전략》, 조선뉴스프레스.

박명호(2007), "과도기 정치의 국가통치: 토론", 한국정치학회·관훈클럽 편,

《한국의 대통령 리더십과 국가 발전》, 인간사랑, 193~194쪽.

박철언(2005a), 《바른 역사를 위한 증언 1》, 랜덤하우스중앙.

_____(2005b), 《바른 역사를 위한 증언 2》, 랜덤하우스중앙.

안청시(1994), "한국 정치와 민주주의: 비교정치학적 고찰", 안청시·진덕규 공편, 《전환기의 한국 민주주의, 1987~1992》, 법문사, 1~30쪽.

_____·진덕규 공편(1994), 《전환기의 한국 민주주의, 1987~1992》, 법문사.

윤여준(2011), 《대통령의 자격》, 메디치미디어.

이경형(2011), "민주주의 회복 신념이 강하게 자리 잡고 있었다", 노재봉 외, 《노태우 대통령을 말한다: 국내외 인사 175인의 기록》, 동화출판사, 842~845쪽.

임혁백(1994), 《시장, 국가, 민주주의: 한국 민주화와 정치경제이론》, 나남.

전용주(2007), "노태우 대통령과 권위주의 붕괴", 한국정치학회·관훈클럽 편, 《한국의 대통령 리더십과 국가 발전》, 인간사랑, 159~190쪽.

조갑제(2007), 《노태우 육성회고록: 전환기의 대전략》, 조갑제닷컴.

조희연(1995), "한국의 민주주의 이행과정에 관한 연구: 1979년 10·26 사건에서 1993년 김영삼 정권 성립까지를 중심으로", 임현진·송호근 편, 《전환의 정치, 전환의 한국 사회: 한국의 정치 변동과 민주주의》, 사회비평사, 279~318쪽.

진덕규(1994), "노태우 정부의 권력 구조와 정치체제", 안청시·진덕규 공편, 《전환기의 한국 민주주의, 1987~1992》, 법문사, 31~86쪽.

Barber, James. (1992), *The Presidential Character: Predicting Performance in the White House* 4th ed., Englewood Cliffs, N. J.: Prentice-Hall.

Skowronek, Stephen. (1997), *The Politics Presidents Make: Leadership from John Adams to Bill Clinton*, Cambridge, MA: Harvard University.

학술논문 및 보고서

강문구(1999), "한국 민주화에 대한 비판적 탐색: 민주화 이행의 필요조건과 민주적 공고화의 충분조건을 중심으로", 한국정치학회 연례학술대회 발표논문.

강원택(2012), "3당합당과 한국 정당정치", 〈한국정당학회보〉 11권 1호, 171~193쪽.

안병만(1998), "역대 통치자의 리더십 연구", 〈역대정부의 평가와 신정부의 과제〉, 한국행정학회 춘계학술대회 발표논문.

염홍철(2000), "노태우 대통령: 국정운영의 공과", 한국현대사연구회, 〈현대사연구 근현대사 강좌〉 11호, 7~50쪽.

임현백(1997), "지연되고 있는 민주주의의 공고화: 정치 민주화의 과정과 문
　　제점", 한국정치학회, 한국 사회학회 공동학술회의 〈한국 민주화 10
　　년: 평가와 전망〉 발표집, 1~30쪽.

최장집(1990), "6공 보수주의에 대한 하나의 비판", 〈계간 사상〉 2권 3호,
　　253~300쪽.

기타

김종휘(2011. 11. 19), 09:30~12:30, SK경영경제연구소(인터뷰).

여소야대 국회에 대한 반응

이현우

들어가며 : 13대 총선 직후 정국의 의미

노태우 정부의 출범은 13대 국회와 같이 새로운 정치역사를 만들었다. 노태우 대통령이 취임한 것이 1988년 2월 25일이고, 그로부터 2달 후인 1988년 4월 26일에 총선이 치러졌으며, 같은 해 5월 29일 13대 국회가 개원하였으니 실제적으로 대통령의 임기시작과 국회의 개원은 민주화를 위한 새로운 정치상황에서 이루어진 것이라 할 수 있다. 1987년 10월 말에 여야합의에 따른 9차 개정헌법으로 노태우 정부에서 제도적인 국회의 권한은 이전보다 향상되었다고 평가할 수 있다. 무엇보다 대통령이 국회를 견제할 수 있는 막강한 권한인 국회해산권이 철폐되고, 제4공화국 이후로 삭제되었던 국회의 국정감사권이 부활되었다. 이로서 제도적으로는 더 이상 대통령이 국회보다 우월한 위치를 차지하지 못하게 되었다. 또한 국회 임시회 소집요건이 재적의원의 4분의 1로 환원되었으며, 국회의 연간 회기일수도 종전의 150일을 초과할 수 없다는 규정이 변경되어 제한이 없게 됨에 따라 국회가 더욱 활성화될 수 있는 제도적 장치가 마련되었다. 이처럼 국회의 제도적 권한이 이전 공화국에 비해 강화되었지만 이러한 변화가 국회에 획기적인 힘을 실어주었다기보다는 대통령제의 기본적 틀에서 본다면 이전 제3, 4공화국에서 국회가 위축되었던 것이 다시금 정상화된 것으로 보는 것이 적절하다(대한민국국회, 2008: 619).

민주화 이후 처음 실시된 13대 총선에서 여당인 민주정의당이 총 299석 중 125석을 얻어 원내 1당이 되기는 하였지만 이전에 집권당이 항상 과반수 의석을 차지했던 것과는 현격한 위상의 차이를 가져왔다.[1] 13대 대선부터 나타난 지역주의에 기반을 둔 선거가 총선에서 그대로 반영된 결과이며, 따라서 정당들은 정책적 성향에 따른 연합보다는 지역할거에 기반을 둔 정치적 이해득실에 좌우되어 야당이 정치의 주도권을 잡는 데 주력하였다.

사실 13대 대선 이후 넉 달 만에 치러진 13대 총선의 결과가 예상하지 못한 결과였는가에 대해서 논란의 여지가 있다. 일반적으로 대통령 선거가 치러진 직후 몇 달 이내의 선거는 대통령의 임기 초 비정상적으로 높은 지지(honeymoon effects)로 인해 집권당에 유리한 결과를 가져온다. 이러한 관점에서 본다면 대통령 정당인 민주정의당이 절반의 의석을 차지하지 못했다는 것이 이례적이다. 그러나 정치상황의 맥락을 이해한다면 대통령 선거에서 나타난 지역주의가 곧 이은 총선에서 본격적으로 극대화될 것이라는 점은 예측가능했다. 즉, 대선에서 패배한 3김이 향후 정치영향력 확대를 위해 각각의 지배지역에서 정치적 기반을 확실히 하려 노력하고, 이들을 지지하는 유권자들이 자기 지역을 대표하는 정치인에게 힘을 실어주기 위한 의도가 총선결과에 중대

---

1 역대 국회의원 선거 결과에서 집권당의 의석비율은 제헌국회 27.5%, 2대 총선 11.4%로 13대 총선이 의정사상 처음으로 여소야대의 국회라 할 수 없다. 그러나 이 두 번의 선거에서는 대통령의 소속정당을 지칭하는 집권당의 개념이 모호하기 때문에 13대 총선결과를 최초의 여소야대 정국이라 간주한다.

〈표 1-1〉 대선과 총선의 득표율(%)

	민정당	민주당	평민당	공화당
13대 대선	36.6	28.0	27.0	8.1
13대 총선	34.0	23.8	19.3	15.8

자료 : 중앙선거관리위원회 선거자료.

한 영향을 미칠 것이라는 것을 짐작하기 어렵지 않았다. 그렇다면 36.6%의 득표로 당선된 노태우 대통령이 이끄는 민주정의당이 50% 이하의 의석을 차지하리라는 것은 예상가능한 일이다. 결국 민주정의 당은 33.96%를 득표하고 41.8%의 의석을 확보하게 된 것이다.

299명을 선출한 13대 총선에서 224석은 각 지역구에서 선출하고 75 석은 각 정당이 획득한 의석비율에 따라 전국구 의석을 배정하였는데, 당시의 의석배분 방식은 제1당에 매우 유리하였다. 구체적으로, 지역 구 의석수의 절반을 확보한 정당이 있을 때에는 지역구 의석 5석 이상 을 얻은 정당들을 대상으로 의석수에 비례하여 전국구 의석을 할당하 였다. 그러나 제1당이 지역구 의석의 절반을 얻지 못한 경우에는 전 국구 의석의 절반에 해당하는 38석을 제1당에 우선 배정하고 나머지 를 지역구 의석 5석 이상을 획득한 정당들을 대상으로 지역구 의석수 에 비례하여 배분하는 방식을 취하였다. 결국 제1당은 어떠한 경우든 전국구 의석의 절반 이상을 차지함으로써 의석배분에 혜택을 받았다. 뿐만 아니라 의석전환율을 생각해 볼 때 소선거구제도에서 항상 나타 나는 득표율에 비해 의석비율이 다수당에게 유리하다는 점을 감안한다 면 정당득표율이 아닌 의석비율에 따른 전국구 의석배분은 절대적으로 제1당에 유리한 결과를 가져왔다.

여소야대라는 이전의 경험이 없는 국회구성에서 첫 번째 관건은 여 당이 이전 국회와 달리 의석수를 앞세워 일방적인 국회운영을 할 수 없게 되었기 때문에 야당과 어떠한 방식으로 공조를 취할 수 있는가하는 것이었다. 즉, 여당이 야당과 협조와 타협을 제대로 이끌어내지 못한다면 국회는 야당 일방에 의해 운영되고, 이를 저지하기 위해서는 대통령이 거부권을 행사하는 방법에 매달려야 하는 구조에 처하게 된 것이다. 당시 대통령과 야당 사이의 입장 차를 명확히 보여준 것이 국회개원을 앞둔 5월 28일 청와대에서 열린 대통령과 3당 대표 사이의 4자 회담이었다. 회담결과 통일문제와 대북관계에 대해서 정부가 주도권을 가져야 한다는 점에는 인식을 같이했지만, 야당대표들이 공동으로 주장하는 전두환 정권 비리조사 및 5·18민주화운동에 대한 철저한 조사요구에 대해서 대통령은 정치적 보복과 미래지향적 정치 등을 이유로 소극적 태도를 취하였다. 결국 노태우 정부는 정치적 뿌리를 전두환 정부에 두었기 때문에 집권 초기에 전두환 정부의 정치유산을 청산하는 데 상당한 한계를 가질 수밖에 없었다.

13대 국회전반기의 여소야대 정국에서 국회운영의 주도권을 야당이 가지고, 5공청산을 위한 청문회와 비리고발이 지속되어 노태우 정부가 정치적 주도권을 가질 수 없게 되자 대통령이 정치구도의 변화를 꾀하고자 시도한 것이 바로 1990년 1월에 이루어진 3당합당이다. 민정당, 민주당, 공화당의 3당합당이 가능할 수 있었던 것은 첫째로는 권력획득이라는 정치적 계산이 가장 중요한 요인이기는 하였지만 다른 한편으로는 이념적 유사성에 기초한다. 3당합당에 관한 논의 및 평가는 이 책의 다른 장에서 다루어지므로, 이 글에서는 3당합당 이전과 이후의 행정부와 국회의 관계를 조명하는 데 중점을 두도록 한다.

국회와 행정부의 관계는 직접적 갈등과 협조를 통해서도 알 수 있겠지만, 다른 한편으로 한국의 정치상황에서 대통령이 여당의 총재로서 여당을 지배할 능력을 가졌다는 점을 감안할 때 국회에서 여당과 야당이 어떠한 관계인지를 살펴보는 것이 중요하다. 국회의장과 대통령이 국회개원사에서 기대한 바와 달리 여야당 간에 협조적이지 못한 것이 여소야대라는 권력구도 때문이 아니라는 것은 3당합당 이후에도 정당간 갈등이 계속되었다는 점에서 확인할 수 있다. 그렇다면 왜 정치민주화를 주창했던 행정부와 국회가 상호 간 갈등의 문제를 해결하기는 커녕 더욱 증폭되었는지를 규명할 필요가 있다.

대통령이 여당에 대해 절대적 영향력을 행사할 수 있는 가장 중요한 기제는 공천권이다. 정치인들의 최종목표는 재선이라는 가정을 받아들일 때 차기 선거에 공천을 받는 것은 매우 중요한 일이다. 노태우 대통령은 임기 중 국회의원선거를 치르게 되어 공천권을 행사할 수 있는 기회를 가지고 있었다. 따라서 여당의원들은 집권말기 대통령 지지도가 10%대로 낮아지고 3당합당 이후 김영삼 대표가 당을 지배하기 전까지는 대통령의 의지를 무시하기 어려웠다.

이 글에서는 전통적으로 행정부의 시녀, 거수기, 통법부 등으로 불리면서 대통령에 종속되었던 국회가 노태우 정부에 들어서는 대통령과 어떠한 관계를 맺는지를 중점적으로 살펴보도록 한다. 노태우 정부 초기의 정치적 과제는 과거청산이었다. 5·18 민주화운동, 일해재단, 언론통폐합 등 3대 청문회가 사상 유례 없이 TV에 생중계되면서 국민들에게 정치비리에는 성역이 없음을 알리는 계기를 제공하였지만 이 과정에서 정치권의 충돌은 정치전반에 대한 국민들의 냉소를 더하기도 하였다. 초기 국회가 대통령에게 정치적 압력을 가할 때 대통령의 정치적 반응이 어떠했는지 그리고 다시 여당이 국회를 지배하면서 대통령은 국회와의 관계를 어떻게 설정했는지를 논의해 보도록 한다. 이 과정에서 노태우 대통령은 국회에 대한 영향력을 확대하려 노력하였는가 혹은 국회의 자율성 신장을 위해 대통령의 권한을 자제하였는가에 대해서도 살펴보도록 한다.

대통령과 국회의 관계에 대한 분석틀

대통령과 국회가 상호 긴장관계를 유지하는 것은 기본적으로 대통령제의 이원적 대표성 때문이다. 여기에 한국 정당구조의 특성상 권력이

정당지도자에게 집중되어 있다는 점이 정부형태가 단점정부인가 분점
정부인가에 관계없이 야당과 대통령 사이의 갈등을 해결하는 방안의
제약성을 가져온다(정진민, 2008). 따라서 정치의 주도권을 갖는 대통
령이 어떤 유형의 리더십을 갖는가가 갈등의 정도에 중요한 요인이 될
수 있다(조정관, 2009: 9). 그리고 강한 정당규율과 당내 권력이 분산
되지 않은 상황에서는 소수의 정당 지도자들이 어떠한 전략을 택하는
가에 따라 대통령과 국회의 관계가 규정된다.

대통령과 행정부의 관계를 실증적으로 분석할 수 있는 기본적 틀은
제도적인 것과 운영적인 것으로 나누어 볼 수 있다. 여기서 제도적 분
석대상에는 헌법, 국회법 등이 대표적으로 포함된다. 헌법에 두 기관
의 권력관계가 어떻게 규정되어 있고 견제할 수 있는 기능이 주어져 있
는지를 살펴보는 작업이 제도적 분석의 기초가 된다. 또한 국회법은
헌법에 규정된 국회의 권한을 어떻게 사용할 수 있는지를 분석해 볼 수
있는 정보를 제공한다. 이러한 제도적 분석은 각 권력기관의 근본적
권한을 이해하는 데 도움이 되기는 하지만 실제로 주어진 제도적 권한
이 어떻게 행사되는가에 대한 운영적 측면을 간과하기 쉽다는 문제를
가진다. 따라서 대통령과 국회라는 양 기관의 양태에 대한 분석이 함
께 수반될 때 권력관계를 제대로 파악할 수 있다. 여기에는 법률안 심
의, 행정부 인사통제, 예산 및 결산심사, 행정부 견제와 감독 등이 포
함된다. 그러나 이러한 형식의 양적 분석은 대통령과 국회 관계의 맥
락적 내용을 분석하는 데 한계를 갖는다. 따라서 이 글에서 두 기관의
상호작용에 초점을 맞추어 분석하는 데 중점을 두도록 한다.

먼저 제도적 변화를 살펴보면 노태우 정부 이전인 1987년 10월에 9
차 개정헌법이 핵심을 이룬다. 행정부에 관해서는 대통령 직선제, 국
회해산권의 폐지 그리고 임기를 5년 단임으로 개정하여 대통령의 권한
이 이전에 비해 크게 축소되었다. 반면에 입법부의 권한은 강화되었는
데, 여기에는 국정감사권 부활과 국무총리 및 국무위원 해임건의 그리
고 주요 공무원에 대한 탄핵소추권이 포함되어 있다. 이러한 헌법 개

정은 대선이나 총선 이전에 이루어진 정치환경의 변화로, 새로이 선출될 대통령과 국회의원들의 관계를 새롭게 규정하는 것이었다. 뿐만 아니라 1988년 6월에 국회법이 4당 합의에 의해 전면 개정되었는데, 국회의장의 권한축소, 청문회 제도의 도입 및 의사활동의 TV 중계가 허용되도록 개정되었다. 여기서 국회의장의 권한축소는 국회의장의 독자적 판단에 의한 국회운영 권한을 각 교섭단체나 국회운영위원회와 협의를 거치도록 개정한 것을 의미한다.[2] 이처럼 한국 정치에서 민주화 이후 법적, 제도적 측면에서 국회의 행정부에 대한 견제수단은 강화되었지만, 이를 운영하는 데 중요한 정치문화의 지체현상으로 인해 두 권력기관의 실질적 힘의 균형은 현재까지도 이전과 마찬가지로 행정부 중심이라는 것이 일반적으로 받아들여진다.[3]

대통령제에 대한 한 가지 오해는 이름에서 비롯되듯이 대통령제에서는 대통령이 정치의 주도권을 가져야 한다는 생각이다. 그러나 대통령제를 처음 실시한 미국의 헌법을 보면 대통령제의 모든 권력은 의회에서 출발한다. 의회에서 입법을 하고 이를 수행하는 것이 행정부인 것이다. 물론 현대국가가 행정부 중심의 경향성을 보이기 때문에 대통령이 정치의 중심이 되기는 하지만 원론적으로 대통령제에서도 내각제와 마찬가지로 정치권력은 입법부에 근간을 두어야 한다. 그러한 면에서 본다면 그동안 한국 정치는 대통령에게 과도한 권력이 주어졌다는 점을 다시 한 번 인식할 필요가 있다.

대통령제의 특징은 린츠(Linz, 1994)가 간결하게 요약하고 정리하였다. 린츠의 주장 중 대통령과 국회관계를 설명하는 데 적절한 개념이 이중적 민주적 전통성과 제도적 경직성이다. 이중적인 민주적 전통성이란 대통령과 국회의원은 모두 국민들로부터 선출되어 권력의 정통성

---

2 국회의장의 권한축소가 이루어진 주된 이유는 국회의장이 소속정당 총재인 대통령으로부터 독립적이지 못하기 때문에 여야 갈등 시 여당에 일방적으로 유리한 의사결정을 하는 것을 막아야 한다는 공감대가 있었기 때문이다.

3 대통령 중심의 권력집중 의도를 보여주는 대표적 사례가 총선 후 여소야대의 국회를 집권당이 인위적인 의원충원을 통해 여대야소의 형태로 바꾸어 놓는 것이다.

을 가진다는 점에서 상호독립적 권한을 갖고 경쟁하거나 감시한다는 것이다. 그리고 제도적 경직성이란 대통령과 국회가 모두 임기가 정해져 있기 때문에 권력의 안정성이 있다는 의미이다. 이러한 2가지 특징은 결국 권력의 분산이라는 대통령제의 기본원리가 작동할 수 있는 조건으로 작용한다. 그런데 효율성과 일관성을 중시하는 행정부의 수장으로서 대통령은 자신의 권한을 행사하는 데 견제와 제동을 걸려는 국회, 특히 야당을 타협의 대상이 아닌 극복의 대상으로 간주한다. 이러한 한국 정치문화가 대통령과 국회를 갈등구조로 빠져들기 쉽게 만든다. 또한 특히 민주화 이후 정당을 지배하는 지도자 1인이 차기 대선 후보이기 때문에 이들 간에 협조보다는 경쟁과 대결구도가 형성되기 쉬우며, 정당지도자를 추종해야 하는 정당규율로 인해 개별의원들의 자율성이 결여된 상태에서 국회 내 정당 간 관계가 대결구도로 흐를 가능성이 높아진다(정진민, 2008: 83).

노태우 정부 전반기의 분점정부를 평가하기 위해서는 그 당시 분점정부의 운영방식에 어떠한 것들이 있으며, 노태우 대통령은 그 중 어떠한 전략을 어떠한 이유에서 선택했는지를 분석하는 것이 필요하다. 분점정부의 운영방식에 대한 대표적인 것이 곽진영이 소개하는(곽진영, 2003) 콕스와 커넬(Cox & Kernell, 1991)의 연구이다. 이에 따르면 분점정부 상황에서 행정부가 택할 수 있는 전략 중 첫 번째는 행정부가 국회의 의사결정에 전혀 간여하지 않는 것이다. 대통령은 제도적으로 보장된 고유권한을 국회를 의식하지 않은 채 행사하며 이로 인하여 국회와 충돌이 발생하는 것을 감수한다. 심지어 행정부와 국회가 교착상태에 빠진다 해도 개의치 않는 것이다. 따라서 국회의 결정이 대통령의 의사와 다를 때에는 대통령은 거부권을 행사함으로써 국회결정의 무효화를 시도할 수 있다. 이로 인해 발생하는 정치적 교착에 대한 책임은 다음 선거에서 유권자들의 판단에 따라 집권당이나 국회 다수당이 지게 된다. 물론 교착상태는 끝없이 지속되는 것이 아니라 국민여론의 압력 등에 의해 해결되기는 하지만 이 전략에 따르면 타협의

가능성이 적은 상태에서 대통령과 국회 간에 승자와 패자가 명확히 나누어질 가능성이 높아진다.[4]

두 번째 대통령이 택할 수 있는 전략은 대통령이 대국민 연설 등을 통하여 국민들을 직접 설득하여 여론을 통해 국회에 압력을 가하는 것이다. 이러한 전략을 성공적으로 수행한 사례로 미국의 루스벨트와 레이건 대통령을 들 수 있다. 중요한 법안을 통과시키고자 할 때 대통령이 국민들에게 직접 정책의 의미와 효과를 설명함으로써 국회가 법안을 통과시키도록 압력을 행사하는 것이다. 반대로 야당이 통과시키고자 하는 법률안의 부당성을 국민들에게 설득시키기도 한다. 이러한 전략이 효율적이기 위해서는 대통령의 지지도가 상당히 높아야 한다는 전제조건이 있다. 대통령은 상징적인 국가의 대표로서 국민들에게 잘 알려져 있으며, 국회보다 상대적으로 언론을 이용하기가 유리하다는 점을 이용하는 것이다.

세 번째 가능한 전략은 정치의 본질인 협상과 흥정을 통해 분점정부에서 대통령이 국회와 합의를 이루는 것이다. 필요하다면 대통령은 국회 내 군소정당과 정책적으로 연합하여 다수에 이를 수도 있다. 대통령이 국회다수당과 타협을 하기 위해서는 상당한 기간이 소요되기도 하고 때로는 합의된 법안의 내용이 원래의 정책적 의미가 퇴색되어 소속정당으로부터 비난을 받기도 하지만 국회와 극단적 대립을 피할 수 있다는 장점이 있다. 이상에서 설명한 분점정부에서 대통령이 취할 수 있는 전략들은 현상을 분석하는 데 지침이 되는 이론적 틀에 불과하다. 이 전략들이 항상 배타적인 것은 아니며, 대통령은 이들을 혼합적으로 사용할 수 있다. 그리고 매번 이들 중 어느 한 가지 전략만 택할 필요도 없다.

분점정부 상태에서 대통령의 전략이 고려해야 할 또 다른 점은 국회 내 정당구성에 관한 것이다. 미국처럼 양당제라면 국회의 모든 의석을

---

4 분점정부에 대한 기존 논의는 오승용(2008)에 잘 정리되어 있음.

두 정당이 나누어 갖기 때문에 소수정당과의 연합이나 협조를 고려할 여지가 없지만, 국회에서 여러 정당이 의석을 차지한다면 정당들 간의 협력관계가 중요하다. 다당제의 형태를 띤 13대 총선 이후 정당체계에서의 분점정부는 단일야당이 과반수 의석을 차지한 분점정부의 형태와 다르다. 여당이 일당의 위치는 가지되 과반수의 의석을 갖지 못해 다른 정당의 지지가 필요하며, 만일 야당이 모두 연합을 하면 분점정부가 가능한 구도이다.

대통령제에서는 내각제처럼 정당이 연합하여 국회 내 다수당을 구성할 필요는 없지만 만일 어떠한 정당도 과반수의 의석을 차지하지 못한 경우라면 대통령 소속정당인 여당은 국회운영의 주도권을 갖기 위해 다른 정당과 다양한 형태로 연합할 필요가 있다. 예를 들어 정당 간 안정적 연합을 위하여 행정부 각료 중 일부를 소수당에 양보함으로써 상시적이고 강한 정당협력을 꾀할 수 있다. 이때 여당에 협력하는 소수당은 부족한 의석수로 인해 정국에 미치는 영향에 한계가 있는 상황을 극복할 수 있다. 또한 여당에 대한 협력자로서의 역할에 그치기 때문에 정책의 책임성으로부터도 상당히 자유로울 수가 있다. 따라서 소수당의 입장에서는 여당과의 연합이 매력적일 수 있다. 또한 여당은 특정 영역의 정책방향에 동의하는 정당을 정책연합의 상대로 구할 수도 있다. 뿐만 아니라 개별 정책에 따라 파트너를 선택하는 전략을 취할 수도 있다. 그러나 이러한 방식들은 안정적인 정책승리의 구도를 갖지 못한다는 점에서 그리고 정당 간 신뢰를 쌓을 수 없다는 점에서 한계를 갖는다.

이상에서 설명한 이론적 분석틀을 직접 현실에 적용하기 전에 언급해야 할 것이 한국 정당구성에 관한 것이다. 자칫 대통령과 국회의 관계를 설명하기 위해 두 기관만을 대상으로 할 때 실제 행위자인 정당을 간과하기 쉽다. 그러나 실제적인 정치경쟁은 행정부와 국회가 아니라 행정부와 이를 지지하는 여당 대 야당의 구도로 파악할 때 좀더 정확한 분석이 가능하다(박찬표, 2001: 74). 정당을 고려하지 않은 채 행정부와 국회와의 관계를 규명한다는 것은 이들의 기능, 즉 입법과 집행이라는 역할과 구조를 동일시하는 것이 되며, 동시에 국회 내에서 여야가 서로 경쟁하고 여당은 행정부와 일체감을 갖는다는 것을 제대로 고려하지 못하는 문제가 발생한다. 특히 한국의 경우 집권당의 정치적 위상에 대한 고려가 반드시 필요하다. 다당제의 정당체계 속에서 집권당이 차지하는 위치가 어떠한가에 따라서 분점정부 운영방식이 달라질 수 있기 때문이다.

대통령과 국회의 갈등과 공존모색

분점정부의 효율성

한국선거 역사를 살펴보면 매 선거마다 유권자들이 대통령 정당에 과반수 의석을 부여하지 않는 것을 알 수 있다. 〈표 1-2〉에서 보듯 민주화 이후는 물론이고 그 이전에도 지역구 선거에서 여당은 절반 이상의 의석을 획득하지 못하였다.[5] 다만 선거 이후 여당이 무소속이나 타당의 국회의원을 영입하여 인위적으로 국회에서 절반 이상의 의석을 차지하였기 때문에 여대야소의 국회를 만들 수 있었다. 민주화 이후에는 지역주의의 결과이기는 하지만 서로 다른 정치적 정체성을 가진 대통령과 야당에 대한 유권자의 지지는 대통령과 국회가 갈등을 야기하기에 충분한 조건을 제공하였다.[6] 경험한 것처럼 선거에 지역주의가 가

---

5 14대 총선과 15대 총선의 경우 국회를 구성하기도 전에 인위적으로 단점정부로 전환되어 버렸다. 17대 총선의 경우 탄핵정국이 총선결과에 영향을 미쳐 열린우리당이 과반 이상의 의석을 획득했으며, 18대 총선은 이명박 대통령의 취임초기에 치러졌기 때문에 여당인 한나라당의 의석이 과반을 넘었다. 따라서 이 두 번의 선거결과는 특별한 사례로 취급해야 한다.

6 전두환 정부에 뿌리를 둔 민정당의 노태우 후보를 선택한 유권자들이 불과 5개월 만에 민주화에 정치적 정체성을 둔 야당을 선택했다는 주장이 있으나, 지역별로 총선결과를 분석해보면 유권자들이 서로 다른 소명을 대통령과 국회에 부여했다는 것은 설득력이 약하다는 것을 알 수 있다.

〈표 1-2〉 총선에서 여당의 의석비율

총선	대통령 소속당	여당지역구 의석수 (%)	여당 총의석수 (%)	과반수 의석과의 차이
11대	민정당	90 (48.9)	151 (54.7)	+13
12대	민정당	87 (47.2)	148 (53.6)	+10
13대	민정당	87 (38.9)	125 (41.8)	−25
14대	민자당	116 (48.9)	149 (49.8)	−1
15대	신한국당	121 (47.8)	139 (46.4)	−11
16대	새천년민주당	96 (42.3)	115 (42.1)	−22
17대	열린우리당	129 (53.1)	152 (50.8)	+2
18대	한나라당	131 (53.5)	153 (51.2)	+3

자료: 중앙선거관리위원회 선거자료.

장 강력한 결정요인으로 지속적인 영향을 미친다는 것을 고려할 때 13
대 총선결과에 따른 분점정부는 향후 경험하게 될 분점정부의 시금석
이 될 수 있었다고 하겠다. 이러한 취지에 따라 가장 먼저 수행해야
할 작업이 분점정부에서 국회가 얼마나 안정적이고 효율적인가를 평가
하는 것이다.
   한국 정치에서 분점정부의 국정운영의 효율성에 대한 연구가 다수
있다. 대부분의 연구들은 행정부와 국회를 서로 다른 정당이 지배하는
분점정부가 단점정부보다 효율성이 낮다는 증거를 찾기는 어렵다는 데
동의한다. 이것은 분점정부가 단점정부만큼 효율성이 높다는 의미보
다는 단점정부에서도 효율성이 높지 않다는 의미로 해석하는 것이 타
당하다(김용호, 2001; 장훈, 2001). 구체적 지표로 살펴볼 수 있는 것
이 국회의 개의일수, 공전일수, 법안처리 등이다. 이 글의 목적이 노
태우 정부의 전후반기 대통령과 국회의 관계를 평가하는 것이기 때문
에 우선 분점정부에서의 대통령과 국회의 관계를 살펴보고, 3당합당
이후 단점정부에서는 어떻게 그 관계가 변하였는지를 분석하도록 한
다.[7] 〈표 1-3〉을 보면 13대 총선 직후 분점정부에서 나타난 국회 내

<표 1-3> 분점정부에서 국회공전

기간	회기일수	공전일수	파행률(%)
1988. 5 ~ 1990. 1	284	13	4.5
1998. 2 ~ 1998. 8	157	96	61.1
2000. 5 ~ 2001. 4	291	146	50.1
2001. 9 ~ 2003. 2	466	149	31.9
2003. 3 ~ 2004. 4	325	130	40.0

자료: 장정훈(2004)

갈등은 이후 다른 분점정부에 비해 크지 않았다. 파행률이 4.5%로 이후 분점정부에서 보여주는 30~60%의 파행률과 현격한 차이를 보인다. 통계적 자료가 모든 것을 설명할 수는 없지만, 대통령이 여당의 총재로서 강한 영향력을 미칠 수 있었다는 것을 고려한다면 노태우 대통령의 국회에 대한 협조의사가 있었다는 것을 추측해 볼 수 있다. 다시 말해서 분점정부에서 대통령이 원하는 정책이 입법화되지 못하고 정치의 주도권이 야당으로 넘어갈 우려가 있기 때문에 대통령이 국회에 대한 강한 저항을 보일 여지가 있다. 그렇다면 의원의 자율성이 보장되지 못한 한국 정당의 구조상 국회는 공전으로 이어질 것이다. 하지만 경험적 자료들은 노태우 정부 전반기에 대통령과 국회의 관계가 그렇지는 않았다는 것을 보여준다.[8]

참고할 수 있는 또 다른 자료로 법률안의 처리상황을 들 수 있다. <표 1-4>를 보면 13대 국회에서 제출법안의 폐기율은 이전이나 이후의 국회보다 낮다는 것을 알 수 있다. 15대 국회 이후에는 폐기율이 상당히 높아졌으며 여기에는 의원들이 발의한 법안들의 폐기율이 높은 것이 주된 원인이라는 것을 알 수 있다. 14대 국회에서는 의원발의법

---

7 국회의 생산성에 대한 실증적 분석은 오승용(2010)을 참조할 것.
8 분점정부라 해도 그 형태는 다양하게 구분될 수 있으며 국회 내 갈등환경의 정도도 다를 수 있다. 이에 관해서는 장정훈(2004)을 참조할 것.

<표 1-4> 법안 제출과 폐기

	총 계			의원발의			정부발의		
	제출	폐기	폐기율 (%)	제출	폐기	폐기율 (%)	제출	폐기	폐기율 (%)
12대	379	80	21	211	77	36	168	3	2
13대	938	132	14	570	123	22	368	9	2
14대	902	139	15	321	125	39	581	14	2
15대	1,951	390	20	1,144	353	31	807	37	5
16대	2,507	754	30	1,912	713	33	595	41	21
17대	7,489	3,154	42	6,387	2,944	46	1,102	210	19

자료: 국회사무처(2008: 738).

안의 폐기율이 39%에 이르며, 15대 국회에서도 의원발의법안의 폐기율은 30%를 넘는다. 따라서 13대 국회와 다르게 이후 법안처리 과정에서 알 수 있는 것은 의원발의법안들의 폐기율이 급격히 높아졌다는 것이다. 여기에는 의원발의법안이 급격히 많아지면서 완성도가 낮거나 다수의 지지를 받을 수 없는 법안이 제출된 것이 주된 원인이기도 하지만, 13대 국회와 비교하여 국회 내 정당간의 정치적 갈등이 심화된 것도 또 다른 이유가 될 수 있다.

그러나 이러한 통계결과만을 바탕으로 국회의 효율성 측면에서 13대 국회가 이후 다른 국회보다 더 효율적이라고 말하기는 힘들다. 이에 배치되는 해석이 가능한 자료가 있기 때문이다. 국회가 법안을 심의하고 통과시키는 과정에서 나타나는 사건들을 맥락적으로 분석해 보면 13대 국회에서 상당한 갈등이 존재했음을 확인할 수 있다. 날치기 통과가 전형적으로 국회의 갈등양상을 보여주는 사례라 할 수 있다. 국회가 정상적으로 표결처리하지 않고 타협에 실패하여 다수당이 표결 장소를 이동하거나 야당의원의 참석을 방해한 채 정상적이지 않은 방법으로 의결을 하는 것이 날치기 통과이다. 국회별 날치기 통과의 빈도수를 보면 12대 국회에서 6건, 14대 국회에서 4건의 날치기 법안처

리가 있는 것에 비해 13대 국회에서는 무려 19건의 날치기 법안처리가
있었다(〈중앙일보〉, 1996. 5. 28, 5면). 날치기 법안의 통과는 정국의
경색과 국회의 공전으로 이어지는 것이 일반적이다. 때로는 물리적 폭
력마저 동반하기도 한다. 13대 국회에서 날치기 통과가 많았다는 것은
대통령이 국회를 경시한 결과다. 결국 외형적으로 볼 때 노태우 정부
초기에는 민주화의 요구에 걸맞게 국회가 활성화되어 정국을 주도적으
로 이끌고 생산성을 보여주었지만 실제로 대통령과의 관계는 원만했다
고는 할 수 없을 것이다. 두 권력기구의 관계를 제도화할 수 있는 방
안을 마련하기 위한 노력이나 의지가 없었으며, 대통령과 국회를 지배
하는 야당들은 정치주도권 경쟁 이상의 정치발전에 기여할 수 있는 전
통을 마련하지 못하였다. 차후 분점정부에 남겨준 교훈은 분점정부가
대통령의 국정운영에 부담이 될 수 있기 때문에 여대야소의 정국을 만
들도록 노력해야 한다는 정도에 그쳤다.

대통령의 거부권

민주화 이전의 권위주의 정권에서는 대통령이 거부권을 행사할 필요가
없었다. 여당이 국회를 지배하는 상황에서 여당의 총재인 대통령이 반
대하는 법안이 국회를 통과하는 경우가 없었기 때문이다.[9] 따라서 대
통령이 국회의 집단의사에 반하여 거부권을 행사한다는 것은 국회가
대통령으로부터 독립적이라는 것을 의미한다. 즉, 13대 총선 이후 여
소야대의 정국에서 대통령이 국회를 견제하는 실질적 수단으로 헌법에
서 부여한 대통령의 권한인 거부권을 행사하게 된 것이다.[10]
　노태우 정부에서 13대 국회의 야당들은 단합하여 과거청산이라는

9　박정희 대통령이 5건의 거부권을 행사하였다(전형철·함성득, 2005).

10　헌법 53조는 국회에서 의결된 법률에 대해 이의가 있을 때에는 15일 이내에 이의서를 붙여 국회
　로 환부하고 재의를 요구할 수 있도록 규정한다. 이에 대하여 국회는 재의를 붙이고, 재적의원 과
　반수의 출석과 출석의원 3분의 2의 찬성으로 재의하면 법률안은 법률로 확정된다. 따라서 대통
　령이 거부권을 행사하는 경우 국회에서 재의결하기 위해서는 절대다수의 찬성을 요구한다.

역사적 과업을 명분으로 특별위원회 구성과 전두환 정부의 주요인물 소환과 관련하여 대통령에게 압력을 가하였다. 국회에서 과반수 표결로는 야당들이 공조를 통해 성공을 거둘 수 있지만, 대통령이 거부한 법률안에 대해 국회에서 재의결을 위해 3분의 2의 지지가 필요하기 때문에 야당에 유리하지 않았다. 그러한 점에서 노태우 대통령이 행사했던 거부권은 몇 가지 시사점을 보여준다. 첫째로 거부권이 모두 분점정부 시기에 집중되어 있다는 것이다. 이는 정국의 주도권을 야당에게 넘겨주지 않겠다는 대통령의 의지가 반영된 것이라 할 수 있다. 거부권을 행사하면서 대통령은 이의사유를 법률적 해석에 근거를 두지만 사실은 정치적 고려에 의한 거부권 행사였다. 대통령이 거부권을 행사하면 국회가 이를 재의결하기 위해서는 국회의 부담이 훨씬 크다. 대통령이 거부권을 행사한 법률안에 대해 재의하는 경우라면 대다수의 의원들이 참석할 것이고, 그렇다면 현재 정당별 의석분포가 가장 중요하다. 비록 여당인 민정당이 과반의석을 차지하지는 못했지만 41.8%의 의석으로 야당의 재의결을 막기에는 충분한 의석비율이다. 따라서 대통령의 거부권 행사는 국회로부터의 법안을 부결시킬 수 있는 실질적이고 유용한 방법이 되었다.

여기에 대통령 거부권 분석에 대한 한 가지 흥미로운 주장을 소개할 필요가 있다. 일반적으로 대통령이 행사한 거부권을 대상으로 대통령과 국회의 갈등을 연구하지만, 실제로 거부권이 사용되지 않더라도 대통령이 거부권을 가지고 있다는 사실만으로도 국회에 영향을 미칠 수 있다는 의견이다. 대통령제에서 국회가 특정 법안의 통과를 원한다면 대통령과 충돌하지 말아야 한다. 만일 대통령이 거부권을 행사하더라도 재의결에 필요한 3분의 2 이상의 의원들의 동의를 얻을 수 있다면 대통령이 반대하는 법안이라도 국회에서 통과시키고 법안을 대통령에게 송부하면 된다. 하지만 의원들 3분의 2의 동의를 얻을 수 없을 것이라고 예측된다면 대통령의 의사가 반영되도록 법안을 수정한 후 대통령에게 이송하는 것이 법안통과를 위한 전략이 된다. 따라서 비록 대통령이 직접 거부권을 행사하지 않더라도 국회가 전략적으로 대통령의 의지에 따라 법안내용을 변경하는 경우가 있으며, 이때는 대통령의 거부권이 법안에 영향을 미쳤지만 실제로 거부권이 행사되지 않았기 때문에 법률기록으로는 남지 않는다. 한편, 같은 논리로 대통령도 거부권을 행사하여 국회로 환부한 법안이 재의결되지 않을 것이라는 확신이 있을 경우에 거부권을 행사할 것이다. 만일 대통령이 송부받은 법안을 반대한다 해도 국회에서 재의결될 것이 명확하다면 대통령은 자신의 명성을 떨어뜨리면서 아무런 소득이 없는 거부권 행사를 하는 것은 합리적이지 못하다. 결국 거부권이 직접 행사되어 기록으로 남는 것은 거부권의 영향력 중 일부라고 할 수 있다.[11]

이러한 논리에 따르면 노태우 대통령이 거부권을 행사할 때는 해당 법안이 국회에서 재의결될 가능성이 낮다고 판단하여 거부권이 성공할 수 있을 것이라는 계산이 있었을 것으로 추측된다. 그렇다면 국회에서 야당연합은 대통령이 분명히 거부권을 행사할 것을 예측하면서도 대통령의 의지와 배치되는 법안을 통과시키고 대통령에게 송부하였는지 설명해야 한다. 여기에서 정치의 상징성이 매우 중요하다. 국회가 제출한 법안이 대통령의 거부권 행사를 통해 비록 법률로 통과되지는 못한다 해도 법안통과의 좌절을 계기로 야당 간 연합을 공고히 하고 대통령을 공격할 수 있는 전환점을 만들 수 있다. 뿐만 아니라 국민들을 설득할 수 있는 기회로 활용할 수도 있다.

노태우 대통령이 처음으로 거부권을 행사하게 된 환경적 요인으로 1988년 7월 2일 대법원장 임명동의안이 사상초유로 부결된 것이 어느 정도 영향을 주었을 것이다. 대통령은 정기승 대법원장 후보에 대해 야당이 반대를 표명한 것을 알았지만, 사안별 연대를 모색해서 공화당의 협조를 통해 임명동의안을 통과시킬 수 있을 것이라는 기대를 했

---

11 이러한 해석은 합리적 선택의 관점에서 가능한 것이다. 정치의 상징성이 중요하다는 점에서 본다면 국회나 대통령은 법안이 통과되지 못하거나 재의결될 것을 아는 경우에도 법안을 제출하거나 거부권을 행사하는 경우도 생각할 수 있다.

다. 그러나 이러한 계획이 어긋나면서 느슨하고 막연한 연대에 기대하기보다는 대통령이 권한을 적극 행사함으로써 국회 내에서 여당인 민정당이 주도하지 못하는 상황을 스스로 극복해야 한다는 생각에 힘을 더욱 싣게 되었을 것이다.

더 관심 있게 살펴보아야 할 것은 1988년에 나타난 대통령의 거부권 행사와 관련된 법안들이 과거청산과 관련이 있는 법안들로서 대통령뿐 아니라 여당인 민정당을 구성하는 의원들에게도 정치적 부담이 되는 내용들이라는 점이다. 구체적으로 1988년 7월에 대통령이 거부권을 행사한 2개 법안의 핵심은 앞으로 열릴 〈제5공화국에 있어서의 정치권력형 비리조사〉와 〈5·18 광주민주화운동 진상조사〉 특별위원회에 핵심적 증인인 전두환 전 대통령을 대상으로 하는 구인제(拘引制)의 입법화를 추진하는 것이며, 이에 대해 노태우 대통령이 거부권을 행사한 것이다.[12] 대신에 여당은 과거청산을 위하여 전두환 전 대통령의 재산공개와 환수를 야당에 제안하였다. 그러나 이러한 타협은 과거청산 문제를 기점으로 정국의 주도권을 쥐려는 야당이 받아들일 수 없는 것이었다.

노 대통령이 거부권을 행사한 것은 이전 정권을 전면 부인하거나 청산하기 어려웠다는 것이 가장 중요한 동기로 작용했지만 집권초기 누렸던 대통령 지지도가 환경으로 작용했을 것이다. 민주화를 수용하고 안정과 발전을 내세운 노태우 대통령은 득표율보다 높은 지지를 받는 유리한 정치환경 속에서 야당들에게 마냥 끌려갈 수는 없다는 의지를 표명한 것이다. 갤럽조사에 따르면 대통령의 직무수행평가에서 노 대통령은 1년차 2분기에 55%를 넘었고 3분기에도 50%를 훨씬 넘었다. 물론 이러한 직무평가가 전두환 정부의 청산이 없어도 된다는 의미는

---

12 이 두 법안은 야당 단일안으로 야3당이 긴밀히 공조했다는 것을 표결결과로도 알 수 있다. 〈국정 감사 및 조사에 관한 법률〉에 대해서는 292명의 의원이 표결에 참여하여 찬성 164명, 반대 125명, 기권 2명이었다. 그리고 〈국회에서의 증언·감정 등에 관한 법률 개정법률안〉에 대해서는 292명이 참석하여 찬성 164명, 반대 125명, 기권 3명이었다. 여당인 민정당의 의원 수는 125명이다. 이처럼 두 개의 법안에 대해 동일한 찬반투표수가 나타난 것은 여당과 야당의원들의 의사가 명백하게 양극화되었다는 것을 보여준다.

〈표 1-5〉 노태우 대통령의 거부권 행사

일자	거부권 행사법안	재의결 결과
1988. 7. 15	국정감사 및 조사에 관한 법률 국회에서의 증언·감정 등에 관한 법률개정 법률안	출석국회의원 2/3의 동의를 얻지 못해 폐기
1988. 12. 30	1980년 해직공직자의 복직 및 보상에 관한 특별조치법	출석국회의원 2/3의 동의를 얻지 못해 폐기
1989. 3. 25	지방자치법중개정법률안	출석국회의원 2/3의 동의를 얻지 못해 폐기
	노동조합중개정법률안	임기만료로 폐기
	노동쟁의조정법중개정법률안	임기만료로 폐기
	국민의료보험법안	임기만료로 폐기

아니며, 취임 직후 누리는 새로운 정부에 대한 국민들의 기대감이 포함되어 있다. 그러나 대통령의 인기가 낮은 상태에서보다는 높은 지지도 속에서 거부권을 행사하기가 더욱 용이한 것은 사실이다.

그런데 이번 거부권 행사는 사실상 야당으로 하여금 노태우 대통령이 전두환 정부를 비호하려는 의도를 가졌다고 비난할 수 있는 빌미를 제공한 셈이다. 결과적으로 대통령의 거부권 행사 이후 여야는 〈국회에서의 증언·감정 등에 관한 법률 개정법률안〉에 대해 절충하여 증인을 구인하는 대신에 동행명령제를 신설하고 이에 불응하는 경우 국회모욕제로 처벌하는 규정을 두기로 하였다. 이처럼 전두환 정부 주역에 대한 증언을 전면적으로 막을 의도가 아니었다면 오히려 거부권을 행사하고 그 당위성을 홍보하기보다는 과감하게 과거를 청산하는 태도를 보이는 것이 정치적 부담을 줄이고 대통령으로서 리더십을 보일 수 있는 기회가 될 수도 있었을 것이라는 아쉬움이 남는다. 노태우 정부는 과거 정부와의 연계뿐만 아니라 새로운 민주정치의 시작이라는 이중성을 갖고 있어 과거청산의 과감한 시도가 향후 정국을 이끄는 데 훨씬 도움이 될 수 있기 때문이다.

〈1980년 해직공직자의 복직 및 보상에 관한 특별조치법〉은 1980년에 대량으로 이루어진 공직자들에 대한 복직과 보상에 관한 것으로 이는 전두환 정부의 출발이 부당하다는 것을 인정하는 것이다.[13] 따라서 노태우 대통령이 이를 받아들이기는 어려운 것이었다. 그러나 대통령이 인사질서 교란이나 예산상의 어려움을 이유로 거부한 것은 국민들을 설득하기에 충분치 않았다. 따라서 이전에 거부권을 행사한 2개의 법률안과 마찬가지로 대통령이 거부권을 행사한 것은 전두환 정부와의 완전한 단절의사가 없다는 것을 국민들에게 인식시킨 것이며, 야당은 이를 부각시키면서 공세를 취한 것이다. 그러나 이 법안에 대한 대통령의 거부권 행사는 언론의 큰 관심을 끌지는 못했다.

이후 1989년 3월 25일에 4건의 법률안에 대해 거부권을 행사하였다. 그런데 이들 중 〈노동쟁의조정법 중 개정법률안〉과 〈국민의료보험법안〉은 여야가 합의한 법률안에 대통령이 거부권을 행사했다는 점에서 이례적이라 하겠다. 이에 대하여 언론은 행정우월주의라고 비판하였다(〈동아일보〉, 1989. 3. 25; 〈한국일보〉, 1989. 3. 25, 각 신문의 사설 참조). 사실 법안의 내용을 보더라도 그 내용이 정치적으로 정부에 큰 부담이 되거나 정책적으로 정부의 방향과 배치되는 것이 아니었음에도 불구하고 자제가 필요한 거부권을 행사했다는 것은 결코 바람직하다고 할 수 없다.

3당합당 이후 국회 내 갈등

1990년 1월 3당합당 이전까지 대통령과 국회의 관계는 대통령이 리더십을 발휘할 기회를 갖지 못한 채 과거청산이라는 정치적 부담으로 인해 수세적이고 수동적 태도로 일관했다고 하겠다. 그러나 3당합당을 계기로 국회가 다시 여대야소로 바뀌면서 단점정부의 형태를 띠게 되

---

13 이 법안에 대해 대통령이 거부권을 행사한 이유를 여야가 합의했던 보상금(965억 원)을 훨씬 넘어선 2,720억 원의 예산이 소요되는 내용으로 야 3당이 독단적으로 통과시킨 것이 문제였다고 정부와 여당은 주장하지만, 예산만의 문제로 볼 수는 없다.

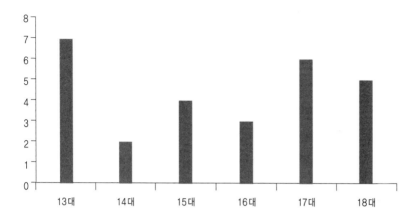

〈그림 1-1〉 민주화 이후 국회 폭력사태 빈도수

였다. 만일 3당합당 이전 대통령과 국회의 갈등이 여소야대의 문제였다면 3당합당 이후에는 이러한 문제들이 사라질 것이며, 국회의 정상적 운영을 기대하게 된다. 그런데 후반기 대통령과 국회의 관계가 이전보다 나아졌다고 할 수 없으며, 국회는 더욱 파행으로 접어들게 되었다. 인위적 정계개편에 따른 야당의 강경대응과 거대여당의 독주가 지속되었으며 이에 따라 변칙적 국회운영이 거듭되었다. 더욱이 임기말로 갈수록 차기 대권주자에 힘이 실리게 되면서 대통령의 리더십은 거의 주목을 받지 못하게 되었다.

국회내부의 갈등을 직접적으로 보여주는 자료로 폭력충돌 빈도수를 볼 수 있다. 〈그림 1-1〉을 보면 민주화 이후 13대 국회에서 가장 많은 폭력충돌의 횟수를 기록하였다. 여기서 더 중요한 것은 13대 국회에서 발생한 7건의 국회 폭력충돌이 모두 3당합당 이후에 발생했다는 사실이다. 그리고 이 중 5번의 사례가 민자당이 다수의석을 무기로 독단으로 법률안을 통과시키는 과정에서 발생했다. 이는 분명히 국회의 주도권을 민자당이 갖게 되었다는 것을 의미하기도 하지만 그 과정에서 야당인 평민당이 강하게 저항했음을 보여준다. 국회 내 다수당인 민자당은 이전 민정당의 온건전략에서 강경전략으로 그리고 유일한 원내 야당인 평민당은 초강경의 전략을 취하게 되었기 때문이다. 노태우 대통령 역시도 국회에서 여당의 강경한 입장을 주장하였는데, 1990년 방송법안 처리의 강행으로 발생한 폭력사태에 대해 "민자당은 자만해서도 안 되지만 결코 유약해서도 안 되며 국민을 생각하는 차원에서 의연하게 정도를 가는 모습을 보여줘야 할 것 …"이라며, "토론은 격렬하게 하더라도 처리는 대의정치와 다수결의 원칙이 존중돼야 한다"(〈경향신문〉, 1990.7.12, 2면)는 입장을 고수하여 타협보다는 의석수 우세를 바탕으로 의회를 지배하고자 하였다. 결과적으로 국회의 다수당이 된 민자당이 합의를 바탕으로 하며 정치발전을 위해 내세운 3당합당이라는 명분이 실질적으로 정치발전에 도움을 주지 못한 것으로 판단된다.

글을 마치면서

이 글에서는 대통령과 국회의 관계를 대통령의 개인적 리더십에 의해 설명하는 기존의 분석방식을 지양하고 정치구도와 상호행위 관계의 틀에서 분석을 시도하였다. 특히 헌정사상 처음 경험하는 여소야대의 정국에서 대통령과 국회라는 두 권력기관의 갈등이 전개되는 과정에 초점을 맞추었다. 분점정부가 단점정부보다 효율성이 낮을 것이라는 일반론에도 불구하고 13대 국회의 산출물을 분석해 보면 다른 국회보다 오히려 생산성이 높은 것으로 나타났다. 그러나 그러한 결과가 대통령과 국회의 상생을 위한 노력의 산물은 아니었다. 그동안 권위주의 정권 아래에서 당연히 제정되거나 개정되어야 할 많은 법률들이 비로소 정비되었다고 보아야 한다. 여기에는 민주주의를 위한 정치사회적 환경에 대한 정치권의 공감대가 형성되어 있었기 때문에 가능한 것이다. 이미 총론적으로 민주화의 정치발전은 불가역적이었지만 민주주의 발전을 위한 각론적 방법과 정치운영에는 준비가 제대로 되어 있지 못하였다. 따라서 대통령은 자신의 의지를 반영하지 못하는 야당세력을 적대시 했으며, 차기대권을 준비하는 야당지도자들은 정치영향력 확대에 몰두하여 대통령과의 협조나 갈등을 판단하였다.

대통령제라는 제도 속에서 대통령과 국회는 구조적으로 긴장관계에 있을 수밖에 없지만, 여기서 발생하는 갈등이 어떻게 전개되고 해결되는지에 대해 관심을 기울일 필요가 있다. 노태우 정부 초기에는 권위주의의 과거청산이라는 시대적 과제의 주역으로 야3당이 주도권을 갖고 정국을 이끌었고, 이에 대해 대통령은 과거청산의 당위성은 인정하지만 정치적 뿌리를 둔 전두환 정부와의 완전한 단절을 시도하지는 못하여 정치적 명분싸움에서 수세적 입장에 놓이게 되었다. 노태우 정부는 외면적으로 시대적 요구인 민주화와 내면적으로 권위주의 지배체제의 특성을 지니는 모순적 위치에 있었던 것이고(진덕규, 1994: 33), 이러한 양면성이 국회와의 관계에서 그대로 반영되었다.

대통령과 국회의 관계를 규정하는 데 중요한 요인이 국회의 행위자인 정당이다. 우선 정당기율이 강하고 권력이 정당지도자에게 독점되어 있는 정당구조에서 각 개인의 의원들은 행위자로서 역할을 하지 못한다. 이러한 전통은 13대 총선에서 나타난 지역주의의 위력으로 더욱 강화되었다. 따라서 차후 대권을 노리는 3김은 자신의 권력을 확대하고 강화하기 위해서 정당들을 도구화하였으며, 실제로 정국의 운영은 3김과 노태우 대통령에 의해 결정되었다. 이처럼 소수 정당지도자에 의한 정치권력 구도는 오히려 민정당 총재인 노태우 대통령이 국회 내 소수당의 한계를 극복하기 위해서 정책적 연합을 꾀하려 시도하는 데 용이한 조건을 마련해 주었다. 의원들이 일사불란하게 정당지도자의 명령에 따르기 때문에 다른 정당의 협조를 얻고자 할 때 반발하거나 자율투표를 하는 의원들이 없기 때문이다.

야당과 협조한 최초 사례로는, 비록 실패하기는 하였지만 1988년 7월 정기승 대법원장 임명 동의안 표결과정에서 공화당과의 협조모색이라 할 수 있다. 그리고 1988년 12월 2일 예산안 심의에서 여당이 민주당과 공화당의 협조 속에서 농어가부채탕감을 예산에 반영해야 한다는 평민당과 표 대결을 벌여 예산안을 통과시킨 것은 정책연합 전략의 결과라고 하겠다. 여당의 야당과 선별적 정책연합이 가능한 이유 중 하나는 야당들 사이의 경쟁이다. 차기대권을 염두에 둔 야당지도자 3김은 여당을 견제하는 야당의 역할을 하는 데 있어 정국을 파행으로 몰고 간다는 인상을 국민들에게 주지 않아야 했다. 건설적 정부비판과 견제라는 이미지를 갖기 위해서는 집권당에 대한 견제와 협조라는 양면적 태도를 취해야 하고, 동시에 다른 차기 대권주자들을 항상 의식해야 했다.[14]

3당합당 이전까지는 정국이 야당이 주도하는 국회에 의해 결정되는 경우가 많았으며 여기에 대통령이 간헐적 정책연합에도 불구하고 수세적 입장에 놓여있었다. 과거청산이라는 역사적 명분과 국회에서 과반수의 의석을 차지하지 못한 것이 국회와 관련하여 대통령의 의사결정에 가장 중요한 요인이었다. 그러나 3당합당 이후는 위에서 언급한 2가지 문제가 모두 해결된 정치국면이다. 이에 따라 노태우 대통령은 권위주의 정권시기에 대통령이 누렸던 권력집중과 국회지배의 기회를 갖게 되었다. 그럼에도 불구하고 국회가 3당합당 이전보다 더욱 갈등에 빠져들게 된 것은 홀로 남게 된 평민당이 여당에 대한 초강경한 비판과 저항으로 정치적 지지를 획득하려는 전략을 택한 것이 하나의 이유가 된다. 앞에서 살펴봤듯이 13대 국회에서 모든 폭력사태는 1990년 이후에 발생하였는데 여기에는 야당의 강한 반발과 아울러 국회를 지배하게 된 민자당의 독선적 국회운영이 서로 맞물려 작용했기 때문이다. 대표적인 사례가 1990년 7월 임시국회에서 여당이 26개 법률안을 독단적으로 통과시키자 야당의원들이 사퇴서를 제출하고 이후 약 70일간 장기적으로 국회가 공전됨으로써 국정에 차질을 빚은 것이다.

앞에서 지적했듯이 한국의 국회를 이해하기 위해서는 통치구조뿐만

---

14 조정관(2009: 16)은 노태우 대통령의 선거공약이었던 중간평가의 취소와 5공청산에서 전두환 전 대통령의 국회증언방식의 선택 등이 이러한 구도에서 이루어진 정치적 타협이었다고 본다.

아니라 정당체계에도 관심을 기울일 필요가 있다(박동서, 1996). 정당체계가 안정화되지 못한 상태에서 선거 때마다 새로운 정당이 등장하여 유권자들이 정당일체감이나 책임정당에 따른 투표를 할 수가 없으며, 따라서 정당의 차별성은 정당지도자의 지역적 기반에 따르게 된다. 그리고 이처럼 지역지배정당의 공고화는 3당합당이라는 인위적 정계개편이 의회정치의 환경을 완전히 뒤바꾸어 놓았던 것이다.

권위주의 정부에서는 경험하지 못한 국회의 행정부에 대한 우월적 위치 및 이에 대한 대통령의 견제로서 거부권 행사와 법률안 통과에 실패한 야당의 저항 등은 분명히 민주화 과정의 산물이다. 단기적으로 대통령과 국회가 심한 갈등에 빠져 정치가 교착상태에 빠진다 해도 장기적 관점에서 대통령제에서 발생할 수 있는 문제를 경험하고 건설적 교훈을 얻는다면 규범에 매달려 부정적으로만 비판할 이유는 없다. 노태우 정부가 권위주의가 종식되고 민주화 시대로 진입하는 과도기에 놓여 있었다는 평가를 받아들인다면, 대통령을 국회와의 관계에서 다수가 지적하는 유약한 리더십을 기초로 비판하기보다는 주어진 환경에서 합리적 선택을 고민했던 것으로 평가하는 것이 일견 타당하다고 본다. 하지만 대통령이 정당민주화와 국회와의 관계를 제도적 개선을 넘어 운영적 개선으로 이끌 수 있는 장기적 관점을 모색하는 것에는 부족했다고 평가하게 된다. 국회와의 관계에서 주도권을 가질 수 있었던 1990년 이후에도 대통령은 소속정당 권력을 독점하면서, 정당민주화를 도모할 수 있는 기회가 있었지만 정권유지와 정책의 효율성에 중점을 두고 정당과 국회를 다시금 도구화하였다. 그 과정에서 야당과의 관계에서도 대통령의 우월적 위상을 당연하게 받아들이고 여당을 경원시하는 모습을 보였다.[15]

---

15 1989년 예산심의가 야당인 평민당의 강한 반발 속에서도 제 날짜에 통과하자 대통령이 이튿날 원내총무를 청와대로 불러 수고했다고 격려했다. 이에 그치지 않고 예결위원장인 자당소속 정종택 의원에게 전화를 걸어 수고를 치하했다(〈동아일보〉, 1988.12.2, 2면).

■ 참고문헌

단행본

국회사무처(2008), 《의정자료집》, 국회사무처.

김용호(2001), 《한국정당정치의 이해》, 나남.

진덕규(1994), "노태우 정부의 권력구조와 정치체제", 안청시 외, 《전환기의 한국 민주주의, 1987~1992》, 법문사.

Cox, Gary. & Samuel Kernell. (1991), *The Politics of Divided Government*, Boulder: Westview Press.

Linz, Juan J. (1994), "Presidential or Parliamentary Democracy: Does It Make a Difference?", Juan J. Linz & Arturo Valenzuela(ed.), *The Failure of Presidential Democracy*, Baltimore: Johns Hopkins University Press.

학술논문 및 보고서

곽진영(2003), "국회-행정부-정당 관계의 재정립: 분점정부 운영의 거버넌스", 〈의정연구〉 16호, 161~186쪽.

박동서(1996), "문민정부하의 의회와 행정부의 관계", 〈의정연구〉 3호, 74~93쪽.

박찬표(2001), "의회-행정부 관계의 유형과 변화: 약한 정책적 통제와 강한 정치적 통제의 부조화", 〈의정연구〉 12호, 71~98쪽.

오승용(2008), "분점정부가 국회 입법에 미치는 영향: 중요법안 처리결과를 중심으로", 〈의정연구〉 26호, 61~93쪽.

_____ (2010), "민주화 이후 국회생산성 추이분석: 대통령-의회 관계를 중심으로", 〈의정연구〉 29호, 101~144쪽.

장전훈(2004), "한국 분점정부의 운영과 결과: 의회운영 결과에 대한 경험적 분석을 중심으로", 〈한국정당학회보〉 3권 2호, 225~253쪽.

장 훈(2001), "한국대통령제의 불안정성의 기원: 분점정부의 제도적, 사회적, 정치적 기원", 〈한국정치학회보〉 35집 4호, 107~127쪽.

전형철·함성득(2005), "한국 대통령의 법률안 거부권에 관한 연구: 영향요인을 중심으로", 〈행정논총〉 43권 4호, 63~93쪽.

정진민(2008), "생산적 국회운영을 위한 대통령-국회 관계와 정당", 〈한국정당학회보〉 12호, 77~102쪽.

조정관(2009), "민주화 이후 국회-대통령-정당의 상생관계?: 역사적 관점에서", 〈의정연구〉 27호, 5~39쪽.

3당합당 : 민주화 이후 한국 정당정치 전개의 분기점

2

최준영

들어가며 : 왜 3당합당인가?

정치영역에서 한 번 형성된 제도·정책·관습 등은 경로의존성(*path dependence*)을 지니게 될 가능성이 매우 높다(North, 1990; Pierson, 2000). 경로의존성은 넓은 의미에서 먼저 발생한 사건이 그 뒤에 이어서 발생하는 사건들의 형태나 성격을 규정짓는 데 결정적 영향을 미친다는 것으로 정의할 수 있다(Sewell, 1996). 이를 좀더 구체적으로 기술하면 한 번 형성된 제도나 관습이 일정한 경로로 진입하여 발전하기 시작하면 이를 대안적 경로로 전환시키는 데 드는 비용이 너무 크기 때문에 그 경로가 그대로 유지될 가능성이 매우 높다는 것을 의미한다 (Levi, 1997). 즉, 한 번 선택된 경로를 유지하는 것이 경로를 전환시키는 것보다 비용 대비 이윤이 더 크기 때문에 제도나 관습 등은 자기강화적(*self-enforcing*) 성격을 지니면서 그 이후에 발생하는 일련의 사건들에 영향을 미친다는 말이다.

이러한 경로의존성은 경제영역에 비하여 특히 정치영역에서 자주 목격된다. 이는 정치가 지니는 다음과 같은 3가지 특성에서 기인한다 (Pierson, 2000, 2004). 첫째, 일반적으로 정치영역에서는 시장에서 볼 수 있는 경쟁적 메커니즘이 없거나 있어도 매우 빈약하다.[1] 활발한 경쟁이 이루어지는 경제영역에서 특정 제도나 조직이 매우 낮은 수익을 올리는 경우 경쟁관계에 있는 다른 제도나 조직으로 비교적 쉽게 대체될 수 있다. 그러나 정치영역에 존재하는 제도나 조직은 그에 대한 대안이 아예 존재하지 않거나 혹은 매우 적기 때문에 쉽게 대체되기 힘들다. 따라서 정치영역에서 형성된 기존의 제도나 조직은 그대로 유지될 가능성이 상대적으로 높다.

둘째, 정치영역의 경우 경제영역과 비교하여 볼 때 장기적 관점보다는 근시안적 관점에서 결정이 내려질 가능성이 높다. 예를 들어 삼성의 이건희 회장은 삼성을 이끄는 실질적 소유주로서 장기적 관점에서 어떠한 조직적 개선이 더 높은 이윤을 창출할 수 있을지 생각하고, 이에 따라 새로운 조직적 변화를 이끌어낼 수 있는 선택의 자유를 지닌다. 그러나 정치인들에게 그러한 자유는 주어지지 않는다. 이들은 짧은 임기를 마치고 나면 바로 재선의 과정에 돌입해야 하는, 매우 짧은 시간적 지평(*time horizons*) 속에 사는 존재이다. 따라서 이들은 장기적으로 이윤이 되는 것보다는 단기적으로 이윤이 되는 것을 추구할 유인이 높다. 이러한 정치인들의 속성을 놓고 볼 때 이들이 이미 형성된 정치적 제도나 관습을 개선하기 위해 노력할 가능성은 그리 높지 않다. 왜냐하면 제도적 개선을 이루기 위해 치러야 하는 비용은 자신이 지불해야 하지만 그에 따른 이익은 일반적으로 먼 훗날 발생할 가능성이 높으며, 따라서 자신의 재선에 직접적인 도움이 되지 않을 것이라 생각할 수 있기 때문이다. 결국 일단 도입된 정치적 제도나 관습은 그것이 심각한 문제가 있다 하더라도 정치인들의 적극적인 개선 노력을

---

1 물론 선거의 영역은 예외적으로 경쟁의 논리가 상당부분 적용될 수 있다.

이끌어내기 힘들고, 그렇기 때문에 그대로 유지되면서 향후의 사건발생에 지속적인 영향을 미친다.

셋째, 정치적 제도나 관습은 현상유지적 편향성을 지닌다. 일반적으로 일단 도입된 정치적 제도나 정책은 매우 성공적으로 변화에 저항할 수 있다. 예를 들어 정치영역에서는 한 번 정해진 정치적 제도(예를 들어 헌법)를 바꾸기 위해선 의원의 3분의 2 이상이나 만장일치의 찬성이 요구된다는 규정을 흔히 찾아볼 수 있다. 3분의 2 이상이나 만장일치의 동의를 얻기는 단순과반수의 동의를 얻는 것보다 훨씬 어렵다. 그러므로 이와 같은 규정은 정치영역에서 변화를 어렵게 만드는 일종의 진입장벽으로 기능한다. 또한 정치적 제도를 변화시키고자 하는 작업은 필연적으로 서로 상이한 관점을 지닌 다수의 정치인과 시민들의 개입을 수반하며, 이러한 상황은 하나의 합의된 결정에 도달하는 비용을 높인다(Buchanan & Tullock, 1962). 그리고 이처럼 합의된 결정에 도달하기 어려운 상황에서는 일반적으로 변화보다는 현상유지가 그 결과로 나타난다.

이와 같이 정치적 제도·관습·정책 등이 강한 경로의존성을 지닌다는 점을 고려할 때, 현재의 정치적 상황을 보다 적절히 이해하기 위해서는 시간의 궤적을 거꾸로 거슬러 올라가 그러한 상황을 유발시킨 특정한 역사적 경로가 어디에서 기원하였는지 살펴볼 필요가 있다. 그리고 그러한 역사적 분기점이 구체적으로 어떻게 향후 정치적 전개양상에 영향을 미치게 되었는지 분석할 필요가 있다. 그렇다면 경로의존성에 입각한 연구를 수행하기 위해 우리가 가장 먼저 생각해 봐야 할 것은 다음과 같은 2가지이다. 하나는 우리가 관심을 가지는 현재의 상황이 무엇인가 하는 점이고, 또 다른 하나는 그 상황이 과거의 어떤 사건에서 시작되었는지 그 중대기점(critical juncture)을 찾는 것이다.

이 연구가 관심을 두는 것은 현재 한국 정당정치의 전개양상이다. 즉, 여당과 야당 간의 치열한 정파적 갈등이 존재하고, 다수당은 수의 논리로 그리고 소수당은 완력의 논리로 자신의 입장을 관철하려 하며,

선거철만 되면 정당의 이합집산·합종연횡이 빈번히 일어나고, 정책의 실현보다는 권력획득에 몰입되어 있는 정치인이 대다수이며, 결과적으로 정당과 정치인에 대한 국민들의 불신이 매우 높은 그러한 상황 말이다. 왜 한국의 정당정치는 이러한 성격을 띠게 되었을까? 그 역사적 기원은 무엇일까? 필자는 이러한 현상이 노태우 정권 시기에 이루어졌던 민정당·민주당·공화당의 3당합당으로부터 시작되었다고 생각한다.

노태우 정권을 흔히들 과도기적 정부라고 지칭한다(김일영, 1998; 진덕규, 1994). 노태우 정권이 과도기적 정부라 불리는 이유는 권위주의 정권을 이끌었던 전두환과 같은 태반에서 태어났으나 6·29 민주화선언 이후 한국 정치의 민주화를 이끌어가야 했던 상반된 성격을 동시에 지녔기 때문이다. 그러므로 노태우 정권 시기에 한국은 권위주의로의 회귀와 민주주의의 심화라는 2가지 가능성을 동시에 안고 있었다. 그러나 다행히도 한국은 후자의 길로 접어들게 되었고,[2] 따라서 노태우 정권 시기는 권위주의적 요소가 혼재되어 있었음에도 불구하고 오늘날 한국의 민주주의가 최초로 그 틀을 형성하기 시작한 정초(定礎)의 시기라 평가할 수 있다.

이처럼 현재의 한국 민주주의가 노태우 정권 시기에 시작되었다는 점을 전제로 할 때, 그리고 정치적 제도·관습·정책 등은 강한 경로의존성을 지닌다는 점을 상기할 때, 오늘날 한국 민주주의에서 발현되는 여러 가지 측면들은 상당부분 노태우 정권 시기에 그 기원을 둔다고 생각할 수 있다. 민주화 이후 한국 정당정치의 전개양상도 마찬가지인데, 이는 향후 한국 정당정치 발전경로에서 매우 중요한 의미를 지니는 2가지 정치적 사건이 노태우 정권 시기에 발생하였기 때문이

---

2 한국이 민주주의 심화의 길로 접어들게 된 데에는 노태우 정권 당시의 시대적 상황이 중요한 역할을 담당하였다. 노태우 집권 당시 과거 권위주의를 지탱하였던 이념적 축인 반공주의와 경제발전주의가 공산권의 몰락과 한국의 경제발전으로 인하여 그 의미를 대부분 상실했다. 그러므로 이 시기 권위주의로의 회귀는 매력적인 대안이 될 수 없다는 구조적 요인이 존재하였고, 이러한 요인이 한국 민주주의 발전에 결정적인 영향을 미치게 되었다(강정인, 2009).

다. 여소야대 정국의 등장과 이를 붕괴시킨 3당합당의 형성이 바로 그 것이다. 여소야대 정국이 한국의 민주주의가 첫걸음을 내딛는 시점에 이루어졌다는 점을 고려할 때, 이 시기에 많은 혼란과 문제점이 야기 될 가능성이 높았다는 점은 부인할 수 없는 사실이다. 그러나 그러한 문제점들에도 불구하고 여소야대 정국은 지금의 상황과는 전혀 다른 방향으로 한국 정당정치가 발전할 수 있는 여러 요소들을 내재하고 있었다. 3당합당이라는 돌발적 사건은 이러한 요소들이 싹을 피우기도 전에 사라지게 만들었고, 그 이후 한국 정당정치는 3당합당이 만들어 놓은 경로를 따라 전개되기 시작하였다.

이 장은 노태우 정권 당시 여소야대 정국을 대체하며 등장하였던 3 당합당이 현재 한국 정당정치에 경로의존적으로 어떠한 영향을 미치는 지 살펴보는 것에 연구의 목적을 두고 있다. 이를 위해 이 연구는 두 번째 절에서 3당합당 이전의 여소야대 정국이 어떤 측면에서 3당합당 이 만들어낸 경로와는 다른 경로로 이어질 가능성이 있었는지 살펴본 다. 세 번째 절에서는 3당합당의 주역인 노태우, 김영삼, 김종필이 어 떤 이유로 3당합당을 하게 되었는지 살펴보고, 네 번째 절에서는 3당 합당과 그 이후에 전개된 여러 가지 정치적 사건들이 어떻게 오늘날 한국 정당정치의 양상으로 연결되었는지 분석한다. 마지막 절은 결론 으로서 3당합당이 만들어 놓은 경로가 대안적 경로로 전환될 수 있는 지 그 가능성을 타진한다.

제13대 총선과 여소야대 정국

1988년 4월 26일 제13대 총선을 앞두고 노태우 대통령과 민정당은 압 승을 거둘 것이라 확신했다. 이들의 이와 같은 확신이 근거가 없는 것 은 아니었다. 각종 여론조사나 언론매체들이 민정당의 과반수 의석확 보를 예상했기 때문이다(노태우, 2011; 박상철, 1988). 예를 들어 선거

일을 하루 앞둔 4월 25일 청와대 수석회의에서 최병렬 정무수석은 "한 국갤럽의 조사에 따르면 … 총선에서 전체 224개 지역구 중에서 53% 인 119개 지역구에서 당선할 것으로 예상"한다고 보고하였다(박철언, 2005). 1987년 대선 승리의 여세를 몰아 총선에서도 압승을 거두어 안 정된 기반 속에 노태우 정권이 순조로운 항해를 해 나갈 것이라는 데 이의를 제기하는 사람은 거의 없어 보였다.[3]

그러나 총선결과는 전혀 예상 밖이었다. 권위주의 체제에서는 상상 도 할 수 없었던 여소야대 정국이 등장하게 된 것이다. 민정당은 제1 당이 되기는 하였으나 전체 299석 중 과반수에 크게 못 미치는 125석 만을 차지하였다. 반면 야3당은 제1야당인 평민당(70석), 제2야당인 민주당(59석), 제3야당인 공화당(35석) 모두 합쳐서 164석을 확보하 여 야3당의 공조여부에 따라 의정활동을 주도할 수 있는 확고한 기반 을 마련하게 되었다.

이러한 여소야대 구조는 여야 정치인 모두에게 매우 생소한 것이었 다. 과거 권위주의 체제에서 여당은 언제나 국회 과반수의 의석을 차 지하는 다수당의 위치를 점했다(박찬욱, 1992).[4] 국회 과반수의 의석 을 차지하는 여당은 굳이 야당의 의견을 의정활동에 반영할 필요성을 느끼지 못하였다. 여야 간 대화와 타협보다는 수의 논리로 밀어붙여 여당 단독으로 법안을 처리하는 경우가 빈번하게 발생하였고, 야당의 저항이 심한 경우 변칙적 방법까지 동원하여 자신의 의지를 관철시키 기도 하였다.[5] 한편 항상 소수당에 머무를 수밖에 없었던 야당은 독재

---

3 청와대와 민정당의 총선에 대한 이와 같은 낙관적 전망은 1988년 초부터 시작된 국회의원선거법 개정에서 야당이 주장하였던 소선거구제를 전격적으로 받아들이는 계기가 되었다. 그러나 결과적 으로 소선거구제의 채택은 민정당의 패배에 중요한 역할을 하였다. 이에 대한 자세한 논의는 김용 호(1994), 박상철(1988), 심지연(2009)을 참조할 것.

4 물론 이 당시 선거결과는 공정한 과정을 통해 이루어지지 않은 것이 대부분이었다. 선거와 관련된 제도 자체가 여당에게 매우 유리하게 만들어져 있었고(신명순, 1994; 조진만, 2009), 때때로 여 당은 독재정권의 비호 아래 불법적인 방법을 사용하여 표를 획득하는 일도 서슴지 않았기 때문이 다. 이처럼 선거과정 자체가 절대적으로 여당에 유리하게 되어 있는 상황에서 여당은 언제나 과반 수의 의석을 차지하여 다수당의 위치를 독점할 수 있었다.

5 박찬욱(1992)에 따르면 이러한 다수당의 변칙적 행위들로 "의사일정의 단독결정, 야당질의의 일

정권에 대항하여 정치적 자유와 시민의 기본권을 확보하는 데 주력하였다. 그러나 다수라는 물리적 힘으로 밀어붙이는 여당을 상대로 소수의 의견을 합법적으로 의사결정 과정에 반영하는 것은 현실적으로 매우 어려운 일이었다. 이러한 상황에서 야당은 비제도적이고 비합법적인 수단을 사용하여 극단적으로 여당에 저항할 수밖에 없었다.[6] 야당의 여당에 대한 이와 같은 저항은 거의 대부분 실패로 귀결되었다(강원택, 2005; 박찬욱, 1992; 조진만, 2009). 그러나 이러한 저항은 독재권력에 맞서서 민주주의를 쟁취하기 위한 정의로운 투쟁의 일환으로 간주되었고 따라서 도덕적 명분과 정당성을 국민들로부터 확보할 수 있었다.

여소야대 구조는 이러한 과거의 정당정치 패턴이 더 이상 적용될 수 없는 상황을 창출하였다. 여당인 민정당은 국회 과반수의 의석을 확보하는 데 실패함으로써 권위주의 체제 당시처럼 수의 논리로 밀어붙여 의사결정과정을 독점하는 것이 현실적으로 불가능하게 되었다. 한편 야당은 야 3당 간의 공조체제를 적절히 만들어내기만 한다면 의정활동의 주도권을 쥘 수 있게 되었으며, 따라서 과거처럼 비제도적이고 비합법적인 수단에 의존하지 않고서도 자신의 의견을 의사결정과정에 반영할 수 있는 길이 열리게 되었다. 이러한 여소야대 구조의 등장이 제시하는 메시지는 분명하였다. 그것은 날치기, 밀어붙이기, 농성, 투쟁, 공작 등과 같은 기존 정당정치의 관행이 적실성을 상실하고, 대신 정당 간 정책적 경쟁, 대화, 협상, 타협, 연합 등과 같은 의회주의의 본질적 요소가 한국 정당정치의 핵심으로 부상하게 되었다는 점이었다(김일영, 1998).

방종결, 유인물에 의한 제안설명의 대치, 토론 등 논의절차의 돌연한 생략, 회의 중 집단퇴장, 회의불참 및 소집불응, 단독비밀 회의의 소집, 경위를 동원한 회의장으로부터의 야당의원 추방, 의안의 전격 날치기 통과" 등이 존재하였다.

6 이들이 자주 사용했던 비제도적 방법들로는 "완력에 의한 의사진행 방해(의사봉과 마이크 탈취, 발언대 및 의장석 점거), 회의장과 복도점거, 농성 및 단식투쟁, 회의 중 집단퇴장, 회의불참 및 소집불응" 등이 있었다(박찬욱, 1992).

노태우 대통령을 비롯한 여야 정치인 모두 여소야대 구조가 지니는 이와 같은 의미를 잘 이해하고 있었다. 제13대 국회 개원식에서 노태우 대통령은 치사를 통해 "수적 우위에 의한 집권당의 일방적 독주와 강행이 허용되던 시대도, 소수당의 무조건 반대와 투쟁의 정치가 합리화되던 시대도 지나갔다"고 선언하였다(공보처, 1992). 같은 자리에서 국회의장 김재순은 "4당 병립의 분포야말로 한국 정치사에서 대화와 타협정치의 확고한 전통을 세우게 된 황금분할이었다고 기록될 수 있도록 모두의 지혜와 정성을 바치자"고 제안하였다(심지연, 2009). 또한 각 당의 대표들도 동일한 맥락에서 대표연설을 하였는데, 민정당의 윤길중, 평민당의 김대중, 민주당의 김영삼, 공화당의 김종필 모두 대화와 타협에 의한 화합의 정치를 강조하였다(심지연, 2009).

여소야대 정국에 대한 이와 같은 공동의 인식에 입각하여 1988년부터 3당합당이 형성되기까지 약 2년의 기간 동안 4개 정당의 대화와 타협에 의한 정당정치가 본격적으로 이루어지기 시작하였다. 이와 관련하여 대표적인 사례 몇 가지를 들어보면 다음과 같다. 우선 국회 원구성 방식을 수정하기 위한 국회법 개정을 둘러싸고 여야 간 협상과 타협이 진행되었다. 기존의 원구성 방식은 다수당이 국회의장직을 비롯하여 모든 상임위원회 위원장직을 독점하는 것이었다. 이에 반해 새로운 원구성 방식은 각 정당의 의석수에 비례하여 상임위원장직을 배분하도록 정해졌다(유병곤, 2006). 이러한 원구성 방식의 변화는 국회 의사결정과정이 다수당에 의해 독점되는 것을 방지하고 여러 정당들 간의 합의를 통해 이루어질 수 있도록 제도적 장치를 마련한 것이었다고 평가할 수 있다.

또한 1989년 봄 정국을 뜨겁게 달구었던 노태우 대통령 중간평가 실시 여부를 둘러싼 갈등도 여당과 제1야당 간 타협을 통해 문제의 해법을 찾았다. 김영삼을 중심으로 중간평가 실시가 강력하게 제기된 상황에서 김대중은 노태우와의 회담에서 중간평가가 헌법에 위배됨을 지적하여 노태우가 중간평가 실시 유보를 결정할 수 있도록 지원하였다(노태우, 2011; 심지연, 2009). 이는 여소야대 정국 시기에 야3당 간에도 의견의 차이가 존재하였다는 사실 그리고 특정 야당을 배제한 상황에서 나머지 야당과 여당의 소통이나 타협도 얼마든지 가능하였다는 사실을 보여준다.[7]

한편 1988년 야3당이 공동으로 제안한 〈국정감사 및 조사에 관한 법률안〉과 〈국회에서의 증언·감정 등에 관한 법률 개정법률안〉의 국회 본회의 통과는 정당 간 대화와 타협이 얼마나 중요한 역할을 하는지를 보여주는 또 하나의 사례가 될 수 있다. 야3당은 법안심의과정에서 "재적 3분의 1 이상의 찬성으로 국정조사가 발동된다"는 조항과 "증인이 정당한 이유 없이 2회 이상 출석하지 않거나 동행을 거절했을 때 위원회의 의결로 법원에 증인의 구인을 요구할 수 있다"는 조항을 각각의 법률안에 첨부하고, 이를 표결에 부쳐 통과시켰다. 민정당은 이 법안들이 행정부에 대한 야3당의 견제능력을 강화시킬 가능성이 높다고 판단하여, 전술한 두 조항이 헌법에 위배될 수 있으며 또한 증인에 대한 인권침해의 요소도 지닌다는 점을 들어 강력한 반대를 표명하였다. 결국 노태우 대통령은 두 법안에 대한 거부권을 행사하였는데, 대통령의 거부권을 번복하는 데 필요한 의결 정족수를 확보하지 못한 야3당은 민정당과 타협점을 찾아 쟁점이 되었던 부분을 수정해 만장일치로 통과시켰다(공보처, 1992). 이 사례가 중요한 이유는 첨예한 갈등이 내재된 쟁점법안이었음에도 불구하고 여야 모두 정해진 의사결정규칙에 따라 움직였고, 물리적 충돌보다는 대화를 통한 타협으로 각자가 얻을 수 있는 최선의 것을 얻고자 노력하는 모습을 보였다는 점이다.

---

7 중간평가 논란 당시 여권의 일각에서는 중간평가를 통한 정계개편 시도를 구상하였고, 이를 통해 3김 시대의 청산을 시도하였던 것으로 알려져 있다. 그러나 노태우 대통령은 "중간평가에서 이긴다 하더라도 … 3김이 물러나지 않을 것이고 그래서 후퇴하지 않을 명분을 찾으려 할 경우 여야는 극한 대립으로 치달아 결국에는 나라가 혼란스러워질 것"이라 우려하였다. 그리고 때마침 평민당의 김대중 총재가 영수회담에서 중간평가 실시의 위헌가능성을 제시하자 중간평가를 유보하는 쪽으로 최종 결정하였다(노태우, 2011: 470~472).

1988년 말부터 1989년 말까지 거의 1년 동안 정국의 초점이 되었던 5공청산을 위한 광주민주화운동 진상조사특위와 5공비리특위의 활동은 표면적으로는 민정당을 배제한 채 야3당에 의해 밀어붙이기 식으로 진행된 것처럼 보인다. 그러나 5공청산은 실제로 민정당과 야3당이 적절한 타협을 하는 과정의 산물이었다. 이론적 관점에서 볼 때 전두환 정권을 승계한 노태우 정권에게 있어서 5공청산이라는 판도라의 상자는 열지 않고 그대로 덮어두는 것이 최선의 선택이었다고 할 수 있다. 그러나 당시 5공청산에 대한 국민적 열망이 대단히 높았고 노태우 자신도 5공청산에 대한 작업은 어떤 형태로든 이루어져야 한다고 생각했기 때문에(노태우, 2011), 5공청산을 그대로 덮어두고 가는 것은 현실적으로 불가능하였다. 문제는 5공청산이라는 판도라의 상자를 먼저 열어젖힌 주체가 노태우와 민정당이 아니라 공조체제를 구축한 야3당이었다는 점이다. 야3당이 주도적으로 이끌어 나간 5공청산 정국에서 노태우 정권이 할 수 있는 최선의 방안은 야3당이 주장하는 5공청산에 대한 수위를 적절한 수준으로 낮추는 것일 수밖에 없었다. 5공청산을 둘러싸고 벌어진 민정당과 야3당 간의 갈등은 1989년 12월 15일 노태우 대통령과 야3당 총재간의 영수회담에서 해결의 실마리를 잡게 되었다. 장시간에 걸쳐 진행된 영수회담을 통해 합의된 핵심내용은 전두환 전 대통령의 국회증언, 전두환 정부 인사 중 정호용, 이희성, 이원조의 사퇴 또는 고발, 5공특위와 광주특위의 해체 등이었다. 이 중 전두환 전 대통령의 국회증언 방식을 둘러싸고 여야 간 논란이 제기되었으나, 양대 특위위원장과 4당 간사들의 합의를 통해 12월 31일 전두환 대통령의 증언이 국회에서 이루어졌다.

5공청산 작업이 마무리되었을 무렵 많은 사람들은 5공청산이 제대로 이루어지지 못하였다고 비판을 제기하였다. 그러나 여기서 우리가 주목해야 할 것은 그러한 결과가 5공청산에 대해 서로 상반된 관점을 지닌 민정당과 야3당 간의 대화와 타협의 산물이었다는 점이다. 타협을 한다는 것은 양 극단이 아닌 중간 어느 지점에서 합의가 이루어진다는 것을 의미한다. 양 극단에 서서 타협의 결과물을 바라보게 되면 분명 많은 문제점이 보일 수밖에 없다. 그러나 서로 자신의 극단적 입장을 굽히지 않을 때 발생하는 것은 당사자 간의 치열한 갈등과 대립뿐이다. 4개 정당은 5공청산의 문제에서 과거 권위주의 체제에서 자주 발생했던 물리적 폭력을 동반한 대결을 최대한 지양하고 서로 간의 타협점을 모색하여 100% 만족할 수는 없지만 주어진 상황에서 도달할 수 있는 최선의 것을 얻어냈다. 대화와 타협이 민주주의의 본질적 요소가 된다는 점을 전제로 했을 때, 여소야대 정국에서 이루어졌던 5공청산 작업은 부정적이기보다는 긍정적인 관점에서 평가될 수 있다.

결국 제13대 총선을 기점으로 형성된 여소야대 정국은 한국의 정당정치가 새롭게 변모할 수 있는 황금 같은 기회를 창출하였다. 즉, 집권여당이 수의 논리에 입각하여 일방적으로 정국을 운영하는 것이 불가능하게 되었고, 야당도 자신의 정책적 의견을 의사결정과정에 반영할 수 있게 되면서 한국의 정당정치는 대립과 갈등이 아니라 대화와 타협에 입각한 정치로 탈바꿈할 수 있는 기회를 가질 수 있었던 것이다. 물론 여소야대 정국이 흠잡을 데 없이 완벽하게 이루어졌다는 것은 아니다.[8] 그럼에도 불구하고 전술한 사례에서 확인할 수 있듯이 대화와 타협의 정당정치라는 새로운 경로가 여소야대 정국에서 진지하게 개척되었다는 점은 부인할 수 없는 사실이다. 그리고 이러한 경로가 지속되었다면 오늘날 한국의 정당정치는 지금과는 매우 다른 모습을 하고 있을 가능성이 높다. 그러나 대화와 타협에 입각한 정당정치의 경로는 1990년 1월 22일 갑작스럽게 차단되고 만다. 바로 그날 3당합당 선언이 이루어졌기 때문이다.

---

8 여소야대 정국의 가장 큰 문제점 중 하나는 정당정치가 1노 3김이라는 정당의 보스를 중심으로 전개되었다는 사실이다. 즉, 당내 민주화의 측면에서는 아직 많은 문제점이 있었다.

3당합당의 원인

노태우·김영삼·김종필 3인은 민정당·민주당·공화당 3당의 합당을 선언하면서 3당합당의 명분을 다음과 같이 제시하였다: "4당으로 갈라진 현재의 구조로는 나라 안팎의 도전을 효율적으로 헤쳐 나라의 앞날을 개척할 수 없으며 … 자유와 민주의 이념을 함께 나누며 정책노선을 같이하는 정치세력이 뭉쳐 정책중심의 정당정치를 실천해 … 당파적 이해로 분열, 대결하는 정치에 종지부를 찍기로 했다."(강준만, 2006) 이는 간단히 말해 여소야대 정국이 정파적으로 갈등하는 상황을 창출하여 효율적인 국정운영을 어렵게 만들기 때문에 동일한 보수이념을 지닌 정당 간의 합당을 통해 문제를 극복할 필요가 있다는 주장이다. 그러나 여소야대 정국에서 국회는 대표성과 효율성의 측면에서 매우 높은 수준을 유지했으며(김용호, 2002; 박통희, 1993; 신명순, 1999), 당파적 이해관계는 정당 간 분열과 대결을 낳기보다는 서로 간의 대화와 타협으로 상당부분 조율되었다. 따라서 이들이 제시한 3당합당의 명분은 단순한 정치적 수사에 가까운 것이라 할 수 있다. 그렇다면 3당합당이 이루어진 실질적인 원인은 무엇인가? 이 장에서는 그 원인을 3당합당의 주역인 노태우, 김영삼, 김종필의 이해관계에 초점을 맞추어 살펴보도록 하겠다.

우선 김종필과 공화당부터 얘기해 보도록 하자. 13대 총선을 통해 총 35석을 확보한 공화당은 4당체제에서 가장 적은 의석을 차지한 정당이었다. 그리고 인구수가 비교적 적고 공화당에 대한 지지가 절대적이지는 않은 충청권을 기반으로 하기 때문에 그러한 소수당의 위치를 쉽게 벗어나기도 어려운 상황이었다. 즉, 당시 공화당은 기껏해야 원내 제3당 혹은 제4당의 지위로 캐스팅 보트(casting vote)를 행사하는 것이 최선일 가능성이 매우 높았다(김일영, 2009; 김희민, 1994). 따라서 노태우 측으로부터 내각제를 전제로 한 합당제안이 들어왔을 때, 김종필은 적극적으로 찬동할 수밖에 없었다(박철언, 2005). 왜냐하면 대통령제에서 단독으로 집권하기 어려웠던 김종필에게 내각제는 집권당 내에서 전략적 중재자로서 많은 권한을 행사할 수 있는 기회를 제공할 수 있었고, 경우에 따라서는 노태우 이후 수상의 자리까지 노려볼 수 있는 가능성을 열어 놓았기 때문이다.

노태우와 민정당의 경우 2가지 이유에서 내각제를 전제로 한 3당합당이 필요하였다. 첫 번째 이유는 노태우 대통령 퇴임 이후 민정계의 지속적인 집권과 5공세력의 신변보장이었다(김일영, 2009; 김희민, 1994; 이용식, 1993). 노태우는 자신의 회고록에서 제13대 총선이 민정당의 참패로 끝난 직후의 심경을 다음과 같이 털어 놓는다.

> 나는 선거결과를 하늘의 뜻으로 알고 겸허하게 받아들여야 한다고 마음먹었다. 내가 대통령 선거에 임하면서 선언한 3김(金) 시대의 종말을 아직은 하늘이 허용하지 않고 있다는 뜻이었다. 김영삼 씨와 김대중 씨는 수십 년간의 민주화 투쟁을 통해 그 세력이 전국 도처에 깊게 뿌리박혀 있기 때문에 그들을 역사의 뒤안길로 흘려보낼 수는 없는 일이었다(노태우, 2011: 438).

1987년 대선 당시 노태우의 중요한 선거 캐치프레이즈 중 하나는 '3김 시대의 청산'이었다(김용호, 1994). 노태우가 대선에서 승리하자 김영삼과 김대중은 야권분열에 대한 책임론에 휩싸이게 되어 상당한 정치적 타격을 입었고, 이러한 상황에서 3김 시대의 청산은 눈앞에 성큼 다가온 듯했다. 그러나 제13대 총선을 통해 3김은 기적적으로 생환하였다. 노태우와 민정당에게 3김의 부활이 주는 의미는 분명했다. 노태우를 잇는 차기 대통령은 김영삼과 김대중 중 한 명이 될 것이며, 둘 중 누가 대통령이 되든 민정당과 5공세력의 운명은 매우 처참한 상황에 놓이게 될 것이라는 점이었다. 적을 이길 수 없다면 남은 방법은 한 가지였다. 적을 친구로 만드는 것, 즉 김영삼과 김대중 중 한 명과 연합 또는 합당을 하는 것이었다.[9]

그러나 단순히 그들과 연합을 형성한다고 해서 문제가 해결되는 것은 아니었다. 왜냐하면 그들이 민정계와 연합을 통해 대통령에 당선되고 나면 민정계와 5공세력을 배반할 위험성이 있었기 때문이다. 다시 말해 대통령에게 막강한 권한을 부여하는 대통령제에서 민정계가 대통령을 자신의 영향력 아래 두는 것이 실질적으로 불가능해 보였다는 말이다. 그러나 내각제는 달랐다. 내각제 아래에서 여당의 다수 계파, 즉 민정계의 지원을 받지 못하는 경우 내각의 수상은 리더십을 발휘하기 어려울 뿐만 아니라 수상의 지위마저도 유지하기 어려운 상황에 놓일 수 있었다. 그러므로 내각제로 권력구조가 바뀐다면 수상이 누가 되든지 민정계와 우호적 관계를 유지하기 위해 노력할 가능성이 높았고, 민정계는 이를 통해 자신의 영향력을 유지·강화시킬 수 있을 터였다. 결국 내각제의 도입은 민정계가 지속적으로 권력을 유지하고 또한 노태우를 비롯한 5공세력의 신변도 보장받을 수 있는 일종의 보험증서였다.

노태우와 민정당이 3당합당을 필요로 했던 두 번째 이유는 국정운영의 주도권을 확보하기 위함이었다.[10] 여소야대 정국에서 대화와 타협에 의한 정당정치가 이루어지기는 하였지만, 이 정국을 주도한 세력은 청와대나 민정당이 아니라 어디까지나 야3당이었다. 대통령과 여당이 막강한 권한을 행사하던 권위주의 체제에 익숙한 노태우 정부로서는 야3당의 주도권에 밀려 거의 대부분 수세적인 입장에 놓여야 하는 상황을 쉽게 수용하기는 어려웠다(임혁백, 1997). 더구나 5공청산 등의 문제에서 노태우 정권이 보여준 타협적인 자세는 5공 핵심세력들의 불

---

9 박철언(2005)에 따르면 노태우의 합당에 대한 구상은 제13대 총선 다음 날부터 이미 시작되었다. 노태우는 총선 다음 날인 1988년 4월 27일, 청와대 수석회의에서 "연합, 합당을 검토할 수 있는 좋은 계기로 삼아야 한다. 그에 따른 조건도 검토해 보라"고 지시하였다.

10 적어도 노태우 대통령에게 있어서 이러한 이유는 전술한 정권재창출이라는 첫 번째 이유에 비해 더 중요하게 고려되었을 가능성이 있다. 대통령 단임제라는 제도적 조건하에 놓여 있는 대통령에게 있어서 정권재창출은 자신에게 직접적인 실익을 안겨줄 가능성이 별로 높지 않은 반면, 성공적인 국정운영을 통해 위대한 업적을 창출하는 것은 역사에 기록될 자신의 이름에 고귀한 후광을 부여할 수 있는 필수조건이 된다는 측면에서 매우 중요한 의미를 지닐 수 있기 때문이다.

만을 고조시켰다. 또한 사회적으로도 노동계의 임금투쟁이나 급진세력의 통일운동 등으로 인해 불안한 정국이 지속되었다(강원택, 2012; 진덕규, 1994). 엎친 데 덮친 격으로 1988년 서울 올림픽 이후 경제상황도 급격히 악화되어 갔다(이장규, 2011). 노태우 정부는 이와 같은 정치·사회·경제적 문제를 효과적으로 해결하기 위해서는 국정운영의 효율성이 제고될 필요가 있다고 인식하게 되었다. 그리고 이러한 인식은 여소야대 정국을 타파하고 그들에게 친숙한 여대야소 구조에 입각해 정계를 개편하는 방향으로 구체화되었다.

여기서 한 가지 더 생각해 보아야 할 것은 왜 합당이 민정당-민주당-공화당의 3당합당으로 나타났는가 하는 점이다. 전술했듯이 노태우와 민정당은 내각제를 추진하고자 하였고, 내각제를 추진하기 위해서는 개헌에 필요한 3분의 2 이상의 의석수가 필요했다. 3분의 2 이상의 의석을 확보할 수 있는 모든 가능한 정당 간 연합의 종류는 '민정당-민주당-공화당', '민정당-평민당-공화당', '민정당-평민당-민주당', '민정당-평민당-민주당-공화당'의 4가지이다. 이 중 김영삼과 김대중의 라이벌 관계를 고려할 때 정당연합에 평민당과 민주당이 함께 들어가는 것은 실현되기 어려웠다(김희민, 1994). 그렇다면 민정당-민주당-공화당 연합과 민정당-평민당-공화당 연합 둘 중에 하나가 선택될 수밖에 없는데, 결과는 민정당-민주당-공화당의 3당합당으로 나타났다. 이렇게 된 이유는 정서적·이념적으로 민주당이 평민당보다 민정당에 더 가까웠기 때문이라 할 수 있다(최장집, 1995). 즉, 경상남도-경상북도의 연합이 경상북도-전라도의 연합보다 정서적으로 더 자연스러웠으며, 이념적으로도 김영삼이 김대중보다 더 보수적이었기 때문이다.[11]

---

11 3당합당 직전인 1990년 1월 11일 노태우는 김대중과 만나 합당을 제의하였고, 김대중은 이를 거절한 일이 있다(김대중, 2010; 노태우, 2011). 그러나 노태우의 이러한 합당제안은 진실한 것이라기보다는 3당합당 후 있을 수 있는 김대중과 평민당의 반발을 무마하기 위한 전략적 수단이라고 생각하는 것이 더 타당할 듯하다. 김영삼과 김종필에 대해서는 합당을 위해 상당히 오랜 기간 동안 물밑 접촉을 한 반면, 김대중에게는 회담 전날 박철언 수석이 김원기 평민당 총무를 만나 노대통령의 합당제안에 대한 언질을 준 것이 전부였다(박철언, 2005). 노태우가 진정으로 평민당과 합당을 할 생각이 있었다면 훨씬 오래 전부터 양당 간에 합당에 대한 논의를 시작했을 것이다.

한편 김영삼에게 3당합당은 철저히 대권을 잡기 위한 권력욕에서 비롯된 것이라 할 수 있다. 그 당시 김영삼은 당 안팎으로 상당히 어려운 상황에 처해 있었다. 13대 총선에서 김대중의 평민당에 제1야당의 지위를 상실하여, 중간평가 논란에서 나타난 것처럼, 민정당과 평민당에 의해 중요한 정치적 협상에서 배제되는 경우가 자주 발생했다(김희민, 1994). 또한 1989년 4월 동해 보궐선거에서 서석재 민주당 사무총장이 후보 매수사건에 연루되어 구속되었는데, 후보 매수자금이 김영삼의 계좌에서 나왔기 때문에 김영삼은 검찰의 압박에 시달려야만 했다(강준만, 2006; 김대중, 2010; 박철언, 2005). 또한 같은 해 8월 실시된 영등포 을구 재선거에서도 민주당 후보는 평민당 후보 득표율인 30%에 턱없이 못 미치는 18.8%의 득표율에 그치고 말았다(김대중, 2010).

김영삼은 심지어 민주당 내에서도 상당한 압박에 시달렸다. 민주당 소속 의원들에 의해 진행되던 평민당과의 야권통합 논의 때문이었다(박철언, 2005). 최형우, 박용만, 김동주, 황낙주 의원 등에 의해 주도되었던 야권통합 논의는 김영삼에게는 받아들이기 힘든 상황을 강요했다. 평민당과 민주당이 통합을 하게 되면 제1야당인 평민당이 더 많은 지분을 차지할 가능성이 높았는데, 이렇게 되면 김영삼보다는 김대중이 차기 대권을 차지할 가능성이 올라갈 수밖에 없었다. 따라서 김영삼은 이러한 야권통합을 거부하고 싶었으나, 1987년 대선 당시 양김의 분열에 대한 책임론이 팽배한 상황에서 무조건적으로 거부할 명분도 없는 딜레마적 상황에 봉착해 있었다.

이처럼 대내외적으로 대권에 대한 꿈이 멀어지는 상황에서 김영삼은 자신의 권력욕을 실현시킬 수 있는 비장의 카드를 꺼내들게 되었다. 그것은 바로 자신이 오랜 기간 동안 민주화를 위해 싸워왔던 민정당이라는 적과 손을 잡는 것이었다. 당시 민정당 내에서 김대중과 대적하여 승리를 거둘 만한 인물이 없었기 때문에 김영삼은 자신이 차기 대권주자로 부상할 가능성이 높다고 인식하였다. 또한 민정계와 민주계의 연합은 지역주의가 막대한 영향을 미치는 선거구도에서 자신에게 유리하게 작용할 가능성이 높다고 인식하였다. 한 가지 문제는 합당을 하기 위해서는 내각제를 수용해야만 한다는 것인데, 이것도 후술하겠지만, 자신 이외에 김대중과 대적할 수 있는 대안이 없는 관계로 뒤집을 수 있을 것으로 판단하였고 또 실제로 그렇게 되었다. 결국 김영삼에게 3당합당은 수세에 몰린 자신의 상황을 뒤집어 대권을 차지하기 위한 목표에서 비롯된 결과물이었다.

3당합당 당시 합당의 정당성을 뒷받침하기 위해 '구국의 결단'이나 '헌정사의 새로운 명예혁명' 등과 같은 현란한 수사가 난무했다. 그러나 3당합당의 근본적 원인은 합당을 주도한 당사자의 노골적인 권력에의 의지였다. 이러한 권력에의 의지에 의해 탄생한 3당합당은 여소야대 구조 아래에서 새롭게 발전되어 가던 대화와 타협에 입각한 정당정치를 완전히 상반된 경로로 밀어 넣기 시작하였다. 그렇다면 3당합당이 만들어 놓은 정당정치의 모습은 구체적으로 어떠했으며, 이것이 어떻게 현재까지 이어지는지 살펴보도록 하자.

3당합당이 한국 정당정치에 남긴 유산

3당합당 형성 이후부터 노태우 대통령이 임기를 끝낸 시점까지 전개된 한국 정당정치의 양상은 여야 간 정파적 갈등의 심화와 적나라한 권력 투쟁 등 크게 2가지 측면에서 고찰해 볼 수 있다. 이 절에서는 3당합당 정국에서 이루어졌던 정당정치가 각각의 측면에서 어떠한 양상으로 전개되었으며, 이것이 향후 한국 정당정치의 발전경로에 어떠한 영향을 미치게 되었는지 살펴보도록 하겠다.

여야 간 정파적 갈등의 심화

3당합당은 여야 간 정파적 갈등이 극단적으로 표출되는 계기를 마련하였다. 이는 곧 여소야대 정국에서 적절히 작동하였던 정당 간 대화와 타협의 메커니즘이 더는 작동하지 않게 되었다는 것을 의미한다. 왜 이러한 현상이 발생하였을까? 그 이유는 여당 중심의 수의 논리에 입각한 정치와 야당 중심의 극단적인 저항과 투쟁의 정치가 정면으로 충돌하였기 때문이다.

3당합당을 통해 국회 3분의 2 이상의 의석을 점유하게 된 거대여당 민자당은 자신이 원하는 대로 정책결정을 할 수 있는 탄탄한 물리적 기반을 마련한 셈이었다. 따라서 민자당은 대화와 타협을 통해 소수 야당인 평민당의 의견을 정책결정에 반영하고자 하는 유인이 그리 크지 않았고, 결국 독주하기 시작하였다.[12] 제13대 국회 후반기 원구성을 단독으로 결정하고, 5·18 민주화운동 관련 보상법안, 국군조직법, 방송관계법 개정안 등 여러 쟁점 법안들을 평민당의 강력한 반대에도 불구하고 민자당 단독으로 통과시켰다. 또한 여야 합의로 통과된 지방자치법을 어기면서까지 지방자치제 선거를 연기하고자 하였다. 보안사와 안기부의 정치사찰이 시작되는 한편, 여소야대 정국에서 모색되었던 금융실명제나 토지공개념 등과 같은 각종 경제민주화 관련 조치들이·무기한 연기되거나 흐지부지되었다(공보처, 1992; 김대중, 2010; 김용호, 1994, 2002; 김일영, 2009).

이러한 민자당의 행보에 대해 김대중과 평민당은 타협적 노선을 걷기보다는 강력한 투쟁의 노선을 선택하였다. 3당합당이 선언된 직후 김대중은 3당합당을 민주주의에 대한 쿠데타로 규정하고 이에 강력히 저항할 것을 천명하였다(Lee, 1990). 이들의 저항방식은 과거 권위주의 체제 당시 야당이 취했던 방식과 별반 다를 것이 없었다. 즉, 수의 논리로 밀어붙이는 여당에 대항하기 위하여 비제도적인 수단을 동원하고 극단적으로 저항하여 자신의 의견을 관철시키고자 했다는 말이다. 결국

---

12 결국 3당합당 당시 명분으로 제시되었던 국정운영의 효율성을 높인다는 주장은 수의 논리에 입각한 밀어붙이기를 통해 대통령과 집권당의 의지를 신속하고 정확하게 정책화하는 것을 의미한다.

김대중과 평민당은 국회를 해산하고 조기총선을 실시하자는 것처럼 여당이 도저히 받아들일 수 없는 주장을 한다거나, 상임위원회 회의장에서 위원장의 마이크를 빼앗거나, 회의장을 점거하는 등 완력으로 의사진행을 방해하였다. 혹은 소속의원 전원이 사퇴서를 제출하거나, 더 나아가 단식투쟁까지 벌이는 등 권위주의 체제에서 자주 목격되었던 야당의 투쟁적 모습들을 다시금 부활시켰다. 그리고 이러한 극단적 투쟁은 3당합당이라는 '반민주적 골리앗'을 쓰러뜨리기 위해 김대중과 평민당이 선택할 수 있는 유일하고도 정당한 수단으로 미화되기 시작했다.

결국 3당합당 정국을 통해 이루어진 정당정치 양식은 수의 논리에 입각한 정치를 선호하는 여당인 민자당과 이에 대해 타협의 여지를 두기보다는 강하게 저항하는 모습을 보인 야당인 평민당 간의 극단적인 정파적 갈등으로 축약될 수 있다.[13] 민자당과 평민당의 이러한 행태는 나름대로의 논리에 의해 정당화되었다. 민자당의 입장에서 볼 때 민주주의에서 가장 중요한 의사결정방식은 다수결제도이며, 소수당과의 타협이 불가능한 경우 표결을 통해 다수가 찬성한 방향대로 결정을 하는 것은 극히 민주적이고 정상적인 절차였다. 오히려 다수제에 입각한 의사결정과정을 무시하고 비제도적 수단까지 동원하여 자신의 의견을 반영시키고자 떼를 쓰는 평민당이야말로 소수의 횡포를 부리는 것으로 비쳐졌다. 반면 평민당은 여당인 민자당의 3분의 2 이상의 의석이 국민의 자발적 선택에 의해 주어진 것이 아니라 정치인들의 '야합'에 의해 만들어진 것이기 때문에 다수결로 문제를 해결하려는 시도 자체가 비민주적이라고 주장하였다. 따라서 어떠한 정책결정이라도 자신들의 의견이 반영되지 않은 것은 다수의 횡포이자 비민주적 행위의 산물이며, 이를 저지하기 위해 비제도적 수단을 동원하는 것까지도 민주주의

13 3당합당 이후 여야 간 정파적 갈등이 얼마나 심하게 일어났는지는 제13대 국회에서 여소야대 시기와 3당합당 시기의 국회 공전비율을 대조해 보면 쉽게 확인할 수 있다. 여소야대 정국에서 국회 공전비율은 4.5%로 나타나 민주화 이후 역대 국회 중 가장 낮은 수치를 보인 반면, 3당합당 시기 국회 공전비율은 21.9%로 나타나 여소야대 정국보다 거의 5배에 가까운 수치를 보였다(정진민, 2008).

를 위해 용인될 수 있다는 의식이 지배적이었다.

3당합당 이후 형성된 이와 같은 민자당과 평민당의 정당정치에 대한 상이한 인식은 그 이후 전개된 한국 정당정치에 막대한 영향을 미치게 되었다. 우선 대통령과 여당은 총선의 결과가 여소야대로 나타난 경우 국정운영의 효율성을 높인다는 명목 아래 어떤 식으로든 여대야소 정국으로 전환시키기 위한 노력을 전개하였다. 김영삼 대통령의 경우 무소속 의원들을 영입하여 분점정부를 인위적으로 종식시켰고, 3당합당의 비민주성을 철저히 비판하였던 김대중마저도 대통령이 된 이후 의원 빼오기나 의원 꿔주기와 같은 방식으로 정계개편을 시도하였다(김용호, 2002). 국회에서 여당이 다수당의 위치를 점하여 수의 논리에 입각해 의사결정을 한다는 3당합당 정국의 모습이 정권이 바뀌어도 그대로 이어지는 것이다.

한편 야당도 3당합당 직후 김대중과 평민당에 의해 부활한 투쟁의 정치를 지속적으로 유지해 오고 있다. 야당이 원내 소수당이 된 경우, 다수제에 입각한 여당의 의사결정행위를 다수의 횡포로 규정하고 민주주의를 위한다는 명분 아래 의장석 점거나 농성과 같은 비제도적 수단을 적극적으로 동원하여 국회를 파행으로 몰고 갔다. 여기서 한 가지 중요한 점은 여당이 적법한 선거절차를 통해 다수당이 되어 다수제에 입각한 정책결정을 내리는 경우라 하더라도 야당은 마찬가지로 비민주적이라 비판하며 비제도적 수단을 동원하여 극단적 투쟁을 벌이는 경우가 빈번하였다는 점이다. 그렇지만 야당은 자신이 원내 다수당이 되는 경우 완전히 상반된 모습을 보였다. 여당과 대화와 타협을 통해 여당의 의사를 정책결정에 반영시켜 주기보다는 여당의 의견을 무시한 채 자신의 선호를 관철시키기 위해 수의 논리를 적극적으로 적용하기 일쑤였다. 즉, 다수파인 야당에게 있어서 다수제는 갑자기 민주적이고 정당한 정책결정방식으로 둔갑한다는 것이다. 이런 상황에서 한국 정당정치는 분점정부이건 단점정부이건 여야 간 대화와 타협보다는 대결과 갈등이 주를 이루는 구조 속에 갇히게 되었다.

그렇다면 3당합당 이후 형성된 이와 같은 정파적 갈등의 경로가 지금까지 지속적으로 유지되는 이유는 무엇인가? 간단히 말하자면 이 경로 안에 있는 것이 다른 경로로 옮겨가는 것보다 여야 모두에게 이익이 되기 때문이다. 우선 대통령(혹은 여당)의 경우를 살펴보자. 한국에서 대통령은 5년 단임제로 정해져 있다. 즉, 한국의 대통령은 자신의 정책적 비전을 구현하기 위한 시간이 절대적으로 부족하다 말할 수 있다. 이처럼 짧은 시간적 지평 안에 놓여 있는 대통령은 조급증에 빠질 가능성이 높으며, 결과적으로 야당과 소소한 문제까지 대화하고 타협하는 일은 국정운영의 효율성을 심각하게 떨어뜨리는 것으로 해석할 여지가 높다. 이러한 상황에서 여당은 가능한 한 원내 다수당으로 만들어야 하며, 다수당이 되고 나면 소수 야당이 아무리 반대를 한다고 해도 수의 힘으로 밀어붙이는 것이 국정의 효율성을 신장시키고 더 나아가 책임정치를 구현할 수 있는 길이라는 논리가 설득력을 얻는다. 결론적으로 대통령이 자신의 정책적 비전을 구현하는 데 필요한 시간이 충분치 않은 상황에서 야당과 대화와 타협을 하는 과정을 거치는 것보다 여당 단독으로 정책을 결정하는 것이 국정운영의 효율성을 신장시킬 수 있다는 이점이 존재하고, 이러한 이점이 대통령과 여당이 지속적으로 3당합당의 경로에 남아있는 이유가 되는 것이다.

한편 야당은 대여 관계에서 투쟁으로 일관하는 것이 대화와 타협을 하는 것보다 더 많은 이익을 얻을 수 있다. 야당이 원내 소수당일 때, 여당과 타협하기를 거부하고 강경일변도로 나아가는 경우 결과적으로 여당의 다수결에 입각한 밀어붙이기를 유도할 수 있다. 여당의 그와 같은 시도가 있을 경우 야당은 의장석 점거나 농성과 같은 비제도적 수단까지 동원하여 강력하게 저항하였으나 결국 수의 논리를 앞세운 여당에 의해 안타깝게 짓밟히고 마는 민주주의 옹호세력의 모습으로 스스로를 미화시킬 수 있다.[14] 즉, 야당은 이러한 대여 투쟁을 통해

---

14 2011년 한미 FTA 비준 당시 다수결로 밀어붙이는 한나라당에 맞서 본회의장에 최루탄을 터뜨린

여당과 집권세력을 반민주적이라 규정하는 것과 동시에 자신을 민주적이고 정의로운 세력이라 과시할 수 있는 기회를 얻을 수 있고, 이를 통해 다음 선거에서 권력획득 가능성을 높이고자 하는 것이다. 한편 야당은 원내 다수당의 위치를 차지하는 경우에도 여당에 대해 투쟁 일변도의 자세를 유지하는 것이 더 이득이 된다.

왜냐하면 대통령의 의제를 국회에서 지속적으로 좌절시킴으로써 현직 대통령을 실패한 대통령으로 만들게 되는 경우 다음 대선에서 대권을 확보할 가능성이 높아지기 때문이다. 결국 야당이 3당합당 이후 오랜 기간이 지났음에도 3당합당을 통해 형성된 경로에 지속적으로 남아있는 이유는 여당과 대화와 타협을 하는 것보다 강경노선에 입각하여 투쟁을 하는 것이 다음 선거에서 유리한 고지를 차지할 수 있다는 지극히도 합리적인 계산에서 파생되었다.

권력획득의 정당정치

3당합당이 창출한 정당정치의 두 번째 특성은 정당정치가 정책실현보다는 권력쟁취를 위한 정당정치로 전락하게 되었다는 점이다. 민주주의 사회에서 선거에서 승리하여 권력을 획득하는 것이 정치인의 중요한 목표 중 하나가 된다는 것은 이미 널리 알려진 사실이다(Fenno, 1978; Fiorina, 1989; Mayhew, 2004). 따라서 정치인이나 정당이 권력을 추구한다는 사실 자체가 문제가 되는 것은 아니다. 더구나 대부분의 선진 민주주의 국가에서 정치인의 권력획득을 위한 노력은 이념이나 정책의 대결로 표출되기 때문에 정치인의 권력에의 의지가 노골적으로 드러나는 경우는 그리 많지 않다. 그러나 3당합당 이후 전개된 한국의 정당정치는 이념이나 정책과 같은 고상한 외투를 걸치지 않은 채 벌거벗은 권력에의 의지를 적나라하게 드러내는 상황으로 전개되었다.

행위가 민주주의를 위한 거룩한 행위로 승화될 수 있었던 것도 바로 이와 같은 맥락이다.

3당합당 당사자들의 선언에 따르면 3당합당은 보수세력의 대연정으로서 정책중심의 정당정치를 구현하기 위해 이루어진 것이다. 이것이 사실이라면 민자당이 우선적으로 해결해야 하는 과제는 자신의 이념적 지향점을 명확히 하고 이에 기초하여 정책을 개발·실천하는 것이 되어야 했다. 그러나 전술했듯이 3당합당은 합당 당사자들의 권력에의 의지에 따라 형성된 것이며, 따라서 민자당의 합당 이후의 행보는 노골적인 권력투쟁이 중심이 될 수밖에 없었다. 그리고 이러한 당내 권력투쟁을 본격적으로 외부에 드러나게 한 사건은 바로 내각제 합의각서 유출 파동이었다.

민정계와 공화계에 내각제로의 개헌은 매우 중요한 사안이었다. 그러나 대통령을 꿈꾸던 김영삼은 애초에 내각제를 위한 개헌에 동참할 뜻이 별로 없었고, 따라서 3당합당 선언 이후 내각제에 대한 유보적 입장을 공공연히 밝히고 다녔다(박철언, 2005). 이에 대해 민정계는 내각제 개헌에 대한 확답을 김영삼에게 받아내기 위해 민자당 전당대회 직전에 내각제 합의각서를 만들어 노태우, 김영삼, 김종필의 서명을 받아내게 되었다. 이러한 합의각서의 사본이 유출돼 1990년 10월 25일 〈중앙일보〉에 보도된 것이다.[15]

합의각서가 유출된 직후 민정계와 공화계의 김영삼에 대한 압박이 시작되었다. 자신이 직접 서명까지 해놓고 내각제에 대한 합의 또는 합의각서가 있었다는 사실을 지속적으로 부인해온 김영삼의 비윤리성에 대한 비판이 있었던 한편, 기왕 내각제에 대한 합의가 만천하에 드러난 이상 내각제 개헌에 더욱 적극적으로 나서야 한다는 주장도 제기되었다. 이에 대해 김영삼은 각서에 서명한 사실은 인정하면서도 '각서의 유무에 관계없이 국민이 반대하는 내각제 개헌은 절대 불가하다'

---

15 누가 이 각서를 유출시켰는지는 아직까지도 미스터리로 남아 있다. 당시 김영삼 측은 내각제를 추진하고자 했던 민정계에서 유출시켰다고 주장하였다(이용식, 1993). 반면 민정계 일각에서는 김영삼이 내각제 개헌 논의를 종식시키기 위한 고육지책의 일환으로 유출시켰다는 주장을 제기하기도 하였다(노태우, 2011; 박철언, 2005). 참고로 손주환(2011) 전 장관에 따르면 각서의 사본은 〈중앙일보〉 박보균 대기자에 의해 보도되었다.

고 선언하면서 당무를 거부하고 10월 31일 마산으로 내려가 버렸다(이용식, 1993: 125~127).

마산에 내려간 김영삼은 노태우와 민정계에 대해 다음과 같은 협박에 가까운 메시지를 보냈다: "역대 정권의 불행한 말로를 생각해야 한다", "나는 선택의 길이 많지만, 누구는 흑담사로 가게 될 것", "내가 얼마나 무서운 사람인지 보여주겠다. 나가면 DJ와 협력을 해서라도 노 대통령을 타도하는 데 앞장서겠다. 관 속에 민주화투쟁 경력 하나만 가지고 갈 생각이면 못할 것이 없다. 대통령 안 하면 그만 아닌가." (강준만, 2006) 노태우와 민정계가 애초에 내각제를 전제로 한 3당합당을 추진했던 이유는 민정계의 지속적 집권과 5공세력의 신분보장 때문이었다. 그러나 김영삼이 마산에서 말한 대로 민자당을 탈당하게 되는 경우 내각제 개헌 자체가 불가능해지는 것뿐만 아니라 다음 대선에서 김영삼의 적극적 지원을 받게 될 김대중에게 대권을 넘겨야 하는 최악의 상황이 벌어질 수 있었다. 노태우와 민정계는 양김에 버금가는 정치적 능력을 지닌 대권주자가 민정계 내에 존재하지 않는 현실 속에서 김영삼과 김대중이 연합하는 최악의 시나리오는 반드시 막을 필요가 있었다(김희민, 1994). 결국 노태우는 김영삼이 원하는 대로 내각제를 포기하고 차기 대선에서 민자당 후보로 김영삼을 내세워 김대중과 맞대결을 벌이게 함으로써 민정계의 지속적인 집권과 5공세력의 신분보장을 담보하는 차선책을 선택할 수밖에 없었다. 그러나 이러한 선택은, 전술한 대로, 대통령제하에서 대통령의 막강한 권한을 실질적으로 통제하기 어렵기 때문에 김영삼이 대통령이 된 이후 민정계를 배반할 가능성을 감수해야만 했다. 그리고 이러한 가능성은 훗날 현실로 나타나게 되었다.

내각제 합의각서 유출 파동이 진정국면으로 접어든 이후에도 정책보다는 권력획득에 초점이 맞추어진 정당정치의 양상은 바뀌지 않았다. 민자당 내에서는 대세론을 앞세워 노태우의 후계자로 조기에 자리매김하려는 김영삼과 이를 저지하려는 민정계 간의 갈등이 지속적으로 발

생하였다. 한편 야당이라고 상황이 다르지는 않았다. 민자당이라는 거
대여당에 대항하기 위해 야권통합을 시도하던 평민당과 꼬마민주당도
통합 이후 권력배분과 지도체제 문제를 둘러싸고 치열한 갈등양상을
보였다. 1991년 9월에 두 정당은 간신히 통합에 합의하였지만 이는 같
은 해 6월에 열린 지방선거에서 민자당에 참패한 후 다음 대선에서도
패배할 수 있다는 위기의식이 조성되었기 때문에 가능했다. 결국 3당
합당은 당 대 당뿐만 아니라 당내에서도 권력획득을 중심으로 한 정당
정치가 적절한 여과장치 없이 그대로 국민들에게 노출되는 상황을 만
들었던 것이다.

3당합당 이후 형성된 권력획득 중심의 정당정치는 다음과 같은 측면
에서 향후 한국 정당정치의 발전에 영향을 미쳤다. 첫째, 국민들의 정
당정치에 대한 불신을 심화시키는 계기를 마련하였다. 내각제 합의각
서 유출파동과 그 이후 정치권 전반에 걸쳐 전개된 권력투쟁은 3당합
당 당시 제시되었던 그럴듯한 명분이 결국 거짓이라는 것을 국민들에
게 확인시켰다. 특히 민주화를 위해 오랜 기간 동안 싸워왔던 김영삼
의 변절과 합당 이후 권력획득에 초점이 맞춰진 그의 정치적 행보는
정치인들이 국민들에게 제시하는 명분의 이면에는 정치인들의 노골적
인 사익, 즉 권력욕이 숨어있다는 점을 더욱 분명히 하였다. 정치인은
거짓말쟁이이며 정치는 그러한 거짓말쟁이들이 국민을 위한다는 명분
을 내세워 자신의 권력을 추구하는 행위라는 인식이 점차 국민들 사이
에 퍼져나갔다. 정치에 대한 심각한 불신이 국민들 사이에 형성되기
시작했다.

둘째, 정치에 대한 국민들의 이와 같은 불신은 정치인과 정당에 대
한 권위를 심각하게 떨어뜨려 정치가 효과적이고 효율적으로 작동하기
어렵게 만들었다. 정치에서 권위가 가지는 중요성은 매우 크다. 정치
인이 권위가 있을 때 자신이 제시한 정책적 어젠다에 대한 국민들의
광범위한 동의를 이끌어낼 수 있으며, 이러한 국민들의 동의에 입각하
여 자신의 어젠다를 추진할 수 있는 강력한 동력을 얻을 수 있다

(Skowronek, 2011). 그러나 정치인이나 정치에 대해 높은 불신을 지니는 국민들은 정치인의 모든 행위나 주장을 있는 그대로 받아들이기보다는 그 이면에 숨겨진 권력욕이라는 프레임을 통해 해석할 가능성이 높다. 이런 상황에서 정치인은 전 국민적인 조롱과 냉소의 대상일 뿐 권위적인 존재가 되기는 극히 어려우며, 따라서 효과적인 정치를 이끌어나가기 매우 어려운 처지에 놓인다.

셋째, 권력획득 중심의 정당정치는 정당체제를 극히 유동적으로 만들어 놓았다. 3당합당은 이념이나 정책에 기반을 두어 만들어진 것이 아니라 합당 당사자의 권력에의 의지에 의해 만들어진 것이다. 이념이나 정책이 중심이 된다면 정당은 그에 상응하는 고유한 정체성을 지니게 된다. 따라서 자신의 정체성과 현격한 차이를 보이는 다른 정당과 쉽게 연합을 하거나 합당을 하기가 어렵다. 그러나 권력획득이 중심이 되는 정치상황에서 정당은 스스로의 선택의 폭을 제한하는 이념적·정책적 원칙이 없기 때문에 권력을 획득할 가능성을 높일 수 있다면 누구와도 손을 잡을 수 있는 유인이 형성된다. 이러한 유인은 선거철마다 기존의 정당들이 이합집산하여 새로운 정당으로 탈바꿈한다거나 대권을 노리고 이 당 저 당 옮겨 다니는 철새 정치인들이 양산되는 계기를 마련하였다. 그리고 결과적으로 한국의 정당체제를 불안정하고 유동적으로 만드는 요인으로 작용하였다.

요약하자면 3당합당과 그 이후 전개된 일련의 정치적 사건들은 정치인들의 권력욕을 극명하게 표출시켰다. 정화되지 않은 채 그대로 노출되어버린 정치인들의 권력욕은 국민들의 정치에 대한 불신이 형성·심화되는 계기를 마련하였고, 더 나아가 정부의 거버넌스 능력을 현저히 떨어뜨리는 기능을 하였다. 그리고 민주화 이후 한국의 정당체제를 극히 유동적으로 만들게 된 원인이 되었다고도 평가할 수 있다. 그렇다면 3당합당을 통해 형성된 권력획득 중심의 정당정치가 지금까지 그 경로를 유지하고 발전해온 이유는 무엇일까? 다시 말하면 권력보다는 이념과 정책이 중심이 되는 정당정치의 경로가 3당합당 이후 형성된 정당정치의 경로를 대체하지 못하는 이유는 무엇인가? 민주화 이후 한국의 선거결과가 지역주의의 절대적 영향력 아래 결정되어 왔다는 사실에서 일정 부분 그 원인을 찾을 수 있다. 선거결과가 이슈나 정책 혹은 이념적 라인에 따라 정해지는 것이 아니라 지역구도 아래에서 정해지는 현실 속에서 정치인이나 정당은 이념적·정책적 경쟁을 할 필요성이 상대적으로 적었다. 즉, 이념이나 정책을 개발하고 구체화하는 것이 정치인들에게 별로 이득이 되지 않았다. 이런 상황에서 기왕에 형성된 권력획득 중심의 정당정치는 관성을 띠며 지속적으로 유지·발전하게 되었다.

글을 마치면서

제13대 총선을 통해 형성된 여소야대 정국은 한국의 정당정치가 지금과는 다른 경로로 발전할 수 있는 잠재적 가능성을 보여주었다. 그러나 3당합당은 여소야대 정국에서 형성된 대화와 타협에 입각한 정당정치의 경로를 붕괴시켰다. 그리고 3당합당을 통해 형성된 극단적 정파적 갈등과 권력획득을 중심으로 한 정당정치의 경로가 지금까지 이어져 오고 있다. 이러한 경로를 더 나은 정당정치의 경로로 바꿀 수는 없는가? 즉, 정당들이 극단적으로 갈등하기보다는 대화와 타협에 입각해 정책결정을 내리고, 이념과 정책으로 경쟁하며, 국민들로부터 높은 신뢰를 받으면서 효과적으로 국가를 이끌어가는 그러한 경로로의 전환이 과연 가능하겠는가?

한 가지 긍정적 사실은 근래에 들어 한국의 정당정치가 이념과 정책을 강조하는 방향으로 서서히 바뀌고 있다는 점이다. 지역주의를 창출하였던 3김의 은퇴 이후 한국의 선거에서 지역주의의 영향력이 감소하고 대신 이념의 중요성이 신장되고 있는 추세이다(최준영, 2008; 최준영·조진만, 2005).[16] 또한 시민사회 차원에서 매니페스토(*Manifesto*)

운동이 활발하게 전개되어 정치인과 정당이 싫든 좋든 정책을 개발하고 이를 통해 서로 경쟁하는 구조가 만들어지고 있다. 이러한 점들은 권력획득 중심의 정당정치가 이념과 정책중심의 정당정치로 전환될 가능성을 신장시킨다.

그럼에도 불구하고 3당합당 이후에 형성된 정당정치의 경로를 더 나은 대안적 경로로 대치하는 작업은 매우 어렵다. 그 이유는 정치인들과 정당은 이 경로 안에 남아있는 것이 이득이 되고, 그러한 이유로 좀처럼 경로를 바꾸지 않으려 할 것이기 때문이다. 그렇다면 현재의 정당정치의 경로를 바꾸기 위해서는 정치인들과 정당이 이 경로 안에서 얻을 수 있는 이득보다 비용이 더 커지게 만드는 방법을 찾아야 할 필요가 있다. 그러한 방법들로는 어떠한 것들이 있을까? 안타깝게도 이와 같은 질문에 대해 답변하기는 결코 쉽지 않다. 쉬운 답변이 존재하였다면 아마도 훨씬 이전에 한국 정당정치의 경로가 대안적 경로로 바뀌었을 것이다. 그러나 한 가지 분명한 것은 한국 정당정치의 경로를 전환시키기 위해서는 국민들의 힘이 요구된다는 사실이다. 국민들은 정치인이나 정당에 대해 불신을 표출하고 그들을 조롱하거나 냉소적으로 평가절하하면서 일종의 통쾌함을 맛볼 수는 있을 것이다. 그러나 그러한 행위가 정치인과 정당의 모습을 개선시킬 가능성은 그리 커보이지 않는다. 이제 우리 국민들은 정치에 대한 불신과 냉소를 떨쳐버리고 정치에 더 적극적으로 뛰어들 필요가 있다. 그리고 정치인과 정당에 대해 지금까지의 모습을 버리고 다른 모습으로 다시 태어날 것을 요구할 필요가 있다. 이러한 국민들의 요구가 거스를 수 없는 물결로 가시화될 때 정당정치의 대안적 경로 혹은 대안적 패러다임을 제시하는 정치인과 정당의 출현도 가능할 수 있을 것이라 생각한다.

---

16 강원택(2012)은 정당 간 이념적 대결이 나타나는 근래의 현상이 3당합당의 의도되지 않은 결과라고 해석한다. 즉, 보수적 색채를 지니는 3당이 하나의 정당으로 합쳐지고, 이에 대항하기 위해 야권 차원에서 진보세력을 규합하기 위한 노력이 전개된 것이 오랜 세월을 거치면서 보수와 진보라는 비교적 뚜렷한 이념을 지니는 정당들로 진화하게 되었다는 것이다.

■ 참고문헌

단행본

강원택(2005), 《한국의 정치개혁과 민주주의》, 인간사랑.

강정인(2009), "보수주의: 비동시성의 동시성 그리고 모호한 정상화", 강정인
· 김수자 · 문지영 · 정승현 · 하상복 공저, 《한국정치의 이념과 사상》,
후마니타스.

강준만(2006), 《한국현대사 산책》, 인물과 사상사.

공보처(1992), 《제6공화국실록: 정치》, 정부간행물제작소.

김대중(2010), 《김대중 자서전》, 삼인.

김용호(1994), "민주화와 정당정치", 안청시 편, 《전환기의 한국 민주주의
1987~1992》, 법문사.

김희민(1994), "한국 3당합당의 원인과 결과", 김재한 편, 《정당구도론》, 나남.

노태우(2011), 《노태우 회고록(상): 국가, 민주화, 나의 운명》, 조선뉴스프
레스.

박찬욱(1992), "한국의회내 정당 간 갈등과 교착상태: 그 요인, 경과 및 결
말", 한배호 · 박찬욱 편, 《한국의 정치갈등: 그 유형과 해소방식》, 법
문사.

신명순(1999), "한국 국회의 의정활동", 백영철 편, 《한국의회정치론》, 건국
대학교출판부.

심지연(2009), 《한국정당정치사: 위기와 통합의 정치》, 백산서당.

유병곤(2006), 《갈등과 타협의 정치: 민주화 이후 한국의회정치의 발전》, 오름.

이용식(1993), 《김영삼 권력의 탄생》, 도서출판 공간.

이장규(2011), 《경제가 민주화를 만났을 때: 노태우 경제의 재조명》, 올림.

임혁백(1997), "지연되고 있는 민주주의의 공고화", 최장집 · 임혁백 공편, 《한
국 사회와 민주주의: 한국민주화 10년의 평가와 반성》, 나남.

정진민(2008), 《한국의 정당정치와 대통령제 민주주의》, 인간사랑.

조갑제(2007), 《노태우 육성 회고록》, 조갑제닷컴.

진덕규(1994), "노태우 정부의 권력구조와 정치체제", 안청시 편저, 《전환기
의 한국 민주주의 1987~1992》, 법문사.

Buchanan, James & Gordon Tullock. (1962), *The Calculus of Consent:
Logical Foundation of Constitutional Democracy*, Ann Arbor:
University of Michigan Press.

Fenno, Richard. (1978), *Home Style: House Members in Their Districts*, Boston: Little, Brown.

Fiorina, Morris. (1989), *Congress: Keystone of the Washington Establishment*, New Haven: Yale University Press.

Lee, Man-woo. (1990), *The Odyssey of Korean Democracy*, New York: Prager.

Levi, Margaret. (1997), "A Model, a Method, and a Map: Rational Choice in Comparative and Historical Analysis", Mark Lichbach & Alan Zuckerman(ed.), *Comparative Politics: Rationality, Culture, and Structure*, Cambridge: Cambridge University Press.

Mayhew, David. (2004), *Congress: The Electoral Connection* 2nd ed., New Haven: Yale University Press.

North, Douglas. (1990), *Institutions, Institutional Change and Economic Performance*, Cambridge: Cambridge University Press.

Pierson, Paul. (2004), *Politics in Time: History, Institutions, and Social Analysis*, Princeton: Princeton University Press.

Sewell, William H. (1996), "Three Temporalities: Toward an Eventful Sociology", Terrance McDonald(ed.), *The Historic Turn in the Human Sciences*, Ann Arbor: University of Michigan Press.

Skowronek, Stephen. (2011), *Presidential Leadership in Political Time* 2nd ed., Lawrence: the University Press of Kansas.

학술논문 및 보고서

강원택(2012), "3당합당과 한국 정당정치", 〈한국정당학회보〉 11권 1호, 171~194쪽.

김용호(2002), "한국의 민주화이후 단점·분점정부에 대한 평가", 〈한국정당학회보〉 1권 1호, 89~114쪽.

김일영(1998), "권위주의 체제의 한국적 특성과 변화: 불완전포괄형, 일인지 배하의 관료우위형, 그리고 방어적 근대화를 위한 동원형", 〈한국정치외교사논총〉 20권 1호, 359~401쪽.

_____(2009), "노태우 정부에서의 정치사회적 갈등양상과 해결경험", 〈분쟁해결연구〉 7권 2호, 5~25쪽.

박상철(1988), "한국의 정당정치와 민주화의 전망: 제13대 총선거 결과분석을 중심으로", 〈수선논집〉 13권 1호, 149~178쪽.

박통희(1993), "제13대 여소야대 국회의 효율성 논란", 〈한국정치학회보〉27
집 1호, 161~184쪽.

신명순(1994), "전국구 국회의원제도의 비판적 고찰", 〈한국정치학회보〉28집
2호, 239~258쪽.

조진만(2009), "의회의 집합적 의사결정과 신뢰: 한국국회의 현실과 선택",
〈의정연구〉15권 1호, 93~118쪽.

최장집(1995), "'변형주의'와 한국의 민주주의", 〈사회비평〉13권, 183~221쪽.

최준영(2008), "제17대 대통령선거와 지역균열", 〈21세기정치학회보〉18권 3
호, 47~66쪽.

_____ ·조진만(2005), "지역균열의 변화 가능성에 대한 경험적 고찰: 제17
대 국회의원선거에서 나타난 이념과 세대 균열의 효과를 중심으로",
〈한국정치학회보〉39집 3호, 375~394쪽.

Pierson, Paul. (2000), "Increasing Returns, Path Dependence, and the
Study of Politics", *American Political Science Review* 94: 251~267.

기타
손주환(2011. 10. 15), 15:00~18:00, SK경영경제연구소(인터뷰).

노태우 시대 한국의 시민사회 3

김선혁

들어가며 : 노태우 시대의 정치사적 의의

헌팅턴(Huntington, 1991)이 "제3의 범지구적 민주화의 물결"(*the third wave of global democratization*)이라 칭했던 도도한 역사적 흐름 속에서 대한민국이 차지하는 위상은 남다르다. 1970년대 중·후반 스페인, 포르투갈, 그리스 등 남유럽 국가들, 그리고 1980년대 다수의 라틴아메리카 국가들이 민주화되는 과정을 설득력 있게 분석해 내면서 각광받았던 민주적 이행론(*transitology*)과 민주적 공고화론(*consolidology*)은 그 무엇보다도 정치엘리트에 주목했다. 대표적으로 오도넬과 슈미터(O'Donnell & Schmitter)는 그들의 저작에서 민주화의 원인을 집권엘리트의 강온파 분열과 대립, 그리고 타협에서 찾았다(O'Donnell & Schmitter, 1986; Higley & Gunther, 1992). 그들은 심지어 "민주화 치고 강온파 집권엘리트 간 분열에 기인하지 않은 민주화는 없다"(O'Donnell & Schmitter, 1986: 19)라고 단언할 정도로 엘리트 간의 갈등과 대립을 중요시했다.

한국의 민주화 사례가 지니는 가장 큰 의의는 바로 그러한 정치엘리트 중심적 민주화론에 상당히 강력한 반례(反例)를 제기했다는 점에 있다. 아시아에서의 민주화, 특히 한국의 민주화는 강온 정치엘리트 간의 대립과 갈등의 산물이라기보다는 지속적이고 끈질긴 사회운동과 시민동원(civic mobilization), 대중항의(popular protest)의 결과라고 보는 것이 더 정확하다(Kim, 1997, 2000; 최장집, 2002; 최장집·임현진 편, 1993; 성경륭, 1994; 조희연, 1998a, 1998b; S. Lee, 1993).

한국의 민주화가 지식사적으로 가지는 더 큰 중요성은 그것이 이후 1990년대를 거치면서 새로운 민주화의 물결, 즉 '시민사회가 주도하는 민주화', '아래로부터의 민주화'라는 새로운 유형의 민주화에 대한 관심을 고조시켰다는 데 있다. 상이한 선호를 가진 집권엘리트 간의 전략적 상호작용보다 사회운동, 시민동원, 대중항의가 더 중요한 역할을 한 것은 동유럽의 많은 구(舊)사회주의 국가들의 민주적 이행에서도 마찬가지였기 때문이다. 이들 국가의 민주화는 비록 그 속도와 내용, 구체적인 진행방식은 상당히 달랐지만 아래로부터 강력한 운동의 압력이 대단히 중요한 역할을 수행했다는 측면에서 한국의 민주화와 많은 공통점을 지녔다.

하지만 동시에 한국의 민주화를 '시민사회가 주도한 민주화', '아래로부터의 민주화'라고 간단히 요약하고 논의를 종결하기는 힘들다. 왜냐하면 1960년대부터 간단(間斷) 없이 조직·전개되어 온 한국의 사회운동이 1987년 6월 민주항쟁의 정점에서 '혁명'에 준하는 포괄적이고 급진적인 변화를 초래하는 데에는 실패했기 때문이다. 국가기구의 편제에도, 집권세력의 구성에도, 정당체계에도, 정치·경제·사회적 기존질서에도 '혁명적'인 변화는 별로 일어난 일이 없다. 한국은 문자 그대로 권위주의(혹은 전체주의) 국가와 일당독재의 몰락과 해체를 경험했던 동유럽 국가들과는 많이 달랐다. 한국의 집권엘리트는 6·29 민주화 선언을 통해 사회운동이 실질적으로 독점했던 민주화운동의 상징성과 정통성을 급속히 잠식했고, 그 결과 '민주화'라는 의제는 집권 보수엘리트와 투쟁적 시민사회가 분점·공유하는 의제가 되고 말았다. 1987년 6월 이후 일련의 사건전개는 한국의 민주화가 단지 "운동에 의한 민주화"(최장집, 2002)로 지칭되기 어려운 여러 가지 역설을 포함했다.

1987년 6월 10일의 '박종철 군 고문치사 조작·은폐 규탄 및 호헌철폐 국민대회'(전국 18개 도시에서 전개, 경찰은 3,831명을 연행함)와 6월 26일 '평화대행진'(전국 37개 도시에서 전개, 경찰은 3,467명을 연행)까지 있었던 경찰 추산 연 2,145회의 시위는 '아래로부터의 민주화', '운동에 의한 민주화'의 분명한 징표였다. 하지만 다른 한편 6월 10일의 민주정의당 전당대회와 노태우 차기 대통령 후보의 지명, 그리고 6월 29일 노태우 민정당 대표의 '시국수습을 위한 6·29 특별선언'은 '위로부터의 민주화', '정치엘리트에 의한 민주화'를 표상하는 것이었다. 1987년 7월부터 12월까지 6개월이라는 짧은 기간 동안 개헌과 대선을 중심으로 전개된 한국판 '이행기 정치'(transitional politics)는 '운동에 의한 민주화'가 어떻게 정치엘리트에 의한 현실적, 타협적, 점진적, 비혁명적 변화로 귀결되는지 여실히 보여주었다.

민주화투쟁에 모든 것을 바친 투사들에게는 너무나 허망하게도 1987년 12월 대통령선거의 결과는 이전 6개월이라는 '이행기'가 전혀 없었다고 하더라도 어차피 예정되어 있던 결론, 즉 집권 민정당 대선 후보의 당선이었다. 민주화운동을 전개했던 시민사회와 야당에게 1987년 겨울은 '불만의 겨울'이었고, 점진적 이행을 희구하던 집권엘리트에게는 '값진 승리'였다. 변화를 바라며 기대에 부풀어 민주적 이행기를 맞았던 시민사회와 재야세력에게 노태우 시대는 결코 받아들일 수 없는 '잉여시대'였고, 관리와 안정을 지향했던 집권엘리트에게 노태우 시대는 구질서의 일정한 연장, 그러나 동시에 가보지 않은 '미답지'였다. 과거 권위주의와 불가피하게 이어져 있기는 하지만 운명적으로 결코 권위주의와 같을 수 없고 같아서도 안 되는, 오히려 자신의 생존을 위해 선제적으로 민주화를 이루어야만 하는 것이 노태우 시대의 역사적 과제였다.

노태우 시대를 살펴보는 것은 현 단계의 한국 민주주의를 이해하고 더 나은 미래를 설계하는 데 대단히 중요한 의미를 가진다. 노태우 시대를 고찰한다는 것은 한국 민주주의의 '출생의 비밀'을 알아내는 작업이기도 하다. 노태우 시대에 형성된 시민사회의 모습이 이후 한국 시민사회 모습의 원형(原型)을 제공하고, 노태우 시대에 성립된 시민사회-국가 관계가 이후 시민사회-국가 관계의 주형(鑄型)이 되었다는 점에서 노태우 시대는 이후 시민사회, 시민사회-국가 관계가 가진 경로의존성의 기원이 되는 셈이다. 노태우 시대의 분석을 통해 우리 민주주의의 '출생의 비밀'을 규명한 후, 우리 민주주의에 문제가 있다면 효과적인 해결책을 모색해야 하고, 자랑할 만한 것이 있다면 드러내 자랑할 일이다.

이 글은 한국 민주화사라는 관점에서 대단히 중요하고 의미 있는 시기인 노태우 시대의 재인식을 목표로 당시의 시민사회, 그리고 시민사회와 국가 간의 관계를 고찰하고자 한다. 이 글은 구체적으로 다음과 같이 구성된다. 우선 두 번째 절에서는 노태우 정권의 시민사회에 대한 태도와 정책의 기조를 살펴본다. 노태우 대통령의 시민사회관, 대(對)시민사회정책 등을 고찰하고 그것이 시민사회의 지형에 어떠한 영향을 미쳤는지 분석한다. 세 번째 절에서는 노태우 시대 시민사회 주요 행위자들의 인식과 활동을 당시 주요 사건들을 중심으로 정리한다. 초기 시민사회 주체들은 급변하는 정세에 다분히 반응적으로(reactive) 대응했으나 이후 본격적으로 전개된 민주화 정국에서는 상당히 능동적이고 일관된 전략을 구사했다. 네 번째 절에서는 국가의 관리적·형성적 정책과 시민사회의 대응적·능동적 전략이 부딪치고 어긋나면서 만들어진 민주화 이후 새로운 시민사회-국가 관계의 특징을 서술한다. 결론 절에서는 노태우 시대의 시민사회가 후대에 남긴 유산을 돌아보고 노태우 시대의 역사적 의의를 고찰하면서 글을 마무리 짓는다.

노태우 정권의 민주주의관과 시민사회관

1987년 6월 29일 노태우 당시 민정당 대표의 〈6·29 민주화 선언〉은 당시 최고조로 치닫고 있던 '아래로부터의 민주화' 물결을 일시 정지시 켰다. 당시 시민사회가 강력히, 그리고 지속적으로 요구해왔던 대통령 직선제 개헌을 비롯하여 공정선거, 시국사범 사면 및 복권, 기본권 강화 및 인권 신장, 언론자유, 지방자치 등을 포함한 6·29 민주화 선언 의 내용은 '아래로부터의 민주화'가 지향해온 민주주의의 미래상에 대한 '위로부터의 민주화'의 대응이자 대안이었다. '아래로부터의 민주화' 세력이 지향한 민주주의의 미래상이 그들이 일치단결하여 추구했던 '반독재'라는 기치와는 달리 운동 내 세부 분파들에 따라 다소 다양하고 상이했던 것에 비해, '위로부터의 민주화' 세력이 지향한 민주주의 의 미래상은 비교적 분명했다. 그리고 그 민주주의관, 민주주의상(像) 은 노태우 시대를 통해 본격적으로 추구되었다.

6·29 민주화 선언이 비록 '위로부터의 민주화'를 표상하는 것이기는 했지만 그렇다고 그러한 '위로부터의 민주화'가 민주주의에 대한 공약 (commitment) 이라는 측면에서 볼 때 결코 '아래로부터의 민주화'보다 미약한 것은 아니었다. 6·29 민주화 선언은 '아래로부터의 민주화' 물 결을 포용·수용하는 형식을 취했기 때문에, 그리고 (선거의 공정성에 대한 야당과 재야의 이의 제기에도 불구하고) 노태우는 민주화 이후 최초의 민주·직접선거를 통해 당선된 대통령이었기 때문에 적어도 언술적 측면에서 노태우 정권은 민주주의에 대한 확고한 신념과 민주화 실천 의 약속을 천명하지 않을 수 없었다.

> 민주주의로 가는 길이 아무리 험난하다 해도 나는 민주주의만이 인간의 자유와 행복을 실현해 준다고 믿습니다(대통령공보비서실 편, 1991: 211).

이같이 과감한 천명을 가능케 한 것은 민주화에 대한 아래로부터의 압력과 밖으로부터의 압력[1]이 가중되는 최악의 상황을 6·29 민주화 선언이라는 '사즉생' 전략을 통해 타개하고 마침내 대선 승리를 이루어 냈다는 자부심과 자신감이었다. 하지만 민주주의에 대한 '절대적' 확신의 표명보다 더 중요한 것은 다른 가치들과 대비해서 비추어 본, 그리고 다른 가치들과의 상관관계 속에서 구체적으로 규정되는 민주주의의 '상대적' 가치에 대한 판단과 의사표명이다. 과거 권위주의 시대에도 민주주의에 대한 추상적·절대적 차원의 서약(pledge)이 존재하지 않았던 것이 아니었기 때문이다. 1988년 2월 25일 취임식에서 노태우 대통령은 다음과 같이 선언하였다.

> 물량성장과 안보를 앞세워 자율과 인권을 소홀히 여길 수 있는 시대는 끝났습니다. 힘으로 억압하거나 밀실의 고문이 통하는 시대는 끝났습니다(13대 대통령 취임사, 1988. 2. 25; 노태우, 2011b: 16).

과거 권위주의 시대의 부끄러운 자화상이었던 무력탄압과 밀실의 고문을 공개적으로 인정한 것, 그리고 권위주의 정권, 개발주의 국가의 금과옥조였던 '안보'와 '성장'보다 더 중요한 가치가 '자율'과 '인권'이라는 것을 천명한 것은 노태우 정권이 취임 초기부터 과거 권위주의 정권과의 질적인 차별화에 지대한 주의와 관심을 기울였다는 것을 나타낸다. 이러한 차별화는 직전의 권위주의 정권과 인적으로, 물적으로, 그리고 제도적으로 확연한 연속성을 가진 정권으로서는 결코 녹록지

---

1 1987년 당시 미국이 한국의 민주화운동에 힘을 실어준 사례는 허다하다. 3월 3일 신민당과 재야가 주도한 박종철 군 49재와 '고문추방 국민대행진'이 원천봉쇄된 다음 날 미 국무성은 3·3 평화대행진을 저지한 한국 정부에 대해 '유감' 논평을 하였다. 4월 13일 현행법으로 선거를 실시하여 정부를 이양하겠다는 내용의 4·13 호헌조치에 대해서도 미 국무성은 '유감' 논평을 냈다. 아울러 6월 22일에는 미 국무성이 "현 사태 해결을 위해 군이 개입하는 것은 한국의 이익에 심각한 해가될 것"이라는 경고성 논평을 내기도 했다. 당시 제임스 릴리(James Lilley) 대사가 전두환에게 군의 개입을 반대하는 "외교적인 그러나 분명하고도 강경한" 레이건 대통령의 친서를 직접 전달한 사실은 주지의 사실이다(Adesnik & Kim, 2012).

않은 일이었다. 자신이 핵심세력으로 속해 있었던 권위주의 체제를 비판하고 그 권위주의 체제가 억압했던 민주주의를 지지하는 자기모순적, 자가당착적 언명은 용이한 일이 아니었다. 그럼에도 불구하고 노태우 정권은 자신의 보존과 강화를 위해 과거 권위주의 정권과의 단절적 언술을 구사하였다.

이런 관점에서 민주주의, 민주화와 관련하여 노태우 정권의 가장 큰 기여는 아마도 한국 집권엘리트가 지칭하는 민주주의가 적어도 언술적 차원에서는 '반공주의를 극복한 민주주의'의 성격을 띠도록 했다는 점일 것이다. 노태우 정권은 자신이 신봉하는 '민주주의'가 과거 권위주의 시절처럼 한국의 현실에 맞게 자의적으로 '현지화'(indigenize)되고 왜곡·축소 정의된 '민주주의'가 아니라 보편적인 민주주의, 상식적인 민주주의, 노태우 대선후보가 강조했던 '보통사람들'이 받아들일 수 있는 민주주의가 되기를 희구했던 것으로 보인다. 그 결과, 과거 권위주의 시절의 민주주의가 '냉전반공주의'와 동일한 개념이거나 그것의 하위개념이었던 것과 비교해 노태우 시대에는 민주주의가 단순한 '반공주의'가 아니라 독자적인, "우월한 이념으로서의 민주주의"로 개념화되었다(이나미, 2008: 213).

냉전반공주의를 맹아적으로나마 일정 정도 넘어섰던 노태우 정권의 민주주의관의 한가운데에는 "사회집단의 자율"이 위치했다. "사회집단의 자율"은 6·29 민주화 선언의 핵심내용이었다.

여섯째, 사회 각 부문의 자치(自治)와 자율(自律)은 최대한 보장되어야 합니다. 각 부문별로 자치와 자율의 확대로 다양하고 균형 있는 사회발전(社會發展)을 이룩하여야 국가발전의 원동력이 된다고 믿습니다(노태우, 1987).

시민사회의 '자치'와 '자율'에 관해서 노태우는 대통령 취임 이후에도 여러 차례 강조하였다. 《노태우 회고록》의 일부를 살펴보자.

민주사회의 중요한 특징 하나는 국가와 개인 사이에 수많은 사회단체가 자율적으로 기능함으로써 이해관계를 법의 울타리 안에서 조정하도록 해준다는 점이다. 사회단체의 활동이 자율화되면 이에 따른 갈등과 소란은 피할 수 없으나 비대해지는 국가권력을 견제, 보완하는 역할을 하게 된다. 우리나라의 사회단체들은 과거의 권위주의 정권에서 … 관제, 어용집단의 역할을 해온 점이 있었다. 나는 6·29 선언의 정신에 따라 시민사회의 자율성이 회복되지 않고서는 성숙한 민주주의의 실현이 불가능하다고 생각하여 사회단체들에 대한 정부의 통제권을 포기하고 자율성을 부여하기로 결심하였다. 노동조합 활동의 자유화, 농협의 자율화, 국공립 대학 총장 선임의 자유화, 그리고 지방자치의 도입이 대표적인 것들이다(노태우, 2011b: 17).

위에서 드러나듯이 노태우는 당시 기준으로 볼 때 꽤 전향적인 시민사회관을 견지했던 것으로 판단된다. 민주주의 체제에서 국가와 개인사이에 매개영역(*intermediary space*)으로서 시민사회가 존재한다는 것, 그리고 그러한 시민사회가 때로는 강력한 국가를 견제하는 비판자의 역할을 수행한다는 것에 대해 비교적 적절하게 인식했다. 특히 주목할 것은 시민사회의 자율성을 성숙한 민주주의 실현의 전제조건으로까지 격상시키고 있다는 점이다.

민주주의의 전제조건으로서의 '시민사회 자율화'를 지향하는 노태우 정권의 가장 주된 정책은 "사회단체들에 대한 정부의 통제권을 포기하고 자율성을 부여"하는 것이었다. 노조활동의 자유화, 농협의 자율화, 국공립대학 총장 선임의 자유화, 지방자치 도입 등 노태우 자신이 언급한 예에서 드러나듯이 자율의 가장 큰 부분은 한마디로 관변단체의 탈관변화, 즉 탈정부화(*de-governmentalization*) 혹은 탈조합화(*de-corporatization*)였다. 이는 사실 작위(*action*)를 기반으로 한 정책이라기보다는 무위(*inaction*)를 기반으로 한 정책이었다. 즉, 민주화 이전 권위주의 시대에 수십 년 동안 노조, 조합, 대학, 사회단체 등을 대상으로 행해졌던 다양한 형태의 국가조합주의적 통제와 간섭, 관리와 후원을 더는 하지 않겠다는 것이었다. 그 결과 많은 관변단체들은 점진적으로 진정한 의미의 '시민단체'로 전향(conversion) 되었다(Kim, 2000).

노태우 시대 국가의 시민사회관 및 대시민사회 정책의 기조와 관련하여 눈여겨보아야 할 두 번째 사실은 노태우 정권이 시민사회의 활성화, 사회단체의 자율(유) 화에 수반될 일시적인 '혼란'에 대해 이해·용인할 준비를 했다는 점이다. 위 노태우 자신의 회고에서 드러나듯이 노태우 정권은 사회단체의 자율화가 일정 정도의 '갈등과 소란'을 수반할 것이라고 익히 예상했다.

정부에 의해 '노사분규'로 불리는 폭발적인 노동운동의 고양에 대해서도 노태우 정부는 상당히 놀라울 정도의 관용을 보여주었다. 그리고 이러한 관용적 태도는 특히 노태우 정권의 초기 1~2년 동안 지속되었다. 노태우의 증언을 직접 보자.

> 6공화국에 들어와 민주화가 본격화하자 노사분규는 폭발하다시피 일어났다. 그 시점에서는 공권력을 투입해 정면으로 막는 것과, 시간을 두고 폭발력이 어느 정도 가라앉은 후에 대처하는 2가지 방안을 생각할 수 있을 뿐이었다. 나는 결국 후자를 택했다. 노사분규 현장에는 가급적 공권력을 투입하지 못하게 했다(노태우, 2011b: 51).

이 때문에 학자들은 "노태우 정권은 정치적 반대에 상대적으로 관용적이었다"(S. Lee, 1993: 356) 라든지 "균열되어 있는 사회와 정치를 다룸에서, 노태우는 모든 것이 진행되기를 기다렸다가 대안이 없다는 것이 분명할 때 행동을 취하는 특징을 가지고 있었다"(Han, 1989: 34) 라는 평가를 내린다.

관변단체의 탈관변화, 집단행동의 용인과 더불어 노태우 시대 대시민사회정책의 중요한 부분을 구성한 것은 '과격집단'의 배제와 탄압이었다. 사실 이 점에서 노태우 정권은 과거 권위주의 정권과 큰 차별을 보이지 않았다. '과격집단'이라고 부르는 영역과 범위가 과거에 비해 상대적으로 다소 축소되었을지는 모르지만 '과격집단'에 대한 대처방식에서는 별다른 차이를 보이지 않았다.

정권의 민주성을 받아들이지 않고 반정부 투쟁, '민주화' 투쟁을 계속하는 사회집단들에 대해 노태우 정권은 '법과 질서'를 내세우며 단호한 자세를 견지하였다. 그러한 사회집단들에 대한 노태우 정권의 표현은 이전 권위주의 정부 시기의 그것과 별로 차이가 없다. "… 이런 흐름을 외면한 우리 사회의 계급혁명의 환상에 사로잡힌 소수가 문제를 일으키고 있는 것은 시대역행적"(노태우, 1989: 70~71)이라거나, "극소수 극렬집단의 폭력 파괴활동이 민주주의 위협"(대통령공보비서실 편, 1991: 211)이라는 표현 등이 이에 해당된다.

'좌경세력'의 대표 격인 대학생들에 대한 노태우의 근본적인 불신과 반감은 본인의 회고에서도 분명히 드러난다.

나는 6공이 과거의 권위주의적 요소들을 하나하나 제거해감에 따라 시위를 일삼아 온 대학생들이 본연의 자세로 돌아가 면학에 정진할 것이라고 믿었다. 이는 오판이었다. … 그들은 남북학생회담을 추진하고 주한미군 철수를 내세워서 반미 감정을 부채질하면서 북한을 찬양하는 등 좌경의식화하고 있었다. 투쟁 방식도 날로 폭력화해갔다(노태우, 2011b: 75).

특히 올림픽 이후 1989년에 일어난 국내 재야인사들의 비밀 방북사건은 노태우 정권을 더욱 당황하게 만들었다. 노태우는 "특히 지식인·종교인들의 잇따른 비밀 방북사건도 나를 안타깝게 했다"고 토로한다(노태우, 2011b: 76). 더욱이 노태우 정권은 '좌경운동권'이 투쟁방향을 다양화·확대하면서 새로운 전략을 구사한다고 판단하였다.

좌경운동권은 국민들로부터 호응을 받지 못하고 우리가 민주화를 추진하자 투쟁 방향을 바꾸기 시작했다. 그들은 학내문제, 사회문제, 환경

문제에 본격적으로 개입하기 시작했다(노태우, 2011b: 78).

1991년 들어 노태우 정권은 "소모의 정치"로부터 "창조의 정치"로의 전환을 빈번하게 언급했다. "창조의 정치"의 골자는 국회 밖에서의 정권에 대한 도전을 "자유민주주의 체제를 정면으로 전복하려는 시도"로 규정하고, 의회 내에서 경쟁하자는 것이었다(이영재, 2009: 266). 노태우는 1991년 5월 30일 열린 민주자유당 시도의회의원 후보공천자대회에서 행한 연설에서 "수준 높은 우리 국민은 과격세력의 시대착오적 구호나 이에 편승하려는 정치세력의 선동을 외면했다"(〈경향신문〉, 1991)고 단언하기도 했다.

요컨대, 노태우 정권은 한편으로 과거 관변단체에 대한 정부의 통제와 관리의 강도를 완화시켰지만, 다른 한편 '좌경세력'에 대해서는 '법과 질서'를 표방하며 단호한 자세를 유지하였다. 관변조직의 탈관변화, 그리고 집단행동에 대한 비교적 관용적인 태도 등은 시민사회 영역을 전반적으로 확장시키는 데 기여하였다. 이는 새로운 시민단체의 등장 또한 가능케 하였다. 하지만 저항적 운동단체들은 여전히 불법화되었고 탄압되었다. 노태우 정권은 말 그대로 전환기적 · 이행기적 성격을 띠었다. '과격좌익세력'에 대한 단호한 대처는 과거 권위주의 정부와 유사했으나, 노동운동의 분출에 대한 상당한 자제력, 관변단체의 탈조합화, 새로운 시민단체 활동을 가능케 한 정치적 자유화 등은 과거 권위주의와는 상이한 면모였다.

노태우 시대 시민사회 : 성찰과 모색

1987년 이후 정치 · 사회적 변화가 시민사회-국가 간 세력균형의 추를 점차 시민사회 쪽으로 이동시켰다는 데에는 이의를 제기하기 힘들다. 한 분석가의 지적대로 "1987년은 한국에서 정치의 주요한 추동력이 국가로부터 시민사회로 이전한 해이다. 시민사회의 시대가 개막되었다."
(S. Lee, 1993: 359)

노태우 시대 한국 시민사회의 지형과 관련한 논쟁에는 종종 민중운동 대(對) 시민운동의 대립과 경쟁, 갈등이 등장한다(백욱인, 1991, 1993). 하지만 후속할 시기와 비교해 볼 때 노태우 시대에는 민중운동과 시민운동의 상대적 역학관계가 대단히 비대칭적이었다. 시민사회의 주도권은 의문의 여지없이 민중운동이 가지고 있었다. 노태우 시대 시민사회의 전략과 판단, 조직과 운동을 주도했던 집단은 이전 권위주의 시대에 치열한 반독재·민주화운동을 전개해왔던 민중운동세력이었다. 시민운동은 아직 미약했다. 따라서 노태우 시대 한국의 시민사회를 분석하기 위해서는 이 시기 민중운동의 고찰이 필수적이다.

1987년 6·29 민주화 선언은 한국 시민사회에 충격으로 다가왔다. 제아무리 민주화운동의 궁극적 승리를 굳게 믿었던 사람이라고 해도 '민주화'가 6·29라는 형태로 그렇게 빨리, 예기치 않게 닥칠 것이라고는 미처 예상하지 못했다. 갑작스럽게 다가온 '민주화' 앞에서 시민사회는 1987년 하반기를 혼돈 속에 보냈다. 6·29 직후 12월 대선까지 지극히 중요한 이행의 정치(politics of transition) 국면에서 민중운동이 주도하는 시민사회는 정국의 주도권을 여야 정치엘리트의 수중에 넘겨주고 말았다. 그 결과는 노태우의 당선이었다. 민주화운동 주도세력의 관점에서 볼 때 1987년 '민주화 드라마'의 결말, 즉 권위주의 체제의 주요 건립자 중 한 사람이자 그 최대 수혜자였던 인물의 당선은 이루 형언할 수 없는 실망감, 좌절감, 그리고 허탈감을 안겨주었다. 대선 하루 뒤 야당들과 재야단체들은 12·16 선거를 "사상 유례없는 부정타락선거"로 규정짓고 선거 무효화 투쟁선언을 개시할 것을 선언하였다. 하지만 노태우 당선의 가장 큰 원인이 야권, 즉 양김의 분열이었다는 것이 자명한 상황에서 선거 무효화 투쟁은 점화되지 않았다.

시민사회가 실망과 좌절에서 벗어나 활로를 모색하기 시작한 것은 1988년 노태우 시대의 출범과 함께였다. 실망과 좌절, 황망과 허무 속

110

에 1988년 초 노태우의 취임을 맞은 운동세력에게 '민주화운동의 속개'라는 전략 이외에 뾰족한 대안은 없었다. 민주화를 위해 매진해온 운동세력의 관점에서 복기(復棋)해 볼 때 '6·29 민주화 선언'은 양김의 분열을 정확히 예측하고 치밀하게 제시된 고도의 속임수였고, 1987년 12월 대통령선거는 역사상 유례를 찾기 힘든 불법부정선거였다. 당연히 노태우 정권의 정당성은 수용 불가능한 것이었다. 한국 운동세력에게 '노태우 정부'는 경성 민주주의(democradura)에도 미치지 못하는, 기껏해야 연성독재(dictablanda)에 불과한 것이었다.

노태우 대통령의 취임과 함께 시작된 운동의 고민은 반년 동안의 침체와 좌절, 실망과 허탈을 극복하고 어떻게 '민주화' 이후에도 '민주화' 투쟁의 동력을 지속시킬 수 있을 것인가였다. 국민에 의한 직접선거를 통해 당선된 '민주'정권 앞에서 '반독재'의 명분과 동력은 현저히 약화되었고, 운동세력은 새로운 힘의 원천을 찾아 나서지 않으면 안 되었다. 게다가 새로 들어선 노태우 정권은 이전 전두환 정권과는 달리 상당히 전향적인 모습을 보이면서 민주화 조치에 공세적으로 나섰다. 1988년 3월 29일 정부는 '5·18 민주화운동'을 '민주화운동 일환'으로 규정하고 그 보상을 심의할 유족기구를 설립하여 '5·18 민주화운동'의 치유방안을 마련하기로 했다. 3월 31일에는 11건 78억 횡령 등 '특정범죄가중처벌 등에 관한 법률위반' 등 6개 죄목으로 전경환을 구속, 수감하였다.

빠른 속도로 전개되는 노태우 정권의 '민주정치'에 대응하여 민주화운동청년연합, 서대협 등 재야 16개 단체는 4월 9일 '반민정당총선투쟁연합'을 결성하여 '민주화' 운동을 속개했다. 하지만 민중운동세력의 민주화투쟁을 위한 새로운 동력은 얼마 뒤 정치권에서 생겨났다. 4월 26일 제13대 국회의원 선거에서 집권 민정당이 지역구 87석을 획득하는 데 그쳤고, 여소야대 구도가 형성되었기 때문이다. 1987년 12월 대선을 앞두고 후보단일화 문제를 둘러싼 분열과정에서 골이 깊어진 시민사회와 정치사회의 갈등은 새로운 여소야대 구도를 통해 해결의 실마리를 잡았다.

올림픽 직전이었던 1988년 5~8월에 민중운동권은 다양한 조직화를 통해 전열을 가다듬었다. 5월 13일에는 서울지역 28개 대학 3천여 명의 대학생이 연세대에 모여 '서울지역 총학생회연합'을 발족하였고, 5월 29일에는 인권변호사단체인 '민주사회를 위한 변호사 모임'이 정식 발족되었다. 7월 20일에는 민통련 등 재야 11개 단체가 '조국의 자주적 평화통일을 위한 민주단체협의회'(조통협)를 발족하였다.

전국적 조직의 활발한 건설과 더불어 민중운동세력이 주목한 또 다른 운동의 활로는 통일·반미였다. 통일·반미운동은 역사적으로 볼 때에도 반독재·민주화운동과 상당한 친화성, 연계성을 가진다. 예컨대 1960년 4·19혁명으로 이승만 정권이 타도되자 당시 반독재·민주화운동은 곧바로 통일·반외세운동으로 확대되어 전개되었던 것이다. 단독올림픽 반대운동은 남북청년학생회담의 제의로 이어졌다. 1988년 6월 10일 6·10 남북청년학생회담이 경찰의 강력저지로 무산되자 전국 40개 대학에서 1만 8천 명이 교내집회를 열고 연세대, 서울역, 홍제동 등지에서 격렬하게 시위를 하였다. 같은 해 8월 15일에도 학생들은 8·15 남북학생회담이 경찰저지로 무산되자 산발적 가두시위를 벌였다. 이날 경찰은 학생 2,020명을 연행하였고, 1,033명을 훈방하였으며, 987명을 분산 수용하였다. 6~8월 동안 올림픽 반대, 남북한 학생회담 시도 등에 2만여 명의 학생이 참여했으며 이는 당시 한국학생의 2%에 해당되는 숫자였다(Han, 1989). 학생운동은 자유로운 노조 및 농민단체 결성, 5공비리 관련자 처벌, 남북교류, 서울올림픽 단독개최 거부, 대학 자율화, 평양 세계청년학생축전 참가 등 가능한 모든 이슈를 내걸고 타 운동권 세력과의 연대를 모색하면서 반정부 민주화 투쟁을 전개해 나갔다(박기덕, 1994: 147).

올림픽이 끝나고 1988년 후반기에는 국회 여소야대 구도가 가능케 한 국회차원의 각종 조사청문회가 개최되었다. 6월 27일에 구성된 '5공비리 특별위원회'(5공비리특위)는 11월 2일 일해재단 관련비리조사를 위한 1차 청문회를 개시하였다. 또한 '5·18 광주민주화운동 진상조사 특별위원회'의 청문회도 동시에 진행되었다. 11월 18일 광주특위 1차 청문회에서는 김대중, 이희성 등이 증언하였다. 11월 내내 학생, 재야 운동단체들이 연희동에서 전두환 부부의 구속을 요구하며 치열하게 시위를 벌였다. 이에 대해 노태우는 다음과 같이 회고한다.

> 수많은 학생과 재야인사들이 올림픽이 끝나기가 무섭게 연희동에 있는 전 전 대통령 사저로 몰려가 화염병을 던지는 등 소란을 피우기 시작했다. 이들의 구호는 '전두환 전 대통령 내외를 구속하라'는 것이었다. 연희동은 연일 화염병과 최루탄으로 범벅이 되어 주민들의 불편이 이만저만이 아니었다(노태우, 2011a: 462).

결국 11월 23일 전두환은 사과문을 발표하고 백담사에 은둔하였다. 사흘 뒤인 26일에 노태우 대통령은 담화문을 발표하여 전두환 전 대통령에 대한 정치적 사면과 5공비리 조사활동의 연내 매듭을 호소하였다. 하지만 11월 30일 국회 광주특위 2차 청문회 속개를 시작으로 전두환이 청문회에 출석하여 광주·5공비리 모두를 부인한 1989년 12월 31일까지 청문회 정국은 계속되었고, 이 기간 동안 민중운동세력은 전두환 정부와 노태우 정부의 긴밀한 연결성을 부각시키면서 반정부 민주화운동을 강력하게 지속했다. 시민사회뿐 아니라 정치사회도 노태우 정권 반대투쟁 등 '민주화'운동을 전개하기는 마찬가지였다. 1989년 6월 3일 김대중은 광주 옥외 대중강연에서 5·18 민주화운동과 5공비리 문제가 해결되지 않으면 '노태우 정권 종식' 투쟁을 전개하겠다고 공언했다. 또 김영삼도 "1989년 말까지 5공청산이 이루어지지 않을 경우 노 대통령의 탄핵소추 발의를 준비하겠다"고 경고했다(노태우, 2011a: 474). 1989년 내내 시민사회와 정치권은 반정권 민주화운동에 역량을 집중했다.

1988년의 통일운동이 올림픽 단독개최 반대, 남북한청년학생회담

개최 등의 이슈를 중심으로 전개되었다면 1989년에는 3월 황석영, 문익환, 그리고 6월 서경원, 임수경의 방북사건이 주요 이슈로 대두되었다. 특히 전대협 대표 임수경이 청년학생축전에 참가하기 위해 평양에 도착한 6월 30일 전대협은 한양대에서 평양축전 참가를 위한 '판문점 돌파 출정식'을 거행하였고 경찰은 7,500명을 교내로 투입, 학생 847명을 연행했다.

학생운동, 통일운동 외에 농민운동도 노태우 시대 민중운동의 중요한 한 축을 구성했다. 1988년 11월 17일 농민 1만여 명이 여의도광장에서 '농축산물 수입개방저지 및 제값받기 전국농민대회'를 가진 후 도심시위를 벌였고, 이듬해 2월 13일에도 농민 1만여 명이 국회의사당 앞 광장에서 '수세폐지 및 고추전량수매 쟁취 전국대회'를 갖고 시위를 벌였다. 또 1989년 3월 1일에는 가톨릭농민회와 기독교농민회 회원 300여 명이 대전 가톨릭농민회관에서 전국농민운동연합 결성 창립총회를 개최하였다. 이후 1991년에도 10월 25일에 전국농민회총연맹이 전남 나주, 충북 음성, 강원 횡성 등 3곳에서 '쌀값보장, 전량수매와 미국쌀 수입저지를 위한 농민대회'를 열었고, 11월 13일에 민주당, 농협, 농민단체, 종교단체, 학생단체들이 쌀개방 반대성명 채택, 미국 대사관 앞 항의농성 등을 통해 쌀개방 반대운동을 벌였다. 또 11월 26일에는 전국농민회총연맹 소속 농민과 시민, 학생 등 1만 8천여 명이 서울 장충단공원에서 '미국쌀 수입 저지와 쌀값보장 전량수매를 위한 전국농민대회'를 연 다음 대학로까지 평화행진을 벌이며 시위하였고, 12월 13일에는 전국농민회총연맹이 서울 농업기술자협회 회관에서 '91 쌀투쟁 결의대회'를 갖고 추곡전량수매와 미국 쌀수입개방 저지를 위해 더욱 적극적인 투쟁을 벌여나가기로 결의하였다.

노동운동의 경우, 노태우 정권 초기에는 정부억압의 감소와 3저호황이라는 경제적 여건을 배경으로 상당히 활발했다. 1989년 11월 5일에는 서울 보라매공원에서 한국노총 산하 20개 산별연맹, 15개 시도협의회, 35개 지구협의회 소속 노동자 2만여 명이 '노동법개정 및 경제

민주화 촉구 결의대회'를 개최하였고, 1990년 3월 18일에는 전노협이 주최한 '노동운동탄압 분쇄 및 '90임투승리를 위한 전진대회'가 서울, 부산, 대구, 전주, 안양, 부천 등 전국 6개 도시에서 열리는 등 노동운동이 고양되기도 했다. 하지만 같은 해 10월 13일 노태우 정권은 '범죄와의 전쟁'을 선포하여 '노사분규'의 경우 사회적 범죄로 취급하여 엄벌할 것을 공언하였고 노동운동에 대해 '발전주의'와 '반공주의'라는 과거 정권의 방식을 그대로 차용하여 탄압하기 시작하였다(이영재, 2009: 275~267). 이에 더하여 경기침체, 서비스 부문 증가, 노동력 부족 현상, 젊은 노동자들에 대한 노조 지도부의 적응 실패 등 복합적 요인으로 인해 노태우 정권 후반기에는 노동운동이 대체로 침체했다(이강로·김호진, 1993: 91).

학생운동, 통일운동, 농민운동, 노동운동 등을 중심으로 하는 민중운동세력이 반정권 민주화운동에 매진하는 동안 새로운 운동이 태동하였다. 이 새로운 운동은 '시민운동' 혹은 '시민사회운동'(CSMs, *civil society movements*)이라고 통칭되면서 기존의 민주화 '민중운동'과 대비되었다. '시민운동'은 1970~1980년대를 통해 성장하여 1987년 6월의 민주화 투쟁과정에서 '넥타이부대'로 표현되었던 중산층을 바탕으로 배태, 전개된 운동이었다. 1989년 1월 23일 경제기획원이 발표한 '1988년도 한국의 사회지표'에서 대한민국 국민의 60.6%가 자신을 중산층이라고 생각할 정도로 한국 사회에서 중산층의 범위와 영향력은 확대되어 있었다.

시민운동단체의 대표적인 예는 1989년 11월 4일 창립된 경제정의실천시민연합(경실련)이다. 경실련은 같은 해 7월에 발기선언문을 발표하였고, 9월 9일에 서강대 체육관에서 1천여 명의 시민이 모여 '제1차 토지공개념 입법 촉구 시민대회'를 개최하였다. 초기부터 이념적 사회운동이 아닌 '실사구시'(實事求是)의 기치를 내걸고 특정집단의 이해관계를 넘어 사회전체의 이익과 발전을 위해 노력하는 것을 지향하면서 지식인, 변호사, 교수 등 전문가와 중산층 시민을 중심으로 결성된 시민단체였다.

경실련은 창립 이후 활동영역을 소득의 공정한 분배, 선거감시, 부정부패 추방, 환경보호, 제도개혁 등으로 확대하였다. 조직 내에 정책대안을 연구하는 다수의 분과를 구성하여 공청회, 토론회, 월례정책세미나 등 다양한 활동을 전개하였으며, 시민입법위원회, 노사관계개혁위원회, 지방자치특별위원회, 농업개혁위원회와 같은 특별위원회도 운영하였다. 기존 민중운동세력이 반독재 민주화운동에 주력하여 정치적 이슈에 집중하였던 것에 비해, 경실련은 부동산투기 근절, 한국은행 독립, 부동산실명제 실시, 금융실명제 실시와 강화, 재벌의 경제력집중 분산, 세제·세정 개혁, 우리농업살리기, 공명선거캠페인, 정책캠페인 등 새로운 이슈들을 발굴하여 다루었고, 운동 추진전략 내지 방법에서도 비폭력적, 평화적, 준법·합법적 운동을 강조하면서 스스로를 기존 민중운동권과 차별화하고자 시도했다.

그러나 앞에서 이미 지적했듯이 노태우 시대 한국 시민사회에서 시민운동보다 더 큰 주도권을 행사하고 영향력을 발휘한 것은 민중운동이었다. 노태우 정권의 '과격좌파'에 대한 단호한 대처와 온건한 시민활동에 대한 상대적 관용과 암묵적 지원에도 불구하고 민중운동이 패권을 유지할 수 있었던 이유는 역설적이게도 1990년 벽두 민자당의 탄생이었다. 노태우 대통령은 민자당 합당에 대해 "5공청산의 고통은 1990년 3당통합이 이루어짐으로써 가라앉기 시작했다"고 자평하였으나(노태우, 2011a: 482), 사실 3당합당은 시민사회-국가관계라는 관점에서 볼 때 전혀 안정을 가져오지 못했다. 오히려 그것은 거대여당 '민자당'이라는 구체적인 형태로 과거 권위주의와 독재를 상기시켜 줌으로써 반민자당운동, 반독재운동을 점화하였다. 합당 바로 다음 날인 1월 23일에 전민련, 전교조, 민주화실천가족협의회(민가협), 서울민중연합, 사회민주주의 청년연맹 등 재야단체들이 일제히 3당합당 반대성명을 발표한 것을 필두로, 1989년의 방북사건 등으로 어수선했던 민중운동 대열은 민자당 합당을 계기로 활발히 정비되었다.

1990년 2월 24～25일에 대학생과 재야인사들에 의한 3당합당 규탄 대회가 부산, 대구, 광주, 대전, 인천, 마산, 전주 등 전국 주요 도시에서 열렸다. 3월 31일에는 민자당 합당으로 고립에 몰린 평민당이 여의도광장에서 '3당합당 저지 1천만 서명운동' 발대식을 갖고 총선과 지자제 실시, 민생문제 해결을 요구하는 서명운동에 돌입하였다. 5월 18일에는 5·18 민주화운동 10주년을 맞아 광주 망월동 5·18 묘역에서 추모제 및 기념식이 열린 데 이어 오후에는 금남로에서 10만 명이 모인 가운데 '5·18 민주화운동 계승대회'가 열렸다. 6월 9일 '민자당 독재분쇄와 민중기본권쟁취 국민연합'이 오후 6시 서울시청 앞 광장 등 전국 9개 도시에서 갖기로 했던 '민족민주인사추모 및 6월 민주항쟁 계승 국민전진대회'는 경찰의 원천봉쇄로 무산되었으나, 그 다음 날 '6월 민주항쟁 계승대회'가 성균관대로 옮겨져 2천여 명이 참석한 가운데 개최되었고 부산, 대구, 광주에서도 산발적으로 열렸다. 7월 21일에는 평민, 민주, 통추(統推) 회의 등 야권통합을 선언한 세 단체와 재야의 국민연합이 보라매공원에서 30만여 명의 군중이 참여한 가운데 군중집회를 열어 국회해산과 조기총선을 촉구하고, 5만여 명은 대회 후 가두로 진출, 5㎞ 떨어진 한강대교까지 시위행렬을 계속했다. 결국 민자당 합당은 민중운동권에 전반적인 위기의식을 불러일으켰고 결과적으로 민중운동세력이 주도하는 민주화운동의 활성화를 가져왔다.

민자당 합당에 반대한 '반독재' 투쟁은 1990년 10월에 발생한 보안사 윤석양 이병 사건으로 더욱 탄력을 받았다. 군복무 중 보안사에 연행되어 수사에 협조하다 탈영한 윤석양 이병은 한국기독교 교회협의회에서 보안사가 재야 정치인, 학자, 언론인, 노동운동가, 학생활동가 등 민간인 1,303명에 대한 불법사찰을 자행하고 있다고 폭로하였다. 결국 노태우 정권은 이 사건의 파장을 수습하기 위해 국방부 장관과 보안사 사령관을 경질하기에 이르렀다(Kihl, 1991: 67). 보안사 민간인 사찰사건은 국민들로 하여금 노태우 정권의 민주주의 실천에 대한 의지를 의심하게 만들었고 민중운동권의 반독재 투쟁은 바야흐로 민주화 이전 시기 수준의 강도(强度)로 전개되기에 이르렀다. 11월 25일 '민중운동탄압분쇄와 노태우 정권 퇴진을 위한 민중대회'는 경찰의 원천봉쇄에도 불구하고 재야, 대학생, 근로자 1만 4천여 명이 참석한 가운데 전국 11개 시에서 개최되었다.

민중운동권의 강력한 반독재 민주화운동은 1991년 전반기까지 지속되었다. 1991년 4월 26일 명지대 앞길에서 총학생회장 박광철 군 석방 요구 시위를 벌이던 명지대생 강경대 군이 백골단 사복경찰들의 추격을 받고 학교 담을 넘어 달아나다 붙잡혀 경찰로부터 쇠파이프 구타를 당한 후 숨진 사건이 발생하였다. 바로 다음 날 정치권은 강경대 군 치사사건을 공권력 과잉사용 사태로 규정, 국회 차원의 진상조사단을 구성키로 합의하였고, 1주일도 채 안 된 5월 2일 노태우 대통령은 강경대 군 치사사건과 관련하여 대국민 사과를 하기에 이르렀다. 5월 4일 서울 등 전국 21개 도시에서 6만 명이 참가한 가두시위가 격렬하게 벌어지고 서울에서는 신민·민주당 당원·의원 600여 명이 참가하였다. 5월 8일에는 강경대 군 치사사건과 관련, 서울대 교수 55명, 서강대 교수 20명과 대한변호사협회가 시국선언을 통해 "노 정권은 민주적 권력구조개편 등 근본적인 민주화 조치를 추진하지 못한다면 퇴진해야 한다"고 질타했다. 5월 9일에는 '민자당 해체와 공안통치 종식을 위한 범국민대회'가 전국 42개 시·군에서 노태우 정부 들어 최대 인원인 20만 명(주최 측 50만 명, 경찰 10만 명 주장)이 참가한 가운데 자정까지 벌어졌고, 강경대 군의 장례일이었던 5월 14일에는 전국 15개 도시에서 15만 명이 참가한 가운데 추도대회가 개최되었다. 여세를 몰아 5월 18일에는 5·18 민주화운동 11주년을 맞아 망월동 묘지에 1만 명, 금남로 추모행사에 10만 명이 참가한 추모모임이 있었다.

민중운동권의 관점에서 볼 때 민자당 '야합', 보안사 민간인 사찰, 강경대 군 치사사건 등 1990~1991년에 일어난 일련의 사건들은 노태우 정권이 종전의 전두환 권위주의 정권과 본질적으로 아무런 차이가 없다는 것을 웅변하는 것이었다. 표면적인 민주화 '제스처'에도 불구하고 야합과 음모, 폭력과 탄압에 기초한 정권의 본질적 성격은 전혀 변한 것이 없으며, 이는 '민주화' 이후에도 왜 민주화운동이 계속되지 않으면 안 되는지를 보여주는 증거라고 판단했던 것이다.

게다가 인권상황의 추이를 추적해온 전문가 집단은 노태우 시대 한국의 인권상황이 전두환 시대보다도 오히려 퇴보하였다고 보고했다. 1990년 2월 23일 대한변호사협회는 〈89년도 인권보고서〉를 통해 1989년 한 해 동안의 우리나라 인권상황이 불법연행, 장기구금, 무분별한 체포, 대량구속 등 여러 면에서 1988년보다 악화되어 시국관련 구속자가 하루 평균 3. 78명인 2, 094명으로 전두환 정부 시절 하루 1. 61명보다 2배 이상 늘어났다고 발표하였다. 같은 해 12월 10일 대한변호사협회는 제42회 인권선언일을 맞아 성명을 발표하여 "인권탄압이 아직도 성행하고 있다"고 지적하고 불법연행과 고문행위를 중지하라고 촉구하였다. 또한 민가협의 집계에 따르면 1991년 11월 현재까지 노태우 정부 양심수 누계는 5, 186명으로 전두환 정부 7년 동안의 누계 4, 700여 명보다 많은 숫자였다. 하루 평균으로 따지면 전두환 정부 때 1. 61명이었던 것이 노태우 정부 때에는 4. 4명이 되어 거의 3배가 늘어났다는 것이다(학단협·서울대대학원 자치회협의회, 1992: 28; 조현연, 2003: 334). 물론 언론의 자유가 보장되어 있지 않았던 전두환 정부 시대의 통계와 노태우 시대의 통계를 단순 비교하는 것은 문제가 있다. 그러나 3당합당, 보안사 민간인 사찰 폭로, 강경대 치사사건, 시국사범 및 양심수 숫자 통계 등은 민중운동권 전반에 위기의식과 노태우 정권에 대한 불신을 고조, 증폭시켰고 이는 광범위한 반민자당, 반독재, 민주화운동을 불러일으켰다.

1991년 전반기까지 활발하게 전개되던 반정부운동이 소강상태로 접어들게 된 계기는 1991년 5월 8일 분신자살한 전민련 사회부장 김기설의 이른바 '유서대필사건'과 6월 3일 정원식 국무총리가 외국어대 교육대학원에서 강의를 마친 후 학부생들로부터 계란과 밀가루세례와 함께 30여 분간 봉변을 당한 '정원식 계란투척사건' 이후 운동권의 부도덕

〈표 3-1〉 노태우 시대 (1988~1992) 항의 · 시위 숫자

연도	시위 숫자	비율(%)
1988	1,222	38.6
1989	932	29.4
1990	577	18.2
1991	228	7.2
1992	208	6.6
합계	3,167	100.0

자료: PEDAK(Protest Event Database Archive Korea).
　　　김선혁 · 김병국 · G. Ekiert (2007); 김선혁 · 김병국 · G. Ekiert · 정원칠(2006).

성, 패륜성에 대한 대대적인 비판여론을 바탕으로 노태우 정권이 정국
의 반전을 시도하면서부터이다(H. Lee, 1992). 실제 '정원식 계란투척
사건'이 일어난 나흘 뒤인 6월 7일 치안본부는 지난 한 달 동안 각종
시위를 주도한 '범국민 대책회의'와 전대협 간부 88명에 대한 일제 검
거령을 내리고 운동에 대한 대대적인 탄압에 돌입했다.

　노태우 시대 마지막 해였던 1992년에 들어서면서 시민사회, 특히 민
중운동세력에 의한 시위는 소강상태에 접어들었다. 〈표 3-1〉의 노태
우 시대 연도별 시위 숫자를 보여주는 PEDAK(Protest Event Database
Archive Korea) 자료에도 나타나듯이 1992년도 시위 숫자는 208건으로
노태우 대통령 임기 중 가장 적어 전체 시위 숫자의 6.6%에 불과했다.

　1992년은 3월 총선과 12월 대선을 앞두고 일찍부터 선거 정국으로
진입했다. 1월 10일 정주영 현대그룹 회장은 가칭 '통일국민당'의 창당
발기인 대회를 가졌다. 3월 23일 민주화를 위한 전국교수협의회는 총
선과 관련하여 "정부는 안기부와 국군기무사의 선거개입 전모를 철저
히 수사해 진상을 밝혀라"라는 내용의 성명을 발표하였고, 4월 13일
'공명선거실천 시민운동협의회'는 접수된 군부재자투표 부정사례 30건
을 국방부에 전달하고 철저한 진상조사를 촉구했다. 그 다음 날인 4월
14일 국방부는 지금까지 공선협, 야당, 언론 등에 제보된 내용을 군

수사기관에서 수사한 결과 국군통신사령부에서 대리투표가 행해졌음이 드러나 중대장 2명과 서무행정병 1명을 선거법위반혐의로 구속했다고 발표함으로써 처음으로 투표부정 일부를 시인하기도 했다.

여름 들어 7월 23일 전국연합, 민가협 등 24개 재야단체로 구성된 '국가보안법 철폐를 위한 범국가투쟁본부'는 국가보안법 철폐와 장기복역 양심수 석방을 위해 회원 500여 명과 양심수 800여 명이 서울, 부산 등 5개 도시에서 일제히 단식농성에 들어갔다고 발표한 정도가 1992년에 일어난 민중운동권의 주요 반정부 시위였을 뿐, 1992년은 시민사회로 볼 때 비교적 조용한 한 해였다. 같은 해 12월 18일 실시된 제14대 대통령 선거에서 김영삼 후보는 김대중 후보와 193만 표차, 득표율 42%로 대통령에 당선되었다.

이상을 통해 살펴본 노태우 시대 시민사회는 '전투적' 민중운동단체의 전반적인 주도, 그리고 미약하나마 새로운 시민운동단체의 등장으로 요약할 수 있다. 기존 민중운동단체들은 1987년의 충격과 혼돈에서 벗어나 노태우 정권을 유사권위주의, 의사(擬似) 민주주의로 규정하고 반독재 민주화운동에 매진했다. 거대 보수정당의 출현, 국가기관의 민간인 사찰, 치사사건, 국가보안법을 활용한 시민사회의 탄압, 과거청산에 대한 미온적인 태도 등은 민중운동단체들로 하여금 한국에서 권위주의가 아직 완전히 가시지 않았다는 확신을 주었고, 더욱더 치열한 민주화운동의 전선으로 달려가게끔 만들었다.

그럼에도 불구하고 노태우 시대 민중운동단체들이 단순히 반독재 민주화운동에만 매몰되어 있었던 것은 아니다. 통일운동과 반미운동, 국가보안법 반대 및 철폐 운동 등은 시민사회와 공공영역의 외연을 확대하려는 운동이었다. 역사적으로 보아 이념적 협애성을 근본적인 특징이자 한계로 가졌던 한국의 정당구조는(최장집, 2002) 민주화 이후에도 별로 바뀌지 않았다. 민주화 이후에도 진보적 관념이나 세력은 경청·대표될 수 있는 제도적 장치를 확보하지 못했던 것이다(Han, 1989: 34). 이러한 상황에서 과거 권위주의 정부 때와 유사하게 국가

보안법 관련 조직사건들도 다수 발생했다. '인민노련', '사노맹', '혁노맹', '민학련' 사건(이상 1990년), '서노협', '부노협', '자민통', '애국군인', '민중정치연합'(이상 1991년), '구국전위', '단기학생동맹', '자주대오', '한남대 활동가조직', '전국학생정치연합'(이상 1992년) 등이 대표적인 예였다(이영재, 2009: 275).

민중운동세력이 다수파를 점했던 노태우 시대 시민사회는 열려진 민주화 공간의 '정치적 기회'(political opportunity)를 십분 활용하여 체제의 민주성을 높이고 시민사회의 외연을 확장하는 운동을 전개하였다. 시민사회가 활용할 수 있는 '자원'(resource)은 민주화의 성취, 중산층의 지원, 그리고 역설적이게도 수시로 발생한 반민주적 사건〔혹은 사고(事故)〕등이었다. 노태우 시대는 권위주의의 기억, 투쟁과 '승리'의 기억이 아직 생생하게 남아있어 민중운동권이 동원할 자원들이 비교적 풍부했다. 시대는 '민주주의'에 대한 열망과 열정으로 넘쳤고 시대정신(Zeitgeist)은 의문의 여지없이 민주주의였다. '프레이밍'(framing)은 여전히 민주 대 반민주, 민주 대 독재였으나 민중운동의 패권적 주도의 뒤편에는 새로운 시민운동이 움트고 있었다. 한마디로 노태우 시대는 한국 시민사회가 변화하는 준비와 성찰의 시간이었다. 그리고 향후 한국 시민사회의 원형(原型)이 형성된 시기이기도 했다.

노태우 시대 시민사회-국가 간 관계

이상에서 살펴보았듯이 노태우 시대 시민사회는 경실련과 같이 새로운 이슈를 발굴하고, 새로운 전술과 방식으로 운동을 전개하려는 세력이 일부 등장하기는 했지만 전체적으로는 민중운동단체들이 주도한 시민사회였다. 그리고 1987년 민주적 이행과의 시간적 근접성(temporal proximity)으로 말미암아 '민주화'는 별로 어색한 구호가 아니었다. 더구나 노태우 시대 일련의 당혹스런 사건·사고들은 권위주의 시대 인권유린, 인권탄압의 악몽을 되살리기에 충분했고 민중운동권의 재결집과 민주화운동의 재점화에 효과적으로 활용되었다. 동시에 민중운동권은 분단체제, 국가보안법 등 한국 정치가 이념적으로 협애화될 수밖에 없었던 구조적인 문제들을 다루고자 노력하기도 했다.

그럼 시민사회의 이러한 전투적 대정부 투쟁과 노태우 정권의 대시민사회 정책이 맞부딪쳐 생성된 시민사회-국가 관계는 어떠한 특성을 가졌는가? 그리고 그것은 이후 정권들에 어떠한 영향을 미쳤는가?

노태우 시대는 문자 그대로 이행(transition)의 시기, 완충(buffer)의 시기라고 요약할 수 있다. 기술적으로만 말한다면 한국에서 민주주의로의 이행은 국가와 시민사회 간의 대립과 타협의 결과 6·29 민주화선언이 귀결된 이후부터 정치의 근본규칙인 헌법이 개정되고 정초선거(founding elections)인 대통령선거가 치러진 1987년 12월까지의 단 6개월이라고 말할 수 있을지도 모른다. 하지만 노태우 정권은 그것이 태생적으로 가질 수밖에 없었던 과거 권위주의 정권과의 연결성, 그러나 동시에 당위적으로 가져야 했던 미래 민주정권들에 대한 역사적 책무감으로 말미암아 중간적, 교량적 위치를 점할 수밖에 없었다. 이런 의미에서 노태우 정권은 우리 민주화사(民主化史)에 일종의 '연장된 이행기'(extended transition)였다고 평가할 수 있다. 이 연장된 이행기 동안 시민사회도 국가도 숨을 고르고 민주화 시대에 걸맞은 새로운 사회-국가 관계를 모색, 형성, 발전시킬 수 있는 시간을 가질 수 있었다.

노태우 시대가 한국의 시민사회-국가 관계에 어떠한 영향을 미쳤는가, 그리고 한국 현대정치사에서 어떠한 위치를 점하는가를 파악하기 위해서는 한 가지 반사실적(counterfactual) 추론을 해볼 필요가 있다. 국내외적 상황을 고려할 때 1987년의 상황이 독재체제의 유지 혹은 강화의 방향으로 흐를 가능성은 별로 없었으므로 권위주의 체제의 강화라는 가설적 추론은 불필요하다. 유일하게 남는 것은 1987년 한국에 노태우 정권보다 '민주성'과 관련해 의문과 불신의 여지가 상대적으로 적었던 정권이 들어섰다면 과연 어떠한 일이 전개되었을까에 대한 추론이다. 예컨대 1987년 대선에서 야권 두 후보 중 한 사람이 당선되었다면, 당시 민중운동권이 주도했던 시민사회는 새로 들어선 정권이 의문의 여지가 없는 민주적 선거로 당선된 정권이기 때문에, 그리고 민주적 정통성과 정당성을 완벽하게 갖춘 정권이기 때문에 무비판과 협조로 일관했을 것인가? 민주화운동의 논리와 경로의존성에 비추어볼 때 그렇게 되었을 가능성은 별로 없다. 최초로 들어선 진정한 민주 문민정권에 대한 기대가 대단히 컸기 때문에 불가피하게 빚어질 수밖에 없는 시행착오, 사소한 정책실패로 말미암은 실망감 또한 대단히 컸을 가능성이 크고, 이는 정권에 대한 혹독한 비판과 항의로 이어졌을 공산이 크다. 문제는 새로 들어선 정부가 의문의 여지없이 '문민', '민주' 정권이었을 경우, 국민들의 항의와 불만은 단순히 한 정부 혹은 정권 차원에 국한되지 않고 민주주의 레짐(democratic regime) 자체, 혹은 민주주의(democracy)에 대한 근본주의적(fundamentalist) 비난과 비판으로 비화될 가능성이 있었을 것이라는 점이다.

이런 점에서 결과론적 사후 정당화(ex post justification)이기는 하지만 권위주의 정권과의 일정한 연속성을 가진 노태우 정권이 민주화 직후 이행기를 담당했다는 점은 역설적으로 긍정적인 측면이 있다. 노태우 정권의 경우 권위주의 정권과의 태생적인 연결성으로 말미암아 국민들, 특히 민중운동권의 비판과 비난은 당연히 예상된 것이었다. 하지만 노태우 정권에 대한 경멸, 혐오, 불신, 힐난, 반대는 노태우 정권의 중간적, 과도기적 속성 때문에 결코 민주주의 체제에 대한 근본적이고 총체적인 비판이나 비난으로까지 비화될 염려가 없었다. 어디까지나 잘못은 노태우 정권 탓이었지 민주주의 탓은 아니라고 시민사회의 대다수 주체들이 믿었기 때문이다. 옳든 그르든, 사실이든 허상이든 노태우 시대 시민사회의 대다수 운동 주체들은 문제의 근원이 제대로 된 민주주의를 수립하지 못하고, 제대로 된 민주 대통령을 뽑지 못해 독재가 계속되기 때문이라고 인식했다. 이런 의미에서 노태우 시대 시민사회의 끊임없는 도전과 비판, 항의와 쟁투는 근본주의적 실망과 환멸, 그리고 그것에서 파생되기 쉬운 과거 권위주의에 대한 향수로부터 우리의 신생 민주주의를 안전하게 지켜주는 보호막 역할을 하였다. 그리고 노태우 정권은 권위주의와 민주주의의 '완충' 역할을 충실히 수행했다.

이미 지적했듯이 시민사회는 자기성찰과 다양한 분화의 시간을 가질 수 있었다. 운동의 정치세력화, 절차적 민주주의를 넘어선 실질적 민주주의의 필요성, 민중운동과 공존·공조하는 새로운 운동의 필요성 등 중요한 주제들이 활발하게 고민·논의되었고 여러 가지 실험이 시도될 수 있었다. 새로이 등장한 시민운동은 구태의연한 운동방식을 혁신하여 시민들, 특히 중산층에게 다가갈 수 있는 방안을 모색하기 시작했고, 구운동권은 대규모 전국조직들을 통해 신운동의 도전과 발상의 전환에 대응하였다.

신운동, 즉 시민운동과 구운동, 즉 민중운동은 모두 노태우 시대의 수혜자였다. 시민운동은 노태우 정권의 중산층에 기반을 둔 건전한 시민사회 발전이라는 정책기조에 의해 상당히 광범한 '정치적 기회의 창'(window of political opportunity)을 부여받았고 그러한 기회의 창을 활용하여 발전하였다. 민중운동은 역설적이게도 임기 말로 가면서 빈번했던 노태우 정권의 공안주의적 정책대응, 권위주의 시대를 떠올리게 하는 치사사건, 사찰사건, 인권탄압사건 등에 의해 소생했고, 결집했고, 혁신할 수 있었다. 민중운동은 민주화 이후 통일의 문제를 거론하고자 했고, 분단 책임론을 제기하면서 반미라는 이슈도 다루기 시작했다. 나아가 국가보안법 폐지문제는 통일운동과 연결되어 지속적으로 제기되었다.

여기서 우리는 노태우 시대의 '완충'이 단순히 권위주의와 민주주의 사이의 완충만이 아님을 발견할 수 있다. 왜냐하면 그 '완충'은 한국의 시민사회가 나라 밖에서 일어났던 거대한 변화(sea change)인 냉전구조의 해체라는 충격으로부터도 보호해 주었던 완충이었기 때문이다. 한국 시민사회의 각 분파들은 냉전의 해체, 현존 사회주의의 몰락이라는 거대한 범지구적 변화로부터 상대적으로 고립된 채 국내 민주주의를 둘러싼 논쟁과 투쟁에 집중할 수 있었다. 사회주의권 붕괴의 충격이 한국 운동권에 도달한 것은 노태우 시대가 지난 뒤 후임 김영삼, 김대중 정권 시기였다. 노태우 시대는 정권에게도, 시민사회에게도 '학습'의 기간이었다. 시민사회는 싸울 것인가, 무엇과 싸울 것인가, 무엇으로 싸울 것인가, 어떻게 싸울 것인가를 끊임없이 고민했다. 노태우 시대는 투쟁을 향해 앞만 보고 달려온 한국 시민사회에 변신과 혁신, 정체성의 모색과 전략의 변화를 실험할 수 있도록 해준 시기였다. 그리고 그것은 노태우 시대가 수많은 한계에도 불구하고 기본적으로 '자유민주주의'의 기본틀을 유지하려 했고 냉전반공주의에 자유민주주의를 맹목적으로 복속시키지 않으려고 노력했기 때문에 가능했던 것이다.

결론적으로 노태우 시대는 다양한 흐름이 공존, 교차, 상충했던, 문자 그대로 '역사적 전환기'였다. 노태우 시대를 지배하던 시대정신은 '민주주의', '민주화'였다. 하지만 국민 개개인의 인식에서, 그리고 각 정파의 인식에서 미완의 민주주의와 상당한 수준에 도달한 민주주의가 공존했다. 관성과 유산에 의존했던 운동세력은 '미완의 민주주의'에 방점을 찍었다. 탐색과 고민을 통해 운동의 전향적 진화를 꿈꾸던 세력은 '새로운 민주주의'를 강조했다. 미완의 민주주의, 불완전한 민주주의와 새로운 민주주의가 실로 복잡하게 착종했던 노태우 시대는 '완충의 시대'로서 우리의 시민사회를, 우리의 민주주의를 근본주의적인 회의(懷疑)로부터, 그리고 권위주의에 대한 복고적 향수로부터 지켜주는 역할을 하였다. 그 결과 적어도 1990년대 말 한국경제가 심각한 위기에 처하기 전까지 한국 민주주의에 대한 지지(democratic support)가 중대한 위기를 겪는 일은 없었다.

글을 마치면서 : 노태우 시대의 유산과 한국 민주주의

이 글에서는 노태우 시대의 시민사회와 시민사회-국가 관계를 살펴보았다. 노태우 시대에 형성된 한국의 시민사회-국가 관계는 이후 다른 정권의 시민사회-국가 관계를 근본적으로 규정하고 그에 영향을 미치는 기본적 형판(形板) 혹은 주형(鑄型)의 역할을 수행하였다. 노태우 시대 시민사회는 민주화를 주도했던 민중운동세력이 여전히 지배적인 위치를 점하고 있었다. 민중운동세력은 노태우 정권을 권위주의 체제의 연장으로 간주하였고 반독재 민주화운동을 계속했다. 다른 한편 새로운 시민운동이 등장, 발전했다. 과거 관변단체는 노태우 정권의 '사회 자율화' 정책에 따라 점진적으로 탈관변화되었다. 노태우 정권은 시기에 따라 다소 변동은 있었지만 대체로 사회운동에 관용적인 태도를 견지하고자 하였다.

노태우 시대는 잉여적이거나(residual) 건너뛸 수 있는(skippable), 즉 별로 중요하지 않은 시기가 아니었다. 노태우 시대는 후대 '민주' 대통령들이 운명적으로 짊어져야 할 부담을 상당부분 경감시켜 준 시대였다. 한국의 투쟁적이고 쟁론적인 시민사회는 노태우 정권이라는 좋은 '샌드백'이 있었기 때문에 세력의 지나친 약화나 붕괴 없이 자기 정체성과 자기 세력을 보존하면서 민주화운동을 속개할 수 있었다. 냉전의 해체와 사회주의권의 붕괴라는 엄청난 외부적 격동과 변화 속에서도 한국의 시민사회가 국내적 이슈들에 대해 비교적 차분하고 건설적인 토론을 할 수 있었던 이유는 역설적이게도 노태우 시대가 제공해 준 완충과 보호 때문이었다.

이런 의미에서 노태우 시대의 진정한 가치는 다양한 경향의 혼란스런 공존과 착종에도 불구하고 불변했던 한 가지 지향성에 있었다. 현실적으로 전두환 정권과의 완전한 결별이 불가능했고, 공안정국이 있었고, 진보정치가 억압되었고, 민간인 사찰이 자행되었고, 시위하던 학생이 경찰에 맞아 죽었고, 국가보안법을 위반했다는 죄목의 정치범이 늘었다. 하지만 동시에 노태우 시대 한국의 시위와 항의는 최고의 숫자를 경신했음에도 불구하고 정부가 상당한 인내력을 보여주었고, 관변단체는 당혹스러울 정도로 '독립'할 것을 요구당했으며, 대통령은 대선 중립을 위해 탈당하여 중립내각을 구성했으며, 대통령은 헌정사상 처음으로 진보정당인 민중당의 인사들을 청와대로 초치하기도 했던 것이다. 역사의 뒤안길로 사라지는 권위주의와 새로이 도래하는 민주주의의 불안한 동거와 공존, 그것이 노태우 시대가 보여준 '초현실적인 현실'이었다.

현대 민주화론의 태두인 오도넬과 슈미터(O'Donnell & Schmitter)는 그들의 책 제목을 *Transition from the Authoritarian Rule*이라고 했다. 남유럽, 남미 등지 많은 나라들에서 권위주의 정권이 무너지고 새로운 정치체제로의 이행이 있었던 것은 분명했지만 과연 그 이행이 민주주의로의 이행인지를 확신하기 힘들었기 때문에 책 제목에서 'from'만을 썼을 뿐 'to'는 쓰지 않았던 것이다. 이 책에 기대어 이야기한다면, 아마도 노태우 시대가 역사에 제공한 가장 큰 기여는 우리 정치사에서 "Transition from the Authoritarian Rule"을 넘어서 "Transition to Democracy"라는 분명한 지향을 표명했고 실천했다는 사실일 것이다. 노태우 시대에 우리의 정치체제는 여러 가지 논란과 의혹과 불신에도 불구하고 민주주의로의 이행을 차분하고도 분명하게 이루었다. '민주주의'의 외연을 보다 '실질적'이고 광범위하게 확장하려는 시민사회의 치열한 투쟁과 그것을 '절차적'이고 '법과 질서' 중심으로 좁게 유지하려는 국가의 의도가 부딪치면서 민주화 직후 시민사회-국가 관계의 원형이 형성되었다. 그리고 이는 새로운 민주시대 시민사회-국가 간 타협을 상징하는 '휴전선'이기도 했다. 이후 들어선 김영삼, 김대중, 노무현, 이명박 정부에서도 이러한 투쟁은 계속될 운명이었다. 그리고 그러한 갈등과 투쟁을 거쳐 한국적 유형의 '민주적 거버넌스'의 모습이 차차 자리 잡을 예정이었다.

이러한 의미에서 1987년 12월 당시 노태우의 당선을 민주화 투쟁을 송두리째 부정하는 '독재로의 회귀'로 판단했던 허무주의도, 노태우를 '가발 쓴 전두환'이라고 지칭하면서 노태우 시대를 독재의 연장으로 간주했던 냉소주의도 지금 돌이켜보면 속단이었음을 지적하지 않을 수 없다. 여러 가지 한계와 문제점, 아쉬움과 회한에도 불구하고 노태우 시대에 대한 역사의 궁극적 평가는 아마도 지금까지와 같이 그렇게 야박하지만은 않을 것이다. 적어도 노태우 시대는 부단하고 확고하게 민주주의를 지향했던, 그리고 민주주의가 거역할 수 없는 시대정신으로 살아 숨 쉬며 작동했던 그런 시대였다. 그래서 우리는 오늘 다시 묻지 않을 수 없다. 과연 오늘 우리에게 민주주의는 무엇인가?

■ 참고문헌

단행본

노태우(1989), 《보통사람이 작은 기적을 이룰 때까지》, 김영사.

_____(2011a), 《노태우 회고록(상): 국가, 민주화, 나의 운명》, 조선뉴스프레스.

_____(2011b), 《노태우 회고록(하): 전환기의 대전략》, 조선뉴스프레스.

대통령공보비서실 편(1991), 《민주주의와 통일을 여는 길》, 동화출판공사.

성경륭(1994), "한국 정치 민주화의 사회적 기원: 사회운동론적 접근", 극동문제연구소 편, 《한국 정치 사회의 새 흐름》, 나남.

조현연(2003), "'자유민주주의' 지배담론의 역사적 궤적과 지배효과", 조희연 편, 《한국의 정치사회적 지배담론과 민주주의 동학》, 함께 읽는 책.

조희연(1998a), 《한국의 국가·민주주의·정치변동》, 당대.

_____(1998b), 《한국의 민주주의와 사회운동》, 당대.

최장집(2002), 《민주화 이후의 민주주의》, 후마니타스.

_____·임현진 편(1993), 《시민사회의 도전》, 나남.

Adesnik, A. David & Sunhyuk Kim(2012, 예정), "South Korea: The Puzzle of Two Transitions", Kathryn Stoner-Weiss & Michael

McFaul(ed.), *Transitions to Democracy: A Comparative Perspective*, Baltimore, MD: Johns Hopkins University Press.

Bedeski, Robert E. (1994), *The Transformation of South Korea: Reform and Reconstruction in the Sixth Republic under Roh Tae Woo 1987~1992*, New York: Routledge.

Higley, John & Richard Gunther. (1992), *Elites and Democratic Consolidation in Latin America and Southern Europe*, Cambridge: Cambridge University Press.

Huntington, Samuel P. (1991), *The Third Wave: Democratization in the Late Twentieth Century*, Norman, OK: University of Oklahoma Press.

Kim, Sunhyuk. (2000), *The Politics of Democratization in Korea: The Role of Civil Society*, Pittsburgh, PA: University of Pittsburgh Press.

O'Donnell, Guillermo & Philippe C. Schmitter. (1986), *Transitions from Authoritarian Rule: Tentative Conclusions about Uncertain Democracies*, Baltimore, MD: Johns Hopkins University Press.

학술논문 및 보고서

김선혁·김병국·G. Ekiert. (2007), "한국의 민주주의 공고화와 시민사회: 항의의 정치를 중심으로", 〈아세아연구〉 50권 3호, 128~148쪽.

_____·정원칠(2006), "민주화와 시민사회의 대정부(對政府) 항의: 비통상적 시민참여와 거버넌스", 〈한국행정연구〉 15권 3호, 249~270쪽.

김세균·서경석·주대환(1994), "시민운동: 일반이익은 과연 존재하는가", 〈진보평론〉 8호, 70~93쪽.

김용현(2000), "노태우 정권 시기의 통일론", 〈통일시론〉 5호, 131~143쪽.

김현묵(1992), "노태우 정권 실정 총점검: 거짓말로 풀어 본 노 정권 실체", 〈사회평론〉 92권 4호, 94~103쪽.

노태우(1987), 〈6·29 선언〉

박기덕(1994), "노태우정부의 체제공고화와 개혁주의의 퇴조", 〈한국정치학회보〉 28집 1호, 123~161쪽.

박세현(1991), "중간층의 정치의식과 시민운동의 위상", 〈정세연구〉 27호, 88~103쪽.

백욱인(1991), "한국 사회 시민운동 비판", 〈경제와 사회〉 12권, 58~83쪽.

_____(1993), "시민운동이냐, 민중운동이냐: 김세균, 강문구 토론에 대한 비평", 〈경제와 사회〉 17권, 168~174쪽.

윤국한(1993), "떠나가는 노태우의 5년 성적표", 〈월간 말〉 80호, 24~27쪽.

이강로·김호진(1993), "전환기의 노동운동: 노태우정부와 노동의 임금투쟁", 〈노동연구〉 10집, 73~94쪽.

이나미(2008), "교육과정 개정을 통해 본 제6공화국의 민주주의 지배담론", 〈기억과 전망〉 19호, 193~225쪽.

이영재(2009), "정치권력의 헌정질서 유보 및 파괴에 관한 연구: 노태우 정권 기까지 정치권력의 자유민주주의 파괴 및 도구화를 중심으로", 〈기억과 전망〉 20호, 247~282쪽.

전재호(2000), "자유민주주의를 중심으로 본 민주화운동: 제1공화국에서 제5공화국까지", 〈한국정치외교사논총〉 22권 2호, 147~178쪽.

학술단체협의회·서울대대학원자치회협의회(1992), "노태우 실정 백서", 〈월간 말〉 (1992.4.).

허석진(1991), "활발해지고 있는 시민운동단체들: 우리사회문제 시민운동으로 풀어나가려", 〈통일한국〉 9권 8호, 113~117쪽.

황수경(1990), "노태우정권의 전면적 노동탄압 정책", 〈월간 말〉 49호, 50~53쪽.

Han, Sung-Joo. (1989), "South Korea in 1988: A Revolution in the Making", *Asian Survey* 29(1): 29~38.

Kihl, Young Whan. (1990), "South Korea in 1989: Slow Progress toward Democracy", *Asian Survey* 30(1): 67~73.

_____(1991), "South Korea in 1990: Diplomatic Activism and a Partisan Quagmire", *Asian Survey* 31(1): 64~70.

Kim, Sunhyuk. (1997), "State and Civil Society in South Korea's Democratic Consolidation: Is the Battle Really Over?", *Asian Survey* 37(12): 1135~1144.

Lee, Hong-Yung. (1992), "South Korea in 1991: Unprecedented Opportunity, Increasing Challenge", *Asian Survey* 32(1): 64~73.

_____(1993), "South Korea in 1992: A Turning Point in Democratization", *Asian Survey* 33(1): 32~42.

Lee, Su-Hoon. (1993), "Transitional Politics of Korea, 1987~1992: Activation of Civil Society", *Pacific Affairs* 66(3): 351~367.

기타

〈경향신문〉 (1991.5.30).

세계사적 전환기와 노태우 정부 4

박태균

들어가며 : 노태우 정부 평가를 위한 전제

노태우 정부는 1988년 2월부터 1993년 2월까지 노태우 대통령이 재임했던 기간의 한국 정부를 말한다. 노태우 정부는 전두환 정부의 뒤를 잇고 있으며, 김영삼 정부(이른바 '문민정부')의 앞에 위치한다. 그리고 노태우 정부는 국내외적으로 매우 중요한 전환기에 위치하고 있다는 것은 주지의 사실이다. 대외적으로 냉전이 붕괴되는 시기였으며, 대내적으로 민주화가 진척되는 시기였다.

그러나 노태우 정부의 성격에 대해 전반적인 평가가 이루어진 적은 거의 없다. 남북관계나 대외정책, 즉 북방정책 등에 대해서 일부 주목한 연구가 있지만, 이는 개별분야에 대한 연구이고, 노태우 정부의 전체적인 위치와 성격, 그리고 평가를 다룬 것은 아니다(김연철, 2011; 박기덕, 1994; 조성렬, 1996; 김용현, 2000). 개별적인 정책들은 노태우 정부를 분석하고 평가하기 위한 한 부분은 될 수 있지만, 전반적인 평가를 위한 부분은 아니다.

이 장의 목적은 노태우 정부를 전체적으로 평가하기 위한 전제를 마련하는 것이다. 이를 위해서 다음과 같은 3가지 방법을 취할 것이다.

첫째로 시대적 과제를 파악하기 위해 국제정세를 분석하는 것이다. 하나의 정부를 평가하기 위해서는 일반적으로 '탈냉전기'라고만 부르는 이 시기에 대한 성격규정이 필요하다. 해당 시기가 어떤 시기였는가를 알아야만, 그 시기가 요구하는 과제를 파악할 수 있다. 그리고 해당 정부가 그러한 과제에 대해 어떻게 대응했는가를 보아야 한다.

둘째로 국내상황을 분석하는 것이다. 한국 현대사의 흐름 속에서 노태우 정부가 어디에 위치하는가를 보는 것이다. 국내정세의 흐름이 국제정세에 많은 영향을 받지만, 그렇다고 해서 국내정세가 국제정세의 흐름에 반드시 조응하는 것은 아니다. 특히 한국과 같이 주변부에 위치하는 개발도상국의 상황이 중심부에 위치한 국가들과 같을 수는 없다. 따라서 국제정세와 연결되면서도 또 별개로 국내정세를 분석하는 것이 필요하다.

셋째로 노태우 정부 스스로가 자신들의 역할을 어떻게 규정했는가를 파악하는 것이다. 이 방식은 지금까지 연구에서 거의 사용하지 않았는데, 구성주의적 방식을 한국 국내정치 문제 분석에 연결하고자 하는 것이다. 한 정치인이나 정부를 평가할 때 스스로를 어떻게 규정했는가를 분석하는 것이다. 이는 당사자가 스스로 규정한 역할에 부합하는가를 평가하는 것이 가능할 뿐만 아니라 스스로 규정한 자신의 역할이 시대적 흐름과 일치하는가를 평가하는 것도 가능할 수 있다.[1]

지금까지 노태우 정부에 대한 평가는 '민주주의'와 '남북관계'를 기준으로 한 선험적인 평가가 주를 이루었다. 탈냉전 시기에 남북관계의 해소를 위해 노력했는가? 그리고 당시 개혁을 원했던 시민사회와의 관계는 어떠했는가? 이러한 평가는 민주화와 탈냉전에 그 기준을 두고 있

---

[1] 신욱희는 이승만과 박정희가 생각했던 한국의 역할에 대해 분석하면서, 이들의 생각과 미국의 생각 사이에서 나타나는 차이를 통해서 한미 관계의 갈등과 균열을 분석하고자 했다 (신욱희, 2004, 2005).

다. 그러나 당시의 국내외적 흐름에 대한 객관적인 평가에 기초하지 않은 피상적인 평가는 노태우 정부에 대한 객관적 평가라고 할 수 없다.

따라서 이 글에서는 특정한 기준으로 노태우 정부를 평가하는 방식을 취하지 않을 것이다. 당시의 시대적 흐름과 노태우 정부가 스스로 규정하는 역할 사이에 어떤 연결고리가 있는지를 찾고자 한다. 아울러 노태우 정부의 정책이 야기한 의도하지 않았던 결과에 대해서도 살펴볼 것이다. 물론 여기에는 당시의 상황에 대한 노태우 정부의 자체 평가가 중요한 기준의 하나가 될 것이다.

1990년, 세계사는 어디로 가고 있었는가?

1945년 체제의 동요

1990년을 전후해 소비에트 정권의 붕괴, 동구유럽에서 공산주의 정권의 붕괴 등은 이 시기를 냉전에서 벗어나는 시기, 즉 '탈냉전'기로 부른다(Gaddis, 1991).[2] 탈냉전기가 불확실하므로 하나의 과도기라고 불렸지만, 냉전에서 냉전해체의 탈냉전기로 이어지는 시기는 생각보다 긴 시간에 걸쳐 이루어졌다. 냉전의 기간을 40~45년 정도(1945~1990년)로 본다면, 냉전의 시기는 세계사에서 상대적으로 짧았던 시기였을 뿐만 아니라 냉전해체의 기간은 상대적으로 길었다. 어쩌면 냉전해체의 기간이 냉전체제의 기간보다 더 길었을지도 모른다.

물론 여기에는 냉전해체가 시작된 시기를 언제부터인가로 규정하는 것이 더 중요한 요소일 수도 있다. '탈냉전기'를 규정한 기존의 연구에서와 같이 냉전해체와 탈냉전을 1989년 베를린장벽 붕괴에서 2001년

---

2 1990년 이후의 시기를 '탈냉전' 그리고 '세계화'의 시대라고 하면서 실제로 그것이 무엇을 의미하는가에 대해서는 아직까지도 명확하게 정의가 되어 있지 못하다(김봉중, 2006: 125~127).

9·11 테러로 본다면 약 10년에 불과한 것이지만, 그 이전과 그 이후에 진행된 세계사적 상황을 탈냉전에 연결해서 생각한다면, 탈냉전은 좀더 길어질 수도 있다.

왜냐하면 냉전체제에서 제1세계인 미국이 흔들리기 시작한 것은 베트남전쟁 참전기였고, 제2세계가 흔들리기 시작한 것은 1978년 중국의 개혁개방과 1979년 소련의 아프가니스탄 침공이었다. 그리고 1989년을 전후해 시작된 공산권에서의 변화는 그 이전 아시아 제국의 민주화와 연결되며, 다른 한편으로 2010년 이후 중동과 아프리카에서 진행되고 있는 재스민 혁명과 연결될 수도 있다.[3]

그러나 1990년을 단순하게 '탈냉전'이라고만 볼 수는 없다. 여기에는 2가지 다른 가능성이 존재한다. 첫째로 냉전의 재편기라는 평가도 가능하다. 아이켄베리에 의하면 본래 냉전은 크게 두 부분으로 구성되어 있었다. 하나는 정치·군사적 냉전이며, 다른 하나는 자유민주주의적 시스템이다. 그런데 1990년을 전후해 소비에트의 몰락으로 정치·군사적 봉쇄체제, 즉 전자의 체제가 끝났지만 후자는 지금도 계속된다는 것이다. 따라서 그는 1945년 이후 시작된 시스템은 1990년 이후에도 계속되고 있으며, '탈냉전'이라는 개념 자체가 하나의 '신화'일 뿐이라고 본다(Ikenberry, 1996: 79~87).[4] 1944년 시작된 달러 중심 체제뿐만 아니라 국제연합이 지속된다는 것 역시 제2차 세계대전 이후 시작된 시스템 자체가 지속된다는 것을 의미한다. 물론 이러한 의미에서 본다면 1945년 이후 현재까지 지속되는 체제를 '냉전'이라는 이름으로 명명하는 것 자체를 재고해야 할 필요가 있다. 아이켄베리는 1945

---

3 이렇게 본다면 냉전이 해체되는 시기는 냉전체제보다도 더 길었을 가능성도 있다. 1945년부터 1970년까지를 냉전기로 본다면, 1970년부터 지금까지도 냉전해체가 진행되는 것이다. 그렇다면 냉전이 25년, 냉전해체가 40년 가까이 진행되는 것인가? 이 관점에서 본다면 냉전은 그 자체로 하나의 특정한 시기가 될 수 없을 가능성도 있다. 오히려 다른 체제로 진화하기 위한 과도기로 냉전을 규정할 수도 있는 것이다.

4 자유민주주의에 기초한 이 시스템은 개방성, 공동 경영, 국내경제의 안정과 사회안전의 보장, 법치주의 등을 주요한 원칙으로 했다.

년을 전후해 시작된 체제가 1990년에 무너진 것은 아니지만, 한 축을 담당했던 '봉쇄정책'이 더 이상 유용한 개념이 되지 못했다는 점은 인정한다.

둘째로 소련의 몰락과 중국의 부상으로 인한 새로운 냉전구도의 형성이다. 과거의 냉전이 이데올로기 중심적인 미국과 소련을 중심으로 한 제1세계와 제2세계 사이의 대립이라고 한다면, 현재는 새로운 냉전, 즉 미국과 중국을 중심으로 한 새로운 냉전체제가 형성되는 시기로 볼 수도 있다. 이 냉전은 정치적 이데올로기가 문제가 되는 것이 아니라 시장경제를 어떻게 운영하는가가 더 중심적인 철학이 된다.

중국은 중국경제의 성장과정을 하나의 모델화하고 있으며, 이를 서구 자본주의의 발전과정과는 다른 모델로 규정한다(조영남, 2009; 정재호, 2011). 국가자본주의 모델로 볼 수 있는 중국식 모델은 서유럽이나 미국과는 다른 형태의 시장체제, 그리고 그에 기반을 둔 자유민주주의와는 다른 정치제도를 갖는다. 아직까지 이러한 모델을 보편적으로 확대하는 것은 불가능하지만, 1990년대 이후 학계에서 보편화된 '발전국가' 모델 역시 중국적 모델과 유사성을 갖고 있다. 결국 새로운 냉전체제는 이데올로기적이기보다는 현실사회에서 국가와 시장의 운영논리가 그 기준이 될 가능성이 있다. 이는 워싱턴 컨센서스와 베이징 컨센서스의 대립과 논쟁에서도 드러난다.

이렇게 1990년을 전후한 시기를 다양한 시각에서 조명하는 것이 가능하다. 냉전의 붕괴로 인한 '탈냉전기'로 볼 수도 있고, 1945년에 시작된 체제의 한 축인 봉쇄정책이 무너졌지만 자유민주주의적 질서는 계속되는 부분적 변화의 시기로도 볼 수 있다. 그리고 미국과 소련을 축으로 하는 구냉전을 대체하는 미국과 중국 중심의 신냉전 시대로 나아가는 전환기로 볼 수도 있다.

다양한 관점에도 불구하고 한 가지 공통점은 1990년을 중심으로 한 시기가 과도기 또는 전환기라는 점에 대해서는 이견이 없다. 즉, 앞에서 제시한 3가지 가능성 모두에서 이전과는 다른 체제로 나아가는 하나의 과도기적 시기다. 앞으로 도래할 시대를 어떻게 규정해야 할 것인가는 분명하지 않지만, 그 모습이 1990년 이전의 냉전체제와는 다른 성격의 체제라는 점에서는 3가지 주장에서 모두 공통점이 나타난다.

이데올로기 과잉으로부터의 탈피

또 하나의 중요한 공통점은 이데올로기 과잉으로부터의 탈피이다. 즉, 과도기는 대체로 과잉된 이데올로기로부터 탈피하는 과정으로 나타났다. 1945년부터 1990년까지의 시대는 이데올로기 과잉의 시대였다. 현실적인 이익이나 실용주의를 넘어서서 이데올로기가 정책의 기준이 되는 시기였다. 군비경쟁을 축으로 하는 안보 딜레마(*security dilemma*)가 더 많은 세금을 필요로 하고, 이것이 개인의 삶을 어렵게 하더라도, '이데올로기'와 '안보'의 이름으로 이를 용인할 수 있는 시대였다. 선진국에서의 '이데올로기' 과잉이 이른바 '자유민주주의' 시스템 아래에서 이루어졌다면, 개발도상국에서는 좀더 폭력적인 방법으로 이루어졌다. 이데올로기는 모든 것을 앞서는 사회질서의 근본이 되었다.

이데올로기 과잉으로부터의 탈피는 두 원인으로부터 시작되었다. 첫째로 중심부의 과잉개입이었다. 제2세계의 소련은 냉전의 시작부터 1990년까지 끊임없이 동맹국에 깊숙이 개입했다. 유고슬라비아의 티토가 처음으로 반기를 들었고, 1956년 헝가리, 1968년 체코슬로바키아에서 소련의 강압에 반대하는 봉기가 있었다. 그리고 1950년대 후반부터 중국과의 대립과 함께 1980년 아프가니스탄 침공은 과잉개입에 의해 소련과 그 이데올로기가 쇠퇴해가는 결정적인 계기가 되었다 (Niall Ferguson, 2010: 160~161).[5]

제1세계의 미국은 소련과 제2세계의 몰락으로 냉전에서 승리를 얻

---

5 퍼거슨은 미국은 초대받은 제국이었던 데 반해 소련은 그렇지 못했기 때문에 강압적인 개입이 필요했다고 한다. 그러나 미국은 아시아에서 '초대받지 못한 제국'으로 여겨졌고, 이것이 곧 아시아 지역에 대한 강압적 개입으로 나타났다.

었다. 그러나 미국의 힘은 한국과 베트남뿐만 아니라 아시아와 남미 국가들에 대한 지나친 개입에 의해 점차 약해졌다. 특히 베트남에 대한 개입은 미국의 힘이 기울어지는 결정적 계기가 되었다. 미국 정부의 베트남 개입은 재정을 파탄나게 했고, 결국 미국은 1969년 닉슨 독트린을 통해 대외적으로 개입하지 않을 것을 천명했다. 이로 인해 1971년에는 달러의 금 태환을 포기함으로써 1944년 시작된 브레턴우즈(Bretton Woods) 체제가 무너졌다. 이후 미국의 힘은 내리막길을 걸었고, 역설적이게도 냉전에서 제1세계가 승리하는 순간 미국의 힘은 정점에서 내려오면서 신고전주의 경제학에 기초한 신자유주의라는 새로운 시스템을 필요로 했다.

이렇게 냉전체제에서 중심부의 힘이 약화되자 주변부가 흔들렸다. 이는 이데올로기 과잉으로부터 탈피하는 두 번째 요인이 되었다. 베트남이 제1세계로부터 탈피했지만, 제2세계로부터 벗어나지 못했다면, 1970년대 후반 이후의 흔들림은 제1세계와 제2세계로부터 모두 탈피하는 방향으로 전개되었다. 1956년 제3세계의 형성이 1970년대 후반 이후 변화의 원형이 되었지만, 제3세계는 제1세계와 제2세계로부터 자유롭지 못했다. 그러나 1970년대 후반 이후 이데올로기 과잉에 의해 유지되었던 전체주의 체제가 무너지면서 이데올로기적 쏠림현상이 약화되었다.

주변부의 변화는 두 방향에서 전개되었다. 한 방향은 제1세계의 주변부였다. 1978년 이란에서 시작된 전체주의의 약화는 1979년 니카라과, 1980년 한국으로 확산되었다. 1980년 한국에서의 움직임이 주춤했지만, 곧이어 1986년 필리핀과 1987년 한국으로 이어졌다. 1970년대 초반 미국의 개입 약화로 인해 극단적 반공이데올로기 위에서 전체주의 정권이 수립되었지만, 시간이 지나면서 미국의 지원 약화로 인해 국내적 정당성이 약한 독재자들의 몰락을 가져왔다. 미국의 앞마당인 남미에서도 칠레, 아르헨티나, 아이티 등에서 전체주의 정부가 몰락하였다.

다른 한 방향은 제2세계의 주변부에서 시작되었다. 1980년을 전후해 폴란드의 자유노조에서 시작된 흐름은 1989년 베를린장벽의 붕괴와 천안문 사태, 그리고 동구권 정권의 연이은 몰락으로 이어졌다. 이와 함께 제2세계에서 1970년대 말부터 개혁개방의 움직임도 시작되었다. 중국의 개혁개방을 신호탄으로 해서 베트남, 쿠바 등이 개혁개방을 시작했다. 성공하지는 못했지만, 북한도 1980년대 중반 외국인투자법을 개정하면서 개혁개방의 대열에 합류하려고 했다.

이와 같이 이데올로기 과잉으로부터의 탈피는 곧 이데올로기에 의존했던 주변부 국가들에서 전체주의 체제의 몰락을 가져왔다. 전체주의의 몰락은 시민사회가 강화되고 민주주의가 시스템화되는 상황을 가져왔다. 국가보다는 국가구성원 개개인의 인권을 더 중요시하는 체제가 들어서기 시작한 것이다. 이제 '국가안보'가 아니라 '개인안보'가 더 중요한 어젠다가 되기 시작했다.

이런 관점에서 보면 18세기 이래로 계속되었던 '근대국가'의 개념이 20세기 말에 가서 무너진다고 볼 수도 있다. 민족주의에 기대었던 '근대국가'는 냉전체제에서 이데올로기에 기대었지만, 이제 더는 기댈 곳이 없어진 것이다. 지역에 따라 종교에 기대는 곳도 있지만, 이 역시 오래가지 못한다. 결국 이 시기의 변화를 '근대'에서 '탈(post) 근대'로 넘어가는 것이라고 말한다면 너무 과한 것인가?

물론 이러한 변화에서 반드시 유념해야 할 점은 이전과는 다른 새로운 이데올로기가 등장했다는 사실이다. 즉, 신자유주의의 확산이다. 제1세계가 경제위기를 극복하기 위해 케인스를 포기하고 신자유주의가 확산되는 과정에서 제2세계가 무너졌다. 제2세계의 몰락은 제1세계에게 시장을 확대할 수 있는 기회를 주었지만, 시장의 확대만으로 제1세계의 위기를 모두 해결할 수는 없었다. 신자유주의는 정부의 개입을 최소화하고 시장의 힘을 극대화하는 방식으로 새로운 처방전을 내놓았던 것이다. 따라서 전체주의 체제에서 벗어난 제1세계와 제2세계의 주변부 국가들은 스스로의 정치, 사회적 문제들을 해결하기도 전에 신자유주의의 흐름에 포괄되었다.

그러나 신자유주의의 확산만으로 이 시기의 변화를 모두 포괄할 수는 없다. 2008년 미국에서 시작된 금융위기도 고려해야 하지만, 더 중요한 것은 2000년대 중반부터 신자유주의와 미국의 독주에 대한 비판이 광범위하게 확산되었고, 남미에서 사회주의 정권이 수립되고 중동과 북아프리카에서 전체주의로부터 벗어나기 위한 제2의 흐름이 시작되었다는 점이다. 중동과 북아프리카의 경우 이데올로기의 과잉 문제와 직접 관련된 것은 아니지만, 남미의 경우는 신자유주의의 확산이라는 시장만능 이데올로기 과잉에 대응하는 측면이 더 강하게 작동한다.

이렇게 보면 제1세계 및 제2세계 중심부의 동요에 의해 주변부에서 이데올로기의 과잉으로부터 탈피하는 과정은 1970년대 후반부터 시작되어 지금까지 계속된다고 볼 수 있다. 그리고 세계사적 관점에서 본다면 1990년은 변화가 한창 진행 중인 시기였다. 1970년대 후반에 시작된 변화가 마침표를 찍는 지점이 아니라 본격적 변화의 출발점에 있는 것이며, 그로부터 20년이 지난 지금 역시 변화는 계속되는 것이다. 그 변화는 전체주의에서 자유주의로, 이데올로기에서 현실주의로, 국가에서 개인으로의 흐름을 특징으로 한다.

1990년, 한국 사회는 어디에 있었는가?

한반도의 변화 역시 세계사적 흐름과 다르지 않았다. 20세기 후반부 한반도의 흐름을 규정짓는 것은 '냉전'과 '분단'이었다. 일본 제국주의의 식민지로부터 해방되자마자 분단된 한국 사회는 전쟁을 경험했고, 이후 냉전체제에서 이데올로기의 과잉에 의해 전체주의 시스템이 유지되는 전형적인 지역이었다.

1960년 4·19혁명 직후 약 1년간 민주주의 체제를 경험했을 뿐 1948년 대한민국 정부 수립 후 남과 북에서는 반공 이데올로기와 반미

이데올로기가 사회 전체를 통제하는 시스템으로 계속되었다. 분단을 극복하는 문제와 경제성장이 사회적으로 중요한 담론으로 작동했지만, 이는 모두 냉전이데올로기의 하위 담론으로 존재했다. 어떠한 이념과 사상도 냉전이데올로기에 우선하지 못했다.

이로 인해 남한에서는 국시 논쟁에 빠지기도 했다. 이승만 정부는 북진통일에 반대하고 평화통일을 주장했던 조봉암을 사형에 처했고, 진보당을 해체했다. 반공을 국시로 선언한 5·16 군사정변으로 집권한 박정희 정부 시기에 남북관계에서 일정한 변화가 있었지만, 반공이 국시라는 사실은 변하지 않았다. 민주주의를 위한 모든 움직임은 '반공'이라는 국시에 역행하는 움직임으로 철저하게 탄압되었다. 1980년대 중반에는 반공이 국시라는 점을 부정했다는 이유로 국회의원을 구속하는 사건까지 발생했다(〈동아일보〉, 1986. 11. 14).

이러한 흐름 속에서 한국은 1960년대 이후 '발전국가'의 형태를 띠었다. 강력한 국가 주도로 경제성장을 추진하는 방식이었다. 이는 미국의 주변부 국가 중 한국뿐만 아니라 타이완과 싱가포르에서도 동시에 나타났던 방식이다. 발전국가들은 시민사회를 억누르고 경제성장을 강력하게 추진하는 과정에서 반공이데올로기를 이데올로기적 무기로 삼았다는 점에서 공통점이 있었다.

이러한 흐름은 1970년대 전반기에 발전국가의 극단적 강화라는 한 차례 전환기를 맞이했다. 세계적 차원에서 볼 때 이 시기에 미국은 베트남전쟁의 후유증으로 브레턴우즈 체제를 포기하고 데탕트를 추진하고 있었다. 이데올로기보다는 현실적 이해관계에 따른 대외정책, 즉 레알 폴리틱스로 전환했던 것이다. 그러나 남한은 이와 달리 이데올로기적 공세를 더 강화하면서 발전국가의 힘을 극대화시키는 방향으로 체제전환을 시도했다. 이는 1971년 태국의 쿠데타, 1972년 필리핀에서 마르코스의 계엄령 선포에 이은 농지개혁, 1973년 칠레에서 피노체트에 의한 쿠데타, 그리고 타이완에서 장개석 아들인 장경국의 독재체제 강화와 같은 시기에 나타난 동일한 현상이었다.

그러나 발전국가의 강화가 한국 사회에서 더 큰 변화의 흐름을 막지는 못했다. 미국의 개입 약화가 이데올로기 과잉의 독재정부에 일정한 자율성을 부여하여 유신체제나 1980년대 신군부의 등장을 가져왔지만, 다른 한편으로 발전국가에 대한 외부적 지원이 약화되면서 상대적으로 시민사회의 성장과 요구를 억제할 수 없는 상황을 조성하였다. 다시 말해 1972년 유신체제 성립 이후 1980년대 중반까지 과대성장한 발전국가는 민주화를 요구하는 시민사회의 요구를 억누를 수 있었지만, 이는 임시적인 조치에 불과했다. 발전국가 초기 시민사회의 요구는 단절적인 형태로 발생했지만, 1970년대 말부터 부마항쟁, 5·18 민주화운동으로 이어졌고, 1980년대 전반기 반미운동, 노동운동, 학생운동의 확산에 이어 1987년에는 전국적인 민주화 항쟁으로 발전했다.

　이러한 흐름은 세계적 차원에서 이데올로기의 과잉에서 벗어나는 1979년 이후의 흐름과 일치했다. 한국 사회의 민주화운동은 다음과 같은 몇 가지 점을 핵심적인 내용으로 하고 있었다. 첫째로 과대성장한 국가권력에 의한 사회, 경제의 통제를 약화시켜야 한다는 것이었다. 특히 대통령에게 과도하게 집중되어 있는 권력의 분산이 핵심적 내용이었다. 이를 위해서 민주화운동 내부에서 주장한 것은 대통령 직선제와 단임, 그리고 입법부와 사법부의 독립성 강화를 통한 권력 분점 등이었다. 이러한 요구는 1981년 부분적으로 받아들여져 대통령의 연임 금지가 헌법에 삽입되었다. 그러나 1972년 유신체제 선포 이후 실시되지 못했던 대통령 직선제는 1987년까지 실시되지 못했다. 유신체제 이후 행정부를 제대로 견제하지 못했던 국회 권력의 정상화 역시 중요한 과제가 되었다.

　둘째로 재벌에 대한 견제와 노동자, 농민들의 생활권을 보호하는 문제였다. 지니계수로 볼 때 한국 사회가 경제성장 과정에서 다른 나라에 비해 불평등성이 크지 않았지만, 한국의 경제성장이 저임금, 저곡가, 그리고 노동에 대한 철저한 통제를 통해 이루어졌다는 것은 주지의 사실이었다. 1970년 전태일 분신사건으로 고양되기 시작한 노동운동은 1970년대 동일방직, YH 사건 등 노동집약적 경공업에 종사하는 여성 노동자들의 노동운동으로 확산되었고, 1980년대 중반에는 한 사업장을 넘어선 연대파업, 그리고 중화학공업 분야에서 대기업 수준의 파업으로 나타나기 시작했다. 특히 단위 사업장을 넘어선 지역, 분야별 노동조합의 연대활동으로의 발전은 노동자들의 권익향상을 위한 요구와 움직임이 한국 사회에서 피해나갈 수 없는 중요한 과제 중 하나가 되었음을 보여주었다. 1987년 6·29 민주화 선언 직후 두 달간 지속되었던 이른바 '노동자 대투쟁' 역시 노동자들의 요구가 더 이상 외면될 수 없는 상황이었음을 보여주었다.

셋째로 시민운동이 요구되는 상황이었다. 한국 사회의 민주화운동은 학생운동에 의해 주도되었다. 야당과 재야 역시 민주화운동에 중요한 역할을 했지만, 민주화운동의 중심에는 학생들이 있었다. 4·19 혁명에서부터 6·3 한일회담반대운동, 유신반대운동, 부마항쟁, 그리고 5·18 민주화운동에 이르기까지 민주화운동을 촉발시키고 이끌었던 것은 모두 학생운동이었다. 그러나 이들은 정치적 조직이나 힘을 갖지 못했기 때문에 민주화운동의 힘을 정치적·사회적으로 확산시키기에는 한계가 있었다. 또한 경제성장에 의해 중산층이 확산되고, '시민' 그룹이 나타나면서 정치적 문제가 중심인 사회운동에서 벗어나 시민들의 생활이 중심이 되는 새로운 사회운동을 필요로 하는 시점이었다. 즉, 사회운동의 주도세력과 성격에서 일정한 변화를 요구하는 시점이었다.

넷째로 대외관계와 통일문제에서 전환을 요구하는 시점이었다. 한국의 모든 정부는 '반공'을 국시로 한다는 점을 강조했지만, '통일'과 '자주'는 한국 사회에서 어떠한 정부도 포기할 수 없는 2가지 중요한 담론이었다. 이승만, 박정희, 전두환 정부는 모두 강력한 반공을 사회적으로 가장 중요한 이데올로기로 내세웠지만, '통일' 문제에 대해 외면할 수 없었다. 따라서 정권에 따라 나름대로 자신들의 통일정책을 만들었던 것이며, 민주화운동 인사들에 의해서 그러한 정책들이 현실성이 없다는 비판을 받았다.

대외관계에서의 자주 역시 중요한 담론 중 하나였다. 일본의 식민지를 경험했고, 외세에 의해 분단된 한국 사람들은 역사적으로 '자주'가 매우 중요한 과제 중 하나라는 것을 체득했다. 그러나 6·25 전쟁으로 인해 북한이 '반미 이데올로기'를 사회 통제의 이데올로기로 이용하면서 한국 사회에서 '반미'는 금기시되었다. 4·19 혁명 시기 한미행정경제협정 체결에 대한 반대, 5·16 쿠데타 직후 SOFA 수정을 위한 운동, 6·3 한일회담반대운동 당시 한일협정을 강제했던 미국의 대한정책 반대 등을 제외한 반미운동은 곧 북한을 이롭게 하는 행위로 여겨졌다. 이러한 상황에서 박정희 정부에 의한 자주국방과 자립경제라는 목표는 역설적이게도 정부에 의해 '자주'라는 담론이 주도되는 상황으로 전개되었다.

그러나 5·18 민주화운동 이후 '반미'와 '자주'가 민주화운동의 중요한 주장 중 하나가 되었다. 서울의 봄과 광주에서 미국이 신군부의 손을 들어준 것이 중요한 원인이 되었으며, 1982년 부산 미 문화원 방화사건을 시작으로 1983년 대구 미 문화원 폭파사건, 1985년 서울 미 문화원 점거사건이 이어졌다. 민주화운동 세력은 독재정부가 계속되는 것은 미국의 지원과 비호 때문이라고 보았으며, 분단과 통일문제에서도 미국이 그 책임으로부터 자유롭지 못하다고 주장했다.

이렇게 4가지 중요한 변화가 요구되는 상황에서 앞의 3가지 요구는 다른 주변부 국가에서도 동시에 나타나는 것이었지만, 네 번째 요구는 한국 사회에서 나타나는 독특한 것이었다. 이는 한반도가 분단되어 있었고, 주한미군이 주둔했던 냉전의 최전선에 위치했기 때문이었다. 그러나 미국의 개입과 미군 주둔에 대한 비판은 필리핀에서도 나타났고, 1978년 이란, 1979년 니카라과에서도 미국의 독재자에 대한 지원은 핵심적 문제의 하나였다. 1990년대 초반 동유럽에서 공산정권이 몰락한 것 역시 소련의 강압적 개입이 더 중요한 이유였던 만큼 일국 사회 내부의 사회적 불평등을 해결하는 문제와 함께 국제사회에서 국제관계의 불평등을 해소하는 문제가 1990년을 전후한 시기 전 세계적으로 또 하나의 중요한 이슈로 대두되었다고 볼 수 있다.

이러한 요구를 한마디로 요약한다면 과잉 이데올로기 시대의 '국가
안보' 중심의 어젠다에서 이데올로기로부터 탈피하여 현실을 중심에
놓는 '개인안보' 시대로의 이행을 요구하는 시기였다고 할 수 있다. 이
는 전통적인 '근대국가'의 개념에서 벗어나는 것을 의미했으며, 냉전이
데올로기로부터의 이탈, 그리고 개인주의에 기반을 둔 자유주의적 사
회환경을 요구하는 것이었다. 이 지점에서 '포스트모더니즘'이 나올 수
있었으며, 개인의 생활적 요구에 기초하는 시민운동을 필요로 하는 것
이기도 했다. 네 번째 요구가 아직은 완전히 개인의 문제로 돌아가기
이전에 '국가' 내지는 '민족' 차원의 요구이기는 했지만, 국가주의와 민
족주의가 강해질 때 네 번째 문제에 대한 요구는 약해질 수밖에 없었
다. 민주화 이후 여론조사에서 통일문제에 대한 사회적 지지도가 이전
에 비해 현저하게 떨어지는 이유 중 하나도 바로 '개인'을 중심으로 한
생각의 변화에 있다.

여기에 더하여 신자유주의가 급격하게 확산될 수 있는 사회적 분위
기 역시 진보와 보수가 모두 국가의 힘의 약화를 바라고 있었던 사회
적 요구 때문이었다. 물론 양쪽의 요구가 같은 성격의 것은 아니었다.
한쪽이 시장에 대한 국가의 개입에서 벗어나고자 했다면, 후자는 개인
에 대한 국가의 폭력으로부터 벗어나고자 했다. 신자유주의의 확산이
개인들에게 국가가 아닌 시장이라는 새로운 굴레를 덮어씌웠듯이 이
두 주장은 서로 다른 성격의 탈국가적 주장이었지만, 국가의 통제력을
최소화해야 한다는 점에서는 동일한 지향을 갖고 있었다.

노태우 정부의 자기 역할 인식

이상에서 서술하였듯이 국내외적으로 중요한 변화들이 요구되는 시점
이었던 1988년 노태우 정부가 수립되었다. 노태우 정부로서는 세계적

차원의 변화에 적응해야 하면서 동시에 국내의 사회적 요구를 수용하고 반영해야 하는 이중적 상황을 맞은 것이다. 만약 이러한 변화를 수용하지 못한다면, 국내외적으로 거대한 비판에 직면할 수 있는 상황이었다. 독재체제로부터 벗어난 민주화운동 세력과 노동·농민운동 세력, 그리고 중산층의 증가에 따른 초기적 형태의 시민조직 등은 노태우 정부에 사회적 변화를 강력하게 요구할 수 있는 힘을 갖고 있었다.

노태우 대통령은 취임사를 통해 이러한 국내외적 변화에 대한 자신의 입장을 밝혔다.

민족 전체가 한 차원 높게 뛰어오르라는 명령이 그것입니다. 그것은 민족자존의 새 시대를 꽃피우라는 것입니다. (중략)

민주주의가 오늘의 유행어이기 때문은 결코 아닙니다. 민주주의야말로 모두가 자유롭게 살며 자유롭게 참여하는 사회, 사람이 사람답게 사는 사회로 우리를 이끌 것이기 때문입니다.

물량성장과 안보를 앞세워 자율과 인권을 소홀히 여길 수 있는 시대는 끝났습니다. 힘으로 억압하거나 밀실의 고문이 통하는 시대는 끝났습니다. (중략)

제가 이끄는 정부는 민주주의 시대를 활짝 열어 모든 국민의 잠재력을 꽃피게 할 것입니다. 새 정부는 다원화된 사회 각 부문이 생동력에 넘친 자유를 누리며 스스로의 권능을 다할 수 있도록 도울 것입니다. (중략)

1970년대 이후의 발전사는 경제성장이 아무리 높고 지속적이라 해도 그것만으로는 우리가 이상으로 삼는 조화와 균형 있는 행복한 사회에 도달할 수 없다는 냉엄한 교훈을 주었습니다. (중략)

계층·지역 간의 격차는 갈등과 분열을 낳아 국민의 통합에 큰 문제점을 던져 주고 있습니다. 이러한 문제점을 개선하지 않고는 민주복지국가를 향한 우리의 항해는 좌절될 수도 있습니다. (중략)

우리와 교류가 없던 저 대륙국가에도 국제협력의 통로를 넓게 하여 북방외교를 활발히 전개할 것입니다. 이념과 체제가 다른 이들 국가들과의 관계개선은 동아시아의 안정과 평화, 공동의 번영에 기여하게 될 것입니다.

북방에의 이 외교적 통로는 또한 통일로 가는 길을 열어줄 것입니다.
(중략)

한반도 문제는 기본적으로 남북한 당사자들이 민주적 방식을 통해 평화적으로 풀어나갈 것입니다(중략) (노태우, 2010: 417~425).

취임사를 통해 노태우 대통령은 국내외적으로 요구되었던 4가지 측면에서의 변화를 이끌 것이라고 주장했다. 우선 '자주'적 외교의 필요성을 지적한 다음, 민주주의와 인권, 계층·지역 간의 격차 해소, 그리고 북방외교와 남북관계의 변화에 대해 언급했다. 이러한 취임사의 내용이 민주화운동 진영이 주장했던 보다 급진적인 변화에 미치지는 못했다고 할지라도 당시의 변화를 수용하고자 하는 의지를 보여주었다.

노태우 대통령은 회고록을 통해서도 취임사에서 추구했던 개혁을 위한 정책이 집권기간 동안 충실하게 이행되었음을 강조했다. 특히 그는 스스로 외교분야를 가장 중요한 업적으로 평가한다. "내가 강한 의지를 갖고 추진한 것이 바로 자주외교였다"라고 하면서, 재임기간 중 '남의 눈치보고, 추종하고, 이게 무슨 자주외교권을 가진 나라인가, 그러고도 민족의 자존이 있다고 자부할 수 있는가'라고 자문했다고 한다(조갑제, 2007: 54). 그리고 영종도 국제공항, 경부고속전철도 그 기본구상 역시 이 같은 북방정책을 뿌리로 해서 마련되었다(조갑제, 2007: 61).

이러한 노태우 대통령 스스로의 평가는 '자주외교'의 측면을 강조한 것이었다. 실상 이러한 '자주외교'의 특징은 이전 보수세력 내부의 민족주의적 태도와는 다른 것이었다. 과거 보수세력의 민족주의가 1946년 이후 지속되어 온 '반공반탁' 민족주의의 성격이라면 노태우 정부가 추진한 북방정책은 '자주외교' 측면에서의 민족주의라는 새로운 성격의 것이었다. 이는 7·7선언을 통해서도 잘 드러난다.[6]

---

6 '반공', '반탁'의 용어는 1946년 반탁운동에서 시작되었다. 반탁운동은 대한민국 정부 수립에 가장 중요한 공헌을 했으며, '반공'보다도 더 강한 '반북한'의 내용을 함의한다(서중석, 1996; 박태균, 2006). 따라서 이 장에서는 '반탁' 보수라는 용어를 사용하였다.

7·7 선언은 이전과는 달리 남북 간 교류를 전향적으로 발전시키기 위한 내용을 담고 있었다. 7·7 선언은 민간인 차원에서의 남북교류, 이산가족 방문, 남북 간의 문호개방과 교역, 국제무대에 공동진출, 미·소·중·일의 남북 교차승인 추진 등을 그 내용으로 했다(〈경향신문〉, 1988.7.7). 7·7 선언에 대한 북한의 반응은 싸늘했지만(〈동아일보〉, 1988.7.8), 이 선언은 북방정책과 함께 남북이 1991년 남북 기본합의서에 도달하도록 하는 데 중요한 계기를 마련했다. 이는 '멸공', '승공'을 내세워 북한을 대화의 상대가 아니라 적으로만 간주했던 과거의 반공 민족주의와는 다른 것이었다.

주목되는 점은 노태우 정부의 7·7 선언과 남북기본합의서에 이은 남북한 유엔 동시가입은 박정희 정부의 1973년 6·23 선언과 맥을 같이한다는 점이다. 데탕트하에서 나온 6·23 선언은 공산권 국가와의 수교, 남북한의 국제기구 동시가입 등을 주요 내용으로 했다. 그러나 노태우 정부에서 외교정책과 대북정책을 주도했던 박철언 전 장관과 김종휘 전 수석은 이런 내용에 대해서 인지하지 못했다. 후술하겠지만, 이는 노태우 정부의 정책이 정부 담당자의 의지에 의해서만 이루어진 것이 아니라 당시 세계정세의 변화와 맞물려 있으면서 동시에 보수세력 내부의 한 흐름을 잇고 있음을 보여준다.

이러한 자주외교는 북방정책이나 남북관계뿐만 아니라 대미관계에서도 나타났다. 노태우 정부 시기 주한미군 사령관으로부터 한국군의 평시작전권 환수와 3군 합동군의 조직을 중심으로 한 군 조직개혁을 위한 8·18 계획, 그리고 용산 미 8군 골프장의 반환은 자주외교의 대표적 사례였다(노재봉 외, 2011: 518). 미국, 일본 중심의 일변도 외교에서 벗어나 중국, 소련을 비롯한 동구권 국가로 대외관계를 다변화한 것 역시 자주외교의 측면에서 중요한 의미를 가졌고, 노태우 정부의 대외관계를 주도한 박철언, 김종휘 수석의 증언에서도 동일하게 나타난다.[7]

---

7 김종휘, 2011.11.19, 09:30~12:30, SK경영경제연구소(인터뷰); 박철언, 2011.10.3, 08:00~

자주외교의 측면과 함께 노태우 정부에 참여했던 인사들은 군사적 권위주의 체제로부터 민주주의적 시민사회로 전이하는 중간단계로서 노태우 정부의 역할에 주목하였다(노재봉 외, 2011: 278). 염홍철 대통령 비서관은 제13대 국회에서 여소야대 국회가 등장했고, 노태우 대통령의 득표율이 40%에도 못 미치는 36.6%밖에 되지 않았기 때문에 리더십이 제약받을 수밖에 없는 상황에서 민주적 시민사회로 이행하는 역할을 할 수밖에 없었던 상황을 지적하기도 했지만,[8] 6·29선언의 용단, '5공청산', 그리고 지방자치제도 등은 노태우 대통령의 결단에 의해 이루어진 것이라는 점을 강조했다(노재봉 외, 2011: 278~280).

당시 국회의장이었던 박준규 역시 노태우 정부는 6·29선언 이후 다양한 정책을 통해 '민주국가를 이룩하는 토대를 마련'했다고 평가했다. 민주주의적 정치제도를 위한 개혁의 과정에서 몇 번의 위기가 있었고 시행착오도 있었지만, 결과적으로 정치문화를 바꾸는 데 있어서 '절반의 성공'을 가져왔다고 평가했다(노재봉 외, 2011: 44~45). 강영훈 전 총리도 노태우 정부 시기를 '민주화 과도기'로 규정한다. 그는 중앙권력의 분산을 위한 자율성 확대조치가 10건, 중앙권력을 지방으로 위임한 것이 122건, 중앙정부 내에서의 하부 권한 위임이 37건 등 모두 169건의 민주화 추진사례가 있었음을 그 증거로 제시하였다(노재봉 외, 2011: 59~61).

한국의 냉전적 보수를 대표하는 조갑제의 경우에도 노태우 정부 시기 정치적 민주화의 발전에 대해서는 높은 평가를 내린다.

경제는 발전했는데 민주(정치)는 후진했다는 말은 성립되지 않는다. 경제와 민주는 동반 발전한다. 경제가 민주주의 기반을 만들고 민주주의는 경제에 활력을 불어넣는다. 6·29선언은 민주투쟁 시대에 민주

10:00, 코리아나 호텔(인터뷰).

8 노태우 대통령이 '중간평가'를 실시하려고 했던 것도 노태우 정부가 갖고 있는 태생적 한계 때문이었던 것으로 보인다.

실천 시대를 열었다. 민주화를 요구하는 것과 실천하는 것은 다르다. 〈중략〉 민주탄압자가 민주실천가로 되다니! 6·29 선언은 한국 정치사상 가장 성공한 도박이었다. 말로써 역사를 바꾸었다는 점에서 진정한 정치게임이었다(조갑제, 2007: 18).

조갑제가 내리는 평가와 같이 노태우 정부는 민주주의 발전에 일정한 기여를 했다. 노태우 정부가 1987년 6월 민주항쟁과 6·29 민주화 선언, 그리고 새 헌법에 기초하여 수립되었다는 사실 자체로도 민주주의적 정치제도를 발전시키는 데 기여가 가능했다. 단임 대통령을 선출하기 위한 직선제 선거가 1971년 이후 부활되었으며, 1961년 설치되었다가 1964년 박정희 정부에 의해 폐지되었던 헌법재판소가 1987년 개헌에 의해 다시 설치되었다(〈동아일보〉, 1961.1.20; 1964.12.14). 1980년 서울의 봄 과정에서 정치인들은 헌법재판소의 설치를 3권분립을 넘어선 5권분립의 상징으로 제기했었지만(〈경향신문〉, 1980.1.17), 1987년에 가서야 사법권 독립뿐만 아니라 대통령과 국회의 권력을 제한할 수 있는 상징으로서 헌법재판소의 설치를 헌법에 넣을 수 있었던 것이다.

박철언 전 장관의 경우 6·29 민주화 선언이 6월 민주항쟁의 정신을 계승한 것으로 보았으며, 노태우 정부는 이 정신을 실현하기 위해 노력했다고 주장했다. 그리고 노태우 정부 시기가 독재정부에서 민주정부 또는 시민정부로 이행하는 데 있어 중간 과도기로서의 역할을 했다는 점을 강조했다. 즉, 완전한 민주주의는 아니지만, 민주주의적 시스템을 만드는 데 있어 중요한 가교 역할을 했다는 것이다.[9] 그런데 박철언 전 장관은 6·29 민주화 선언과 6월 민주항쟁의 정신을 연결시키는데 이는 노태우 정부의 정책결정자들 중에서 유일한 사례라는 점이 주목된다.

노동자들의 권익도 향상되었다는 것이 노태우 정부 시기 관료들의

9 박철언, 2011.10.3, 08:00~10:00, 코리아나 호텔(인터뷰).

공통된 지적이었다. 1988년 최저임금제의 도입, 1991년 의료보험 확대, 1991년 국민연금의 확대 도입, 그리고 1990년 근로기준법 적용 범위 확대 등이 그것이다(〈매일경제〉, 1988. 1. 5, 1988. 1. 19, 1988. 11. 28; 〈한겨레〉, 1988. 8. 21; 〈동아일보〉, 1988. 1. 19). 1987년 이른바 '노동자 대투쟁'으로 대표되는 노동운동의 요구를 일부 받아들인 것이었다. 이 책의 노동정책에 대한 글(허재준)에 나오듯이 이러한 노동정책에 의해서 임금수준이 올라가고 근로시간이 감소하는 등 노동자의 삶의 질과 소비유형에 변화를 가져오게 되었다.

아울러 노태우 정부는 재벌에 집중된 경제력을 완화시키기 위한 조치도 취하였다. 1990년 1월 13일 공정거래법 개정을 통해 대규모 기업집단 소속 금융·보험회사 간 상호출자를 추가로 금지하고 상호출자 예외허용 항목을 축소시켰다. 또한 상호출자 및 출자총액 제한제도 위반행위에 대한 과징금제도를 신설하였으며, 1990년에는 '부동산 투기억제와 물가안정을 위한 특별보완대책'으로 비업무용 토지를 의무적으로 매각 처분하도록 했다(〈경향신문〉, 1990. 5. 8.).

이상과 같은 노태우 정부의 전반적인 정책은 정부의 성격을 고려할 때 기대 이상의 정책이었다고 볼 수 있다. 당시 국내외적으로 요구되었던 변화를 모두 수용한 개혁정책이라고 할 수는 없지만, 노태우 정부의 주요 인사들이 지적했듯이 '과도기'라고 할 수 있을 정도의 개혁 작업이 이루어졌다는 사실을 부인할 수는 없다. 이는 노태우 정부의 정책이 기대했던 민주화와 개혁에 미치지 못했다는 이유에서 제기되었던 기존의 노태우 정부에 대한 비판적 평가에 대해 일정한 수정이 필요함을 의미하는 것이기도 하다. 과도기적 정부에게 완벽한 민주주의적 개혁을 요구할 수 없으며, 50년 가까이 계속된 이데올로기 과잉의 시대로부터 혁명적 변화를 이끄는 것 역시 쉬운 일이 아니었다.

과도기적 개혁의 성격과 결과

소극적 개혁정책

조갑제는 세계사뿐만 아니라 한국사에서도 중요한 전환기에 시작된 노태우 정부의 상황을 축약적으로 잘 정리하고 있다.

> 전환기는 기존질서가 무너지고 새로운 세상이 열리거나 일대 혼란에 빠져버리기도 하는 위기와 호기의 공존기이다. 위험도 많지만 기회가 더 많은 시기이다. 역사는 노태우 대통령이 이 2중의 전환기를 기회로 삼아 국가 대전략을 성과적으로 추진한 사람이라고 기록할 것이다. 그는 민주주의의 실천, 북방정책, 사회간접자본 확충이라는 3대 업적을 남겼다(조갑제, 2007: 18).

이 시기는 한국 사회에 하나의 위기이자 기회의 시기였고 노태우 정부는 그 기회를 잘 이용했다. 그런데 여기에서 짚어 보아야 할 점이 있다. 위의 인용문에서는 '전환기를 기회로 삼아 국가 대전략을 성과적으로 추진한' 주체를 노태우 대통령으로 주목한다. 이 점과 관련해서 노태우 정부에 참여했던 핵심인사들은 대외정책과 남북관계, 그리고 개혁정책에서 노태우 대통령과 노태우 정부의 주도적 역할을 공통적으로 지적한다. 과연 그랬던 것일까?

먼저 대외관계, 특히 대미관계의 측면을 보자. 외교정책과 대북정책을 주도했던 박철언 전 체육부장관과 김종휘 전 청와대 외교안보수석은 노태우 정부의 주도적 역할을 강조하였다. 그러나 당시의 상황을 보면 노태우 정부의 주도적 역할만으로 당시의 개혁과 정책을 바라보기에는 많은 한계가 있다.

우선 전환기는 여러 가지 측면에서 한국에게 결정적인 기회를 주었다. 한국의 배후를 뒷받침해주는 미국은 냉전에서 승리하였지만, 북한의 경우 러시아의 소비에트 정부가 몰락하고 중국은 개혁개방에 나서면서 북한의 확실한 배후자가 되지 못했다. 여기에 더해 소련과 중국은 모두 한국과 수교를 맺었다. 국제적으로 볼 때 한국은 외교 다변화를 이룩했지만, 북한은 고립되었다.

국내적으로도 한국은 1980년대 중반 3저호황을 통해 경제위기를 극복하고 1980년대 말 경제적으로 새로운 붐의 시기를 맞이했다. 반면 북한은 1980년대부터 계속된 경제적 정체상태에서 1990년대 초 사회주의권의 몰락에 의해 경제적으로 의지할 곳이 없었다. 또한 한국은 1980년대 말 민주화를 이룩하면서 내적으로도 민주주의적 체제 아래에서 내부통합을 이룩할 수 있는 근거를 마련하였다. 독재정부로 인하여 비판을 받았던 한국 정부는 민주주의와 인권문제로 인해 더는 국제사회에서 비판받지 않아도 될 수 있는 기반을 마련했다. 결국 한국은 북한에 비해 결정적으로 우위에 설 수 있는 기회를 맞이한 것이었다.

그러나 한국에 위기가 없는 것은 아니었다. 탈냉전의 국제질서는 미국의 개입 약화를 가져왔다. 이는 1970년대 이후 미국 경제가 후퇴하고 미국 정부의 재정이 악화되면서 미국이 해외에 있는 미군기지를 모두 유지할 수 없기 때문이기도 했다. 미국 의회에서 시작된 해외주둔 재배치 논의는 1992년 이후 주한미군을 2만 명 수준에서 유지하도록 하는 방안이었다(〈동아일보〉, 1988. 6. 24). 여기에는 주한미군의 주둔비를 한국 정부가 부담하는 방안까지 함께 논의되었다(〈경향신문〉, 1989. 7. 27).

그리고 해외주둔 미군의 재배치 문제와 주한미군 감축문제는 주한미군 사령관의 한국군에 대한 작전통제권 문제와 직접적으로 연관되는 문제였다(〈동아일보〉, 1988. 6. 13). 특히 한국군에게 작전통제권을 이양하는 문제에 대해 노태우 정부보다 미국의 부시 행정부가 더 적극적이었다(〈동아일보〉, 1988. 7. 18). 미 의회에서 주한미군이 감축되면 주한미군 사령관이 더는 한국군의 작전통제권을 갖는 것이 불가능하다는 판단 아래 5개년 계획안이 마련된 것이다(〈동아일보〉, 1989. 8. 1).

한국군에 대한 작전통제권 이양 문제는 1990년 2월 체니 국방장관이 방한하면서 구체화되었다(〈동아일보〉, 1990. 2. 15). 그런데 흥미로운 것은 이 기사에서 언급하는 내용이다.

노 대통령은 이날 한미 국방장관회담에 참석하기 위해 내한한 체니 장관을 청와대로 초청, 오찬을 함께하는 자리에서 이 같은 한국군의 평시작전권 행사 문제를 제기하고 아울러 군사정전위의 정전회담 수석대표를 한국 측에서 담당하는 문제도 양국 간에 신중히 검토해 보자고 말했다. (중략)
　　노-체니 회동에서 체니 장관은 "최근 유럽을 포함한 세계정세가 바뀌다보니 미국 일부 국민과 의회에서는 국방안보문제에 대한 시각도 변화됐고 특히 과중한 국방비 부담에 대해 많은 의견을 제시하고 있는 실정"이라며 "미국 의회는 행정부에 대해 아시아에 있어서의 새로운 전략과 병력수준 유지 문제, 군의 경제적 운용방안 등에 대해 보고서를 내라고 해 놓고 있다"고 밝혔다.
　　노 대통령은 이에 대해 "미국 측의 경제적 군 운용을 위한 병력조정을 이해한다"면서 "그러나 신뢰할 만한 도발억제력을 유지하기 위해 전투전력은 한국에 남아 있어야 하며 그에 대해 한미 간에 긴밀한 상호협의가 중요하다"고 강조했다.

결국 1990년 4월 한국과 미국 정부는 1991년부터 1990년대 후반까지 3단계에 걸친 주한미군의 감축과 평시작전통제권의 한국 정부로의 이양, 한미연합야전사의 해체, 그리고 군사정전위원회 유엔군 측 대표를 한국군 장성에게 맡긴다는 점에 합의했다(〈동아일보〉, 1990. 4. 4). 결국 당시의 상황과 언론의 보도는 작전통제권 및 기지이전을 비롯한 문제들이 노태우 정부보다는 미국 정부의 주도에 의해서 이루어진 것이라는 결론에 도달하게 한다. 노태우 대통령이 밝혔듯이 대북관계와 북방정책은 한미공조 없이는 불가능했다(조갑제, 2007: 28).
전술핵 철수 역시 중요한 문제이다. 김종휘 전 수석은 전술핵 철수에서 노태우 정부의 주도적 정책을 강조했지만, 조지 H. W. 부시 대통령이나 도널드 그레그 전 주한미국대사의 말은 다르다.

저(부시 대통령)는 또한 미국의 전술핵무기를 한국 땅에서 철수시키는 데 동의하신 노 대통령의 현명한 결정에 마음속 깊이 감사하며 잊지 않고 있습니다. 이 중차대한 문제에 대해 노 대통령께서 보여주신 유연한 자세는, 1991년 제가 전 세계에 배치된 미국의 모든 전술핵무기를 철수시키는 결정을 내리는 데 큰 힘이 되었습니다(노재봉 외, 2011: 85).

북방정책은 당시 조지 부시 미 대통령의 전폭적 지지에 힘입은 바 크다. (중략) 1992년 다시 미국의 전폭적인 지지를 받아 한국은 중국과도 수교를 하게 된다. (중략) 동 사안이 공론화되기 전에 미국의 핵무기를 철수시키는 데 한국 정부가 동의할 가능성이 있는지 (도널드 그레그는) 김종휘 수석에게 비공식적 의견을 물었다(노재봉 외, 2011: 99~101).

물론 이 문제를 논의하는 데 있어서 김종휘 수석의 주장에도 주목해야 한다. 왜냐하면 김종휘 수석은 시종일관 노태우 정부의 주도적인 정책 추진을 강조하고 있기 때문이다. 위의 자료들을 고려한다면 김종휘 수석의 주장을 100% 받아들일 수는 없지만, 노태우 정부의 적극적 정책 동의 없이 작전통제권 이양이나 전술핵 철수가 원만하게 이루어질 수 없다는 사실도 고려되어야 할 것이다. 박영훈 비서관의 경우 미국의 전술핵 전략의 변화를 감지한 노태우 정부가 선제적으로 제안했다고 선후관계를 정리하기도 했다.

또 다른 핵심적 문제는 민주주의적 개혁에 관한 문제이다. 염홍철 비서관의 지적과 같이 노태우 정부는 일정한 한계를 갖고 출발하였다. 40%에 미치지 못하는 득표율로 대통령에 당선되었다는 결과도 그렇고, 노태우 정부 출범 직후에 실시된 총선에서 여당이 야당보다 적은 의석을 확보한 사실도 그랬다. 전술한 조갑제의 인용문에서와 같이 '민주탄압자가 민주실천가'가 되었다는 평가가 나올 수 있을 정도로 노태우 정부는 서울의 봄과 5·18 민주화운동을 억누르고 집권한 전두환 정부를 계승했기 때문에 민주화의 열기가 계속되는 상황에서 주도적으로 정국을 운영하기에는 많은 한계가 있었다. 게다가 대통령선거 시기에 야당의 분열로 인해 어부지리로 얻은 승리였기 때문에 정권의 사회적 기반 역시 취약할 수밖에 없었다.

여기에서 특히 주목해야 하는 것은 3당합당이었다. 야당의 한 축을 담당했던 김영삼과 민주계의 입장에서 보면, 야당통합의 가능성이 없는 상황에서 정권을 잡기 위한 것이었다. 그러나 노태우 정부의 입장에서 보면 3당합당은 정치적 한계를 벗어나기 위한 것이었다. 행정부는 장악했지만, 의회를 장악하지 못한 상황에서 어떠한 정책도 제대로 실시하기 어려웠던 것이다. 결국 노태우 정부가 3당통합이 이루어진 1990년 이후에 가서야 스스로의 정책을 제대로 실행할 수 있었다. 3당통합 이전의 정책은 국회의 반대로 인해 제대로 실행하는 것이 어려웠다. 대부분의 정부가 초기 1~2년간 주요한 정책을 실시한 후 3년이 넘어가면서 지지율 하락에 의해 제대로 된 정책을 실행하기 어려웠던 것과는 전혀 다른 상황이 전개된 것이다. 노태우 정부가 남북 기본합의서를 추진하는 과정에서도 정원식 총리에 대한 계란투척사건과 유서대필사건을 계기로 해서 또 한 번의 공안정국으로의 전환을 시도한 것도 3당통합 이후인 1991년이었다.

주목되는 점은 김영삼을 중심으로 1987년 6월 민주화운동의 한 축을 이끌었던 민주계가 합류했음에도 불구하고 민주자유당 창당이 사회적 개혁으로 이어지지 않았다는 점이다. 민주자유당 내에서 다수를 장악하지 못했던 민주계는 김영삼 최고위원이 민주자유당 내에서 대권후보에 선출되는 것을 가장 중요한 목표로 삼았다. 따라서 민주계는 정책의 측면보다는 당내 대통령후보 경선에 모든 관심을 기울였다. 노태우 정부가 그 본질적인 성격상 1987년 6월 민주항쟁을 주도했던 세력과 연계를 갖지 못했기 때문에 민주계의 민주자유당 참여가 일정한 역할을 할 수 있을 것이라는 기대도 있었지만, 실상은 그렇지 못했다. 오히려 당내 권력투쟁 과정에서 대외정책과 대북정책에서 전향적 정책을 취할 수 있는 세력과 대립하는 결과를 가져왔고, 결과적으로 김영삼이 대통령으로 당선된 이후 이들은 정권의 중심부로부터 멀어졌다.

남북학생회담을 주장했던 학생운동, 노동운동, 그리고 처음으로 태동하기 시작한 시민운동은 1987년 6월 민주항쟁 이후 활성화되었지만, 노태우 정부의 대내외 정책은 이들 사회운동과 전혀 연결되지 못했다. 노태우 정부 시기에는 과격한 학생운동에서 벗어나 시민운동 차원에서의 '경제정의실천시민연합'(경실련, 1989년)과 '참여와 자치를 위한 시민연대회의'(참여연대, 1991년)가 결성된 시기였다. 노태우 정부는 오히려 이들과 대척점을 형성하면서 체제 내적으로 흡수하지 못했다. 또한 시간이 흐를수록 노태우 정부의 정책은 사회적으로 요구되었던 변화와는 다른 방향으로 진행되었다. 이 책의 조성욱의 글에서 분석했듯이 재벌정책은 사회적 요구를 적극적으로 반영하지 못했다. 또한 대외정책과 대북정책에서도 이정철과 이근의 글에 나타나듯이 밀실주의와 엘리트주의를 벗어나지 못했다. 민주화 과정에서 중요한 기준의 하나로 제기되었던 투명성은 정책결정과정에서 거의 반영되지 못했던 것이다.

보수세력의 분열

노태우 정부의 개혁정책이 소극적이고 피동적이었음에도 불구하고, 7·7 선언 이후 전개된 노태우 정부의 북방정책과 대북정책은 전향적인 것이었다. 이러한 정책은 1987년 이전 냉전체제에서의 대외정책과는 180도로 다른 것이었다. 전향적인 대외정책의 변화는 전술한 대로 노태우 정부의 의도에 의한 것도 있었지만, 다른 한편으로 국내외적 변화에 따라 불가피하게 추진된 측면도 있었다.

그런데 문제는 이러한 전향적 정책에 대한 반발이 나오기 시작했다는 사실이다. 그것도 집권세력 내부에서 반발이 나오기 시작했다. 김용갑 전 총무처장관의 다음과 같은 언급은 당시 보수세력 내부에서의 위기감을 잘 보여준다.

> 노태우 정부 초기 민주화 과정 당시 민주화 세력을 가장한 좌경세력이 우리 사회를 크게 혼란시키고 있었다. 대통령을 공공연히 '물태우'라 불러대고 강한 야당에 눌린 여당, 이른바 여소야대 정국에서 정부는 힘을 전혀 쓰지 못하고 있었다. 정부의 무기력 때문에 공권력이 제 기능을 다하지 못하고 있었던 것이다. 혼란으로부터 국가와 국민을 보호해야 하는 국무위원으로서 이를 묵인하는 것은 직무유기와 다를 바가 없다 생각하여 강한 소신 발언을 계속할 수밖에 없었다. 그리하여 소관업무를 벗어나 '이 땅에 우익은 죽었는가?'라고 외치면서 침묵하는 보수를 일깨우고, 대통령에게 국회해산권을 부여해서라도 좌경세력은 척결되어야 한다고 주장하였다(노재봉 외, 2011: 210).

김용갑 전 장관의 이런 발언은 노태우 정부 초기부터 나왔으며, 7·7선언 직후에 불거졌다. 그는 1988년 8월 13일 출입기자 몇 사람과 간담회를 자청해서 학생운동 세력을 옹호하는 야당의 자세를 비판하면서 대통령에게 국회해산권을 주기 위한 개헌이 필요하다는 입장을 표명했다. 그리고 이 자리에서 김 전 장관은 청와대 비서실의 몇몇 고위인사뿐만 아니라 나웅배 부총리를 비롯한 몇몇 여권 인사를 만나서 그의 의견에 대해 긍정적인 답변을 받았다고 밝혔다(〈동아일보〉, 1988. 8. 19).

김용갑 전 장관에 앞서 먼저 물의를 일으킨 것은 박희도 전 육군참모총장이었다. 그는 퇴임사에서 '그동안 군인이었기에 굳게 다물어왔던 심층 속의 말 한마디임'을 전제하면서 민간 정치인들이 군을 매도하고 분열시키는 언행을 하고 있으며, '외침이 아닌 내환으로' 군인들이 다시 국가안위를 걱정하는 '비극'이 없기를 바란다는 내용의 발언을 했다. 그리고 이러한 그의 발언은 군 내부에서 광범위한 지지를 불러일으켰다고 보도되었다(〈동아일보〉, 1988. 6. 20).

여기에 더하여 극단적인 사건까지 발생했다. 즉, 현역 군인들이 현역 기자를 테러한 사건이었다(〈동아일보〉, 1989. 8. 27). 〈월간중앙〉 8월 호에 '청산해야 할 군사문화'라는 제하의 글을 쓴 오홍근 〈중앙경제〉 신문 부장에 대해 육군 제5616부대 이규홍 준장이 예하 장교와 하사관에게 명령하여 테러를 가하도록 한 사건이 발생했다. 치밀한 준비 끝에 1988년 8월 6일 구타를 가한 사건이 발생했고, 이 사건은 곧 조직적인 테러사건임이 밝혀졌다(〈동아일보〉, 1988. 8. 31).

곧이어 한국정신문화연구원의 양동안 교수가 쓴 '이 땅에 우익은 죽었는가'라는 글이 내무부에 의해 산하기관에 배포되는 사건이 발생했다. 이 책에서 "모든 양심적 애국적 지식인이 좌익의 핍박이 두려워 좌익의 도전을 경고하지 못하고 우익의 궐기를 촉구하지 못한다면 이 나라의 장래가 너무 암담하다는 생각 때문에 이 글을 썼다"고 밝혔다. 책의 개략적인 내용은 다음과 같다.

지금 이 나라에서는 좌익세력이 사회 각 분야에서 치열한 사상적 조직적 공세를 전개하고 있다. 좌익은 각 분야에서 민주주의자, 민족주의자, 양심인사로 자처하면서 주변 인사들의 반공의식을 약화시키고 반미감정을 고조시키는 활동을 하고 있다.

좌익의 급속한 세력확대는 학계, 언론계, 정계, 법조계, 종교계 등에서 활동하는 속물적 리버럴리스트들에게도 힘입은 바 적지 않다.

민주화의 혼란 속에 좌익의 도전은 날로 거세지는데 우익은 널브러져 흐느적거리는 현 상황이 계속되면 이 나라에는 궁극적으로 공산정권이 들어설 것이다.

그러한 비극을 막으려면 우익이 좌익을 제압하고 제거해야 한다.

이러한 우익의 궐기를 주도할 세력은 정부도 군부도 아닌 민간 우익세력만이 가능하다. 신우익 또는 개혁적 우익이라고 부를 수 있는 우익주도세력은 국민 대중에 대한 설득력을 갖고 개혁의지가 확고해야 하며 자유민주주의를 실천하려는 의지가 강한 사람들이어야 한다(〈동아일보〉, 1988. 8. 30.).

이러한 보수세력의 공세는 1989년 이른바 서경원 평화민주당 의원의 간첩사건 발표와 맞물리면서 공안정국으로 연결되었다. 여기에 더하여 1989년 전교조 및 국정감사 자료 유출사건 등은 모두 공안정국의 중심에 있었다(〈경향신문〉, 1989.7.18). 검찰은 김대중 총재와 문동환 부총재의 수사를 추진했고, 공안정국 기간 동안 민정당뿐만 아니라 민주당과 공화당까지도 평화민주당을 압박했다.

이 시기 민주당이 내놓은 성명은 보수세력의 또 다른 생각을 잘 보여준다.

> 정부당국이 서 의원 사건은 밀입북 후 10개월 이후에나 인지했고 문익환, 임수경 양 사건의 경우는 밀입북 사실을 사전에 감지할 수 있었음에도 불구하고 이를 사전에 탐지·예방치 못한 데 대해 개탄과 분노를 금치 못한다. (중략) 일련의 밀입북사건, 경제불안, 전교조 사태 등은 현 정권의 무능력과 정치력 부재에서 빚어진 만큼 현 정권은 국민에게 사과해야 한다(〈경향신문〉, 1989.7.18).

보수세력 내부에서 분열이 일어난 것이다. 실상 이러한 사태는 평화민주당의 김대중계 인사들을 제외한 보수야당이 민정당과 3당통합을 하는 하나의 요인이 되었다. 그리고 이는 냉전적 보수세력들이 상대적으로 진보적 성향을 가진 보수인사들, 특히 김대중 계열과 일부 시민단체와 결별하면서, 과거 반탁반공 보수의 색채를 강화하는 중요한 계기가 되었다.

그리고 이러한 계기의 뒤에는 2가지 요인이 있었다. 하나는 《이 땅의 우익은 죽었는가》라는 책자에서 보이듯이 1987년 6월 민주항쟁 이후 민주화운동세력과 진보세력의 사회적 영향력이 커진 데 대한 경계였고, 다른 하나는 노태우 정부에 의한 급격한 대외, 대북정책의 변화에 대한 경계였다. 공화당의 신오철 의원이 1989년 8월 29일에 열린 국회 법사위에서 "정부가 7·7 선언 등으로 공안정국을 유발해 놓고 그 책임을 전가하기 위해 이번 수사를 이용하고 있다"고 한 발언은 공안정국의 배경에 대외관계의 급격한 변화가 있었음을 잘 보여준다 (〈경향신문〉, 1989. 8. 29).

이러한 과정은 결과적으로 남북기본합의서가 국회에서 비준되지 못하는 결과를 가져왔고, 그 정점에는 훈령조작사건이 있었다. 훈령조작사건은 1992년 남북회담 당시 이동복 안기부장 특보가 평양상황실 직원이 서울에서 암호로 훈령이 올 경우 선택안으로 당일 새벽에 미리 작성해 놓은 2개의 예상훈령 중 자신의 복안에 맞는 것을 대통령 훈령으로 조작한 사건이었다(〈동아일보〉, 1993. 12. 21). 이는 대통령의 훈령을 조작해서라도 남북관계의 전향적 진전을 막고자 한 충격적인 사건이었다.

그러나 사건 관련자는 처벌되지 않았다. 오히려 노태우 정부 시기 남북관계의 전향적 진전에 나섰던 인사들의 영향력이 줄어들거나 정책결정과정에서 소외되는 결과를 가져왔다. 겉으로는 권력투쟁으로 비추어졌지만, 남북관계 진전에 핵심적 역할을 했던 박철언 전 장관이나 임동원 전 통일부 차관은 노태우 정부는 물론 차기 김영삼 정부에서도 더는 남북관계에 있어 중요한 역할을 할 수 없었다.

결국 이러한 상황은 보수세력의 분열을 가져왔다. 노태우 정부 시기 소외된 세력들은 이후 김대중, 노무현 정부에 적극적으로 결합하여 대북정책과 대중국정책을 지휘했다. 반면 강경한 보수세력들은 1998년 이후 김대중, 노무현 정부에서 다시 '뉴라이트'라는 이름 아래 반탁반공 보수세력들의 결집을 시도했고, 이명박 정부에서 강경한 대북정책으로 전환하는 중요한 계기를 마련했다. 이들은 군인과 정치인들이 중심이 되었던 과거와 달리 지식인들과의 연합을 통해 보수적 시민운동을 전개한다는 점에서 과거와 차이가 있지만, 탈냉전 이전의 반탁반공 세력이 가졌던 의식과 큰 차이를 보이지 않는 특징을 갖는다.

글을 마치면서 : 과도기적 정부로서
노태우 정부의 성과와 과제

이상에서 살펴보았듯이 노태우 정부가 있었던 1990년을 전후한 시기는 국내외적으로 거대한 변화를 겪은 과도기였다. 세계적 차원에서 볼 때 미국과 소련을 정점으로 하는 냉전체제가 붕괴하였다. 소련과 동구 유럽에서 공산정권의 붕괴는 제2세계의 몰락으로 이어졌고, 미국을 중심으로 하는 제1세계 역시 1960년대 후반 이후 흔들렸다. 특히 1978년 이후 제1세계 주변부에서 시작된 흔들림은 미국의 동맹국이었던 주변국 내부에서의 상황변화를 수반했다. 이란에서 시작된 흔들림은 니카라과를 시작으로 중남미로 확산되었고, 아시아에서는 필리핀, 한국, 타이완에서 미국과 동맹관계를 맺었던 독재정부가 붕괴했다. 이는 이데올로기 과잉의 시대였던 냉전체제가 붕괴하였음을 의미했다.

물론 G2를 중심으로 한 새로운 냉전체제 형성의 가능성이 없는 것은 아니지만, 과거의 이데올로기 과잉 시대와는 다른 성격의 세계질서가 형성될 것이다. 또한 2000년대 중반 중남미에서 미국의 경제권으로부터 이탈하는 현상이 나타나기 시작했고, 중동과 북아프리카에서 재스민 혁명이 계속되고 있다는 점을 감안한다면, 1990년을 전후한 시기부터 현재까지의 시기는 큰 틀에서 하나의 과도기로 설정할 수 있을 것이다.

이러한 흐름은 한국 사회에서도 동일하게 나타났다. 한국 사회는 1948년 분단정부 수립 이후 주변부에서 나타났던 전형적인 이데올로기 과잉의 독재체제를 유지했다. 특히 한국의 경우 1972년 이후 과대성장 국가체제가 지속되었다. 그러나 이와 동시에 민주화를 위한 요구 역시 점차 확산되었다. 1979년과 1980년 민주화를 위한 요구가 일시적으로 후퇴하였지만, 1980년대를 통해 광범위하게 확산된 민주화의 요구는 결국 1987년 민주항쟁과 6·29 민주화 선언으로 이어졌던 것이다.

노태우 정부는 이러한 상황에서 출범했다. 따라서 국내외적인 상황 변화에 따른 사회적 요구에 부응해야 했다. 노태우 정부의 북방정책과 대북정책, 그리고 사회정책들은 이러한 사회적 요구로부터 자유로울 수 없었다. 또한 노태우 정부가 1987년의 민주적인 새로운 헌법에 기반을 두어 출범했기 때문에 민주주의적 질서에 근거할 수밖에 없는 상황이었다. 물론 노태우 대통령뿐만 아니라 노태우 정부에 참여했던 핵심세력들은 노태우 정부를 민주주의로 나아가기 위한 과도기를 담당하는 역할로 규정하였고, 이러한 역할을 충분히 수행했다고 자평하였다. 노태우 정부가 실시했던 제반 정책들을 감안하면, 이러한 자평이 결코 잘못된 것은 아니며, 민주화운동 세력의 시각에서 일방적으로 평가했던 부정적인 평가를 재고해야 할 필요가 있다.

그럼에도 불구하고 노태우 정부의 본질적 한계로 인하여 당시의 사회적 요구를 적극적으로 반영할 수는 없었다. 대미관계와 대내적 개혁과정에서 나타나는 것처럼 노태우 정부의 개혁정책은 소극적이었다. 대미관계에서는 과거와 마찬가지로 피동적 자세에서 벗어날 수 없었으며, 대내 정책에서는 민주화운동 세력이나 시민운동 세력과 적극적 연계가 어려웠다. 특히 당시 태동하기 시작했던 경실련과 참여연대와 같은 시민운동은 노태우 정부의 개혁정책과 일정한 연대를 형성할 수 없었다.

결국 이러한 노태우 정부는 민주화로의 이행과정에서 일정한 역할을 한 과도기 정부로서의 성과에 대해 일정한 평가가 필요하다. 노태우 정부는 인적 구성상 전두환 정부를 계승하고 있음에도 불구하고 1987년 헌법적 질서를 뒤집지 않았다. 또한 북방정책과 남북기본합의서를 통해 세계사적 변화에도 적절하게 대응했다. 이런 의미에서 사회전환을 위한 과도기 초기 정부로서의 역할을 어느 정도 수행했음을 부인할 수 없다. 그리고 지금도 노태우 정부의 기초가 된 헌법이 계속된다.

그러나 노태우 정부의 한계는 이후 한국 정치에 중요한 특징을 형성하였다. 한국의 보수세력들이 건전한 시민운동과 결합하지 못했고, 냉전적 대외정책에서 벗어날 수 있는 세력들을 권력의 중심부에서 밀어내는 결과를 가져왔던 것이다. 아울러 노태우 정부 초기 전향적인 대외정책은 보수세력 내부의 분열을 가져왔고, 냉전적 보수세력들에게 위기감을 주었을 가능성이 크다. 따라서 민주화와 이데올로기 과잉시대로부터 탈피되어야 하는 시점에서 한국의 보수세력들이 새로운 비전을 제시하기보다는 시민운동 세력들을 대척점에 놓으면서 과거 냉전적 보수의 성격을 다시 한 번 표출하게 되었다. 이들 냉전적 보수세력들은 과거의 반탁반공 보수세력들과 맥을 같이하며, 2000년대 중반에는 '뉴라이트'로 다시 결집하였다.

이로 인해서 노태우 정부로부터 15년이 지난 시점에서 보수세력들이 정권을 잡았을 때 냉전적 보수세력들이 다시 한 번 중요한 역할을 하도록 했다. 그리고 이는 세계사의 흐름과 마찬가지로 한국 사회에서도 과도기가 장기간 지속되도록 하는 결과를 가져왔다. 물론 이러한 장기간의 과도기적 흐름을 이해하기 위해서는 신자유주의적 흐름의 과도한 유입 역시 중요하게 고려되어야 한다. 그러나 반탁에서 반공으로 이어지는 냉전적 보수세력들의 생각이 서로 착종한다는 점과 함께 건전한 보수의 부재가 건전한 보수, 진보 간의 사상·정책적 대결을 통한 새로운 시대의 정치를 만들어내지 못하는 결과를 만들어낸다는 점 또한 고려되어야 한다(박태균, 2005).

■ 참고문헌

단행본

공보처(1992), 《제6공화국 실록: 노태우 정부 5년》, 정부간행물제작소.

노재봉 외(2011), 《노태우 대통령을 말한다: 국내외 인사 175인의 기록》, 동화출판사.

노태우(2011a), 《노태우 회고록(상): 국가, 민주화, 나의 운명》, 조선뉴스프레스.

_____(2011b), 《노태우 회고록(하): 전환기의 대전략》, 조선뉴스프레스.

박태균(2006), "반탁은 있었지만, 찬탁은 없었다", 역사비평 편집위원회, 《역사용어 바로쓰기》, 역사비평사.

서중석(1996), 《한국현대민족운동연구 2》, 역사비평사.

정재호(2011), 《중국의 부상과 한반도의 미래》, 서울대학교 출판문화원.

조갑제(2007), 《노태우 육성 회고록: 전환기의 대전략》, 조갑제닷컴.

조영남(2009), 《21세기 중국이 가는 길》, 나남.

Ferguson, Niall. (2010), 김일영·강규형 역, 《콜로서스: 아메리카 제국 홍망사》, 21세기북스.

학술논문 및 보고서

김봉중(2006), "탈냉전, 세계화, 그리고 미국의 외교", 〈미국사연구〉 23집, 115~149쪽.

김연철(2011), "노태우 정부의 북방정책과 남북기본합의서", 〈역사비평〉 2011년 겨울호, 80~110쪽.

김용현(2000), "노태우정권 시기의 통일론", 〈통일시론〉 5호.

박기덕(1994), "노태우 정부의 체제공고화와 개혁주의의 퇴조", 〈한국정치학회보〉 28집 1호, 123~161쪽.

박태균(2005), "한국 보수이데올로기의 특징과 딜레마: 한승조 파문의 역사적 의미", 〈황해문화〉 47호.

신욱희(2004), "이승만의 역할인식과 1950년대 후반의 한미관계", 〈한국정치외교사논총〉 26집 1호, 37~61쪽.

_____(2005), "기회에서 교착상태로: 데탕트 시기 한미관계와 한반도의 국제정치", 〈한국정치외교사논총〉 26집 2호, 253~285쪽.

정일준(2010), "전두환·노태우 정권과 한미관계", 〈역사비평〉 2010년 봄호, 296~332쪽.

조성렬(1996), "노태우 정권의 경제개혁과 국가전략의 변화", 〈한국정치학회보〉 30집 2호, 187~208쪽.

Gaddis, John Lewis. (1991), "Toward the Post Cold War World", *Foreign Affairs* 70(2): 102~122.

Ikenberry, G. John. (1996), "The Myth of Post-Cold War Chaos", *Foreign Affairs* 75(2): 79~91.

노태우 정부의 북방외교 :
엘리트 민족주의에 기반한 대전략

5

이 근

들어가며

　남북한 균형발전 추구, 우방국의 북한과의 비군사적 교역 허용, 한반도 평화를 위해 중국·러시아·미국·일본의 남북한 관계개선 추구, 금강산 관광특구, 6개국 동북아 평화협의회, 남북연합과 민족공동체 통일, 자주국방, 남북관계의 당사자 해결원칙, 작전통제권 환수, 용산기지 반환.

　인용된 정책들은 대한민국의 어떤 한 정부에 의해서 추진된 정책들이다. 지금의 시점에서 위의 내용들을 보면 이른바 '진보정부'인 김대중 정부나 노무현 정부의 정책이 아닌가 생각되지만 놀랍게도 군사정권의 연장선상에 있었던 '보수정권'에서 추진된 정책들이다. 바로 노태우 정부가 구상하고 추진하고 상당부분 결실을 맺었던 정책들이다. 실용정부라고 부르는 현 이명박 정부에서 추구하는 정책들을 보면 대부분이 다 인용된 정책들과 반대되는 정책들이다. 이명박 정부는 북한을 봉쇄, 고립시키고, 주변국들이 북한에 압력을 넣기를 희망하며, 현재 금강산 관광은 끊어진 상태다. 6개국 동북아 평화협의회와 유사한 성격의 6자회담은 중단된 상태이며 자주국방의 의지는 찾을 수 없고 한미동맹에 기대는 정책을 우선시한다. 노태우 정부에서는 작전권 환수가 평시작전권 환수를 의미하였지만, 그 이후 노무현 정부에서는 전시작전권 환수를 미국과 합의하였다. 하지만 이명박 정부 들어서서 이를 연기하고, 자주국방과 관련된 국방현안을 뒤로 미루고 있다. 북한과 낮은 단계의 연합을 주장한 김대중 정부 당시 6·15 남북 정상회담 공동선언이 노태우 정부의 한민족공동체 통일방안과 유사함에도 불구하고 이명박 정부를 지지하는 이른바 보수층에서는 이를 친북문서로 규정하여 비판하고 노무현 정부의 협력적 자주국방이라는 정책구상에 대해서도 이른바 '자주파'와 '동맹파'라는 이분법을 들고 나와 자주국방을 주장하는 '자주파'를 반미집단이라고 비난하였다. 남북관계는 단절시켜 오히려 북한에 대한 중국과 미국의 발언권을 높여주고 있으며 남북관계 당사자 해결원칙은 어디서도 찾기가 어렵다.

그렇다면 노태우 정부의 외교정책과 대북정책은 진보적인 정책인가 아니면 보수적인 정책인가? 공히 보수정부라고 규정되는 노태우 정부와 이명박 정부는 왜 이렇게 정반대의 외교정책과 대북정책을 추구하는 것일까? 노태우 정부가 이렇게 김대중, 노무현 정부와 유사한 외교정책과 대북정책을 추진하게 된 배경은 무엇이며, 그 철학적 기반은 무엇인가? 노태우 정부의 외교정책과 대북정책이 김대중, 노무현 정부의 정책과는 어떠한 점에서 차별화되는가? 이 글은 이러한 질문에 답하기 위하여 노태우 정부의 북방정책을 떠받치는 철학적 노선과 그 연장선상에 있는 북방정책 결정과정을 추적하고자 한다. 즉, 어떠한 철학적 그림 속에서 북방정책이 구상되었고, 그 그림을 현실화하는 과정은 어떻게 진행되었으며, 그 그림 속에서 북한의 위치는 어떠한 것이 있었는지를 기존의 여러 문헌과 인터뷰를 통하여 재구성하고자 하였다.

노태우 정부의 북방정책에 관하여 많은 연구가 존재하지만 북방정책의 철학적, 사상적 기반이 무엇이었으며 그로 인하여 노태우 정부의 대북정책과 외교정책이 그 이후 다른 보수정부와 어떻게 차별화되며 또 진보정부와 어떻게 차별화되는지를 분석한 논문은 찾아보기 힘들다.

사실 이러한 재구성의 시도 속에서 필자가 발견하고자 했던 것은 이른바 협소한 이념싸움을 넘어서는 초당적인 외교정책과 대북정책의 가능성이다. 그러기 위해선 초당성의 가능성을 가진 잃어버린 보수의 한 줄기를 찾아야 한다. 현재 대한민국에서 보수는 일반적으로 친미와 반북이라는 잣대를 가지고 규정한다. 물론 국가가 시장에 최소한으로 개입해야 한다는 것을 기준으로 보수를 규정하기도 하지만 그 기준은 이명박 정부 후반기에 복지논쟁이 뜨거워지면서, 그리고 신자유주의에 대한 비판이 거세지면서 점차 사라지는 추세에 있다. 거기다 대한민국에서 보수의 원형이라고 할 수 있는 박정희 정부 역시 강한 시장개입형 정부라는 점에서 매우 애매한 기준이다. [1]

그런데 친미반북의 보수기준은 대한민국에서는 아직도 강하게 보수를 규정한다. 그리고 보수의 외교정책은 당연히 북한에 적대적이고 미국에 순응적인 외교정책이어야 한다는 일종의 한계를 지어 놓는다. 하지만 국가이익 혹은 국민의 이익추구를 위해서는 외교정책이 시대와 상황에 따라 유연하게 바뀔 수 있어야 하며, 또한 약육강식의 국제정치 세계에서 일국의 외교정책은 궁극적으로 자기 스스로의 운명을 스스로 책임질 수 있는 자주성을 담보해야 한다. 즉, 외교정책과 대북정책을 너무 협소하게 규정하는 보수의 기준을 필요에 따라서는 넘어설 수 있어야 하는 것이다. 그러한 의미에서 노태우 정부의 북방정책은 유연한 보수, 자주적인 보수의 가능성을 제시한 잃어버린 보수의 한 줄기인 셈이다. 그리고 앞에서 설명했듯이 그 북방정책의 줄기가 이후

---

1 진보정부라고 불리던 김대중, 노무현 정부에서도 신자유주의 경제정책을 추구했다는 점에서 국가와 시장 간의 관계로 진보와 보수를 구분하는 것은 매우 애매하다. 최근에는 보수정당인 새누리당(전 한나라당)도 복지의 확대와 신자유주의의 축소를 주장한다.

의 진보정부에도 이어져 사실상 당파와 이념을 초월하는 외교정책의 한 흐름을 보여준다. 이제 서서히 미국이 쇠퇴하고 중국이 부상한다. 또 북한도 현재와 같은 상황으로 마냥 방치할 수만은 없다. 즉, 협소한 외교정책, 대북정책에서 벗어나 유연한 사고가 요구되며 그를 위해 국론을 통합해야 할 시기이다. 이러한 배경에서 보수와 진보의 국론통일 가능성을 제시한 노태우 정부의 북방정책을 재검토해 보는 것은 매우 시의적절한 일이라고 생각된다.

이 글에서는 후술하겠지만, 노태우 정부의 북방정책의 철학적 기조는 "엘리트 민족주의"에 있으며 이후 진보정부의 외교 및 대북정책의 철학적 기조는 "대중적 민족주의" 혹은 "참여형 민족주의"에 있다고 진단한다. 같은 민족주의의 흐름이 있다는 점에서 그리고 이제 민주주의는 대한민국 정치에서 정착되었다는 점에서 보수와 진보가 수렴할 수 있는 가능성을 본다.

북방정책의 전개

북방정책의 개념정의

북방정책의 개념정의는 북방정책의 추진 주체가 스스로 규정한 정책적 의미의 북방정책 개념과 이를 후에 학술적으로 해석하여 정의를 내린 학술적 개념정의가 혼재한다. 북방정책을 정책당국자가 처음 언급한 것은 1983년 6월 29일 이범석 당시 외무부 장관이라고 되어있다. 이범석 당시 외무부 장관은 "평화통일 외교정책에 관한 특별선언"(6·23 특별선언) 10주년을 기념하여 국방대학원에서 행한 "선진조국의 창조를 위한 외교과제"라는 연설에서 "앞으로 우리 외교가 풀어나가야 할 과제는 소련 및 중공과의 관계를 정상화하는 북방정책의 실현"이라고 언급하였다(통일부 통일교육원, 2012). 북방정책을 실제로 막후에서 추진한 박철언(2005)의 표현에 의하면 북방정책은 광의와 협의의 2가지 개념을 가졌는데 협의의 개념은 "북한을 제외한 미수교 동구 공산국가와의 외교관계 수립을 위한 정책만을 의미"하며, 광의의 북방정책은 "북한에 대한 과거의 적대와 대결의 정책에서 벗어나 남북화해와 협력과 공존을 통해 평화통일의 길로 나아가자는 대북 포용정책과 새로운 통일정책까지도 포함"한다. 북방정책을 본격적으로 추진한 행정부의 수장인 노태우 전 대통령은 그의 회고록에서 "북방정책을 간단히 정리하면 당면 목표는 통일이지만, 최종목표는 우리의 생활문화권을 북방으로 넓힌다는 것"이라고 정의한다(조갑제, 2007: 53; 노태우, 2011: 142).

북방정책에 대한 학술적 개념정의는 북방정책의 총합적인 면을 고려하여 보다 체계적인 정의를 내리고 있으나, 그 내용에서는 정책 당국자가 가졌던 생각들을 체계화한 것이기 때문에 그들과 큰 차이가 있는 것은 아니다. 김달중(1989)에 의하면 북방정책은 "중국, 소련, 동구제국과 기타 공산국가 및 북한을 대상으로 하는 외교정책과 외교를 의미하는 것으로, 중국 및 소련과의 관계개선을 도모함으로써 한반도의 평화와 안정을 유지하고 공산권 국가들과의 경제협력을 통한 경제이익의 증진과 남북한 교류 및 협력관계의 발전 추구, 그리고 궁극적으로 공산권 국가들과의 외교정상화와 남북한 통일의 실현을 위한 정책과 이러한 정책실현을 위한 방법"으로 정의한다. 이외에도 다른 학자들의 개념정의가 있으나 내용면에서는 대동소이하다. 이 중 눈에 띄는 새로운 해석이 있다면 "박정희 정권 이후 한국이 '대륙'에 대하여 가지게 되는 전략적 사고라는 좀더 넓은 의미를 내포하는 용어로 다루는 것이 바람직하다"라는 신범식(2002)의 주장이다. 반도국가 대한민국이 대륙으로의 진출이 막혀있어서 느꼈던 외교적 답답함과 공간적 제약에 착목했다는 점에서 의미 있는 개념정의다.

북방정책의 전개

북방정책의 구체적 구상이 확실히 잡히진 않았지만 북방정책의 사실상 발단이 된 것은 서울 올림픽에 사회주의권 국가를 참여시키는 외교적 노력이라고 보인다. 노태우 대통령은 회고록에서 북방정책 구상의 시작을 1970년대라고 회고하고, 특히 1973년 6·23 선언에 큰 의미를 부여하고 있으나 6·23 선언이 당시 데탕트의 분위기를 반영한 매우 방어적이고 선언적인 것이어서 실제로 북방정책을 구체적으로 생각하였는지는 확실하지 않다. 당시 한국 정부는 6·23 선언을 통해 남북관계를 개선하려는 의지는 약했으며 오히려 남북대화 국면이 종료되는 시점에 발표되었다. 그리고 중국, 소련 등 공산국가와 적극적인 관계개선 의지를 천명한 것도 아니었다(김연철, 2011: 84). 박철언도 6·23 선언에 대해 "북한과의 외교관계를 갖는 국가와는 교류를 하지 않겠다는 외교방침에서 비롯되는 문제점들을 회피해 보려는 데 실질적 목적을 두었"다고 언급한다(박철언, 1989: 206; 김연철, 2011: 84). 박철언 (2005)은 북방정책과 새로운 통일정책의 필요성을 절감한 것을 1985년 3월에 안기부장 특보로 가면서부터라고 회고하고 있으나, 당시는 냉전 상황이 종식될 조짐이 아직 보이지 않았던 때였기 때문에 어느 정도 구체적인 구상을 하였는지 확인하기 어렵다. 아마도 1988년 서울올림픽이 사회주의권이 불참한 1984년 LA올림픽 같은 반쪽짜리 올림픽이 돼서는 안 되겠다는 현실적 필요성, 그리고 1987년경 소련 고르바초프의 페레스트로이카(Perestroika)와 글라스노스트(Glasnost) 등 개혁정책이 본격적으로 추진되는 것을 보면서 점진적으로 북방정책의 구상이 구체화된 것이 아닌가 생각된다.

노태우 대통령은 선거공약으로 북방정책 추진을 내세웠지만 노태우 정부의 북방정책이 공식적으로 명확하게 구체화된 것은 1988년의 7·7 선언이다. 1988년 7월 7일 노태우 대통령은 〈민족자존과 통일번영을 위한 특별선언〉이라는 이름으로 이른바 7·7 선언 6개항을 발표하였다. 그 내용은 ① 각계각층의 남북동포 상호교류를 추진, ② 이산가족 생사확인 및 상호방문 지원, ③ 남북 직접교역을 위한 문호개방, ④ 우리 우방의 대(對) 북한 교역 인정, ⑤ 남북 간의 소모적 경쟁, 대결 외교 종식, ⑥ 북한이 미, 일 등 우리의 우방과 관계를 개선하는 데 협조할 용의가 있다는 것을 표명한 것이다. 이는 냉전적 사고가 남아있던 6·23 선언과 달리 냉전구조를 과감하게 깨고자 하는 의지가 담긴, 노태우 정부의 자신감이 표출된 선언이라고 할 수 있으며 북한을 포용하여 남북관계에 돌파구를 마련하려는 전략이 공표된 선언이다.

하지만 이러한 7·7 선언은 노태우 대통령 본인이 회고한 북방정책 3단계 중 2단계에 머물러 있었다. 다시 말하자면 7·7 선언은 북방정책이 구체화되는 단계에서 북방정책의 궁극적 종착점인 '대륙' 지향적인 북방정책이기보다는 '대북' 정책에 가까운 북방정책이었다. 노태우 (2011) 대통령은 북방정책의 1단계를 여건을 조성하는 단계로 소련, 중국, 동구권과의 수교 단계, 2단계는 남북한 통일, 그리고 3단계를 북방정책의 최종목표인 우리의 생활·문화권을 연변, 연해주 등에까지 확대시켜 나가는 것으로 상정하였다. 7·7 선언에 대륙지향성을 다 담기에는 아직 냉전의 끝이 보이지 않던 시기였으며 사실 당시까지도 한국 외교정책의 주된 관심이 북한을 벗어나기는 쉽지 않았다. 하지만, 이후 냉전이 해체되는 과정 속에서 노태우 정부는 북한을 넘어서는 대륙지향의 외교정책이라는 더 큰 그림을 구체적으로 볼 수 있지 않았나 생각된다.

북방정책의 첫 대상국은 헝가리였다. 왜 헝가리를 첫 대상국으로 선정하였는지에 대해서 노태우 대통령은 우연의 요인을, 박철언은 객관적 요인을 든다. 노태우 대통령은 1988년 서울 올림픽을 유치하면서 처음 인연을 맺은 나라가 헝가리였다고 술회한다. 노태우 대통령 (2011)은 당시 올림픽에 사회주의 국가를 참여시키는 데 있어서 북한의 방해공작이 심하여 어려움을 겪었는데 국제올림픽위원회(IOC, International Olympic Committee)의 스폰서 역할을 했던 아디다스의 호르스트 다슬러(Horst Dassler) 회장이 사회주의 국가 대표들의 마음을 움직이는 데 많은 도움을 주었고, 그 과정에서 가장 먼저 비공식적으로나마 서울 올림픽에 대한 지지와 참가의사를 밝힌 나라가 헝가리였다는 인연을 회고록에서 밝힌다. 당시 헝가리 IOC 위원이던 팔 슈미트(Pál Schmitt)가 서울 올림픽을 지지한 후 인접사회주의 국가의 지인들에게 한국을 이해시키려는 노력을 많이 했던 것으로 기술한다. 반면 박철언(2005)은 헝가리 민족이 동양계인 마자르족으로 우리와 정서가 비슷하고, 당시 동구권 국가 중 개혁과 개방의 선두주자였고, 그리고 소련으로부터 가장 독립적인 위치에 있었기 때문에 헝가리를 첫 대상국으로 선택했다고 밝힌다.

첫 대상국으로 헝가리를 선정한 것이 인연이든, 아니면 객관적 요인이든 헝가리를 선택한 것은 좋은 선택이었다고 보인다. 왜냐하면 헝가리는 박철언이 밝힌 대로 동구권 국가 중 개혁과 개방의 선두주자였을 뿐만 아니라, 당시 심각한 경제난에 빠져 외채가 사회주의 국가 중에서 가장 빠르게 누적되었기 때문이다. 헝가리는 이미 1970년대에 국민들의 생활수준을 향상시키기 위한 국내의 재원이 거의 소진되어 서유럽, 미국, 일본의 자본에 의존해야만 했고, 그 결과 급격히 외채가 쌓이면서 사회주의 국가 내에서뿐만 아니라 당시 개도국과 비교해도 매우 높은 수준의 외채를 쌓아갔다. 노태우 정부의 북방정책이 시동하던 1988년은 헝가리의 외채가 1983년의 1천만 달러 수준에서 그 2배인 2천만 달러 수준으로 급격히 늘고 있었던 때였다(Janos Simon, 2006: 289~290). 따라서 헝가리는 경제지원을 무기로 수교교섭을 하는 데 매우 적절하고 유리한 국가였다.

박철언 당시 청와대 정책보좌관의 비밀외교로 시작된 헝가리와의 수교교섭은 한국의 경제지원을 지렛대로 추진되었고 그 결실이 1989년 2월 헝가리와의 대사급 외교관계 수립이다. 당시 한국은 헝가리에 6억 2,500만 달러의 상업차관을 제공하기로 약속하였다. 헝가리와의 수교는 정부수립 41년 만에 사회주의 국가와 최초로 맺은 외교관계였다.

한국과 미국의 관계와 관련해서는 이미 1988년 8월 26일 한국과 헝가리 간 대사급 상주대표부를 개설했다는 발표를 공식발표 48시간 전에 미국에 통보하여 미국의 이해를 구하고 그 이후 미국은 노태우 정부의 북방외교를 전폭적으로 지원하였기 때문에(노태우, 2011: 152~153) 헝가리와의 수교교섭으로 인한 한미 간의 마찰은 최소화되었던 것으로 보인다.

헝가리와의 수교가 이루어진 이후 1989년 4월 3일 소련은 한국에 무역사무소를 개소하였고, 4월 13일에는 한국의 코트라(KOTRA)가 폴란드에 무역사무소를 개소하였다. 그리고 1989년 11월과 12월에 폴란드, 유고슬라비아와 대사급 외교관계를 수립하였다. 1990년에 들어서서는 2월 22일 주소련 대한민국 영사처가 개설되어 첫 영사처장으로 공로명 영사처장이 임명되었다. 3월 22일에는 체코슬로바키아, 3월 23일에는 불가리아, 3월 26일에는 몽골, 3월 30일에는 루마니아와 대사급 외교관계를 수립하여 3월에만 사회주의 4개국과 외교관계를 수립하는 쾌거를 이룬다. 이렇게 사회주의의 맹주 격인 소련의 주변국과의 외교관계를 수립하면서 당시 북방정책의 가장 중요한 타깃이었던 소련과의 수교가 점차 가까워졌다. 그리고 역시 소련과도 경제지원을 지렛대로 1990년 6월 5일 샌프란시스코에서 노태우-고르바초프 정상회담을 전격적으로 갖고 9월 30일 대사급 외교관계를 수립하였다. 한국은 소련에 30억 달러의 차관을 제공하기로 합의하였다. 1992년에는 한·중 수교와 한·베트남 수교로 노태우 정부의 북방정책은 아시아권 사회주의 국가로 범위가 확대되었으나 이미 임기 마지막 해를 맞이하여 북방정책이 결산되는 시기로 접어들었다.

이렇게 동구권과 아시아 사회주의 국가와의 수교를 진전시키던 와중에 대북정책 역시 상당한 진전을 이루었다. 1988년 7·7 선언 1년 후인 1989년 9월에는 〈한민족공동체 통일방안〉을 발표하여 남북연합이라는 과도기를 두고 통일을 이루는 방안을 제시하였다. 1989년 2월에 시작된 남북고위급 회담의 예비회담은 1990년 7월에 제8차 예비회담을 마지막으로 본회담 실무절차를 모두 마쳤고, 1990년 9월 4일 제1차 남북고위급회담이 시작되어 1991년 12월 13일 제5차 회담에서 남북관계의 가장 중요한 문건 중의 하나인 〈남북기본합의서〉를 채택하게 된다. 그리고 1991년 9월 18일에는 남북한 유엔 동시가입이 이루어지고, 11월 8일에는 노태우 대통령의 〈한반도 비핵화선언〉이 발표되었으며 1991년 12월 31일에는 남북한이 〈한반도 비핵화에 관한 공동선언〉에 합의하기에 이른다. 1989년의 〈한민족공동체 통일방안〉과 1991년 12월의 〈남북기본합의서〉 및 〈비핵화 공동선언〉은 노태우 정부가 남북한 통일문제에 어떠한 시각과 접근방법을 갖는지를 공식적으로 보여주는 문건이어서 후술하겠지만 노태우 정부의 대북관을 해석하는 데 매우 중요한 자료가 된다.

북방정책의 철학과 전략

노태우 정부의 북방정책은 대한민국 외교사에서 그 유례를 찾기 힘든 매우 야심적이고 체계적이며, 자주적이며, 개혁적인 대전략(Grand Strategy)이다. 노태우 정부 이전의 정부와 그 이후의 정부에서 계속 증명되었듯이 한국의 외교정책은 남북관계라는 영역을 벗어나서 대한민국의 국익을 전 세계를 대상으로 증진시키려는 조직적이고 체계적인 외교정책의 구상과 실질적인 실천을 제대로 보여주지 못하였다. 항상 북핵문제와 한미관계, 그리고 최근에는 미·중 관계에 연계된 한반도 중심의 지역적 외교 어젠다에서 벗어나지 못하고 있으며 글로벌한 외교도 실체가 불분명한 구호에 그친다. 보수정부라고 불리는 현 이명박 정부에 들어서는 그 이전의 남북관계와 외교전략에서 급격하게 후퇴하여 사실상 남북관계와 외교가 국정에서 거의 자취를 감추는 결과를 초래하였다. 이명박 정부는 남북관계 진전에 비핵화라는 선결조건을 달아 놓아서 협상의 대상을 협상으로 푸는 것이 아니라 선결조건으로 만들면서 남북관계를 거의 끊어 버렸다. 선결조건은 북한이 받아들이지 않으면 선결이 되지 않으므로 그 이후는 아무런 협상과 관계진전이 생길 수 없다. 반면 대북정책 이외의 거의 모든 외교는 한미동맹 강화라는 매우 단순하고 단일한 목표로 집중되어서 특별히 새로운 구상이나 대전략을 찾는다는 것은 애초부터 불가능하였다. 오히려 북방정책 이후로 발전되어 온 대중국 관계, 그리고 대러시아 관계에 미묘한 긴장을 가져왔고, 그 핵심 원인으로 경색된 남북관계와 미국일변도 외교가 자리 잡고 있다.

반면 노태우 정부의 북방정책은 기왕의 남북관계와 한국외교의 구도를 일거에 변화시키는 대단히 야심적인 구상과 실천이었다. 당시 청와대 안보보좌관(후에 외교안보좌관으로 확대개편)이었던 김종휘의 의견에 의하면 북방정책은 한국 주도의 선제적 접근과 각 분야가 서로 연계되어 있는 것을 함께 보는 총합적 접근을 원칙으로 하였다(김종휘 인터뷰, 서울, 2011. 11. 19). 즉, 한국이 주도적으로 외교 어젠다 세팅을 먼저 하고, 또 원하는 외교목표를 달성하기 위하여 전체적이고 종합적인 그림을 그린 후 그 그림에 따라 순서대로 전략을 실천해 나갔다는 의미이다. 전체적이고 종합적인 그림을 그리고 주도적인 어젠다 세팅을 했다는 점에서 이는 대전략의 요건을 갖춘다.

한국이라는 비교적 작은 국가가 이렇게 대전략을 구상하여 실천할 수 있었던 요인은 물론 국제적 요인과 국내적 요인에서 찾을 수 있다. 이와 관련하여 데탕트 및 냉전종식기에 미국의 상대적 방치(relative negligence)가 한국의 외교적 공간을 넓혔다는 분석이 있고(김연철, 2011; 전재성, 2002; 김성철, 2000) 국내적으로는 국내정치적 어려움을 외교로 돌파하려 했다는 주장 및 국내기업의 경제적 요구를 반영한 외교라는 설명도 발견된다(이정진, 2003; 전재성, 2002; 김성철, 2000). 하지만 국내적 요인은 정권을 막론하고 국내적 정당성이 없거나 지지율이 낮을 경우 대전략을 구상하게 하는 필요조건을 줄 수는 있지만 국제적 요인이 존재하지 않을 경우 한국과 같은 작은 국가는 대전략을 실제로 구상하고 실천하려는 의지를 갖기 어렵다. 따라서 한국이 북방정책이라는 대전략을 구상할 수 있었던 가장 근본적인 원인은 사회주의권이 서서히 무너져 가는, 즉 냉전종식을 향해 가는 국제정치의 구조적 변화의 흐름을 노태우 정부가 탈 수 있었다는 점과 또 그러한 흐름을 읽어낸 정책결정자들의 혜안에서 찾아야 한다. 아마도 대한민국에 이러한 대전략의 기회는 좀처럼 찾아오기 힘들 것이라는 점에서 당시 정책결정자들은 혜안뿐만이 아니라 천운을 타고 났다고도 할 수 있다. 또한 이러한 변혁의 기회를 읽고 이를 지원하고 과감한 결정을 내릴 수 있었던 국정최고지도자가 있던 점도 당시 외교정책을 추진하는 핵심 정책담당자, 특히 박철언과 김종휘에게 대단한 행운이 아닐 수 없다.

이러한 국제적인 요인이 북방정책이라는 대전략을 노태우 정부가 추진할 수 있게 하는 기회의 창을 열었다 하더라도 한 가지 남는 의문은 왜 이른바 보수정부라는 노태우 정부에서 보수세력의 비판과 저항을 그렇게 많이 받았던 사회주의권과의 화해협력 정책구상을 하게 되었는가라는 점이다. 그 이후의 진보정부인 김대중 정부와 노무현 정부에서도 그 맥을 이어받을 수 있는 상당히 급진적인 외교 및 대북정책의 전환을 추진한 이유는 과연 무엇이었을까? 국내적인 정당성 확보와 낮은 지지율을 극복하기 위한 외교안보정책이 이렇게 대전환을 구상하게 할 근본적인 이유라고 할 수는 없다. 모험을 회피하고 현상유지 지향적인 보수적인 시각에서 본다면 유연한 대북정책 정도를 생각할 수는 있으나 북방정책과 같은 대전환이 나왔다는 것은 상당히 예외적인 경우라고 봐야 한다. 이러한 예외를 설명하기 위해서는 국내외 정치경제의 객관적 조건에 더해서 국제정치의 구조변화를 읽어가면서 이 기회를 활용할 수 있었던 당시 행위주체의 철학과 사상적 기반, 그리고 그들의 전략과 사고과정을 추적해 보아야 한다. 왜냐하면 행위주체가 어떠한 철학과 정향을 가졌느냐에 따라 대내외적 변화에 대응하는 방식과 내용이 달라지기 때문이다.

노태우 정부의 엘리트 민족주의

북방정책이 전개된 과정에 대한 노태우 대통령의 회고록과 다양한 연구들을 보면 북방정책의 구상과 실천에는 사실상 핵심적인 세 사람만이 눈에 띈다. 하나는 노태우 대통령 자신이고, 다른 하나는 막후 비밀외교를 담당한 박철언 당시 정책보좌관, 그리고 나머지 하나가 김종휘 당시 안보보좌관이다. 노태우 정부의 북방정책은 이 세 행위자가 다 구상하고 실천했다고 해도 과언이 아닐 정도로 구상단계에서 실천단계까지 핵심적 역할을 이들이 총괄한다. 따라서 이들이 북방정책을 구상하고 실천한 사상적, 철학적 이유를 추적해 보는 것이 외교정책의 대전환을 이해하는 데 긴요하다.

우선 필자는 북방정책을 구상하고 실천한 이들의 사상적 기반을 "엘리트 민족주의"라고 정의하고자 한다. 분명한 것은 이들의 회고록, 인터뷰 등을 추적해 보면 기본적으로 대단히 민족주의적인 정서를 발견할 수 있다. 여기서 민족주의적이라 함은 한민족의 자존과 자주에 대한 열망, 미국일변도 외교에서 벗어나고자 하는 의지, 그리고 통일된 민족국가를 이루려는 근대민족국가 완성의 꿈을 의미한다. 그리고 민족의 자존과 자주를 위하여 대한민국 외교의 공간을 대륙으로 넓히고, 냉전구도를 타파하려는 전략이 이들의 민족주의 사상에 뿌리를 두고 있다.

하지만 이들의 민족주의는 대중과 시민사회가 같이 참여하여 만드는 민주적 민족주의라기보다는 엘리트가 시대의 흐름을 읽고 큰 그림을 구상하여 국민들에게 하달하고 따라오게 하는 권위주의적 "엘리트" 민족주의이다. 이러한 엘리트 민족주의는 비밀외교와 시민사회에 대한 통제가 동반되는데, 어떤 면에서는 당시 시대의 흐름을 읽어내는 혜안을 대중과 시민사회에서 기대하기 어렵고, 또 보수세력 안에서 논란의 여지가 큰 대전환을 꾀했다는 점에서 소수 전문 엘리트의 비밀외교가 불가피했을 것이라고도 생각된다. 또한 대전략이라는 종합적 그림을 체계적으로 추진하기 위해서는 대중의 참여로 인해 가던 길이

흐트러지고 방향이 바뀌고 중단되는 사태를 미연에 방지해야 하기 때문에 권위주의적인 상명하달식의 구상과 실천, 그리고 비밀주의가 필요했을 것이다. 하지만 이러한 엘리트주의적 속성은 기본적으로 시민사회의 국정참여에 대하여 의구심을 갖는 당시의 보수적 정치세력의 특성 역시 반영한다. 시민사회가 사회혼란을 야기하고, 질서를 무너뜨리며, 정확한 분별력이 없고, 친북세력에 쉽게 조종당할 것이라는 의구심은 대한민국의 권위주의적 보수세력의 오랜 전통 중의 하나이기 때문이다.

노태우 정부의 민족주의적 철학과 사고는 핵심 정책결정자 세 사람의 회고록과 인터뷰에서 쉽게 읽힌다. 노태우 대통령의 회고록은 민족주의 성향을 아주 잘 보여준다. 노태우 대통령(2011)은 북방정책의 목표를 "당면목표는 남북한 통일이고 최종목표는 우리의 생활·문화권을 북방으로 넓히는 것이었다. 좀더 구체적으로 이야기하면 지금의 연변, 연해주 지역에까지 우리의 생활·문화권을 확대하자는 것이었다. 해당 국가들과의 미묘한 문제가 없는 것은 아니지만 우리의 생활·문화권을 넓히면 우리는 동북아의 변방국가가 아니라 명실공히 중심국가로서의 위상을 갖출 수 있을 것이라고 생각했다"라고 주장한다. 여기서 남북한 통일은 완성된 민족국가, 동북아 중심국가는 민족의 자존과 번영을 의미한다.[2] 당시 영종도 국제공항과 서울-부산 간 고속철도를 구상한 것도 한민족의 생활·문화권을 넓히는 구상 속에 들어있다는 점에서, 매우 종합적이고 체계적인 민족주의적 대전략이 아닐 수 없다. 노태우 대통령(2011)은 7·7 선언의 제목으로 '민족자존과 통일번영을 위한 특별선언'이라는 매우 민족주의적인 용어를 선택하였고, "자주·평화·민주·복지의 원칙에 입각해 민족구성원 전체가 참여하는 사회·문화·경제·정치 공동체를 이룩함으로써 민족자존과 통일번영의

---

2 노무현 정부의 동북아 다자안보체제와 유사한 동북아 평화협의체 구상이 이미 노태우 정부에서 주장되었지만 노무현 정부의 핵심 외교구상인 동북아 중심국가라는 개념도 이미 노태우 정부에서 구상했다는 점이 흥미롭다.

새 시대를 열어 나갈 것임을 약속"한다고 하였다.

노태우 대통령의 자주외교의 사고를 읽을 수 있는 부분은 당시 말레이시아 수상이었던 마하티르(Mahathir bin Mohamad)와의 대담을 통해서 알 수 있다. 마하티르는 1990년 9월 한국을 방문하여 정상회담을 가진 자리에서 "우리도 미국과 우호관계를 갖고 있지만 미국이 고압적 태도로 쉽게 강압적 방식을 취하는 것을 자주 경험하고 있습니다. … (중략)… 최근에도 상당히 남을 무시하는 듯한 미 행정부의 결정들이 있었습니다. 파나마 침공이 그랬고 GATT나 우루과이라운드 협상 등에서 취하는 행동도 마땅치 않습니다. 어제는 미 의회가 '중동위기에서 미국을 어느 정도 도와주느냐를 갖고 우방인지의 여부를 결정하겠다'는 식의 결의안을 통과시켰는데 이런 태도가 미국과의 우호적인 관계를 유지하는 데 지장을 주는 것입니다"라고 발언하는데 이에 대하여 노태우 대통령(2011)은 "같은 처지에 있는 국가로서 총리의 솔직한 의견에 감사하며 마음속 깊이 공감하는 바가 있습니다"라고 공감을 표한다. 노태우는 1987년 대통령 후보로서 미국을 방문해 존스홉킨스 대학에서 강연할 때 한 학생이 한국 젊은이들의 반미주의에 대한 견해를 물었을 때 다음과 같이 대답하였다고 술회한다. "그것은 반미가 아니라 자존심이다. 불행하게도 우리 1세대들은 자존심을 잃었다. 일제의 폭압 아래서 우리의 자존심은 말살되었다. 우리의 역사, 문화, 자존심은 다 말살되고 살기 위해 비굴해지면서 생명을 구걸해왔다. 그런데 우리의 2세들은 그렇지 않다."(조갑제, 2007: 62) 사실 노태우 대통령은 그의 회고록에서 민족주의적 자주외교를 직접적으로 매우 강하게 강조한다. "나는 6공(共)을 출범시키면서 민족의 자존을 특히 강조한 바 있다. 따라서 내가 강한 의지를 가지고 추진한 것이 바로 자주외교였다. …(중략)… '남의 눈치 보고, 추종하고, 이게 무슨 자주외교권을 가진 나라인가. 그러고도 민족의 자존이 있다고 자부할 수 있는가' 하고 자문하곤 했다. 북방외교에 내재되어 있는 나의 기본철학은 바로

이런 것이었다."(조갑제, 2007: 54)

한편 노태우 대통령의 민족주의적인 사고는 해외동포를 포함하는 범민족주의적 사고였던 것으로 보인다. 물론 대륙지향적이고, 생활·문화·경제권을 넓힌다는 면에서 북방정책의 범민족주의적인 성향이 읽히지만 그러한 범민족주의적인 사고가 직접적으로 나타나는 언급 역시 찾아볼 수 있다. 노태우 대통령은 조갑제 기자와의 인터뷰에서 다음과 같은 언급을 한다. "만주에 200만 조선족이 살고 있으며, 러시아 연해주에 원래 30만 동포가 살았는데 중앙아시아로 쫓겨가 버렸단 말이야. 이것을 내가 끌어모으려고 했어요. 이 문제를 가지고 옐친 대통령과 담판을 했는데 '그것만은 못 들어주겠다'고 그래. 왜냐. 소수민족이 들고 일어나 연방이 깨졌고 지금도 민족주의를 부르짖고 있는데, 이것을 허용하면 다른 데 자극을 주기 때문에 안 된다는 거야. 그래서 내가 '연해주 개발은 대한민국을 발전시키는 게 아니라 당신네 나라 발전시키는 거 아닌가. 풍부한 지하자원을 가진 동토의 땅을 묵혀 둔다는 것이 무슨 의미가 있느냐, 우리가 무슨 침략성이 있다고 생각하는가'라는 내용이 노태우 대통령의 한민족 범민족주의의 사고정향을 보여준다 (조갑제, 2007: 69).

박철언의 민족주의적 사상과 사고는 그의 용어사용에서 더욱 분명하게 읽힌다. 미국에 일방적으로 의존하는 외교로부터 탈피하여 보다 자주적인 외교를 하고자 한 민족주의적 사고를 읽을 수 있었던 것은 박철언 당시 청와대 정책보좌관이 회고록과 인터뷰 등에서 사용한 "친미일변도 시각", "친미일변도 극우세력"이라는 표현에서 알 수 있다. 자신의 북방정책을 친미일변도 시각에서 비판하고 우려하는 분위기에 대하여 안타깝게 생각하였다거나(박철언, 2005: 51), 북방정책이 극우·친미일변도 고위관료 및 정치인, 군부 때문에 어려웠다고 술회하고(박철언 인터뷰, 서울, 2011. 10. 3), 자신이 반미주의자는 아니나 친미일변도의 일방적 미국 예찬론자에 대해서 식상해 있었다는 표현을 회고록에서 사용한다(박철언, 2005: 61). 미국뿐만 아니라 일본에 대해서도 일본외교 일변도라는 표현도 사용하였다(박철언, 2005: 85). 대미 일변도 외교가 바람직하지 않은 이유에 대해서는 자주외교와 전방위 외교의 필요성 때문과 중국이 중요하기 때문이라는 이유와 함께 일국패권주의가 오래가는 것은 좋지 않다는 의견을 피력한다(박철언 인터뷰, 서울, 2011.10.3).

북한과의 관계에서도 박철언 보좌관은 상당히 민족주의적인 시각을 드러낸다. 1988년 12월 1일 북한의 허담 비서와의 회담에서 박철언 (2005)은 노태우 대통령의 7·7 특별선언에 대해 설명하면서 남과 북은 적대관계가 아닌 서로를 민족의 일원으로 파악해야 한다는 점을 강조했다고 기술하며, 통일은 민족 간의 진정한 화해를 통해 민족공동체를 성취하는 문제로 파악한다고 설명한다. 박철언(2005)은 1988년 대북정책, 북방정책 추진의 의미를 대통령에게 보고하면서 "민족문제의 개선, 통일 기반의 구축을 위한 진정한 접근 노력으로 남북문제 해결의 큰 싹이 텄다고 평가합니다. 민족자존과 자주주권 국가로서의 새 지평을 여는, 세계를 상대로 한 세계외교시대가 개막되었다고 평가합니다. 1989년에는 획기적인 진전, 역사적인 성취가 있을 것으로 확신합니다. 기존의 고정관념과 미국의 국익관계에서는 시련과 좌초가 예상되는 것도 사실입니다"라고 발언하였다고 기록한다.

노태우 대통령의 5년 재임기간 전 기간을 대통령과 함께한 김종휘 안보보좌관 역시 북방정책의 사상적 기조는 민족주의였다고 평가한다. 당시 북방정책과 남북관계는 미국의 우려에도 불구하고 한국이 주도하였고 미국의 역할은 우리 주도의 외교 여건이 유지되는 데 협조하는 것으로 국한하려 하였다고 주장한다(김종휘 인터뷰, 서울, 2011.11.19). 미국과의 관계에서도 김종휘는 매우 자주적인 사고를 보여준다. 당시 용산기지 이전에 대해서 한국의 국방부와 외무부가 반대를 했으나 서울 한가운데에 용산기지가 있어서는 안 되겠다고 판단하여 당시 미국 국방성 부차관보였던 아미티지와 국무성의 오랜 친구인 솔로몬을 설득하여 관철하였고, 휴전회담 대표를 한국이 하는 것으로 관철하였으며, 평시작전통제권 환수를 추진하였다(김종휘 인터뷰, 서울, 2011. 11. 19; 노재봉 외, 2011: 417).

물론 이들의 민족주의적 시각을 순전히 이들의 회고록과 개인적 술회에 의존하여 판단하고 평가하는 것은 객관적 평가가 아닐 수 있다. 하지만 당시 북방외교의 추진과정에서 박철언이 표현한 미국일변도 보수주의자들의 비판을 받았다는 사실과, 평시작전지휘권 반환의 추진, 용산기지 이전, 미군의 방송채널인 AFKN의 케이블화, 미국의 한반도 문제 타개를 위한 2+4 회의 제의 거부 등의 조치들은 민족주의적이고 자주적인 사고의 뒷받침이 없으면 가능하지 않은 것들이었다. 그에 대한 반증은 현 이명박 정부의 미국 의존적 외교정책으로 가능하다. 아마도 지금 이명박 정부의 외교안보 라인이 당시로 옮겨간다고 상상해 볼 때 노태우 정부와 동일한 외교정책 구상과 추진은 불가능했을 것이다.

엘리트 민족주의적 정책결정 및 실행과정

노태우 정부의 북방정책이 민족주의적 사상을 기초로 하고 있었음에도 불구하고 한 가지 안타까운 사실은 국민의 참여를 통한 공론화 과정을 거치지 않았기 때문에 정책추진의 지속적 기반이 그리 탄탄하지 않았다는 점이다. 특히 보수세력의 반발과 이반현상이 정권 말기로 가면서 뚜렷이 나타나기 시작하고, 시민사회도 정부와 대북정책에서 경쟁하는 구도를 취하게 된다. 정권 말기 보수세력의 반발과 이반현상을 단적으로 나타내는 사건이 1992년 9월에 있었던 이른바 "훈령조작사건"이다. 훈령조작사건의 내용은 이인모 송환이 이루어지면 북측이 판문점 면회소 설치와 이산가족 문제 협의를 위한 적십자회담을 즉각 개시할 수 있다는 입장을 전달해왔을 때 이를 받아들이겠다는 노태우 대통령의 훈령을 당시 고위급회담 남측 대변인인 이동복이 무시한 사건이다. 그 결과 회담이 결렬되고 아무런 합의 없이 대표단이 귀환하게 되었다.

이러한 보수세력의 이반과 시민사회와의 경쟁은 노태우 정부의 민족주의가 엘리트 민족주의임을 보여주는 현상이다. 물론 북한이 사회주의 국가와의 오랜 유대관계가 있었기 때문에 사회주의 국가와의 수교협상은 북한을 자극하지 않기 위하여 비밀리에 추진해야 할 성격의 사안이다. 그리고 대전략의 총합적이고 체계적인 성격 때문에 국민참여형 외교를 추진하게 되면 대전략의 중도 수정을 가져올 수 있으므로 정부 주도형 외교를 전격적으로 밀어붙였을 것이다. 북방정책은 당시 상황과 한국의 외교력을 고려하여 주요 타깃으로 설정한 국가와 핵심 인물의 주변에서부터 시작하여 중심으로 파고드는 전략을 선택하였는데, 이러한 전략은 매우 조직적이고 보안을 유지하지 않으면 혼선이 생기고 불필요한 정치적 경쟁과 권력투쟁에 휩싸인다는 위험요소가 있었다.

이러한 전략 자체의 성격과 엘리트 몇 명이 주도하여 결실을 내겠다는 의지가 관철되어 북방정책을 추진하던 초기 상당기간 동안에는 비공식적인 비밀회담은 박철언과 그의 팀이 그리고 공식적 회담과 대미관계는 김종휘와 그의 팀이 배타적으로 주도하고 관리하였다. 따라서 관련부서인 외무부, 통일원, 안기부, 국방부는 철저하게 배제되었고 정당과 국회도 북방정책 수립과 추진에 깊이 관여하지 못하였다. 물론 노태우 정부에서는 외견상 북방정책을 논의하는 공식기구들을 설치하기는 하였다. 1989년 3월 국무총리를 위원장으로 하고 여러 부처가 참여하는 '대북한 및 북방교류 협력 조정위원회'가 북방문제 최고결정기관으로 설립되었고, 외무부 장관을 위원장으로 하는 '북방외교 추진협의회', 그리고 통일원 장관을 위원장으로 하는 '남북교류협력추진 협의회'도 설치되었다. 하지만 이러한 기구들은 실제로 거의 활동이 없었고 이미 결정된 사항을 확인하는 정도의 역할만 하였다(이정진, 2003: 260). 당시 국가안전보장회의가 대통령 직속기구로 존재했으나 북방정책과 관련하여 아무런 역할을 하지 못했고, 주로 비상기획위원장이 전국행정기관 및 민간업체 비상계획관 회의를 개최하여 비상대비계획을 소개하거나 국민의 안보의식 고양을 위한 홍보역할을 논의하는 정도에 그쳤다. 정책결정과 추진의 메커니즘으로 당시의 제도는 매우 권위주의적인 속성을 반영했다(김성철, 2000: 88). 외무부가 수교협상에서 철저히 배제된 사실은 주소련 초대 영사처장을 맡은 공로명 당시 영사처장이 1990년 2월에 임명장을 받았으나 1990년 6월에 있을 샌프란시스코 한·소 정상회담에 대해서 전혀 몰랐다는 사실로도 알 수 있다(노재봉 외, 2011: 407~409).

노태우 정부의 북방정책은 정부 내에서 소수 엘리트에 의한 정책구상과 추진의 독점에 그치지 않고 시민사회의 참여와 공론화 과정에서도 매우 배타적인 모습을 보인다. 즉, 민주화의 이행기에서 아직도 상당히 권위주의적인 잔재가 남아있었다는 것을 의미한다. 일례로 정부 자체는 7·7 선언과 같이 매우 급진적인 대북정책을 선언하고 추진하였지만 이러한 흐름에 발맞추어 학생운동권 역시 급진적인 통일논의와 행동을 취하게 되자 이를 강하게 저지하였다. 7·7 선언이 있었지만 1989년 평양 청년학생축전을 전후하여 발생한 임수경의 밀입북은 국가보안법에 의해 처리하여 7·7 선언에 시민사회와 학생운동권이 주체로 끼어들 수 없음을 보여주었다(김성철, 2000: 91). 학생운동권과 시민사회에 대한 통제는 계속되어 1990년 8월 범민족대회가 남측의 불참으로 북측만 참여한 채 평양과 판문점에서 개최되었고, 1991년 4월에는 강경대 치사사건, 5월에는 김귀정 사망사건이 발생하였다. 한편 여론과 언론이 북방정책에 미치는 영향과 역할도 미미하여 노태우 정부는 다양한 의견을 수렴하는 절차를 거치지 않고 북방정책을 추진하였으며 언론은 정부의 성과가 발표된 이후에 이를 보도하는 정도의 역할만을 하였다.

이상에서 살펴보았듯이 노태우 정부의 북방정책을 뒷받침하는 사상적 배경은 민족주의이며 그러한 민족주의의 기조 아래에서 다양한 정책이 구상되고 또 추진되었다. 하지만 노태우 정부는 민주화 이행기의 정부이며 군사정권의 속성을 완전히 탈피하지 못한 정부여서 아직도 상당히 권위주의적인 제도적, 정서적 관성이 남아있었다. 따라서 북방정책 결정과정에서 소수의 엘리트 참모에게 배타적으로 의존하였으며, 다양한 관련부처의 참여를 배제하였고, 더욱 중요한 것은 시민사회의 참여와 공론화 과정을 무시, 통제하였다는 점이다. 즉, 민주적인 시민의 참여와 다원주의적 정책결정 및 조정과정이 결여된 권위주의적 정책결정 과정을 보여주었다. 전술한 대로 이는 북한을 의식하여 보안을 요하는 외교사안이기 때문에 비밀주의를 취할 수밖에 없었던 측면이 있었으나, 정부와 같은 노선을 취하는 시민사회와 학생운동권의 참여를 통제하고 억압하였다는 점은 기본적으로 대중의 성숙한 참여를 믿지 못하는 엘리트주의적, 권위주의적 면모를 보인 것이다. 요컨대 노태우 정부의 북방정책은 권위주의의 모습이 많이 남아있는 엘리트 민족주의에 그 사상적 기반을 두었다.

하지만 이러한 보수정부의 민족주의적 사상은 그 이후 민주화가 더욱 진전된 진보정권에서 추진한 대북정책, 외교정책과 상당히 맥이 닿아있다. 이는 민족주의적 보수와 민족주의적 진보가 서로를 포용할 수 있는 가능성을 제시한다. 특히 민주화가 이미 공고화되는 단계에 들어선 대한민국에서 민족주의 보수가 정권을 잡는다 하더라도 대중의 참여와 공론화 과정을 완전히 무시할 수 없기 때문에 그러한 경우 사실상 진보의 민족주의와 보수의 민족주의가 큰 차이를 보이지 않을 것이기 때문이다. 특히 둘 간의 차이는 민족주의 보수가 북한을 어떻게 인식하는지, 그리고 통일을 어떻게 인식하고 또 접근하는지를 보면 근본적인 차이인지, 아니면 수렴이 가능한 차이인지를 알 수 있다.

흥미로운 사실은 민족주의 보수가 추진한 대북정책 및 북방정책이 김대중 정부 이후 진보정권에서 추진한 햇볕정책 혹은 대북 포용정책과 큰 틀에서 근본적인 차이를 보이고 있지 않다는 점이다. 다만 당시 냉전이 무너지던 시대적 배경에서 노태우 정부가 더 야심적으로 원교근공의 전략을 활용할 수 있었고, 미국 및 일본 등 우방과의 갈등보다는 지원을 받았다는 점이 중요한 차이라고 할 수 있다. 다음 절에서는 노태우 정부의 대북정책, 특히 통일정책에 대하여 좀더 구체적으로 살펴보기로 한다.

북방정책과 북한

노태우 정부의 북방정책은 북한에 대해서 어떠한 정책목표를 가지고 있었을까? 이에 대해서는 크게 2가지의 해석으로 나뉜다. 하나는 북한을 고립, 압박하여 붕괴를 유도하고, 그를 통하여 궁극적으로 흡수통일을 지향했다는 해석과 다른 하나는 북한을 다른 사회주의 국가와 같이 개혁·개방으로 유도하여 자연스럽게 통일을 이루는 이른바 포용정책을 지향했다는 해석이다. 이러한 2가지의 해석 중 어느 쪽이 정확한지를 검증하는 것은 쉬운 일이 아니다. 일단 공식문건이나 회고록 및 인터뷰 자료에 의하면 노태우 정부의 북방정책은 북한붕괴를 목표로 한 것 같지는 않다. 오히려 개혁·개방을 유도하여 점진적 통일을 지향한 흔적이 훨씬 더 많이 남아 있다. 하지만 북한을 자극하고 자칫하면 한반도의 긴장을 가져올 북한붕괴에 대한 희망을 당시 정책담당자들이 공공연하게 언급할 수는 없었을 것이며 또한 공식적 문건에 반대되는 의견을 후일 다시 솔직히 피력하는 것도 부담스러운 일일 것이다.

하지만 필자의 검토에 의하면 노태우 정부의 북방정책은 전형적인 통소봉북(通蘇封北)의 정책이지만 붕괴가 아닌 체제전환을 유도하고자 한 대북정책이었고, 북한을 고사시키고자 한 대북정책은 아니었던 것으로 보인다. 이와 관련하여 노태우 대통령의 회고와 박철언 및 김종휘의 회고, 그리고 공식적 문건이 매우 중요한 자료가 된다.

노태우 대통령은 북방정책의 구상 속에는 남북한 대치상태를 해결하고자 한 고민이 있었다고 술회한다. 특히 중국 전국시대 진나라가 썼던 원교근공(遠交近攻)의 전략을 참조하였고, 북한을 양파껍질 벗기듯이 둘레에서부터 하나씩 벗겨나가서 완전개방을 이루는 전략을 구상하였다고 했다(노태우, 2011: 140; 조갑제, 2007: 53). 원교근공의 전략은 멀리 있는 나라들과 친밀한 관계를 맺어 힘을 얻은 뒤에 가까이 있는 적을 공격해 때려 부순다는 전략인데, 이 전략을 문자 그대로 해석하면 북한을 공격해 때려 부수는 것이 대북정책의 목표가 될 수 있다. 하지만 여기서 북한을 공격하여 때려 부수는 것의 의미는 북한을 붕괴시킨다기보다는 북한을 완전 개방시켜 통일하는 것을 의미한다. 그 이유는 노태우 대통령 본인도 누차 강조하였듯이 '북한개방 = 통일'이라는 공식이 노태우 정부의 북방정책 안에 강하게 자리 잡았기 때문이다.

그런데 이렇게 완전개방을 통한 통일이 흡수통일이냐 아니냐와 관련된 논쟁은 큰 의미가 없어 보인다. 이는 노태우 대통령의 언급으로 알 수 있다. 노태우 대통령은 조갑제와의 인터뷰에서 다음과 같이 말한다. "이걸 흡수라고 개념을 정해서는 안 된다고 봐요. 물론 독일식으로 된다면 흡수지 … (중략) … 그럼 뭐냐. 화해와 교류 협력이다. 이렇게 말하고 어디까지나 흡수란 말을 써서는 안 되는 거야. 화해와 협력으로 동질성을 회복하면 자연히 합칠 수 있을 것이다. 실제로 그렇게 되는 거고."(조갑제, 2007: 70) 즉, 개혁·개방 및 화해·협력으로 동질성이 회복되면 자연스럽게 자유민주주의 체제로 통일이 될 것이고, 그것을 흡수통일이라고 말할 수 있다는 것이다. 다시 말하자면 북한을 압박·고립시켜 붕괴를 유도하고 그를 통하여 급진적이고 인위적인 흡수통일을 하고자 하는 의도는 갖지 않았던 것으로 보인다. 이러한 해석이 사실 7·7 선언이나 한민족공동체통일방안, 그리고 남북기본합의서 등 공식문건에 부합하는 해석이다.

박철언(2005)도 노태우 정부의 대북정책은 놀라울 정도로 전향적이고 그런 만큼 당시 보수세력들의 반발도 거세었다고 말하는데, 예를 들어 노태우 대통령이 제안한 비무장지대 안의 평화시를 건설하여 남북 이산가족이 자유롭게 만나도록 하고 민족문화관, 학술교류센터, 상품교역장을 설치하여 폭넓은 교환, 교류, 교역을 실시하자는 것과 휴전협정을 평화협정으로 대체하는 문제도 논의할 수 있다고 제안한 것은 매우 전향적인 대북정책이었다는 것이다. 박철언(2005)은 1988년 북한의 허담 비서와 만나서 노태우 대통령의 통일관을 설명하면서 "통일은 단순한 국토, 통치체제의 통합이 아니라 민족 간의 진정한 화해를 통해 민족공동체를 성취하는 총체적 문제로 파악하고 있다"고 설명했고 "때문에 교류협력을 통해 민족적 신뢰감을 조성하고 이를 바탕으로 통일을 성취해야 한다는 점을 강조"하였다. 또한 노태우 정부의 새로운 통일방안을 설명하면서 새로운 통일방안은 "냉전적 사고에서 탈피하여 합의·실현이 가능하고 민족 전체의 복지와 번영을 추구하는 내용이라는 점을" 밝히고, "구체적으로 현존체제와 이념을 인정하는 토대 위에서 동등한 대표성에 기초한 통일 과도기구를 설치하고, 이 기구를 통해 평화의 제도화, 민족적 유대강화와 구체적인 통일 실현 절차를 마련하자는 것으로 북한의 연방제 방안의 골격을 수용"한다고 하였다. 또한 박철언은 북방정책의 목표를 달성하기 위하여 "북한 고립화를 추구하지 않는다"는 원칙을 세운 것으로 회고한다. 이렇게 북한을 고립화시키고 압박하지 않으려는 이유로 박철언은 북한의 도발, 반격 가능성을 든다. 만약 북한을 압박하면 북한이 도발, 반격을 가하여 우리에게 큰 안보적 위협을 가할 것이라는 판단이다(박철언 인터뷰, 서울, 2011. 10. 3). 따라서 북한에 대하여 수교, 협력을 촉진하는 포용정책을 추진하였던 것이고 불행하게도 이러한 노력이 북한의 경직성, 그리고 극우 친미일변도 보수로 인하여 어렵게 풀려나갔다고 박철언은 주장하였다(박철언 인터뷰, 서울, 2011. 10. 3).

김종휘의 경우에는 대북정책의 목표가 앞의 두 사람의 언급과 조금 다른 뉘앙스를 보인다. 우선 북한은 어려울 때 의미 있는 대화를 한다는 점을 강조하며 남북관계에 타협은 없으며 통일은 별안간 올 것이라는 판단을 했기 때문이다(김종휘 인터뷰, 서울, 2011. 11. 19). 하지만 대북정책이 포용(engagement)이냐 고립이냐는 질문에 대해서는 "우리와 의미 있는 대화를 하게 하기 위한 압박"이라고 답한다. 역시 붕괴를 통한 흡수통일을 염두에 둔 것은 아닌 것으로 보이나 갑작스럽게 붕괴할 것에 대한 대비 역시 했던 것으로 보인다.

노태우 정부의 공식문건 등을 보면 북한과의 화해·교류·협력·신뢰구축 구상이 더욱 분명하게 나타난다. 공식문건 역시 진정한 의도를 감춘 포장용이라고 할 수 있으나 대내외적으로 공표하는 문건이므로 완전 허구와 속임수만으로 볼 수는 없다. 우선 가장 대표적인 공식문건이 7·7선언이다. 7·7선언에는 다음과 같은 내용들이 나온다.

① 정치인·경제인·언론인·종교인·문화예술인·체육인·학자 및 학생 등 남북동포 간의 상호교류를 적극 추진하며 해외동포들이 자유로이 남북을 왕래하도록 문호를 개방한다.

② 남북적십자회담이 타결되기 이전이라도 인도주의적 견지에서 가능한 한 모든 방법을 통해 이산가족들 간에 생사·주소 확인, 서신왕래, 상호방문 등이 이루어질 수 있도록 적극 주선·지원한다.

③ 남북 간 교역의 문호를 개방하고 남북 간 교역을 민족 내부교역으로 간주한다.

④ 남북 모든 동포의 삶의 질을 향상시킬 수 있도록 민족경제의 균형적 발전이 이루어지기를 희망하며 비군사적 물자에 대해 우리 우방들이 북한과 교역하는 데 반대하지 않는다.

⑤ 남북 간의 소모적인 경쟁·대결 외교를 종결하고 북한이 국제사회에 발전적 기여를 할 수 있도록 협력하며, 또한 남북대표가 국제무대에서 자유롭게 만나 민족의 공동이익을 위하여 서로 협력할 것을 희망한다.

⑥ 한반도의 평화를 정착시킬 여건을 조성하기 위해 북한이 미국·일본 등 우리 우방과의 관계를 개선하는 데 협조할 용의가 있으며, 또한 우리는 소련·중국을 비롯한 사회주의 국가들과의 관계개선을 추구한다.

이상의 6개 항을 보면 북한을 압박하고 고립시키려 했다기보다는 넷째 항과 같이 오히려 민족경제의 균형발전을 지향하고, 남북한의 교차 승인을 유도하여 현상유지를 용인하려는 의도가 보인다.

1989년에는 북한의 연방제를 일정 정도 반영한 한민족공동체통일방안이 발표되었고, 1990년에는 남북 교류·협력에 관련된 제도적 장치들이 마련되기 시작하였다. 1990년 8월 1일부터 '남북교류협력에 관한 법률'과 통일비용의 마련을 위한 '남북협력기금법'을 시행하였고 통일원 장관이 부총리로 승격되어 통일원 부총리가 통일, 외교, 안보 부처를 총괄적으로 조정하도록 하였다(김연철, 2011: 88). 1991년에 채택된 남북기본합의서는 그 제목이 "남북 사이의 화해와 불가침 및 교류·협력에 관한 합의서"로 되어 있어 북한과의 불가침을 명시한다. 기본합의서의 전문에서는 남북한 관계를 특수관계로 규정하며, 첫 번째 장에서는 상호체제를 인정하고 평화체제로의 전환을 언급하며, 두 번째 장에서는 무력 불사용과 무력침략 포기, 그리고 마지막 장에서는 다양한 교류·협력을 언급한다.

이상에서 살펴보았듯이 노태우 정부의 대북정책은 원교근공의 전략을 통하여 북한을 압박하고자 하였지만 압박의 궁극적 목표는 북한의 붕괴를 통한 급속한 흡수통일이 아니라, 북한을 개혁·개방으로 유도하여 점진적으로 통일을 이루는, 중장기적·평화적 흡수통일을 의미한 것으로 보인다. 이러한 통일전략을 추진한 이유는 북한의 도발가능성 때문이었던 것으로 보이며, 이미 체제경쟁에서의 승패가 갈렸다는 자신감 역시 반영된 것으로 생각된다. 따라서 북한의 붕괴를 염두에 둔 북방정책이었다고 후일 해석하는 것은 당시의 상황에서 볼 때 무리한 해석이 아닌가 싶다.

글을 마치면서 : 새로운 북방정책을 위하여

노태우 정부는 한국 외교사에 유례를 찾아보기 힘든 수준의 대전략을 구상하고 또 그것을 독자적으로 실천해 나갔다. 정말 대한민국의 대전략을 위해서 꿈과 같은 환경이 주어졌고 원대한 구상과 정밀한 실천이 있었다. 앞으로 대한민국에 다시 이러한 기회와 실천가가 주어지지 않을 수도 있다. 왜냐하면 냉전해체와 같은 기회의 창이 열리고, 대통령의 최고신임을 받은 뛰어난 전략가가 있고, 권위주의적인 국가기구가 언론을 통제하면서 비밀외교를 한다는 것이 좀처럼 쉽게 나타나지 않는 조합이기 때문이다. 물론 이러한 조합 중에서 가장 중요한 것은 대전략을 구상하고 실천해 나간 정책담당자들일 것이다. 아무리 기회의 창이 열려도, 또 잘 정비되어 있는 국가기구가 있어도 그것을 활용할 줄 모르는 정부가 들어선다면 북방정책과 같은 대전략의 수립과 실천은 가능하지 않다.

노태우 정부의 북방정책은 미국의 눈치를 비교적 덜 본 한국외교의 자율성이 두드러진 외교정책 사례로 많이 거론된다. 그리고 상대적 자율성이 가능했던 이유를 국제정치구조의 변화 속에서 열린 기회의 창에서 주로 찾는다. 하지만 김종휘의 의견과 같이 이러한 변화를 먼저 읽고 미국이 아시아지역에서 어젠다를 만들기 전에 우리가 먼저 어젠다를 제시하고 던지는 선제적 외교가 상대적 독립성을 담보한 더 중요한 요인이 아닌가 생각된다(김종휘 인터뷰, 서울, 2011. 11. 19). 그런 의미에서 훌륭한 전략가를 선발하여 절대적 신임을 부여한 노태우 대통령의 선택은 의도하였건, 우연이었건 매우 탁월한 선택이었다.

한편 노태우 정부의 북방정책이 현재의 시점에서 큰 의미를 갖는 것은 지금 대한민국에서 보수와 진보의 분열을 뛰어넘는 새로운 북방정책이 필요하기 때문이다. 현재 이명박 정부의 외교정책은 친미일변도 외교정책이라고 표현할 수 있을 만큼 한미동맹의 강화 및 확대에 최고의 방점을 찍는다. 물론 노태우 정부의 북방정책과 그 이후 세계정세의 변화 및 역대정부의 외교노력으로 현재 대한민국은 전 세계를 무대로 경제, 문화, 안보, 정치발전 등에 기여하고 있음을 부인할 수 없다. 즉, 노태우 정부 때와 동일한 북방정책이 지금 필요한 것은 아니다. 그러나 북한 핵개발과 중국의 부상이라는 새로운 현실 앞에서 이명박 정부는 현실을 타개하고 새로운 기회를 만들어 민족의 웅비를 이끌어낼 대전략의 구상과 실천을 전혀 보여주지 못했다. 단순히 한미동맹에 기대어 현상유지만을 고집하면서, 북한 핵문제는 완전히 손을 놓아 버렸고, 중국의 부상이라는 기회와 도전에 대해서도 주로 도전만을 강조하는 보수적 미국 국방성의 논리를 좇고 있다. 중국이 새로운 도전임에는 틀림없으나 중국을 기회가 아닌 도전만으로 해석하여 대응하면 실제로 현실화되지 않을 수 있는 도전을 실제로 현실화시키는 자기실현적 예언에 빠질 수 있다. 즉, 중국을 미국과 함께 불필요하게 자극하여 중국이 그에 상응하는 반응을 하게 하는 것이다.

지금 대한민국의 외교과제는 북한 핵문제의 해결과 한반도에서의 냉전구조 해체, 그리고 중국의 부상과 미국의 상대적 쇠퇴라는 새로운 국제질서의 태동에 대응하는 것이다. 이를 위해서는 보수와 진보의 벽을 넘어서는 초당적인 대전략이 필요하다. 북핵문제는 일부 보수가 주장하듯이 북한이 핵을 포기할 의지가 없다는 전제조건에서 출발하면 한 걸음도 나아갈 수 없다. 즉, 핵을 포기할 의사가 있는 정권이 북한에 등장할 때까지 기다려야만 하기 때문이다. 외교의 아름다움은 상대방의 의지를 바꾸는 전략에 있는 것인데, 그저 기다린다는 것은 외교의 실종을 의미한다. 한편 진보세력도 보수를 끌어들여 북핵문제 해결과 북한의 변화를 유도할 전략과 담론을 만들어야지 보수가 잘못하고 있다고 비판만을 해서는 민주주의 국가에서 앞으로 나가기가 매우 어렵다. 중국과 관련된 문제에서도 마찬가지이다. 강경보수와 같이 중국이 위협이라는 요소만을 강조하다 보면 중국이 실제로 위협이 되는 자기실현적 예언의 위험이 있고, 그렇다고 중국에 무조건 추종할 수도 없는 노릇이다.

이러한 외교적 과제 앞에서 초당적 대전략을 가능케 하는 보수의 흐름을 노태우 정부의 북방정책이 제공한다. 즉, 민족자존과 통일번영을 강조하는 민족주의적 외교전략이 그것이다. 노태우 정부와 정부의 책략가들은 민족주의의 시각에서 6개국 동북아 평화협의회, 7·7선언, 사회주의 국가와의 관계 개선, 한민족공동체 통일방안, 남북한 신뢰구축과 불가침을 강조한 남북기본합의서, 한반도비핵화 공동선언 등을 외교 및 대북정책의 어젠다로 삼았다. 이러한 외교 및 대북정책 의제들은 사실 김대중 정부와 노무현 정부의 대북 포용정책과 동북아 냉전구조 해체전략으로 이어졌다. 즉, 이미 보수와 진보의 접점이 생겨난 것이다. 하지만 그 이후 민족주의적 보수가 아닌 냉전적 사고를 지닌 보수세력이 대북포용정책 및 대중국정책을 비판하면서 이러한 접점에 다시 균열이 생기고 보수는 무조건 냉전적 사고를 지닌 시대착오적 세력이라는 왜곡된 이미지와 정치지형이 생겨나 버렸다. 이러한 이미지와 정치지형은 하루 빨리 깨져야 한다.

한국 민족의 자존과 웅비는 대한민국의 누구나가 원하는 일일 것이다. 즉, 대한민국의 국익이다. 이러한 국익을 실현하기 위하여 원대한 대전략을 만들고 실천해온 것이 북방정책과 그 이후 대북 포용정책 및 냉전구조 해체전략들이다. 노태우 정부 당시의 북방정책과 이후 진보정부의 외교정책의 차이는 대중의 참여와 투명성의 문제일 것이다. 하지만 이제 민주화가 되었고, 정보화로 인하여 투명성 역시 상당수준으로 담보되는 상황에서 다시 엘리트 민족주의적인 노태우 정부의 외교정책으로 돌아가긴 어렵다. 오히려 노태우 정부와 진보정부의 외교정책 차이는 더욱 좁아졌고, 앞으로 이념적으로 어떤 정부가 되더라도 민족주의적 외교정책을 채택하는 이상 그 차이는 더욱 줄어들 것이라고 보인다.

앞으로의 과제는 노태우 정부가 구상하고 실천한 북방정책을 완성하는 것이다. 그 그림 속에 남아있는 숙제는 한반도를 관통한 대륙으로의 지향, 보다 넓은 외교적 공간의 확보와 자율 자존외교, 그리고 평화적인 방법에 의한 한민족공동체의 실현이다. 이를 위해서는 북방정책을 다시 한 번 검토하여 시대에 맞게 재구성하고 분열된 국론을 통합할 수 있는 민족주의적 외교담론과 대북정책담론을 만들어야 한다.

■ 참고문헌

단행본

노재봉 외(2011), 《노태우 대통령을 말한다: 국내외 인사 175인의 기록》, 동화출판사.

노태우(2011), 《노태우 회고록(하): 전환기의 대전략》, 조선뉴스프레스.

박철언(2005), 《바른 역사를 위한 증언 1》, 랜덤하우스중앙.

조갑제(2007), 《노태우 육성회고록》, 조갑제닷컴.

Simon, Janos. (2006), "Hungary", Teresa Rakowska-Harmstone & Piotr Dutkiewicz(ed.), *New Europe: The Impact of the First Decade, Vol. 2: Variations on the Pattern*, Warsaw: Institute of Political Studies, Polish Academy of Science, Collegium Civitas Press.

학술논문 및 보고서

김달중(1989), "북방정책의 개념, 목표 및 배경", 〈국제정치논총〉 29집 2호, 41~51쪽.

김성철(2000), "외교정책의 환경·제도·효과의 역동성: 북방정책 사례 분석", 〈국제정치논총〉 40집 3호, 81~99쪽.

김연철(2011), "노태우 정부의 북방정책과 남북기본합의서: 성과와 한계", 〈역사비평〉 (겨울), 80~110쪽.

박철언(1989), "통일정책, 인기에 영합할 수 없다: 6공화국 북방정책 실무책임자의 최초 공개발언", 〈신동아〉 (9월), 204~216쪽.

신범식(2002), "북방정책과 한국-소련/러시아 관계", 〈세계정치(구 국제문제연구)〉 24집 1호, 280~316쪽.

이정진(2003), "대북정책 결정과정에 나타난 대통령과 여론의 영향력 변화", 〈국제정치논총〉 54집 1호, 253~273쪽.

전재성(2002), "노태우 행정부의 북방정책 결정요인과 변화과정 분석", 〈세계
　　정치(구 국제문제연구)〉 24집 1호, 259~279쪽.

기타
김종휘(2011. 11. 19), 09:30~12:30, SK경영경제연구소(인터뷰).
박철언(2011. 10. 3), 08:00~10:00, 코리아나 호텔 3층 사까에(인터뷰).
통일부 통일교육원(2012. 2. 28), "북방정책", http://www.uniedu.go.kr

북방정책의 평가 :
한국 외교대전략의 시원

6

전재성

들어가며

이 장은 노태우 정부의 북방정책을 현재의 관점에서 새롭게 평가해 보는 것을 목적으로 한다. 과거 행정부의 외교정책을 평가한다는 것은 평가기준에 따라 매우 자의적일 수 있다. 현재의 관점에서 과거 정책의 성과는 매 시기 새롭게 의미가 부여되기 때문이다. 사실 역사적 사실조차 역사가의 관점에 따라 새롭게 조명되고 인식되기 일쑤이다. 카 (E. H. Carr)가 말했듯이 과거는 역사가가 불러줄 때 역사로서 재탄생하며 역사가의 수만큼 많은 역사가 존재할 수밖에 없을지도 모른다. 현재주의 역사관이 불가피하게 생산하는 상대주의 역사관의 문제이다. 더구나 사실이 아닌 역사에 대한 평가는 평가자에 따라 다르게 나타날 수 있기 때문에 조심스러울 수밖에 없는 일이다.

　과거 정책을 평가하는 가장 중요한 기준은 당시의 제반조건에서 가장 합리적인 결정을 내렸는가 하는 것이지 결정이 내려진 이후의 사건

전개로 보아 당시의 결정이 옳았는가 하는 것은 아니다. 누구나 미래를 알고 결정하는 것은 아니기 때문에 결정 당시 예측이 어려웠던 사후의 사실을 적용하여 평가하는 것은 온당한 일은 아닐 것이다. 정책을 결정할 당시의 사태 파악력과 장기적 비전, 정책자원에 대한 적절한 인식을 바탕으로 한 현실인식, 그리고 실행과정의 적절성 등이 평가의 기준이 되어야 한다.

반면 과거 정책의 현재적 의미를 밝히는 것은 별도의 일이다. 행위자가 자신의 행위가 가지는 역사적 의미를 알고 행동하는 것은 사실상 불가능하다. 카의 말처럼 사후의 관점에서 과거를 평가하는 것은 그 자체가 창조적인 일이며 역사는 후세인들에게 토론과 담론의 장을 제공하여 더 나은 미래를 만들도록 돕기 때문이다. 중요한 점은 평가자들이 도덕적, 규범적 관점을 서로 열어놓고 대화할 수 있는가 하는 점이다.

한국 과거 행정부의 외교정책은 모두가 급변하는 외교환경에 대처하는 과정에서 발생한 역동적 사건들이다. 당시의 국제, 국내 제약조건들 속에서 수립되고 실행된 정책이기 때문에 현재의 관점에서 보면 비판의 대상이 될 수 있는 부분도 많은 것이 사실이다. 그럼에도 불구하고 21세기의 관점에서 많은 함의를 가진 외교정책 과정과 결과들이 존재한다.

노태우 정부의 북방정책은 한국 외교전략사에서 매우 중요한 시기에 만들어진 정책이다. 대한민국 정부 수립과 함께해온 냉전이라는 시대적 조건이 근본적으로 변화한 시기이며 대통령 직선제로 표상되는 한국 내의 정치민주화 과정이 요동친 시기이다. 88올림픽으로 상징되듯이 한국의 국력이 세계적으로 주목받을 만큼 경제력이 향상된 시기이기도 하고, 공산권의 몰락으로 북한의 국가전략이 근본적으로 바뀐 시기이기도 했다. 대한민국 정부 수립 이후의 한국의 상황을 냉전-탈냉전, 권위주의-민주주의, 약소국-중견국, 남북대립-남북공존의 잣대로 단순 비교하더라도 노태우 정부의 시기는 모든 관점에서 전환기에 해당하는 시기였다.

북방정책은 대북전략과 외교전략의 합으로 변화하는 국내외 정세에 대한 정부차원의 대응이었다. 구공산권을 비롯하여 40여 개국과 새롭게 수교했고, 소련, 중국 등 6·25 전쟁 당시 적대국들과 수교했으며, 남북기본합의서 등 북한과 근본적인 타협을 이루었고, 국제연합(UN)에 남북한이 동시가입하여 양측의 국제적 위상이 크게 변했다. 남북기본합의서는 현재에도 여전히 남북한이 원용하는 합의이며, 한반도민족공동체통일방안 역시 통일방안으로서 생명력을 유지한다. 러시아와의 전략적 협력관계는 물론, 한중관계는 모든 면에서 놀라운 협력관계를 보여준다. 반면 노태우 정부 이후 북한은 핵무기를 개발하고 핵비확산조약(NPT)에서 탈퇴하여 현재까지 20년에 이르는 핵문제를 만들어냈다. 남북 간에 정상회담을 개최하는 협력의 순간과 천안함, 연평도와 같은 비극적 사태의 순간이 교차했고, 북방정책이 근본적 목적으로 제시했던 통일은 여전히 요원한 상태이다.

북방정책이 과연 적절한 정책이었는가는 당시의 제약요건을 고려하여 평가되어야 하는 동시에, 현재적 의미는 새롭게 발견되어야 한다. 이 장은 북방정책이 한국 외교정책사에서 외교 대전략(grand strategy)을 본격적으로 수립하고 추진한 시원적 의미를 가진다고 본다. 외교대전략은 장기적 외교정책 목표를 세우고 이를 추진할 정책자원을 마련하여 일관되게 실행할 때 가능한 차원의 전략이다. 노태우 정부는 21세기 한국이 추구하는 중견국 외교의 원형을 서서히 갖추던 시기였다고 볼 수 있다. 또한 한반도 차원의 외교전략을 벗어나 동아시아지역구조, 그리고 지구적 차원에서의 외교지평을 넓히려고 시도한 외교전략이었다고 평가할 수 있다. 이론적으로는 현실주의 국제정치관에 입각하여 냉전이 종식되는 상황에서 외교의 지평을 넓혀 지구적, 지역적차원에서 한반도 차원으로 돌아 들어오는 외교의 행보는 새로운 시도였다고 평가할 수 있다.

이 장은 북방정책이 가지는 정책내용들을 재구성하여 평가한 이후 북방정책이 가진 한계를 논하고자 한다. 행정부가 교체되면서 북방정책의 기조가 계승될 수 있는 발판을 마련하지 못했고, 북한의 변화에 대한 장기적 예측을 바탕으로 대북전략의 새로운 지평을 여는 데 한계를 보였다. 또한 북방정책을 추진할 수 있는 주변국들과의 정책공조 패러다임을 만들어내는 데에도 시간적, 지식적 한계를 보인 것도 사실이다. 한 행정부가 이 모든 것을 추진하는 것은 물론 무리가 있을지라도 이를 계속 유지할 수 있도록 노력을 기울였더라면 하는 아쉬움이 생기는 것도 사실이다.

외교대전략으로서 북방정책

외교대전략의 개념과 북방정책의 지평

약소국이 외교대전략을 가진다는 것, 그리고 이를 추구한다는 것이 가능한 일일까? 대전략의 시간지평을 가지려면 외교환경을 장기적으로 예측하고 일정 수준에서 통제할 수 있어야 하는데 그것이 가능하려면 자신이 속한 국제체제에서 구조적 힘을 어느 정도는 가져야 하지 않은가? 또한 장기적 시간지평을 가진 외교대전략의 목적을 설정하고 이것이 유지될 수 있으려면 변화하는 외교환경 속에서 자신의 목적을 유지할 수 있는 힘을 가져야 한다.

한국은 개항 이후 해양세력과 대륙세력 경쟁의 틈바구니 속에서 온전한 근대이행을 완결하지 못한 채, 안보외교 분야에서 많은 고난을 겪었다. 개항 이후 35년간의 제국주의 경쟁, 이후 35년간의 일제 강점기, 그리고 해방과 더불어 시작된 냉전으로 분단과 대립의 45년간의 역사를 걸어온 것이다. 1990년 전후로 세계적 차원에서 냉전이 종식되었건만, 한반도는 아직도 분단과 대립에 시달린다. 약소국의 지위를 유지해온 한국이 이러한 역사 속에서 장기적 지평을 가진 외교대전략을 수립한다는 것은 쉽지 않은 일이었다.

그러나 21세기에 들어 한국은 개발도상국을 넘어 중견국으로 자리 잡고 있고 국내외적으로 그러한 위상을 인정받고 있다. 세계 10위권 진입을 목표로 노력하는 선진국 후보국이 된 것이다. 이에 걸맞은 체계적이고 강력한 안보외교가 필요한 시점이라는 인식이 팽배하고, 한국의 안보이익의 범위는 한반도를 넘어 동북아 지역, 동아시아 지역, 그리고 전 세계로 향한다. 발전된 한국의 국력을 바탕으로 어떠한 안보외교를 펼치는가에 따라 향후 21세기 한국의 위상이 결정되는 시기를 맞이한다.

한국이 중견국으로서 외교를 해나가는 데 외교대전략이 절실히 필요한 시기가 되었다. 한국은 현재까지 독자적인 외교대전략을 스스로 설정하고 추진할 수 있었던 자율공간이 부족했던 것이 사실이다. 한국의 안보외교가 국제정치구조의 영향을 압도적으로 받아왔기 때문에, 우리의 의지에 따라 일관성 있는 안보외교를 추진하는 데 많은 한계가 있었기 때문이다. 문제는 현재까지의 한계의 원인을 체계적으로 분석하고, 향후 지속가능하고 추진에 성공할 수 있는 안보대전략과 실행방법, 정책자원을 어떻게 확보할 것인가를 정확히 인식하는 일이다.

그러한 점에서 건국 이후 현재까지 각 행정부별로 추진해온 안보외교 전략과 정책, 그리고 구체적인 정책자원과 성패여부를 분석하는 것은 매우 의미 있는 일이다. 냉전이 종식되어 외교정책의 자율공간이 상대적으로 넓어지고, 한국의 국력이 이전과는 달리 성장해 있는 지금, 안보외교의 정확한 앞길을 밝히는 것은 향후 한반도의 운명을 가르는 매우 중요한 일이 될 것이기 때문이다. 이러한 측면에서 냉전종식과 탈냉전 시작의 역사적 순간에 존재했던 노태우 정부의 외교전략을 조명하는 것은 매우 필요한 일이다.

래인(Layne, 1997)은 국가들이 대전략을 가질 때 3가지 과정을 거친다고 본다. 첫째, 한 국가의 사활적 안보이익을 정의해야 하고, 둘째, 그 이익에 대한 위협을 정의하고, 셋째, 이익을 보호하기 위해 국가의 정치적, 군사적, 경제적 자원을 어떻게 최선으로 활용해야 하는가 하는 점 등이 결정되는 과정이다. 그러나 이 과정의 결과는 미리 결정되어 있는 것이 아니다. 특정 대전략은 세계가 어떻게 움직이는가에 대한 정책결정자의 특정한 관점을 반영하기 마련이다. 따라서 대전략에 관한 논쟁은 국제정치이론에 관한 논쟁이기도 하다는 것이다. 이론이 단일적이지 않기 때문에 다양한 대전략은 경쟁적인 이론들뿐 아니라 단일한 이론 속에서도 나올 수 있다.

실제로 장기적으로 유지 가능하고 체계적인 외교대전략을 가진 국가는 세계에 그리 많지 않다. 약소국이 외교대전략을 가진다는 것은 사실상 매우 어려운데 외교환경을 예측하고 이를 통제할 능력이 부족할 뿐 아니라 전략을 유지할 수 있는 정책자원이 매우 제한되어 있기 때문이다. 가장 정교한 대전략 개념을 보여주는 국가는 역시 미국이다. 일례로 래인은 미국의 대전략을 크게 우세전략과 역외균형전략으로 구분하고 양자 모두 현실주의 전통에서 비롯된 것으로 분석한다. 전자가 제2차 세계대전 이후 탈냉전기 초반까지 지속된 미국의 패권전략이었다면 후자는 탈냉전이 전개되면서 다극체제 속 미국의 세력균형전략이라고 정의한다(Layne, 1997: 88).

로벨(Lobell) 역시 대전략의 장기적 시간지평을 강조한다. 로벨은 대전략이란 군사적일 뿐만 아니라 경제적, 정치적인 것을 모두 포함하는 개념이라고 정의하고, 대전략은 전쟁이 끝나면서 종료되거나 전쟁이 시작되면서 만들어지는 것이 아니라 평시와 전시를 막론하고 전략의 목적과 수단 간의 균형을 찾는 것이라고 논한다. 무엇보다 외교대전략은 장기적인 기획에 관한 것으로 수십 년, 혹은 세기를 넘어서는 시간지평을 가진다(Lobell, 2000: 87). 이러한 점에서 선진국을 제외한 중견국과 약소국이 대전략을 가지는 것은 쉬운 일은 아니다. 리프만 (Lippmann, 1943: 9)의 말에 따르자면 외교대전략을 가지기 위해서 국가는 정책공약과 힘 간의 관계에서 균형을 이루어야 하고, 이 과정에서 안정된 힘의 여력을 확보해야 하는 것이다.

북방정책은 이러한 점에서 외교대전략의 의도와 조건을 점차 갖추어

가던 시기 한국의 외교전략이다. 노태우 정부가 민족자존과 능동외교, 적극외교, 독자적 외교를 강조하는 것은 이전 행정부와도 연속성이 있기는 하지만 냉전종식기를 맞이하여 유독 민족자존을 강조한다. 더불어 한국의 국력과 국내외 조건의 변화 속에서 독자적 외교전략을 추구할 수 있는 여지가 생긴 것도 사실이다.

우선 북방정책의 이념적, 철학적 기반과 관련하여 노 대통령은 재임기간 줄곧 민족자존을 국정지표로 내세우고 이를 높이는 데 관심을 기울였다고 쓰고 있다. 그리고 일례로 서울 한복판의 미군기지 이전, 북방정책을 들어 이 모두가 민족자존을 뿌리로 해서 이루어졌다는 회고를 한다(노태우, 2011: 395). 노 대통령은 건국 이래 한국 외교정책을 평가하면서 대체로 수동적일 때가 많았다고 말하고 북방정책의 의미 가운데 하나는 우리 외교가 능동적으로 발전했다는 사실이라고 적고 있다. 수동적이라 함은 반응적이라는 의미로 인식하는 것으로 보이며, 예를 들어 미군철수 주장이 나오거나 북한이 비동맹 회의에 참석한다고 하면 이에 대응하는 식이었다는 것이다. 노 전 대통령은 증강된 국력과 변화하는 정세를 적극적으로 이용하기 위해 북방정책을 국가대전략으로 설정했다고 쓰고 있다. 이에 따라 동구권, 소련, 중국, 베트남 등 사회주의, 공산주의 국가들과 외교관계를 맺고 유엔에 가입하고 북한과 직접대화를 통해 남북기본합의서를 체결했다는 것이다. 적극적인 외교라는 자평이다(노태우, 2011: 384)

철학적 기반뿐 아니라 실제적 관점에서 북방정책은 시간적 장기성과 공간적 포괄성을 추진하는 외교대전략의 차원을 지향한 측면이 있다. 노 대통령은 북방정책의 특징과 의미를 논하면서 4가지를 지적한다. 첫째, 북방정책이라는 큰 그림 안에서 철학과 전략을 갖고 추진했다는 것이다. 둘째, 국민적 동의를 얻어가면서 추진했고 국회의 동의도 구했다고 쓰고 있다. 셋째, 북방정책은 상대국에게도 도움이 되어 소련의 대북 무기 경협중단은 전쟁위험성을 줄였고 중국과 소련의 개입 가능성도 함께 줄였다고 평가한다. 넷째, 북방정책을 일시적이거나 즉흥적으로 추진하지 않고 큰 틀을 설정하고 추진했다고 보고 있다. 소련, 중국, 남북관계 등을 종합적으로 고려하여 추진했고 구체적 목표와 효과를 철저하게 분석했다는 것이다(노태우, 2011: 431~432).

이 과정에서 노태우 정부는 한국외교를 종래의 추종외교에서 자주외교로 전환시켰다고 정의하며 이러한 자주적 측면이 북방외교에 내재된 기본철학이라는 점을 강조한다(노태우, 2011: 432). 이러한 논의는 당시 북방외교팀을 이룬 인사들에서도 공유된 것으로 보인다. 김종휘 전 외교안보수석은 박정희 행정부 이후 한국이 항상 능동적 외교를 강조했지만 많은 제약 때문에 수동적일 수밖에 없었다고 평가한다. 주한미군 감축 시도에 대한 반응, 원조삭감에 대한 반응, 국내 정치상황에 대한 해명 등이 주요 문제였고, 강대국의 외교 어젠다에 영향을 주는 능동외교는 어려웠다는 것이다. 그러나 북방외교에 접어들면서 좀더 자주적인 외교를 지향하는 것을 목표로 했다는 점에 노 대통령과 같은 견해를 보인다(노태우, 2011: 48~49).

외교대전략으로서 북방정책의 목표와 단계

어떠한 외교정책이 외교대전략의 차원을 가지기 위해서는 국가전략과 일치하는 장기적이고도 명확한 목적을 지녀야 한다. 냉전기 한국외교가 남북관계에서의 우위를 점하고 북한과의 군사적, 외교적 대결에서 승리하는 것이었다면 냉전종식 이후 한국은 진정한 의미에서 통일을 지향하고 통일 한국의 외교전략을 고민할 수 있는 상황에 놓였던 것이 사실이다. 이러한 점에서 북방정책은 대북전략과 통일전략을 넘어 동북아시아, 더 나아가 세계 차원의 외교지평을 인식하기 시작한 산물이었다는 점은 이전 행정부와 구별되는 측면이다.

노 대통령 본인은 북방정책의 목표에 대해 가장 포괄적인 정의를 내리고 이를 회고록에서 나타낸다. 노 대통령은 북방정책의 당면목표와 최종목표를 다음과 같이 설정한다. 즉, 당면목표는 남북한 통일이고 최종목표는 우리의 생활, 문화권을 북방으로 넓히는 것이었다고 밝힌다. 좀더 구체적으로 지금의 연변, 연해주 지역까지 우리의 생활, 문화권을 확대하자는 것이다. 우리의 생활, 문화권을 넓히면 동북아의 변방국가가 아니라 명실공히 중심국가로서의 위상을 갖출 수 있을 것이라고 생각했다는 것이다.

이를 실현하는 단계도 논의하는데, 북방정책의 3단계를 구별한다. 즉, 1단계는 여건 조성단계로 소련, 중국, 동구권과 수교하는 단계다. 1차 목표를 소련, 2차 목표를 중국으로 삼아 북한을 완전히 포위하자는 것이다. 2단계는 남북한 통일로 남북기본합의서가 이를 위한 하나의 성과라고 평가한다. 3단계는 북방정책의 최종목표로 한국의 생활, 문화권을 연변, 연해주 등으로 확대시키는 것이다. 영종도 국제공항, 서울-부산 고속철도, 이후 유럽까지의 연결 등이 이에 기반을 둔 것이라고 말한다(노태우, 2011: 141~142).

이러한 논의는 북방정책이 비단 북한을 대상으로 한 외교전략이 아니라 향후 동북아에서 통일한반도의 지위와 정책까지 포괄하는 전략이었다는 점을 보여준다. 이를 이룰 수 있는 실질적인 정책자원이 있는가의 문제와는 별도로 한국외교전략 목적의 지평이 구체적 정책을 통해 확대된 분기점이 이루어졌다는 점을 알 수 있다.

북방정책의 목표에 대한 노 대통령의 견해는 김종휘 수석의 견해와도 상통한다. 김 수석은 북방정책의 목표를 다음과 같이 설명한다. 첫째, 돈을 덜 쓰면서 대외안보를 증진한다는 것이다. 북한의 장비가 개선되는 통로인 소련과 중국의 지원을 막고, 중국과 소련의 자동개입조항을 약화시키는 결과를 가져올 수 있다는 것이다. 둘째, 외교능력의 확대로 기존의 외교범위가 미국, 일본, 서구에 한정되었다면 이제는 소련, 중국, 동구권으로 확대되고 40개국과 국교를 정상화하였다는 것이다. 셋째, 교역시장의 확대로, 미국, 일본, 서구를 넘어 중국, 소련 등 방대한 시장을 새로이 개척했다는 것이다. 넷째, 남북관계 개선으로 대화가 본격화되었다는 것이다. 다섯째, 통일환경 조성으로 주변

4강의 지지를 확보하고 통일의 전초작업을 이루어냈다는 것이다(국사편찬위원회, 2009: 51~54). 이 경우 다만 노 대통령이 한국의 생활문화권 확대를 거시적으로 논하는 데 비해 김 수석은 좀더 실용적인 목표를 설정했다.

반면 박철언 전 정무장관은 북방정책의 목표를 다음과 같이 정의한다. 첫째 반쪽 외교로부터 세계를 무대로 하는 전방위 외교, 둘째 공산권과 북방으로 경제활동의 발전무대를 확장, 셋째, 북한의 우방과 외교관계를 수립하고 북한에 대한 맹목적 지원을 끊어 평화적 통일을 위한 환경을 조성하는 것 등이다. 더불어 박 장관은 북방정책의 5대 원칙을 다음과 같이 기술한다. 첫째, 북한의 고립화를 추구하지 않는다. 둘째, 통일정책과 연계해서 추진한다. 셋째, 정치와 경제를 연계해서 추진한다. 넷째, 미국 등 우방과의 기존 유대관계를 바탕으로 추진한다. 넷째, 국민적 합의하에 추진한다. 또한 평화통일을 지향하는 과정에서 흡수통일 상황을 배제하지는 않았지만 목표로 설정하지는 않았다고 말하였다. 북방정책은 대북한 평화통일정책과 대북방외교정책의 복합적 개념이라는 것이다(국사편찬위원회, 2009: 88~89). 이러한 논의 역시 노 대통령이 말하는 생활권 확대 외교까지 나아가지는 않지만 전체적으로는 대북, 통일정책을 넘어서는 외교지평을 논의한다는 점에서 공통점이 있다.

북방정책의 역사적 기원에 대해서는 주요 인사별로 약간씩의 차이를 보인다. 노 대통령은 북방정책의 기본구상이 1970년대로 거슬러 올라간다고 쓰고 있다. 1973년 박정희 대통령이 6·23 선언을 발표할 당시부터 남북문제에 대한 고민이 시작되었다는 것이다. 역사적으로 북한에 뒤지던 1960년대까지 남북 간의 격차를 어떻게 줄일 것인지, 독자적인 힘으로 나라를 어떻게 지킬 것인지가 중요한 문제였고 북방정책은 이러한 고민의 역사적 산물이라는 것이다(노태우, 2011: 135). 또한 북방정책의 입안과정에서 양독관계가 모델이 되었고 서독처럼 국력에서 앞서는 것이 첫 번째 단계라는 생각이 강하게 있었다는 것이다(노태우, 2011: 136).

박철언 장관 역시 북방정책의 기원이 박정희 대통령 시대의 7·4 남
북 공동성명과 1973년의 6·23 선언이며, 용어는 이범석 외무장관이
1974년에 처음 사용했다고 말한다. 이후 전두환 대통령의 남북한 당국
최고책임자 상호방문, 대북 대화제의와도 연계시킨다. 박철언 장관은
이미 1985년에서 1988년 3월까지 국가안전기획부 부장 특별보좌관으
로 재임할 시절부터 북방정책의 원안을 가지고 있었다고 구술한다. 북
방정책을 고려하는 과정에서 1985년 7월 대북한 비밀접촉을 담당하고
7·7 선언을 준비하였다는 것이다(국사편찬위원회, 2009: 84~89).

반면 김종휘 수석은 전두환 정부에서 노태우 정부로 북방정책 관련
인수인계 사항이 없었고, 업무의 연속성도 없었다고 구술한다(국사편
찬위원회, 2009: 66~67).

이상의 논의를 볼 때, 6·23 선언으로 할슈타인 원칙을 포기하고 보
다 적극적인 북방외교를 추구한 역사적 맥락을 중시한다는 것은 중요
한 점으로 보인다. 그러나 이를 구체적인 외교전략의 목적으로 정착시
키고 가용한 정책자원을 마련한 후, 장기적인 외교목표로 설정하는 것
은 쉽지 않은 작업이다. 노태우 정부에 들어 국내외의 호조건이 마련
되면 이러한 역사적 선례들이 자연스럽게 연결된 것으로 보아야 한다.

중견국 외교의 선례로서 북방정책

21세기 전반기 한국 외교의 중요한 과제는 중견국 외교의 확립이다.
과거 행정부에서 중견국 외교의 요소들을 가지고 이를 추구한 노력들
을 재평가하여 발전시키는 것이 매우 중요한 일이 된다. 노태우 정부
는 기존의 약소국 외교를 넘어서려는 노력을 기울였다. 민족자존과 자
주성, 적극외교 등의 개념이 이러한 의지를 반영한다. 약소국 외교와
중견국 외교의 근본적 차이점은 약소국 외교가 단기적, 직접적 이익을
추구하고 자신이 속한 지역의 구조적 상황에 아무런 영향을 발휘하지

못하는 반면, 중견국 외교는 보다 장기적, 간접적 이익까지 고려하며 자신이 속한 국제체제의 전반적 운용과 구조적 요건에 목소리를 내고자 한다는 것이다. 물론 강대국 외교처럼 이를 직접 실현할 수 있는 정책자원을 결여하지만 다양한 노력을 통해 이를 실현하고자 한다. 이러한 점에서 북방정책이 남북관계에 관련된 정책의 측면을 가지고 있지만 동시에 지역의 외교관계, 더 나아가 세계 국가들과의 수교관계를 의식했다는 점에서 약소국 외교의 지평을 일정부분 넘어서고자 한다.

보다 구체적으로 중견국 외교론을 살펴보자면, 중견국 개념은 관계적, 상대적 개념임을 알 수 있다. 제국, 패권국, 강대국, 약소국 등이 나름대로의 절대적 권력지표와 국제체제 속에서의 지위, 임무, 기능을 포함하는 개념인 반면, 중견국은 중간개념으로서 명확한 절대적 개념이라기보다는 상대적 개념으로 보아야 한다. 즉, 강대국과 약소국 사이의 개념으로서 체제 속에서의 위치 스펙트럼이 넓고, 체제 내의 지위가 중견국 외교의 임무와 운명을 결정하기에 어려움이 있는 개념이다. 구조주의적 신현실주의의 측면에서 논한다면, 구조적 제약요건이 제약의 의미를 가질 뿐, 외교정책을 구성하는 부분이 가장 적은 사례가 중견국이다.

따라서 중견국 자체의 외교임무 설정, 내부적 합의와 상황이 중요한 변수로 떠오른다. 더불어 중견국 외교력은 실체적 개념이라기보다는 과정적이며 특징적인 개념이다. 흔히 중견국의 외교는 틈새외교(niche diplomacy)이며, 전략적 목적이 설정되어 있기보다는 전술적 과정에 의해 특징지어지는 외교다.

북방정책의 경우 약소국 지위에서 중견국 지위로 발돋움하는 시초에 입안된 정책이다. 따라서 중견국 외교로서 실체를 가진다고 보기는 이르지만, 전체 과정에서 지역과 세계의 국제정세를 인식하고 관련된 목적을 추구했다는 점에서는 차별화되는 모습을 보인다.

북방정책의 국내외 환경과 정책자원

지구적 · 지역적 세력균형의 변화와 북방정책

한국은 국제정치구조를 바꿀 수 있는 행위자로서의 힘을 결여하고 있는 것이 사실이다. 1980년대 말에는 더욱 그러하였다. 그러나 국제정치구조가 근본적인 변화를 겪을 때 상대적으로 약소한 나라가 독자적 외교를 펼 수 있는 공간이 마련되기도 한다. 냉전종식 즈음과 직후의 기간은 구소련이 몰락하고 사회주의권이 붕괴되며 미국 주도의 패권적 국제질서가 아직 자리를 잡기 이전의 시기였다. 외교사의 흐름에서 볼 때 전후 처리과정은 많은 일들이 한꺼번에 발생하는 과정으로 다양한 결정이 내려지는데 이와 같은 격변의 시기에 중견국들은 새로운 기회를 접하게 된다. 냉전이 종식되면서 이른바 패전국인 소련과 구공산권에 대한 지위 문제, 새로운 각 지역의 질서수립 문제, 약소국에 대한 공동관리 문제 등이 대두하였다. 한국은 승전국인 미국의 동맹국으로서 동아시아의 세력판도에서 새로운 기회를 추구할 수 있는 구조적 기회를 가지게 되었다.

여기서 중요한 것은 냉전 초의 국제관계의 성격이 비패권적 단극체제였다는 사실이다. 아직 미국이 미국 중심의 질서를 완전히 수립하기 이전에, 힘의 배분상태에서만 단극을 이루었던 것이다. 이러한 상황에서 미국이 좌지우지할 수 있는 여건이 아직 형성되지 않았고, 미국의 동맹국으로서 한국은 많은 외교자원을 가지고 비교적 독자적으로 외교를 추진할 수 있었던 것이다.

개념적으로 단극체제는 패권체제 혹은 제국체제와 다르다. 단극체제는 국력의 배분에 관한 개념이고, 패권 혹은 제국은 정치적 관계와 영향력의 정도에 관한 개념이다. 국제정치에서 극을 이루는 국가는 자국의 목적을 성취할 수 있는 자원과 능력을 특별히 많이 소유하는 국가이며, 흔히 인구, 영토, 자원, 경제력, 군사력, 조직적, 제도적 능력 등 국력 요소에서 다른 국가들을 압도하는 국가이다. 단극체제는 이러한 극의 국가가 하나만 존재하는 국제체제를 지칭한다(Ikenberry & Mastanduno & Wohlforth, 2009: 4).

노태우 정부의 국제환경은 양극체제에서 단극체제로 이행하는 시기 였다. 그러나 미국의 부시행정부가 아직 패권체제를 본격적으로 이루 기 전이며, 패권체제의 대전략은 클린턴 행정부의 관여와 확대 전략으 로 본격적으로 추진되었다고 볼 수 있다.

냉전기 한국의 안보외교는 양극적 세력배분구조라고 하는 엄연한 국 제정치의 세력배분구조의 투입요소를 거부할 수 없었다. 냉전은 단순 히 초강대국 간 세력다툼, 그리고 이에 따른 양극적 동맹구조에 그치 지 않았다. 양 진영이 자유민주주의 대 공산주의의 이념, 체제적 대립 구도를 명백히 함에 따라, 각 진영의 정체성을 구성하는 사회문화적 대립구도를 낳았다. 남북한에서도 냉전의 물리적 구조가 오랜 시간 동 안 뿌리내리면서, 남북한인들의 정체성에도 막대한 영향력을 미치게 되었다. 하나의 민족이라는 민족적 정체성보다, 냉전적 이데올로기의 정체성이 강화되면서, 국가의 안보이익을 구성하는 인식과 인지과정 또한 변화하게 되었다. 물리적, 문화적으로 강화되는 냉전구조 속에서 정부와 사회 요소는 모두 남과 북의 경쟁과 대결, 그리고 각 진영의 초강대국과의 관계강화를 추진하는 안보외교 전략의 기조로 연결되었 다. 물론 부분적인 한미안보갈등, 동맹유지갈등 같은 갈등요소가 존재 하였다. 그러나 이러한 갈등은 냉전구조가 부과한 전략적 상한선을 넘 지는 않았다.

이러한 맥락에서 냉전의 종식은 한국외교에 기회의 창을 열어주었 다. 노 대통령은 공산권의 붕괴, 즉 냉전의 종식시기와 북방정책이 맞 물린 것은 행운이었다고 쓰고 있어 국외적 조건의 중요성을 논한다. 즉, 1980년대에 성숙되었던 여러 조건들이 1989년에 집중적으로 모이 고 이어지면서 국제공산주의는 종말을 고하게 되고, 한국의 민주화와 공산권의 붕괴라는 이중의 전환기 속에서 기회를 이용하는 것이 중요했다는 점을 역설한다(노태우, 2011: 156~157).

국내적 요인으로서 경제발전과 정치발전, 민주화

북방외교가 냉전종식이라는 호조건 속에서 추진되었더라도 이를 추진할 수 있는 정책자원이 없었다면 지속되기 어려웠을 것이다. 북방외교를 일정부분 가능하게 한 국내적 조건은 경제발전으로 인한 국력확보와 민주화로 인한 국내정치의 안정이다.

노 대통령도 모든 외교는 내치의 성공을 딛고 나서야 목적을 달성할 수 있다고 평하며 북방외교를 뒷받침한 두 기둥은 서울 올림픽의 성공과 한국의 민주화였다고 말한다. 서울 올림픽은 한국의 발전된 경제력을 세계에 알리는 계기이자 개도국 외교의 힘이 되었다고 적고 있다. 또한 올림픽은 민주화운동이 과격하게 치닫지 않게 한 제동장치였는데, 민주화 세력은 올림픽 성공에 대한 공감대를 가졌다고 쓰고 있다. 올림픽의 성공과 평화적 민주화에 대한 높은 평가가 외교의 중요한 자산이 되었다는 것이다(노태우, 2011: 156).

이러한 요소들은 주로 소련 및 중국과의 외교에서 긍정적 요소로 작용했음을 알 수 있다. 노 대통령은 소련이 한국과의 수교에 적극적으로 나서게 된 원인은 1988년 서울 올림픽의 영향과 7·7 선언이었다고 평한다(노태우, 2011: 192).

김종휘 수석 역시 북방정책이 추진될 당시 국내조건이 호조건을 가지게 되었다고 보고 있다. 첫째, 민주화로 정치적 부담이 줄어들었다는 점이다. 대통령 직선제를 통해 3김과 정상적인 방법으로 경쟁하여 대통령으로 당선되었기 때문이다. 둘째, 한국 경제의 발전이라는 조건이다. 한국이 경제약소국일 당시 한미관계의 주요 내용은 원조삭감 혹은 증원이었지만, 경제가 발전하면서 소련과 중국 모두 한국의 경제력, 한국의 모델을 추구할 정도로 국제조건이 변화되었던 것이다. 셋째, 북한으로부터의 안보위협이 상대적으로 줄었다는 점이다. 전두환 정부를 거치면서 방위력이 상당히 증가되었고 한미관계도 돈독했기 때문에 안보위협이 감소했던 것이다(국사편찬위원회, 2009: 48).

사회세력과 북방정책의 관계

민주화의 발전과 한국이 추진한 올림픽과 같은 행사들의 성공이 소련 및 중국과 같은 외국으로 하여금 한국을 매력적인 파트너로 여기게끔 한 것은 맞는 말이다. 그러나 더 큰 시각에서 북방정책이 민주화라는 거대한 과정에서 어떠한 영향을 받고 이러한 흐름을 얼마나 소화했는지는 별도 평가의 문제이다. 북방정책은 시민사회 집단의 역동적인 대북, 통일정책의 요구를 부분적으로 수용하는 과정에서 에너지를 얻었다고 볼 수 있다.

흔히 민주화는 외교정책에 큰 변화를 가져오는 요소로 지적된다. 무엇보다 외교안보정책에 미치는 투입요소들의 상대적 중요성이 변화된다. 대통령 중심제를 택해온 한국의 경우, 대통령의 역할변수와 대통령 개인의 변수가 매우 중요한 외교안보전략의 투입요소로 작동하였다. 대통령의 신념체계, 외교안보에 대한 비전, 그리고 대통령의 국내 정치적 이익구조가 외교안보전략에 반영되었다. 그러나 민주화와 더불어 사회변수의 역할이 커지며 이를 적절히 반영하는 것이 필요한 일로 부상한다. 정부와 관련된 행위자 이외에 여론, 이익집단, 언론, 경제행위자들의 역할이 커지면서 외교안보의 지형이 근본적으로 변화한 것이다. 노태우 정부에서 본격적으로 추진된 민주화는 외교정책의 투입요소에 많은 변화를 가져왔다. 대북정책은 물론 강대국정책, 그리고 국방정책의 수립과 실행과정에 시민사회의 각 세력들은 많은 역할을 하기 시작한다. 외교안보의 적을 누구로 상정할 것인가, 강대국을 어떻게 인식할 것인가, 어떠한 정책수단을 사용할 것인가 등의 문제에서 시민사회는 독자적인 담론을 생산하고 기존의 안보관을 크게 바꾸어 놓았기 때문이다.

노태우 정부는 집권 이후 다양한 민주화운동의 요구에 부딪히게 되는데, 1988년 4·26 총선 결과 여소야대의 국회가 되었고, 12·12와 5·17, 전두환 정부와 깊숙이 연관된 노태우 정부의 정치적 기반으로 문제는 악화되었다. 1988년 전반기에 발생한 대학생 시위는 개헌논의의 와중에 있던 1987년 전반기에 비해 횟수는 1.8배, 참가인원은 1.7배, 최루탄 사용은 1.8배나 되었다. 주된 이슈는 남북학생회담 추진, 주한미군 철수를 포함한 반미운동, 전두환 전 대통령 부부 구속 및 5공 비리척결 등이었다. 민족주의 담론, 대미관계 재정립, 88올림픽 공동개최, 권위주의 체제와 분단 체제의 관계, 민족문제에 대한 재인식, 외세에 대한 관계재정립, 평화적 민족통일의식 고취 등이 이러한 운동의 기반이 되는 인식이었다. 이와 같이 빈번한 시위와 여소야대의 상황에서 외교정책의 성공이 국내 반대정치세력에 대한 정당한 정책수단으로 활용될 수 있었으며, 이는 노태우 정부의 북방정책을 더 적극적으로 추진하게 만든 하나의 요인이었다.

노태우 정부가 출범하기 전후의 상황으로서 6월 민주항쟁과 이후의 민주화운동은 민주주의와 반공이데올로기의 결합, 분단 고착화, 국가주의적 민족주의 등을 총체적으로 극복하려는 움직임이었다. 그리고 한국 사회의 민주화라는 과제는 자연스럽게 민족·민주적 성격을 강화하는 한편, 반민주적 정치·사회구조를 극복하기 위해서는 분단체제를 극복하고, 통일운동이 전개되어야 한다는 인식으로 확산되었다. 군부종식, 권위주의 정권 청산이라는 과제가 결국에는 남북관계, 대외관계의 변화와 맞물려 있으며, 민족주의 담론과 연결되어 있다는 결론으로 나아가게 된 것이다. 이후 민족주의 담론은 탈냉전이라는 국제상황과 연계되어 민주화요구와 대북, 통일문제로 접근하게 된다(박현채·백낙청·양건·박형준, 1988).

민주화 과정에서 발생하는 정책환경의 변화는 6월 민주항쟁에 즈음하여 벌써 나타나기 시작한다. 민주헌법쟁취국민운동본부가 제시한 1987년 5월 발기문은, "… 진정 국민이 주인이 되는 민주사회를 건설하고 민족통일을 성취하는 길로 나아가야 한다고 선언"하여 민주와 통일의 연결성을 보인다(김수자, 2006: 52). 또한 민주통일민중운동연합은, 1987년 1월에 "민족을 갈라놓고 남의 땅을 핵기지로 만든 채 사실상 종주국 행세를 하는 외세를 몰아내고 이 나라가 다시는 외세와 독재자의 손아귀에서 놀아나지 않도록 지켜나가는 것, 이것이 바로 우리의 역사적 이정표"라고 선언하여 남북관계뿐 아니라 한국의 대외관계와 민주화가 긴밀히 연결되어 있다는 인식을 보인다.

민통련이 6·29 민주화 선언 이후 7월, 의장단 공동기자 회견문에서 논하는 것을 살펴보면 이러한 인식이 정리되어 제시된다. 즉, "민족분단이 외세에 의한 내정간섭과 군부독재 통치의 근원이며 명분이기에 진정한 민주주의의 실천은 오로지 민주사회에서만, 자유로운 민중에 의해서만 가능하고 이는 곧 민족통일로서 완성된다. 현 단계에서 가장 긴요한 민족사의 과제는 자주적 민주정부를 국민의 힘으로 세우는 것 … 민족사의 발전을 바로잡는 길은 모든 외세로부터 자주적이며 국민에 의해 선택되는 민주정부를 수립하는 것이며, 자주적, 민주적 정부의 수립은 곧 민족통일의 첫걸음이다." 결국 분단과 외세의 내정간섭은 군부통치를 가능하게 한 조건이기에, 분단과 외세의 문제를 해결하지 않으면 한국사회 민주화의 목표는 달성되기 어렵다는 것이다. 국내 민주화와 대북, 국제관계가 연결되어 있다는 인식을 보여주는 것으로, 이는 이후의 구체적인 행동으로 이어진다.

변화된 민족, 통일담론은 결국 정부의 통일정책에도 큰 영향을 미치게 되고, 노태우 정부는 1989년 9월 11일 발표된 〈한민족공동체 통일방안〉을 발표한다. 정부는 통일의 3대 원칙으로 '자주·평화·민주'를 제시한다. "통일로 가는 중간단계로서 먼저 남과 북은 서로 다른 체제가 존재한다는 현실을 바탕으로 … 공존공영하는 민족사회의 동질화와 통합을 추진"하겠다는 것이다. 동시에 "사회, 문화, 경제적 공동체를 이루어 나가면서 남북 간에 존재하는 각종 문제를 해결한다면 정치적 통합의 여건은 성숙될 것"이라고 간주한다.

이를 구체적으로 살펴보면 첫째, 남북은 남북대화의 추진으로 신뢰를 회복하는 가운데 남북정상회담을 통해 '민족공동체헌장'(남북연합헌장)을 채택하고, 둘째, 군사분야에서 과도한 군비경쟁을 지양하고 무력대치 상태를 해소하기 위해 군사적 신뢰구축과 군비통제를 실현하며, 셋째, 남북의 공존공영과 민족사회의 동질화와 민족공동생활권의 형성 등을 추구하는 과도적 통일체제로서 '남북연합' 단계를 설정하며, 넷째, 남북은 통일헌법이 정하는 대로 총선거를 실시하여 통일국회와 통일정부를 구성함으로써 완전한 통일국가인 통일민주공화국을 수립한다는 것이다.

권위주의 시대의 발전 및 국가 주도의 민족담론에서 남북을 포괄하는 민족 및 통일과의 연관 속에서 새롭게 민족을 정의하는 변화는 남북 당국자들 간의 남북기본합의서에서 정점을 이룬다. 여기서 "남과 북은 분단된 조국의 평화적 통일을 염원하는 온 겨레의 뜻에 따라, 7·4남북공동성명에서 천명된 조국통일 3대원칙을 재확인하고, 정치군사적 대결상태를 해소하여 민족적 화해를 이룩하고, 무력에 의한 침략과 충돌을 막고 긴장완화와 평화를 보장하며, 다각적인 교류·협력을 실현하여 민족공동의 이익과 번영을 도모하며, 쌍방 사이의 관계가 나라와 나라 사이의 관계가 아닌 통일을 지향하는 과정에서 잠정적으로 형성되는 특수관계라는 것을 인정하고, 평화통일을 성취하기 위한 공동의 노력을 경주할 것을 다짐"하고, 상대방의 체제를 인정하고 존중하며, 상대방의 내부문제에 간섭하지 않기로 한다.

이와 같이 북방정책은 민주화 과정에서 분출되는 시민사회 집단의 대북, 통일정책 제안을 한편으로 받아들이고 한편으로 비판하면서 동력을 얻고 내용도 가다듬어 나가는 모습을 보였다.

북방정책의 이론적 가정과 구성요소

북방정책의 이론적 가정

앞서 논의했듯이 대전략의 구체적 구성요소들은 국제정치를 바라보는 이론적 가정을 기반으로 이루어진다. 북방정책 역시 당시의 국제정치를 바라보는 정책결정자들의 이론적 가정에 기반을 둔다.

북방정책 입안자들은 기본적으로 현실주의 국제정치 가정을 가진다고 평가할 수 있다. 첫째, 국가중심의 행위자 가정을 가지고 있다. 정부가 주도하여 대북, 통일, 지역전략을 수립하고 사회를 이끌어 나가야 한다는 가정을 실현하고자 한 것이다. 앞서 살펴보았듯이 민주화 시대를 맞이하여 사회의 요구에 부응하고자 한 것은 사실이지만 사회 차원의 교류나 협력이 국제정치를 이끌 수 있다고는 생각하지 않았다. 경제교류 등 시장의 논리가 동아시아 지역정치에 영향을 미칠 수 있다고 부분적으로 생각했지만 국가가 주도하는 국가전략의 자원으로서 경제력을 평가했기 때문에 기본적으로는 중상주의적 태도를 견지했다고 볼 수 있다.

둘째, 동아시아 국제정치가 기본적으로 세력균형에 의해 움직이기 때문에 힘이 가장 중요한 요소라는 가정을 고수했다. 특히 남북관계에서 북한은 여전히 공산주의 협상전술을 사용하며 오로지 힘이 열세에 처해 대안이 부족할 경우에만 양보한다는 가정을 견지했다. 따라서 남북관계를 힘의 관계가 가장 우선하는 관계로 인식하는 현실주의 태도를 보였다.

셋째, 주변국들과의 관계에서도 이익에 의한 관계의 조정이 가장 중요하다는 생각을 가지고 있었다. 소련 및 중국과의 수교과정에서 한국의 경제력, 국제적 위상이 강화됨에 따라 이들 국가가 수교의 필요성을 느낄 것이라고 가정하였고 결국 국가 간의 공동이익이 행동의 변화를 가져온다고 생각했던 것이다. 심지어 북방정책 입안자들은 미국에 대해서도 강한 민족주의 정서를 표출하기도 하였는데 한미관계 역시 공통의 정체성보다는 상호이익에 의해 맺어지고 앞으로 변화해 나갈 관계라는 인식을 표출한다. 따라서 서로의 이익을 계산하여 한국이 원하는 정책목표를 이루어야 한다고 생각한 것이다.

넷째, 이러한 현실주의적 가정에도 불구하고 부분적으로 시장과 다자주의 논리에 의해 협력의 가능성이 증폭될 수 있다는 자유주의적 인식을 보이기도 하였다. 노태우 정부의 행위자들은 한국의 경제력과 민주화의 성과가 타국에게 매력적으로 보인다고 자평하였으며 이 과정에서 경제적 상호의존에 대한 기대가 증폭되어 국가 간 안보경쟁이 완화될 수 있다고 생각했다. 소련 및 중국이 한국의 경제력에 대한 기대를 높게 가지면서 이들과의 수교는 물론 상호의존 관계가 돈독해질 수 있다고 믿었던 것이다. 남북한의 UN 동시가입 노력 역시 다자주의 규범에 대한 부분적 기대를 보여주는 대목이다. 북방정책 입안자들은 다자주의 혹은 지역주의에 대해서 그다지 큰 기대를 걸지는 않았다. 개별 국가들, 특히 강대국에 대한 외교가 가장 중요하다고 생각했기 때문이다. 그럼에도 불구하고 UN에 동시가입하여 남북한 관계를 지구적 규범에 의존하여 추진하는 것이 일정한 의미가 있다는 기대를 가졌던 것은 사실이다.

북방정책과 대미, 대일 정책

북방정책에서 대북, 통일 정책이 핵심을 이루지만 주변국과의 관계 정립 역시 매우 중요한 부분이다. 노태우 정부는 미국, 일본과의 관계를 돈독히 하고, 소련 및 중국과 수교하여 북한을 압박하는 정책, 그리고 북한이 궁극적으로 개혁개방의 길로 나오고 통일에 찬성하도록 하는 정책을 추진했다.

미국과의 관계에서 한국은 대북정책의 성공을 위해 한미관계의 협력적 측면을 강조한 것이 사실이나 냉전종식과 더불어 미국으로부터의 자율성과 자주적 입장을 강조한 것도 특기할 만한 일이다. 노태우 대통령은 민족자존의 관점에서나 신장된 국력, 군사력, 역할 등을 감안할 때 한국군의 작전통제권 행사도 새로이 검토될 필요가 있다고 보고 평시작전통제권을 이양받았다는 점을 강조한다(노태우, 2011: 400).

북한문제에서도 남북기본합의서뿐 아니라 비핵화 공동선언까지 한국이 직접 주도했다고 평가한다. 북방정책 입안 이후 북미관계를 돌아보면 7·7선언 이후 미국 정부는 대북 직접대화를 검토했고 1988년 12월 5일에 시작되었다. 이후 1993년 9월까지 34회의 접촉이 있었지만 실질적 협상은 없었다. 한 차례 고위급 협상이 있었는데 캔터 미국무부차관과 김용순 대남담당 비서의 회담이었다. 노태우 정부는 미국을 통해 남북한 당사자 원칙을 전달하려 애썼다고 말하고 있어 대북전략에서 한국이 미국의 역할을 한정하려고 노력했던 점을 알 수 있다(노태우, 2011: 280).

김종휘 수석 역시 노태우 정부 시기 한미관계는 이전과는 질적으로 달랐다고 평가한다. 전체적으로 한국이 선도하고 미국이 지원하는 역할을 담당했으며 쟁점분야에서 한국의 입장이 반영되었다고 보고 있다. 방위비 분담금을 지불하면서, 광주 미문화원 반납, AFKN 채널 반납 등의 성과를 이루었고 평시작전권 환수작업이 본격적으로 시작되었으며, 용산기지 이전문제 협상도 시작되었다는 것이다. 김 수석은 미국이 남북상호핵사찰과 남북대화에 "끼어들려고" 했다고 회고하면서 노태우 정부가 한국의 선도적 역할을 관철시켰다고 보고 있다. 또한 한미정상회담의 의제 선정에서 한국이 주도적 역할을 담당하는 등 자주적 입장을 지켰다는 것이다(국사편찬위원회, 2009: 49~51).

박철언 장관의 대미 인식은 가장 민족주의적인 색채를 띤다. 박 장관은 공산권과의 수교가 민감한 문제여서 미국과의 사전 의견조율은 상대적으로 약했다고 말한다. 헝가리, 소련, 중국과 접촉에 대해 미국에 미리 통보하고 의견을 구하지 않았으며 북방정책의 기본원칙과 공산권과의 접촉방식, 토의 요지 정도만 간단히 통보했다는 것이다. 헝가리와 수교할 때에는 이마저 생략했다고 말한다(국사편찬위원회, 2009: 93). 그러나 이러한 증언은 미국과의 긴밀한 협의가 선행되었다는 다른 고위인사들의 증언과 불일치하는 점이 많은 것도 사실이다. 박 장관은 민족자존과 자주입장에 의해 북방정책을 추진하였으며 미국은 북방정책을 주시하고 견제하기도 했다고 평한다. 또한 미국이 북방정책의 추진을 도왔다는 증언은 사실과 다르다고도 쓰고 있다. 미국과 사후협의는 이루어졌지만 박철언 장관은 기정사실화 전략을 사용했다고 논한다(국사편찬위원회, 2009: 94).

노태우 대통령의 회고 역시 이러한 대미 자주외교의 강조가 공유되고 있음을 보여준다. 노 대통령은 1990년 9월 마하티르 빈 모하마드 말레이시아 총리의 한국 방문을 소개하는 과정에서 미국의 고압적 태도에 대한 마하티르 총리의 발언에 공감하는 듯한 모습을 보인다. 또한 한국은 헝가리와의 수교 공식발표 48시간 전에야 미국 측에 통보해 주었고, 미국은 섭섭해 했다고도 전한다(노태우, 2011: 153).

그러나 이러한 자주외교의 입장과 대미협력을 공존하려는 노력을 지속적으로 기울인 점에도 주목해야 한다. 노태우 대통령은 미국과의 공동노력이 국익에 도움이 된다는 사실을 강조한다. 7·7선언 이후 소련, 중국과 직접대화채널이 없었기 때문에 미국에게 중개자 역할을 해달라고 부탁한 일을 소개한다(노태우, 2011: 146). 또한 북방정책의 최종목표인 시베리아, 연해주에 대규모 발전권역을 만드는 일은 한국의 힘만으로는 버겁기 때문에 미국과 컨소시엄의 형태로 추진하여 상호이익을 보장해야 한다는 견해도 피력한다(노태우, 2011: 434).

노태우 전 대통령은 북방정책에 대한 미국 언론들의 비판에 대해서도 언급한다. 1990년 당시 한국 언론들은 미국이 한국의 북방정책을 비판한다고 언급한 점이 있었고, 노 전 대통령은 김종휘 수석의 건의에 따라 한소수교도 급하지만 한미관계도 돈독히 해야 한다는 점을 의식했다고 쓰고 있다(노태우, 2011: 236).

일본과의 관계에서 별다른 큰 진전이 없었다고 평가할 수 있지만 북방정책에 대한 일본의 태도에 대해서는 신중한 견해를 보인다. 노태우 정부는 일본의 정책을 평하면서 일본 역시 자국의 이익에 따라 한국이 소련과 접근하는 것에는 매우 조심스런 태도를 보였고, 대중 접근에 대해서는 반대로 환영하는 태도를 보였다고 분석한다. 일본 여론이 전반적으로 놀라울 정도로 친중적이고 반소적이었다는 점도 주목된다(노태우, 2011: 261).

노태우 정부는 특히 북일 수교에 임하는 일본의 정책을 예의주시했다. 노 정부는 가네마루 신(金丸信)의 대북접촉에 대해 비판적 태도를 취했는데 노 전 대통령은 가네마루를 만난 자리에서 일본의 정책을 신문하듯 따졌다고 적고 있다. 노태우 대통령이 강조한 것은 첫째, 일본은 사전에 한국 정부와 상의해야 한다는 점, 둘째, 남북대화와 교류 진전과 연계해서 북일 수교를 추진해야 한다는 점, 셋째, 북한의 핵안전협정 가입이 일본에게도 유리하다는 점, 넷째, 수교 이전에 일본의 대북 배상이나 경협이 이루어져서는 안 되고, 배상과 경협의 경우 북한의 군사력 증강과 연계를 하지 않는다는 보장이 필요하다는 점, 그리고 다섯째, 북한이 개방과 국제사회협력을 하도록 노력해야 한다는 점이었다(노태우, 2011: 284).

노태우 정부는 다자주의적 협력에 대해서도 유보적 태도를 취했다. 노태우 대통령은 한반도 주변의 역학관계상 1988년 유엔연설에서 6자 동북아평화협의회 창설을 제안했지만 남북한 문제 해결은 양자 해결을 주장했다는 점을 강조한다. 다자간 협상을 받아들이지 않은 이유로서는 첫째, 주한미군, 핵문제 등의 안건은 양자 간 회담의 문제라는 점, 둘째, 6개국 간의 합의는 매우 어려울 것이라는 점, 셋째, 주도권 상실의 위험이 있다는 점 등이 지적된다(노태우, 2011: 281~282).

대소, 대중 전략

북방정책의 핵심을 이루는 전략의 하나는 소련과 중국에 대한 전략이다. 이른바 원교근공의 전략으로 이들과의 관계강화를 통해 한편으로는 새로운 지역질서를 조성하고, 다른 한편으로는 북한을 압박하는 전략을 사용한 것이다. 노태우 정부는 이들 국가들과 현실적 이익에 입각하여 새로운 관계를 맺는 것이 가능하다고 믿었다. 변화하는 국제정세 속에서 세력균형이 유리하게 작동하며 한국의 경제력을 바탕으로 정책자원이 마련되고 있다고 판단했기 때문이다.

우선 이러한 전략이 성공하기 위한 기본조건으로 한국의 국방력을 향상시키는 노력이 선행되어야 한다고 논의되었다. 노태우 대통령은 제6공화국에 들어와 처음으로 주권을 외부의 영향으로부터 자유롭게 행사하고, 국익 중심의 자주외교를 추진할 수 있는 환경이 만들어졌다고 평하면서, 우선 국방정책을 정비해 나갔다고 쓰고 있다. 즉, 국방정책의 기본방향으로 첫째, 군사력 증강을 위해 현대전에 맞는 군 구조 개편, 합동군 체제 정비, 율곡사업 추진, 둘째, 한미동맹관계 공고화를 위해 주한미군 철수논의, 인권문제 등을 딛고 민주화를 실현함으로써 진정한 동반자 관계, 특히 안보협력 공고화, 셋째, 북한에 대한 군사적 지원을 차단, 소련과 중국의 대북 군사지원 차단, 특히 최신무기를 공급할 능력이 있는 소련의 무기 공급차단이 목표였다. 특히 한소수교 이후 소련의 미그기가 한 대도 북한에 들어가지 못했다고 평가한다(노태우, 2011: 278~279).

대소, 대중 외교를 위해서 노태우 정부는 오랜 기간 동안 물밑접촉을 시도했다. 이 과정에서 김종휘 수석은 공식적·공개적인 외교, 안보사항을 관장하고 박철언 장관은 특사를 보내거나 비밀접촉을 해야 하는 비공식적인 이들을 관장하는 역할분담을 했다. 노태우 대통령은 전술적으로 소련과의 수교를 먼저 서두른 데에는 원교근공 전략이며, 북한과 가까운 공산권 국가들과 먼저 손잡고 나중에 북한과 관계를 개선한다는 전략이 중심이었다고 소개한다(노태우, 2011: 194). 노태우 정부가 소련과의 관계개선에서 가장 먼저 목표로 삼은 것은 국가안보 차원에서 북한에 대한 소련의 무기지원을 억제해야 한다는 것, 그리고 시베리아 동쪽의 무궁무진한 지하자원과 연해주를 개발하고 나아가 우리의 생활, 문화권을 확대해 나갈 수 있도록 해야겠다는 것이었다고 회고한다(노태우, 2011: 193).

이러한 노력은 결국 한소수교로 성공을 거두게 되는데 소련은 중국보다 근접도가 멀고 기본적으로 유럽국가여서 한반도에 대한 이해가 적고 한국과의 경제협력에 상당한 매력을 느꼈다(노태우, 2011: 194). 한소수교가 급진전되고 소련이 한국의 유엔가입을 지지해 준 것은 고르바초프가 내려앉는 자신의 권력기반을 회복하기 위해 탈냉전적 외교정책을 더욱 강화하던 시기였기에 가능했다고 평가될 수 있다(노태우, 2011: 201).

한소수교 과정에서 소련은 대북 군사협력이 한국과의 경협이 이루어지면 중단될 것이라고 약속했고, 이후 북한에 한 대의 전투기, 한 대의 전차, 한 기의 미사일도 전달되지 않는 성과를 거두었다. 한국의 안보는 14억 달러의 경협자금으로 몇 십억 달러, 몇 백억 달러에 해당하는 성과를 거두었다고 노태우 대통령은 자평한다(노태우, 2011: 217). 1995년 5월 노태우 정부 이후 '한·러시아 군사기술, 방산 및 군수협력 협정'이 가서명되어 러시아 군수업계는 한국에 대한 무기공급을 본격적으로 추진하게 되었다.

이 과정에서 대소 경협 30억 달러는 소비재차관 15억 달러, 뱅크론 10억 달러, 플랜트차관 5억 달러로 구성되어 있었다. 30억 달러 가운데 절반은 집행되고 나머지 절반은 집행되기 전에 구소련이 해체되고 독립국가연합이 창설되자 차관상환 보증문제가 해결되지 못해 잔여금에 대한 집행이 중지되었다. 한국 측은 러시아와 다른 CIS 회원국들이 채무상환에 공동으로 연대책임을 진다는 취지의 법적 문서를 제출할 것과 1991년까지 지불되던 이자가 1992년부터 지불되지 않는 데 대한 조치를 러시아 측이 취해야 한다고 요구했다. 이 2가지 조건이 충족될 경우 미집행의 소비재 차관 3억 8천만 달러어치를 즉각 선적하겠다고 통보한 것이 내용이다.

한소 국교정상화에 대한 노태우 전 대통령의 평가는 '우리의 힘이 우세해야 상대가 꺾인다'는 공산주의관에 충실한 것으로 묘사된다. 즉, 1990년 5월 24일 북한 최고인민회의에서 주한미군의 즉각적이고 전면적인 철수에서 한발 물러나 미군이 남한에서 한 번에 철수할 수 없다면 점진적으로 철수할 수 있을 것이라고 북한이 말한 사실을 든다. 또한 한소 정상회담 발표일인 5월 31일 이후 북한은 새로운 군비 축소를 제안하면서 종래처럼 한국과 미국을 비난하지 않은 사실 등을 든다(노태우, 2011: 221).

한소수교에 이어 한중수교 과정에서 노태우 대통령은 중국과의 경제적 관계, 한국의 UN가입에 대한 중국의 지원, 그리고 한중 간의 전면적 관계확대가 가지는 의미 등을 강조한다. 중국은 북한과 가까운 관계에 있었지만 한소수교가 이루어진 상황, 그리고 전 세계가 한국을 승인하는 상황 등을 고려해 볼 때, 중국도 한국과의 수교를 고려할 것이라고 계산했다는 것이다. 또한 UN가입 역시 한 차례 거부한 경력이 있기 때문에 이번에는 승인할 것이라고 생각한 점도 있다. 대만과의 문제에 대해 노 전 대통령은 한반도의 평화와 안전, 남북통일이라는 큰 그림에서 대만의 역할이 궁극적으로 한계가 있으며 중국은 엄청나게 큰 역할과 기여를 할 수 있었다는 판단을 했다는 점을 강조한다. 이미 한중수교 당시 대중 교역량은 대만과의 교역량을 초과하여 30억 달러를 넘어섰고, 가파른 상승세를 보였다. 2천만 인구 시장과 13억 인구의 중국시장의 비교였다고 본다. 결국 국가이익을 생각하는 차원에서 대를 얻기 위해 불가피하게 소를 희생시키지 않을 수 없었으며, 이는 전적으로 선택의 문제였다고 회고한다(노태우, 2011: 254~256).

대북, 통일 전략

노태우 정부가 추진한 북방정책의 가장 핵심적 지향점은 남북관계의 변화, 그리고 궁극적으로는 통일이다. 앞서 논의한 대로 노태우 대통령은 북한을 압박하여 개혁, 개방으로 이끌고 궁극적으로는 통일을 이룩하는 것이 주요 목적이라고 회고한다. 북방정책은 철저하게 현실주의적 남북관계에 입각하여 북한에 대한 압박의 수위를 높일 수 있는 외교적 고지를 선점하고자 하는 노력이었다. 통일 역시 평화적, 자주적 방법을 추구했지만 궁극적으로 흡수통일을 배제하지 않았음이 명백하다.

김종휘 수석의 증언을 보더라도, 북방정책이 궁극적으로 흡수통일을 염두에 둘 수밖에 없었다고 말한다. 물론 다양한 통일방안이 있어 특정 통일방안을 고려한 것은 아니지만 북한 붕괴 시 흡수통일의 가능성을 인식했다는 것이다. 김종휘 수석은 이 과정에서 북한의 장기적 고립을 의도하지는 않았지만 단기적 고립은 의도했다고 본다. 이는 불가피한 고립으로 장기적으로는 개혁, 개방을 향해 나가도록 유도하는 것이 최종 목적이었다고 보고 있다(국사편찬위원회, 2009: 54~55).

한편, 박철언 장관은 북방정책을 추진하면서 북한의 안보위협을 줄여주려고 노력했다고 말한다. 북방정책이 북한의 고립을 추구하는 정책이 아니며 교차승인과 UN 동시가입으로 북한의 안보위협이 줄 수 있다고 주장했지만 북한은 분단고착화를 이유로 거부했다는 것이다. 그러나 점차 북방정책에 대한 북한의 불안이 줄어들고 신뢰회복의 조짐이 있었다고 말한다(국사편찬위원회, 2009: 120).

남북한 문제는 남북한이 해결한다는 당사자 해결원칙을 강조한 점도 특기할 만하다. 노태우 정부는 남북미 3자회담도 반대했으며, 이를 중요한 성과로 여긴다. 이 원칙이 김영삼 정부 이후에 무너지고 말았다는 안타까움도 노태우 대통령은 피력한다(노태우, 2011: 279).

전쟁은 회피하되 경쟁에 의해 북한에 외교적 우위를 선점하려는 북방정책의 전략은 이미 이전 행정부들과 연속성을 가진다고 평가되어야 한다. 노태우 대통령 스스로가 1980년대 북한과의 외교경쟁, 비동맹외교가 북방정책에 이르는 하나의 중간점이었다고 평가한다. 북방정책은 이를 좀더 발전시켜 1차로 비동맹국, 그 다음에는 북한과 관계를 맺는 나라들, 즉 소련과 중국, 동구권까지 친해지자고 작정하고 평양으로 가는 길을 모스크바와 베이징을 통해 모색하기로 한 것이라는 구상이다. 특히 1990년 9월 마하티르 빈 모하마드 말레이시아 총리의 한국 방문을 통해서 본 것처럼 비동맹 외교의 중요성이 부각되었다. 결국 이러한 과정에서 전쟁을 통하지 않고 북한을 개방시켜 통일로 이르게 하는 것이 대북전략의 기본 개념임을 알 수 있다(노태우, 2011: 138~140).

7·7 선언은 물밑에서 추진한 북방정책을 국민과 전 세계에 천명한 것이라는 평가를 노태우 정부 스스로가 내린다. 7·7 선언의 과정 역시 북한에 대해 매우 현실주의적으로 접근한 것이라는 점을 알 수 있다. 냉전종식을 맞이하여 북한은 경제지원 등 생존에 필요한 환경을 마련하고 한국에 대해 유리한 외교적 입지를 차지하려고 노력했다(백학순, 2005: 205~207). 노태우 정부는 북한의 일관된 정책이 한국을 제외시키고 미국을 직접 만나 주한미군 문제와 평화협정 문제를 해결하겠다는 것이었고, 차선책은 남북미 3자회담을 열어 한국을 허수아비로 만들겠다는 정책이었다고 인식했음을 알 수 있다(노태우, 2011: 280). 이러한 상황에서 7·7 선언 이후 북한의 반응은 냉담했지만 결국 남북대화에 나서고 유엔 동시가입으로 돌아설 수밖에 없었다고 노태우 정부는 평가한다. 그리고 힘에 기초한 대화만이 북한을 변화시킬 수 있다는 증거였다고 적고 있다(노태우, 2011: 146).

남북한의 UN 동시가입 역시 남북관계를 국제기구의 차원에서도 함께 관리하려는 북방정책의 한 부분이다. 노태우 정부 이후에 UN 동시가입이 두 개의 한국을 출현시켰다는 비판이 있었지만 당시의 상황으로는 UN의 규범을 통한 한반도 문제의 관리 및 대북 압박이라는 실제적 성과도 생각할 수 있었던 것이 사실이다. 북한은 끝까지 동시가입을 반대하였지만 결국 한국의 안에 굴복한다. 긴 과정을 통해 북한이 남북한 단일의석 유엔가입을 포기하고 단독가입을 발표하게 되는데, 노태우 정부는 이를 국제정세와 힘의 관계에서 막다른 골목으로 몰려 40년 이상 고집해온 방침을 바꾼 것으로 본다. 노 대통령은 남북기본합의서와 함께 유엔동시가입이 대북 주도권획득의 성과물이었다고 본다. 남북한의 유엔가입으로 유엔이라는 새로운 대화창구가 확보되고 양측 모두 유엔규정을 준수해야 함으로써 사실상 남북 불가침선언 내지 불가침협정의 효과를 거두었다는 것이다(노태우, 2011: 388~389).

북핵문제는 북방정책 시기부터 중요한 문제로 부상하기 시작했고 이후 김영삼 행정부가 들어서면서 북방정책이 지속되는 것을 불가능하게 만든 어려운 뇌관이 된다. 노태우 정부는 북방정책의 성공을 위해 북핵문제를 너무 부각시키는 것을 회피했음을 알 수 있다. 다만 북방정책으로 우위를 점하는 상황에서 북한이 특별사찰을 받아들이고 개혁개방의 길로 나오도록 유도했음을 알 수 있다. 문제는 장기적으로 북방정책이 성공하면서 북핵문제를 함께 관리하는 것이 매우 어려운 것으로 판명되었다는 점이다.

노태우 대통령은 2가지 측면에서 북핵문제를 검토했다고 회고한다. 하나는 핵확산 금지가 미국의 기본적인 대외정책의 하나이므로 이를 감안했다는 점이고 다른 하나는 남북 당사자 간에 해결되어야 할 국내문제로 인식했다는 점이다. 핵개발이 남북 대치상태 속에서 생존과 직결된 문제이므로 북미 간의 직접대화는 반대한다는 입장을 견지했다는 것이다. 또한 미국의 전술핵 철수와 별개로 한국이 비핵화선언을 할 수 있었다고 평가한다(노태우, 2011: 366).

노태우 정부는 북한의 핵개발 명분을 제거하는 목적뿐 아니라 남한 내 미국 핵 배치의 부정적 측면을 차단한다는 의미에서 비핵화를 명백히 해야 한다고 판단한 것으로 보인다. 이 과정에서 한국이 핵 재처리 시설을 가지겠다고 하면 한미동맹 관계가 깨지는 것은 물론이고 북한, 소련, 중국, 일본이 가만히 있지 않을 것이 자명하다고 판단했다는 점을 알 수 있다. 이러한 상황에서 핵문제에 대한 노태우 정부의 입장을 비판하는 측은 상반된 두 측으로 갈라졌다. 일부 보수는 핵무장을 해야 하는데 포기했다고 비판하고, 일부 진보는 미국의 압력을 받아 포기했다고 비판한다는 것이다. 결국 노 정부는 1991년 11월 8일 '핵무기를 제조, 보유, 저장, 배치, 사용하지 않는다'는 한반도 비핵화선언을 하였다. 이는 북한이 핵사찰의 전제조건으로 내걸었던 남한으로부터의 핵무기 철수와 북한에 대한 핵사용 및 위협제거를 사실상 수용하는 것이었다.

노 전 대통령은 미국의 핵무기가 한반도에 존재하는 한 북한의 핵무기 개발에 반대하는 국제적 협력을 얻어내기 어렵다는 결론을 내렸다고 말한다. 따라서 북한의 핵무기를 없애기 위해 먼저 주한미군에 배치된 핵무기를 내보내야 한다는 생각을 하던 차에 부시 미대통령이 전 세계적인 전술핵무기 철수방침을 추진하고 나섬으로써 절묘한 타이밍을 잡은 것이었다(노태우, 2011: 369~373).

노태우 정부가 북방정책을 추진하는 과정에서 근본적으로는 현실주의적 대북관을 가지고 북한에 대한 압박의 수위를 높여나갔지만 핵을 통한 생존을 추구한 북한의 노력을 좌절시킬 만큼의 정책수단을 보유하지는 못했다. 비핵화선언을 하고 미국의 전술핵무기 철수를 확인하며, 1992년 남북 관계개선에 도움을 준다는 취지에서 한차례 팀 스피릿 훈련을 중단하는 등 전술적 유연성도 보였지만 이 역시 궁극적 해결책은 되지 못했다고 평가할 수 있다.

핵문제가 걸림돌로 작용하는 상황에서 노태우 정부의 대응은 결국 일정 수준의 압박일 수밖에 없었다. 노 대통령은 1992년 3·1절 기념사를 통해 북한이 국제 핵사찰 수용 등 기본합의서와 비핵화 공동선언을 조속히 실천하도록 촉구하고, 이후 북한이 핵문제에 대한 모든 의무를 성실히 이행하지 않으면 국제적 고립은 물론 남북관계도 어려운 국면을 맞을 것이라고 경고한다. 또한 북한이 기본합의서를 제대로 이행하지 않고 핵문제에도 성의를 보이지 않는다는 판단하에 1992년 말 팀 스피릿 훈련을 재개했다. 결국 1993년 초 북한은 모든 대화를 거부하고 연일 비난공세를 하다가 3월 핵확산금지조약을 탈퇴함으로써 북방정책은 종식된다.

글을 마치면서 : 북방정책의 비판적 평가

노태우 정부의 북방정책은 1992년 후반기 대통령 선거를 앞두고 정세가 변화하면서 사실상 맥이 끊긴다. 김영삼 행정부 출범 이후인 1993년 3월 북한은 핵확산금지조약을 탈퇴하고 본격적인 핵프로그램을 가동하는 한편, 한국과의 전쟁을 불사한다는 강경노선을 걷는다. 이른바 벼랑 끝 전술을 구사하면서 1차 핵위기를 발발한 것이다. 이후 1994년 10월 미국과 제네바합의를 이끌어 내 핵프로그램을 중단하는 대가로 경제지원을 받아 이후 북한의 생존을 모색한다.

북핵문제는 20년이 다 되어가는 현재까지 해결될 기미를 보이지 않는다. 북한의 개혁개방 역시 요원하며 그렇다고 북한이 붕괴될 조짐을 보여 한국이 흡수통일을 목표로 할 상황도 아니다. 통일을 향한 길은 요원하여 통일정책을 일관되게 추진하기도 어려운 형편이다.

노태우 정부 이후에 등장한 김영삼 정부는 북핵위기에 처하여 일관된 대북전략을 추진하는 데 많은 어려움을 겪었다. 미국과 북한이 직접 협상을 벌이는 동안 적극적인 대북전략을 추진하는 데에도 한계를 보였다. 결국 북방정책의 기본 내용이 유지되지 못한 것이다.

과연 이러한 문제는 북방정책의 한계인가, 혹은 그 이후 행정부들의 책임인가? 첫째, 북방정책의 기본전략이 행정부 간 연속성을 가지지 못한 것은 아쉬운 일이다. 북핵문제가 발발한 것이 북방정책의 결과인가, 혹은 이와 상관없이 북핵개발의 장기적 역사 속에서 보아야 할 것인가는 여전히 논쟁의 대상이다. 일례로 김종휘 수석은 북핵문제는 북방정책과 무관하게 이미 1960년대부터 시작된 연속성에서 보아야 한다고 주장하였다(국사편찬위원회, 2009: 67). 반면 박철언 장관은 1992년 후반 대통령선거가 본격화되면서 김영삼 후보가 좀더 강경한 대북전략을 추진하여 차별화를 꾀했다는 요지의 발언을 한다.

이러한 국내정치의 편차는 불가피한 일일 수도 있으나 북방정책을 통해 북한의 정권불안감을 누그러뜨리고, 개혁개방을 촉구하며 궁극적으로 통일을 향해 나아가는 대전략의 목표는 행정부나 당파적 이익을 초월해서 연속될 수 있도록 노력하는 것이 반드시 필요한 일이다. 북방정책의 입안자들은 5년의 행정부 임기 이후 북방정책의 대전략적 목표가 지속될 수 있는 토대를 만들기 위해 좀더 노력했으면 하는 아쉬움이 남는다.

둘째, 북한의 입장에서 북방정책은 정권과 국가체제에 대한 외교적 압박 수위를 높이는 정책이다. 북방정책이 성공하여 자신의 동맹국인 소련과 중국이 한국과 수교하여 고립이 증가되고 무기지원이 끊기며 경제관계가 약화되는 것을 수수방관할 수만은 없었을 것이다. 자신의 생존을 보장하기 위한 미국과 일본과의 수교협상도 진척을 보이지 못했다. 따라서 핵에 기반을 둔 위협에 의지하여 정권과 체제의 생존을 보장받으려는 유인이 커졌다.

북방정책의 입안자들은 북한에 대한 압박수위를 높이는 것이 대북협상의 성공에 이르는 길이라는 현실주의적 인식을 가졌다. 그러나 북한의 중장기적 전략을 예상하고 북한이 본격적으로 개혁개방의 길로 나갈 수 있는 조건을 심사숙고하는 데에는 한계를 보였다. 국제정치의 대격변이 있는 시기에 북한의 중장기적 생존을 예상하는 대전략적 고려가 어려웠을지라도 북한문제라는 포괄적이고 정치적인 문제 전체를 좀더 고려하여 북한이 핵에만 의존하지 않도록 하는 노력을 기울일 필요가 있었다.

셋째, 동북아에서 냉전체제가 종식되어 가면서 한국은 자주외교를 표방하고 주변국과의 관계에서 주도권을 최대한 보장받으려 했다. 이러한 노력은 당시의 상황으로 보아 반드시 필요한 일이고 특히 국내 민주화의 영향으로 불가피한 측면도 있었다. 특히 미국과의 관계에서 북방정책 입안자들은 기존의 대미 의존적 외교를 탈피하여 자주적으로 북방정책을 추진하고자 하였다. 일례로 노태우 대통령은 남북기본합의서가 타결되었음에도 불구하고 미국은 핵문제가 포함되지 않았다는 이유로 시큰둥했다고 회고한다(노태우, 2011: 333). 공산권과의 수교

과정에서 보인 한국의 독자적 행보도 이러한 경향을 대변한다. 미국 역시 냉전종식 직후 구체적인 리더십 계획을 만들기 이전에 한국의 행보를 주시하면서 지지하는 태도를 보인 것이 사실이다.

그러나 노태우 정부 이후 북핵문제를 본격적으로 다루고, 세계유일의 패권국으로서 비확산과 동아시아 문제에 더 깊숙이 관여하게 되면서 북한문제에 대한 영향력을 강화했다. 결국 제네바체제로 북핵문제를 양자적으로 관리하는 결과를 가져오게 되었다. 이러한 변화는 국제정세 전반의 변화와 맞물려 있는 것이 사실이나 북방정책 추진 당시 한미 간에 장기적 북한문제 해결을 둘러싼 정책 조율이 좀더 적극적으로 이루어졌으면 하는 아쉬움이 남는다. 미국은 이후에도 북한문제를 비확산의 문제로만 인식하여 한반도와 동북아 지역정치에 대한 깊은 이해를 결여하는 경향을 보였다. 북방정책이 탈냉전기 대북전략의 시원이라고 할 때 미국을 설득하면서 정책목적을 달성하는 국제공조체제를 좀더 확고히 했으면 하는 바람이 남는 것이 사실이다.

북방정책은 탈냉전기 20년을 거치면서 대북전략의 주요 구성요소들을 비교적 다양하게 내포했던 전략이다. 북한과의 협력을 한편에 두고, 북한을 압박하여 개혁개방 노선을 택하도록 하는 강경책을 다른 한편에 두고 있다. 이후 행정부들은 햇볕정책이라 불리는 화해협력 정책을 사용하기도 하고 엄격한 상호주의를 근간으로 한 원칙적 관여정책을 사용하기도 하였다. 문제는 이러한 다양한 요소들을 향후에 어떻게 조합하는가에 달려 있다. 사실 북방정책이 추진될 당시에는 여전히 상황이 유동적이었기 때문에 이를 이후의 어느 한 정책의 기원이라고 인식하는 것은 어렵다. 흔히 북방정책이 대북협력을 주장했다고 해서 햇볕정책과 유사하다고 논의되기도 하는데 이는 한계가 있는 시각이다.

김종휘 수석 스스로도 북방정책과 햇볕정책의 유사점과 차이점에 관해 논한다. 남북대화 교류증진, 긴장완화, 평화적 접근 등은 유사점이라 할 수 있지만 여전히 많은 차이점이 있다는 것이다. 즉, 남북대화의 계기를 마련하는 방식에서 김대중 행정부는 돈을 주고 대화를 시작했다는 점, 노태우 정부는 당사자 해결원칙을 고수한 반면, 김대중 행정부는 미국에 의존했다는 점, 상호주의 원칙으로 노태우 정부는 상호주의를 고수했다는 점, 노태우 정부는 국내적 합의에 기반을 두었지만 햇볕정책은 국민적 합의를 분열시켰다는 점, 우방과의 협조에서 한미, 한일관계가 노태우 정부 때에 더욱 공고했다는 점 등을 지적한다(국사편찬위원회, 2009: 56).

결국 북방정책으로 시작된 장기적 대북, 통일전략과 이를 뒷받침하는 지역전략은 이후에 보다 정교하게 발전되어야 할 한국 외교대전략 시도의 한 원형이라고 평가할 수 있다. 현재 진보와 보수로 나뉘어 대북전략을 둘러싸고 많은 논쟁을 벌이는 것도 반드시 극복해야 할 과제이며 시대적으로 매우 제한된 대립구도다. 소련 및 중국과의 수교 노력 역시 당시에는 대북전략을 위한 수단적 측면이 강했지만 이제는 중국의 부상 등 변화하는 지역구도 속에서 한국의 입지를 강하게 하기 위한 중견국 외교의 시원으로 인식할 필요도 있다. 한국은 향후 지구적, 지역적 중견국으로서 보다 장기적이고 적극적인 외교대전략을 수립하는 한편, 이를 뒷받침하는 정책자원을 마련해야 한다. 변화하는 국제정세가 한국에게 주는 외교적 활동공간을 정확히 인식하고 기회를 선점하여 국가이익을 달성하는 노력도 매우 중요하다. 이러한 노력이 민주화된 국내정치의 틀에서 강고한 국민적 지지를 받을 때 외교대전략은 일관성을 가지고 추진될 수 있을 것이다.

■ 참고문헌

단행본

국사편찬위원회(2009), 《고위관료들, 북핵위기를 말하다》, 국사편찬위원회.

노태우(2011), 《노태우 회고록(하): 전환기의 대전략》, 조선뉴스프레스.

백학순(2005), "대남전략", 세종연구소 북한연구센터 편, 《북한의 국가전략》, 한울아카데미.

Harrison, Selig S., 이흥동 외 역(2003), 《코리안 엔드게임》, 삼인.

Oberdorfer, Don., 이종길 역(2002), 《두개의 한국》, 길산.

Lippmann, Walter. (1943), *US Foreign Policy: Shield of the Republic*, Boston: Little, Brown.

학술논문 및 보고서

김수자(2006), "민주화 이후 한국 민족주의 담론의 전개: 6월항쟁-김대중 정권", 〈사회과학 연구〉 14집 2호, 44~78쪽.

박현채·백낙청·양건·박형준(1988), "좌담: 민족통일운동과 민주화운동", 〈창작과 비평〉(가을), 6~63쪽.

전재성(2002), "노태우 행정부의 북방정책 결정요인과 변화과정 분석", 〈세계정치(구 국제문제연구)〉 24집 1호, 259~279쪽.

Ikenberry, John G & Michael Mastanduno & William C. Wohlforth. (2009), "Introduction: Unipolarity, State Behavior, and Systemic Consequences", *World Politics* 61(1) (January): 1~27.

Layne, Christopher. (1997), "From Preponderance to Offshore Balancing: America's Future Grand Strategy", *International Security* 22(1) (Summer): 86~124.

Lobell, Steven E. (2000), "The Grand Strategy of Hegemonic Decline: Dilemmas of Strategy and Finance", *Security Studies* 10(1): 86~111.

외교-통일 분화기 한국 보수의 대북정책 : 정책연합의 불협화음과 전환기 리더십의 한계

7

이정철

들어가며

냉전시기에는 냉전적 국제질서, 즉 국제체제(*international system*) 변수가 이데올로기를 매개로 국내정치질서를 일원적으로 규정하고 있었고,[1] 한국과 같은 중소국이 대외정책에서 국내정치적 변수의 작동을 따지기는 쉽지 않았다. 그러나 탈냉전이 도래함으로써 남과 북의 국내정치질서가 국제체제의 구속력으로부터 이완되어 남북관계에서 국내정치(*domestic politics*) 변수가 작동할 수 있는 공간이 열리기 시작했다. 탈냉전기 대북정책을 다루는 연구들이 대체로 국내정치와 대외정책의 연관성을 지적하는 데서 출발하는 이유이다.

같은 시기에 민주주의로의 이행을 경험하고 있던 한국 역시 1980년

---

1 장달중(1996), "냉전체제와 남북한의 국가발전", 《분단 반세기 남북한의 정치와 경제》, 경남대 극동문제연구소.

대와 달리 남북관계나 대외정책에서 국내정치가 작동할 수 있는 공간이 급속히 확장되고 있었다. 즉, 국내 민주화와 정치세력의 재편이라는 기회공간을 창출함으로써 자신의 이해관계에 따라 대외정책을 조정할 수 있는 국내정책 레짐상의 자율성 확장이라는 경험을 갖게 된 것이다.[2] 따라서 노태우 전 대통령의 대북정책은 그 이전 시기에 비해 국내 정치세력의 재편과 보수진영 내부의 동학에 의해 그 동력과 전개 방향이 좌우되는 경향이 많았다.

이에 이 시기 대북정책의 공과를 재조명하고자 하는 이 글에서는 노태우 전 대통령의 대북정책을 국내 정치변수와의 관계, 특히 보수세력 내부의 갈등 및 정책연합과의 관련성 아래에서 분석하고자 한다. 1990년대에 있었던 3당합당이 대북정책에 미쳤던 영향이나 1992년도 후보 확정과정에서 벌어진 권력투쟁이 대북정책에 미친 영향 등은 이에 대해 매우 유용한 사례를 제공할 것이다.

이하에서는 노태우 정부의 최대 치적 중의 하나인 북방정책이 대북정책에 관한 한 개념적 혼란과 미분화 상태에 있었음을 지적함으로써, 노태우 정부의 대북정책이 북방정책에 비해 그 성과가 미비할 수밖에 없었던 한 원인이 되었음을 지적하는 데서 이 논의를 출발하고자 한다.

정책 개념과 정책결정 과정의 제도화

대북 '통일' 정책과 북방 '외교'의 미분화

노태우 정부의 업적 중 가장 높이 평가되는 것 중의 하나가 바로 북방정책이다. 그것이 세계사의 질서나 구조를 바꿀 만한 그런 류의 전략

---

2 이 연구의 분석틀은 모라브직의 개념을 원용한 이정철(2011), "김일성의 남방정책과 남북기본합의서: 냉전해체의 비대칭성과 동맹재편전략의 좌절", 〈역사비평〉 (겨울호), 통권 97호, 48쪽.

적 행위에 해당되는 것은 아니었지만, 외부로부터 주어진 환경과 질서 변화에 대해서 매우 능동적이면서 유연한 '반응적'(responsive) 정책이었다는 점에서 그 성과는 분명하다.

그러나 외교와 통일의 영역을 구분하는 한 노태우 정부의 북방정책은 여전히 그들 간의 관계와 우선순위에 대해서 애매한 부분이 있었다. 북방정책이 궁극적으로는 북한을 대상으로 하는 것인지, 아니면 북한이 아니라 기존의 공산권, 특히 중소를 대상으로 하는 외교정책의 영역에 머무르는 것인지에 대해서는 논자에 따라서 그리고 상황에 따라서 조금씩 평가와 대답이 다르기 때문이다.

> 나는 특히 남북한 대치상태에 대해서는 중국 전국시대 진나라가 썼던 원교근공 전략을 생각했다. 북한의 문이 안 열리니 저 먼 데로 돌자고 판단한 것이다. 제1차로 비동맹국, 그 다음에 북한과 관계가 있는 나라들, 즉 동구권, 소련과 중국까지 '우리가 친밀해지자'고 작정했다. 어차피 남북통일이라는 것은 전쟁을 통하지 않고서도 개방만 시키면 되는 것이다. '개방＝통일'이라는 것이 나의 통일에 대한 기본개념이었다 (노태우, 2007: 51~54).

북방정책이 궁극적으로는 통일정책으로 수렴되는 것이라는 노태우 전 대통령의 이 같은 인식은 북방외교를 1단계로, 대북정책을 2단계로 그리고 3단계를 생활문화권의 북방확대라는 순서로 묘사되었고, 그 점에서 북방정책의 외교와 통일전략 간의 우선순위는 분명한 듯했다.[3] 특히 박철언 전 장관이 주장하듯이(2005: 23~49) 북방정책은 협의의 개념으로는 북한을 제외한 미수교 동구 공산국가와의 외교관계 수립을 위한 정책을 의미하고, 광의로는 남북화해와 협력과 공존을 통해 평화

---

3 "1단계는 여건 조성단계로 동구권·소련·중국과의 수교까지가 제1단계라고 할 수 있다. 그러니까 북한을 완전히 포위하는 것이다. 2단계는 남북통일인데, '남북기본합의서'가 그것을 위한 하나의 성과였다. 그리고 3단계가 앞에서 이야기한 최종목표, 즉 우리의 생활문화권을 북방으로 확대시켜 나간다는 것이다."(노태우, 2007: 61)

통일의 길로 나아가자는 대북 포용정책과 새로운 통일정책까지를 포함하는 것이었다.[4]

그러나 대부분의 관료들은 외교정책과 통일정책이 분화되지 않던 냉전시기 대결주의의 관성을 벗어나지 못하고 있었다. 이를테면 이상옥 전 외무부장관(2002: 53~80)은 북방정책의 마지막 단계를 UN가입과 대중수교였다고 분명히 하여 북방외교와 대북정책을 구분해서 접근하고 있었고, 노태우 대통령의 외교안보수석이었던 김종휘 역시 북방정책이 대북 포용정책보다는 북한지지 지원세력을 차단하는 안보적 접근에 우선순위가 있었다고 회고했다(김종휘 인터뷰, 서울, 2011. 11. 19.). 심지어 민병돈 사건이라는 노골적인 군부의 반발사례에서 드러나듯이 다양한 이견과 반발 등이 있었다.

결국 북방정책에 대한 박철언 장관의 정치한 구분은 사후적 합리화와 다름없는 것이었다. 통일정책과 북방외교의 미분화에 관한 한, 북방정책 자체가 진행형이었고 진화과정에 있었기 때문이다.

정책결정 과정의 제도화와
보수관료의 분열 : 밀사와 레임덕

대북정책에 관한 한 노태우 정부에서는 박철언이라는 주도적 인물의 존재를 부인할 수 없다. 위임 민주주의 형태의 대통령제에서(Guillermo O'Donnell, 1994: 55~69) 최고집권자의 의중을 잘 아는 인물이 특정 정책을 집행하는 것은 일반적인 현상인데, 전두환, 노태우 대통령 시기의 박철언 장관이나 김대중 정부 시절의 임동원 장관의 존재가 그것이다. 김대중 정부 시절은 햇볕정책이라는 분명한 이데올로기와 이에

---

4 외교 정책, 수단, 목표 모두에서 북한을 포함하는 것으로 해석하는 김달중의 개념(1989)이나 광의의 개념으로 대북정책을 포함하는 유석렬의 개념(1989) 등이 학계에서도 제출되었다.

대한 전 정부각료들의 일치된 이해(모두가 동의하지는 않았지만), 그리고 집권자의 분명한 철학이 존재했기 때문에 특정 인물의 존재가 관료체제 내부의 갈등으로 연결되지는 않았다. 갈등은 정치적 반대세력과의 정쟁으로만 나타나고 있었다.

그러나 노태우 정부 시기 박철언이라는 존재는 임동원과는 매우 다른 역할을 하고 있었다. 박철언 전 장관은 대북정책을 국내정치의 연장으로 생각하고 있었고, 이를 정치적 자원으로 해서 이른바 '월계수회'라는 조직을 통해 자신의 정치적 입지를 다져나갔다. 그는 전두환 정권 시절부터의 대북접촉 경험과 국정참여 경험을 토대로 집권 전반기 국정운영에 매우 중요한 역할을 하고 있었다. 특히 대북정책에 관한 한 박철언은 대북 비밀 접촉라인을 가동하여 대통령에게 영향력을 행사하고 있었다. 남북관계의 특성상 비공개 접촉라인이 갖는 힘은 무시할 수 없는 상황이었고, 그에 따라 정권 초중반기 박 장관의 능력은 노태우 정부의 대북정책의 주동력이었다고 해도 과언이 아니다.

그러나 현재 박철언의 역할에 대해서 노태우 대통령 스스로를 포함해서 당시 집권세력들은 메신저 그 이상도 이하도 아니었음을 분명히 하고 있다.

> 나는 두 사람의 역할을 나누었는데, 공식적이고 공개적인 외교·안보 사항은 김 수석(김종휘)이 관장하고, 특사를 보내거나 비밀접촉을 해야 하는 비공식적인 일들은 박 장관(박철언)에게 시켰다. 여기서 한 가지 덧붙인다면, 김 수석은 북방정책의 종합참모로서 나와 함께 북방외교의 큰 그림을 그렸다는 점이다. 따라서 김 수석은 박 보좌관의 역할에 대해서도 잘 알고 있었다. 후에 어떤 기사에는 북한과 동구권은 박 보좌관이 맡고, 그 외의 서방외교는 김 수석이 한 것으로 적고 있는데, 지역을 기준으로 구분하지는 않았다(노태우, 2011: 142~144).

이상의 회고는 박 장관이 대북정책을 주도했다는 기존의 통념과는 다른 것이다. 노 전 대통령은 박철언 장관과 김종휘 수석 두 사람을 투톱의 관점에서 정책담당자로 생각하고 있었다는 것이다. 노 전 대통령은 청와대에 외교통일 정책의 공식 시스템을 갖추고 이 공식라인이 대북정책을 집행하게 하는 동시에, 내각에 자리한 박철언 장관으로 하여금 대북 비밀 접촉라인을 갖고 남북관계의 막후 조절 역을 진행하게 하였다고 한다. 투톱, 즉 공식라인과 비공식라인의 동시 가동은 당시까지의 남북관계에 비추어 본다면 매우 현실적인 것이었다.

물론 이 또한 처음부터 그렇게 된 것은 아니었다. 집권 초반기 이른바 7·7 선언이 나오기까지의 대북정책은 전적으로 박철언 당시 정책보좌관의 몫이었다. 그러나 1988년 하반기 이후 공식·비공식 라인이 분명해지면서 이른바 투톱체제가 자리하기 시작했고 청와대의 김종휘 수석을 중심으로 한 외교안보 사령탑의 역할이 분명해졌다.

김종휘 수석은 노태우 정부 초반에는 순수 자문역인 안보보좌관으로 자신의 역할을 시작하였다. 그러나 1988년 12월 8일 청와대 비서실의 업무가 일부 조정되어 정무수석이 관장하던 공개외교 분야가 김종휘 보좌관에게 이관되어 그의 부처가 외교안보보좌관실로 확대 개편된 이후 김종휘 보좌관의 역할이 명실공히 확대되었다. 대북 비밀접촉이나 미수교국과의 비밀접촉은 박 장관이 하되 그 외의 모든 공식적인 외교안보업무 일반은 김종휘 보좌관이 주도하는(박철언, 2005b: 82~83) 이른바 투톱체제가 시작된 것이다. 이후 김종휘 보좌관은 장관급인 외교안보수석 비서관으로 격상되어 노 대통령과 임기를 같이하였다(〈시사저널〉, 2006). 박 장관이 1991년 12월 정부를 떠나고 1992년에는 모든 업무에서 완전히 손을 뗀 것에 비해 김종휘 수석은 청와대에서 외교안보통일업무 일반을 끝까지 책임지고 수행한 것이다. 그는 대통령의 절대적 신임과 외교안보수석이라는 제도화된 지위를 통해 청와대가 주도하는 외교안보 통일정책을 관리하고 있었다. 이는 전 경제수석이었던 김종인의 회고에도 증언되고 있는데, 1990년 3월까지 북방정책이 진전이 없자 '관료위의 조직'으로서 독자적인 기구를 청와대에 만들었다는 것이다. 김종인은 외교부가 한중수교, 한소수교 과정에서 한 일이 없고 제 역할을 하지 못했다며, 북방정책은 당시 조성된 청와대 팀의 주도에 따른 성과였다고 회고하고 있다(김종인 인터뷰, 서울, 2011. 12. 14).

그러나 투톱체제라는 시스템은 노태우 전 대통령의 회고와는 달리 그리 원활하게 운영되었던 것 같지는 않다. 박 전 장관과 김종휘 전 수석 양자 사이에는 일치된 대북정책관이 없었고 그들의 이데올로기 또한 너무 다른 것이었기 때문이다.

대북정책에 관한 한 그리고 남북기본합의서나 체육회담 등 이른바 대북 포용정책 본류에 해당되는 정책들은 김종휘 수석의 철학과는 매우 동떨어진 것이었다. 김종휘 수석의 경우 그의 외교적 추진력은 논외로 할 때, 통일관이나 대북정책관은 박철언 전 장관이 주장하는 포용정책과는 거리가 멀었다.

김종휘 수석 스스로가 회고하건대 자신은 북한의 대미, 대일 외교를 적극적으로 무산시키는 데 주력하였다. 뒤에서 다시 보겠지만 미국이 북한과 직통하지 못하게 하기 위해 외교력을 동원했고, 북미 직접대화의 지속을 막기 위해 그것을 1회에 한정시키는 조건부 대화만을 허용하였다. 동시에 북·일대화의 경우 "북한을 선택할 것인가? 한국을 선택할 것인가?"라고 따져 묻는 식으로 해서 일본 외무성으로부터 없는 일로 하겠다는 답변을 받아낼 정도였다. 김 수석의 의도는 남북관계에서 한국의 주도권을 확립하기 위한 것이라고 하지만 어쨌든 북한의 입장에서 볼 때 그것은 대북 고립화정책과 다름없었다.

김종휘의 통일관 역시 포용정책과는 거리가 멀었다. 그는 당시 통일원이 입안한 한민족공동체통일방안이라는 3단계 통일방안을 내심 인정하지 않고 "없는 일로 만들었다"는 점을 자랑스럽게 회고하고 있다. 남북 간에는 승리 아니면 굴복밖에 없으며 통일은 3단계를 거치지 않고 급작스럽게 온다는 개인의 신념하에, 중간의 타협안은 없다는 점을 분명히 인식하고 단계론적 통일방안의 무력화를 추진하였다는 것이다(김종휘 인터뷰, 서울, 2011. 11. 19).

이런 김종휘 수석에 대해서 박철언 장관은 민병돈 육사 총장, 노재봉 총리, 박세직 안기부장 등과 함께 극우 친미일변도의 정치인으로 평가한다. 이른바 노태우 전 대통령이 북방정책의 투톱으로 자신과 김 종휘 수석을 꼽는 것도 노 전 대통령의 착각이라는 것이다. 실제 북방 정책과 대북정책은 자신이 비공식 라인에서 직접 관여하고 마지막 단 계에서는 외무부나 공식부서로 넘기는 식이었기 때문에 친미일변도인 김종휘 수석의 역할은 제한적이었다고 주장한다(박철언 인터뷰, 서울, 2011. 10. 3).

하지만 김종휘 수석 또한 미군기지 이전이나 작전권 이양 문제로 군 부와 마찰이 있었고, 심지어 김 수석을 겨냥해 "청와대 안에 빨갱이가 있는 게 아니냐"는 악의적인 소문이 퍼지기도 했다는 후문이다. 노태 우 전 대통령의 북방정책에 대해 반격의 기회만 노리고 있던 보수관료 들의 입장에서 보면 김종휘나 박철언이나 어차피 물러나야 할 인물들 이었던 것이다.

> 아마 1992년 초였을 겁니다. 북한관련 기사가 모 신문에 실렸는데, 안 기부는 청와대에서 샜다고 보고 비서실장에게 보고한 후 조사를 시작했 습니다. 김종휘 수석은 낌새를 알아채고 대통령이 있는 본관으로 피했 기 때문에 겨우 봉변을 면할 수 있었지만 관련 실무자는 잡혀가서 호된 조사를 받았습니다(이장규 외, 2011: 481).

당시의 관료들이 대북정책에 관한 한 매우 대결적인 인식을 벗어나 지 못하고 있었음을 한눈에 보여주는 해프닝이다.[5] 앞서 보았듯이 김 종휘 수석의 대북인식이 그들과 큰 차이가 없었음에도 불구하고 이들 보수관료들은 자기 조직 이기주의의 입장에서 김종휘 수석을 강하게 몰아붙였던 것이다.

이런 분위기에서 박철언 장관과 같은 급진주의자(?)가 설 자리는 없

---

5 이에 대해서 박영훈 전 비서관은 김재섭 혹은 정형근이 보낸 사람과 만난 적이 있다는 사실이 와 전된 기사라며 사실관계를 부인하고 있다.

었다. 그들은 박철언 장관이 정치적 세력을 상실하거나 대통령의 신임을 잃을 때를 기다리고 있었고, 박철언 장관의 후퇴는 결국 노태우 전 대통령의 레임덕과 대북정책의 보수화를 앞당기는 것을 의미하였다.

청와대의 주도권이 약화되자 본격적으로 내각의 부처 이기주의가 부활하기 시작했다. 사실 보수관료들은 고비 고비마다 노태우 대통령의 대북정책과 북방정책에 대해 반기를 들었다. 그 첫 파문이 민병돈 육사 교장의 공개적인 항명사건이었다. 1989년 육사 졸업식장에서 하나회 출신의 민병돈이 대통령에 대한 경례도 생략한 채 노태우 정부의 북방정책과 대북정책을 높은 톤으로 공개 비판한 사건이다(〈동아일보〉, 1992.03.27, 17∼18면).

"우리 정부의 북방정책과 남북한 관계에서 볼 수 있는 일련의 상황들은 ⋯ 우리가 지켜야 할 가치가 무엇이며 우리의 적이 누구인지조차 흐려지기도 하며, 적성국과 우방국이 어느 나라인지도 기억에서 지워버리려는 매우 해괴한 일"로 요약되는 연설로 대표되는 이 사건은 노 대통령의 중간평가 유보발언 바로 다음 날 발생하였다. 당시 3월 16일 군 출신 총무처 장관인 김용갑이 "중간평가를 통해 좌익척결"을 해야 한다며 장관직을 사퇴하면서 대통령을 압박하였음에도 불구하고 3월 20일 대통령이 중간평가를 유보하였고 중간평가 유보에 평민당이 동의하는 조건으로 전두환 정부의 아이콘으로 정호용을 모든 직책에서 사임시킨다는 합의가 있었다는 유머가 떠돌던 상황이었다. 민 교장 스스로도 1988년 6월 특전사령관 자리에서 강제로 보직 이동되었고 자칭타칭 전두환 계열 장군으로서 5공 청산과정에 대한 불만표시의 뜻도 있었으니 '민병돈 사건'의 본질은 대북정책에 대한 불만만이 아니라 여권 내부의 권력투쟁의 하나였던 것으로 보아야겠다. 어쨌든 그 형식은 북방정책과 대북정책에 대한 공개비판이었다는 점에서 국민들에게 그것은 대북정책에 대한 군부의 불만으로 비쳐지고 있었다.

이 같은 상황은 곧이어 문익환 방북, 임수경 방북 그리고 서경원 의원 방북 등 연이은 방북사건과 맞물리며 공안정국으로 이어졌다. 공안합수부(본부장 이건개)는 1989년 3월 22일, 문익환 목사 방북사건과 관련, 청와대에서 열린 공안관계 장관회의에서 노태우 대통령이 '좌경세력 척결'을 위한 한시적 상설대책기구를 지시함으로써 4월 3일 국방부·안기부·법무부 3부 합동장관 긴급성명 형식으로 검찰·경찰·안기부·보안사 등으로 구성되었다.[6] 당시 합수부로 대표되는 방북사건 척결과정은 중간평가 유보에 대한 국민적 비판을 희석시키는 데 매우 중요한 역할을 했고, 그 과정에서 노태우 대통령이 전년도에 발표한 1988년 7·7선언의 의미는 희석되었다.

여권 내의 반대세력 달래기와 야당의 중간평가 비판 무마, 그리고 정치적 정당성 강화 등 국내정치 연합의 이해관계를 위해 대북정책을 희생시키는 데 안기부·국방부·법무부 등의 공안기관이 앞장서 대통령을 설득한 것이었다. 노 대통령은 공안부처들의 강력한 대북 강공책을 마지못해 수용하는 식으로 중간평가 국면을 극복하는 데 성공하였으니 일석이조의 효과를 얻은 것이었다. 그럼에도 불구하고 육사 교장의 반발이나 측근 장관의 사퇴 그리고 공안부처의 강화 등으로 이 시기 대통령의 이미지는 손상되었고, 국내정치를 위해 남북관계를 희생시킬 수 있다는 불신은 대북정책에 험로를 드리웠다.

1990년, 1991년 남북관계는 상대적으로 안정화되었다. 1990년 초 3당합당으로 여소야대 국면이 여대야소로 전환된 이후 노태우 대통령의 여권 내 입지가 다져졌기 때문이다. 특히 동구 사회주의권의 붕괴나 독일 통일의 과정은 노태우 전 대통령의 북방정책에 대한 반대세력에 큰 타격을 주었다. 1990년의 한소수교는 노태우 전 대통령도 예상하지 못했던 유리한 사태발전이었고, 이로써 대통령의 대외정책의 정당성은 더욱 강화되었다. 그리고 노 대통령의 대북정책에 대한 보수세력들의 들끓던 반대도 잦아드는 듯했다.

---

6 공안합수부는 77일 만에 해체되었는데 그 77일 동안 문 목사 방북사건(8명 구속, 26명 불구속), 인노회 등 이적단체(21명 구속, 3명 불구속), 노사분규 주동 및 의식화 배후조종(60명 구속) 등으로 317명을 구속시켰다.

그러나 임기 말이 다가오고 김영삼이 후보로 확정된 후 새로운 권력 중심이 부각되자 대통령의 힘이 약해지고 대북정책에 대한 반란이 다시 재개되었다. 이른바 레임덕 세션을 틈타 대통령의 리더십에 반기를 들기 시작한 것은 역시 안기부였다. 이미 안기부는 여러 사안에서 박철언 장관과 충돌한 적이 있었고 덩달아 외교부 역시 부처 이익을 노골적으로 내세우고 있었다.[7]

　　당시 박철언 장관이 김영삼 후보와 충돌하여 정치 투쟁에서 패배한 후 그의 정계 영향력이 사라지자, 남북관계의 접촉라인은 총리회담이라는 공식 라인으로 국한되었다. 이로써 시기마다 남북관계를 정리해 주던 비공식 라인이 사라지면서 남북관계를 이끌어갈 힘이 소진된 듯 대화는 탄력을 잃어갔다. 1991년 12월의 남북기본합의서와 비핵화 공동선언 채택이라는 획기적 성과에도 불구하고 1992년의 상황은 급속히 냉각되고 있었던 것이다. 특히 외교부나 안기부는 북핵문제가 부각되자 더 이상의 대북 포용정책은 무의미하다는 판단을 하기 시작했다. 대표적인 사건이 1992년 말의 훈령조작 파동이었다. 임기 말 훈령조작 파동은 매우 심각한 사건이었지만 그 진실은 1년이 지난 후에야 밝혀졌다. 후일 감사원에 의해 밝혀진 당시 상황은 명백한 훈령조작이었다 (김연철, 2011: 100~101). 1992년 9월 당시 평양에 있던 이동복 '안기부 특보'가 이인모 노인 송환과 (이산가족) 고향방문단 정례화를 교환하라는 대통령의 새로운 훈령을 회담대표였던 총리에게 보고하지 않았다.[8] 결과적으로 노태우 정부 시절의 고위급회담은 이 8차 회담을 끝

7　1989년 초 안기부장이었던 박세직은 대통령의 뜻과 무관하게 금강산 관광을 희생시켰다. 정주영 회장은 1989년 1월 24일 방북해서 2월 2일 서울로 돌아왔다. 북한은 그해 7월부터 관광을 허용하겠다는 입장이었다. 정주영 회장은 외금강과 명사십리에 호텔 2개, 삼일포·시중호·내금강·동중호에 각각 호텔 1개씩을 짓겠다고 약속했다. 합의사항이 그대로 이행되면, 1989년 7월에 금강산 관광이 시작되는 것이다. 1989년 2월 18일 박세직 안기부장이 주재하는 북방정책조정위원회는 정주영 회장이 북한에서 '장군님'이라는 표현을 사용한 것이 TV에 공개되고 여론이 악화되자 이를 이유로 북한의 최수길 조선아시아무역촉진 위원회 고문과 합의한 의정서를 '사문서'로 규정했다. 법적 효력이 없는 민간 차원의 합의로 치부하였다. 이에 따라 금강산 관광은 표류하였고 이어진 4월 합수부의 공안정국으로 금강산 사업은 노태우 정부 임기 중에는 실현될 수 없었다. 결국 안기부가 이를 9년이나 뒤로 미루어 놓는 데 일조한 것이다.

으로 종지부를 찍고 말았다.

재미있는 것은 이 사건에 대한 김종휘 전 수석의 회고이다(김종휘 인터뷰, 서울, 2011. 11. 19). 김종휘 수석은 1992년 말 외교안보 통일정책에 레임덕이 있었는가 라는 질문에 대해 '없었다'고 대답했다. 당시 후보였던 김영삼 측 역시 대통령의 의견을 수용하는 편이었다고 했다. 이동복 전 의원의 훈령조작 파동은 어떻게 생각하는가 하는 질문에 대해서는 '노코멘트'라고 언급했다. 일종의 레임덕으로 볼 수 있는 것 아니냐 하는 필자의 우회적 질문에 대한 의외의 답이었다. 그러면서 김종휘 수석은 당시 외교안보 정책의 집행과 관련해서 자신은 모호한 질문이나 답을 통해 대통령의 사후적 지지를 이끌어내는 경우가 많았음을 언급하며, 이동복 파동에 대해서도 대통령의 평가가 인색하지 않았다고 술회하였다. 필자의 판단으로는 사실상 이동복 전 의원에 대해 가산점을 주는 듯한 답변이었다. 후일 감사원 감사에 의해 명백히 훈령조작 사건으로 밝혀진 사건에 대한 당시 외교안보수석의 답변치고는 매우 의아한 것이다. 상식적으로는 이 사태를 훈령조작으로 규정하고 따라서 대통령의 레임덕 세션에 대해 한탄하고 안타까워해야 할 텐데, 김종휘 수석이 훈령조작 사건에 대해 지극히 객관적이고 중립적인 태도를 취하는 것은 선뜻 이해하기 어렵다. 그가 당시 이 같은 사태전개를 수용했었기 때문이라는 필자의 의구심에 그는 손사래를 치고 있지만, 과연 그것이 필자만의 과잉해석일까 하는 논란은 지속될 듯하다. 때로는 최고 지도자의 레임덕이 가장 가까운 관료에게서 시작되었던 것은 고금을 막론하고 역사서에서 자주 목격할 수 있는 장면이기 때문

---

8 1993년 11월에 이루어진 감사원 감사자료에 의하면 평양에서 임동원과 이동복 간에 이견이 있어 시차를 두고 2개의 훈령이 내려왔고 이에 대한 혼선의 결과 답변시간이 오전 7시인 마감을 지나 늦어졌다. 그러자 이동복은 서울에서 온 것이 아닌 예비전문임을 알고서도 이를 서울에서 온 것처럼 대표단에 알림으로써 당초의 기본훈령으로 협상을 진행하게 된 결과를 가져왔다. 뒤늦게 오후 5시경 협상을 하라는 훈령이 왔지만 안기부 출신인 평양상황실장은 이를 뒤늦게 이동복에게 6시 45분경 보고하고 이동복은 다시 회담이 끝난 10시경 수석대표에게 보고하였다. 이미 협상이 끝난 상황에서 수석대표는 새로운 훈령 사실을 알리지 않고 귀환하였다. 귀환 후 평양상황실장은 명백히 조작된 훈령 내용을 통일원 장관에게 조작하여 보고 지휘체계의 문제를 드러낸 사건이다.

이다.

여하간 이후 대선 국면이 시작되었고 10월에는 안기부가 대규모 간첩사건인 '남한 조선노동당 사건'을 발표하였다. [9] 예정되었던 분야별 공동위원회와 9차 남북고위급회담은 끝내 개최되지 못하였고 남북대화는 지난 2년간의 성과를 물거품으로 만들며 결렬되고 말았다. 남북관계가 지나치게 빠르게 진행된다고 본 안기부가 적극 개입하면서 남북관계는 대통령의 의도와도 무관하게 악화되기 시작했던 것이다. 당시 대권기반을 쥐고 있던 김영삼 후보의 선거운동 논리나 대북 대결주의 이데올로기에 기반한 일부 외교안보 관료들이 대통령의 뜻을 거스르자, 박철언이라는 밀사를 잃어버리고 보수관료 체제에 포획된 대통령으로서는 자신의 레임덕 세션을 피할 길이 없었던 것이다.

형용모순의 접근법 : 현실주의 포용정책

앞서 보았듯이 1989년은 극심한 공안정국의 해였다. 1988년 남북회담운동에 뒤이어 학생운동과 일부 재야단체는 자주교류운동을 진행하면서 이른바 '방북 투쟁'을 진행하였다. 그러나 문규현·문익환·서경원·임수경·황석영 등의 연쇄적인 방북은 권위주의 정권의 좌익척결 드라이브의 동기가 되었다. [10] '방북 투쟁'과 이에 대한 공안국면은 1989

---

9 이에 대해서 갈루치 등은 첫째로 남북관계에 제동을 걸기 위한 정보기관의 책동으로, 둘째는 대선 정국에서 보수 심리를 자극하여 여당 후보에게 유리한 국면 조성을 노린 정치적 술수로 분석하였다(Robert Gallucci et al., 2005: 17).

10 김일성은 1989년 신년사를 통해 "지도급 인사들로 북남 정치협상회의를 가질 것을 정중히 제의합니다. 이를 위하여 우리는 남조선의 민주정의당, 평화민주당, 통일민주당, 신민주공화당의 총재와 김수환 추기경, 문익환 목사, 백기완 선생을 평양에 초청하는 바입니다. 북남 지도급 인사들의 정치협상회의는 현 조건에서 가장 쉽게 민족의 의사를 모을 수 있는 민족적 대화의 마당이며 통일 방도에 대한 민족적 합의를 이룩할 수 있는 합리적인 방법입니다"라며 김수환 추기경, 문익환 목사, 백기완 선생을 평양에 초청하였다. 이에 1989년 3월 문익환 목사가 방북하였고 6월에는 임수경 양의 방북이 있었다. 물론 서경원 의원은 1988년 8월 방북한 것이 뒤늦게 알려졌다(김일성 (1989), 《김일성 저작집 41권》, 조선로동당출판사, 313~324쪽).

년 3월의 중간평가 폐기 국면을 희석시키며 오히려 노태우 전 대통령에게 국정운영의 주도권을 주는 양상으로 전환되고 있었다.

학생운동의 주류세력이었던 전대협은 자주교류 방식의 통일운동을 진행하였다. 그것은 한편으로 '감상적 통일운동'으로 비판받았다. 아마도 임수경 대표가 당시 평양에서 보였던 여러 가지 자유주의적 행보는 그의 개인적 성향 탓도 있겠지만 자주교류운동을 주장한 통일운동 세력 내에 있던 자유주의적 경향성의 반영이기도 했다. 당시의 자유주의는 민주화 및 민중운동 내부에서 매우 중요한 동맹군의 역할을 하고 있었다. 특히 남북관계나 대외관계에 관한 한 자유주의적 접근은 기존의 권위주의 정권이 일방적으로 강조하고 있던 현실주의적 국제관계론에 대한 대항담론을 형성해주기 시작했다.

노태우 정부는 북방정책을 진행하면서도 특히 대북정책에 관한 한 명백히 현실주의적 담론을 견지하였다. 그것은 냉전체제하에서 냉전의 한 극인 미국이라는 강력한 동맹에 편승해서 대북 억지력을 형성하는 것이 국가안보에 효율적이라는 논리였다. 이 같은 현실주의적 인식은 남북관계에서 '국가'만이 유일한 행위자라는 논리에 기반하고 있었고, 그 결과 국가 이외의 어떤 행위자의 대북 접촉도 인정하지 않는, 그래서 이를 사실상 불법화시키고 반국가행위로 낙인찍는 인식 틀을 유지하고 있었다.

그러나 독일 통일이나 동구 변화과정에서 보았듯이 국가 이외의 다양한 행위자들의 행위가 전쟁을 방지하고 상호 간 협력을 증대시키는 매우 중요한 요인임이 드러나고 있었고, 그것이 냉전 해체의 중요한 동력이라는 인식이 확산되고 있었다. 이런 점에서 볼 때 당시 한국정부가 견지하고 있던 유일한 행위자로서의 '국가'라는 주장은 신생 민주주의 세력 내에서는 매우 권위주의적인, 그래서 반드시 철회되어야 할 구태로 인식되었다. 이는 명백히 민주화 이행이 가져온 자유주의 세력의 확장에 따른 귀결이었다. 이른바 창구단일화론에 대한 운동 진영과 노태우 정부 간의 대립은 남북관계를 바라보는 이 같은 패러다임의 차이를 배경으로 하고 있었다.

1989년 7월 1일 평양 능라도 5·1 경기장에선 세계청년학생축전 개막식이 열렸다. 15만 평양 시민들이 꽉 들어찬 그곳에 임수경 씨(당시 한국외국어대 재학)가 모습을 드러냈다. 전대협이 파견한 '특사'였던 셈이다. 그러나 당시 능라도 5·1 경기장에 있었던 '남쪽 사람'은 임 씨만이 아니었다. 주석단 건너편에 또 다른 남한 손님이 있었다. 이들은 신분과 방북목적이 달랐다. 바로 당시 박철언 대통령 정책보좌관과 수행원인 강재섭 민정당 의원(전 한나라당 대표) 일행이었다. 박 보좌관은 이후 체육부 장관과 국회의원 등을 지냈다. 임 씨는 '통일의 꽃'이었고, 박 보좌관 일행은 '대북밀사단'이었다. 불법 방북 혐의로 이후 옥살이를 한 임 씨와 같은 시간, 같은 장소에 우리 정부 고위 관계자가 있었다는 사실 자체가 아이러니다. 박철언 전 장관은 북한만 20여 차례 방문한 밀사 중의 밀사였다(〈중앙일보〉, 2010. 2. 22).

위의 묘사는 1989년 평양축전 당시 정부와 민간의 대북 접근의 차이를 극렬하게 보여주는 한 예이다. 이에 대한 정부의 입장은 이른바 창구단일화 논리였다. 이로서 임수경 양은 징역형에 처해졌고 박철언 장관은 방북이 공개되어 야당의 비판을 받게 되었다.

당시 창구단일화론은 남북관계는 안보문제가 심각한 사안인 만큼 국가 이외의 다른 행위자가 개입해서는 안 되는 영역이고, 따라서 모든 민간 차원의 교류는 국가가 허용하지 않는 한 있을 수 없다는 논리였다.

북측에서도 홍보에 이용은 하지만 그렇게 달갑게 생각하지는 않는다. 내부적으로 영웅대접하고 하지만, 거기서 내려온 사람을 우리도 홍보에 많이 활용하지만 사실은 남북문제를 풀어가는 데 굉장히 어려운 문제다. 황장엽 비서나 이런 분들이 한국에서는 여러 가지 도움이 되는데 남북문제를 효과적으로 풀어가는 데 있어서는 현실적으로 굉장한 어려움에 서로가 부닥치게 된다. 그것 때문에 공안정국이 와서 상당히 어려웠다. 그렇게 되니까 국내 극우보수, 친미 일변도의 사람들이 벌떼처럼 일어나서 하려고 했던 사업들이 안 됐다. … 그리고 그런 분들이 곧잘 문제를 제기하는 게 박철언 비밀방북은 문제가 안 되고 문익환, 임수경 가는 것은 국가보안법 위반이냐 하는데 그건 너무 법을 모르는 것이다. 예를 들어서 전쟁 중에 밀사가 가서 평화협상 한다고 해서 병사들이 가서 환대받고 박수받는 것이 처벌 안 받을 수 있나(통일뉴스, 2005. 5. 12).

2005년의 회고에서 박철언 전 장관의 언술은 매우 부드럽지만 창구단일화론에 대한 강한 지지의 톤에는 변함이 없다. 육사 출신으로서 법에 대한 강조는 당연한 것이겠지만, 그의 국제관계관 자체가 현실주의적 세계관 내에 있기 때문에 창구단일화론을 강력히 지지하고 있는 것으로 보인다.

자유주의 국제관계 이론에서 중요한 것은 오히려 비국가 행위자들의 협력행위이다. 양국이 대립관계 혹은 제로섬적인 이해관계에 있는 경우 국가는 문제를 풀 수 없지만, 기업이나 민간 행위자가 있을 경우 국가 간 이익균형과 민간, 사회 간 이익균형이 다르기 때문에 국가 간의 제로섬적인 상황을 뛰어넘어 여러 주체를 포함하여 다양한 이익의 교환과 거래를 통해 새로운 균형점을 형성할 수 있게 된다. 그것이 새로운 협력과 협상을 가능하게 하고 곧 평화를 위한 통합의 기초로 된다는 것이다. 이른바 기능주의 계열의 통합이론이 전제하는 평화의 과정인 것이다.

결국 정부는 되는데 민간은 안 된다는 창구단일화 논리는 냉전적 틀 내에서는 수용 가능한 주장이나, 현재의 지구적 자유주의의 입장에서 보면 매우 궁핍한 논리임에는 틀림없다. 당시 전대협이 '창구단일화 반대'를 중심구호로 내세운 것은 명백히 정권의 안보 독점에 대한 민주적 통제라는 민주화의 틀 내에서 제기된 문제의식이었던 것이다. 국가가 독점하는 안보에서 문민통제가 관철되는 민주적 안보로의 이행, 그것은 민주주의 공고화 과정에서 제기되는 매우 중요한 과제 중의 하나이고, 이런 점에서 본다면 창구단일화 반대는 그 자체로 민주화 세력

연합 내의 자유주의 진영의 이해를 반영한 매우 중요한 구호였던 셈이다. 약간의 우스개를 보태면 방북운동 자체는 권위주의 잔재의 창구독점론에 대한 '몸으로 어기기' 운동이라고나 할 수 있을 것이다.

당시 제정된 법과 냉전 해체 직전의 정치적 상황에서 창구단일화 논리가 대중적 지지를 얻던 주류 담론이기는 했지만 그것은 어디까지나 국제관계를 바라보는 하나의 시각, 즉 현실주의의 틀 내에서나 주장할 수 있는 것임을 부인해서는 안 된다. 박철언 전 장관이 자신들의 북방정책과 대북정책을 '포용정책'이라고 개념화할 때는 국제관계를 바라보는 자유주의적 시각의 기본을 담고 있어야 한다. 그러나 당시 창구단일화론과 이에 의거한 공안합수부 국면은 다양한 부작용을 낳으며 국가가 강요하는 현실주의 이념을 벗어나지 못하고 있었고 자유주의 운동을 불법화하는 도구로 작용하고 있었다는 점에서 이를 포용정책의 틀로 포섭하기는 매우 어려운 측면이 있었다. 당시 남북관계에서 가장 진전된 인식을 갖고 있었다는 박철언 장관의 인식 역시 이 정도 수준에 머무르고 있었다는 점을 감안한다면, 노태우 전 대통령 시기의 창구단일화와 '현실주의'에 기반한 대북정책의 한계는 명확했다. 때문에 당시의 대북정책이 때로는 매우 진보적이라는 평가를 받기도 했지만, 때로는 안보를 빌미로 민주적 다양성을 탄압하는, 그리고 중간평가 국면 전환과 같은 권위주의의 이념적 도구가 되기도 했다는 비판의 대상이 되기도 했다. 이렇게 본다면 1992년의 상황 역시 '현실주의적 포용정책'(?)이라는 형용모순의 철학이 자초한 예정된 파국이었을지도 모른다.

국내 정책연합의 형성과 총리회담

1990년 1월의 3당합당은 남북관계에도 영향을 주기 시작했다. 앞서 보았듯이 3당합당 이전과 이후 남북 간 대화의 양상이 달라지기 시작했다. 노태우 대통령이 1989년의 공안국면을 끝내고 남북관계에 새로운 드라이브를 걸기 시작한 것이다.

3당합당 이전, 북한은 노태우 정부에게 완전한 대화 파트너십을 부여하지 않고 있었다. 통일문제에 관한 한 전 민족적 정당성을 강조해 온 북한 당국은 당시까지도 남한 내의 자주적 교류운동 세력과 민주화 세력들의 열망에 부응하는 대남통일정책을 수립해야 한다는 부담감을 갖고 있었다. 한국이 민간 차원의 대화를 허용하지 않는 상황에서 당국과 대화를 한다는 것은 그동안 북한이 강조해온 전 민족적 민중적 정당성을 스스로 부정하는 셈이었기 때문이다. 1989년의 방북정국은 이 같은 전 민족적 정당성을 강조하기 위해 시도되었으나 그 성과는 미미했고, 오히려 남한의 운동세력들은 방북정국이 당시 현대중공업이나 전교조 운동에 대한 공안탄압의 원인이었다며 극심한 분열을 겪게 되었다.[11]

1990년 1월 1일 김일성 주석은 노태우 대통령에게 "전면개방 자유왕래"[12]와 콘크리트 장벽 제거를 제안하며 새로운 대화 제스처를 취하기 시작했다. 이는 1989년 이후 물꼬를 트기 시작한 자주적 교류운동을 전면화시키자는 것으로 해석되었다. 그러나 당시 북한체제의 능력에 비추어 본다면 북한 당국의 실제 의도는 1989년의 문익환, 임수경 방

---

11 민주주의 이행을 위해서는 권위주의 세력의 지배 메커니즘인 '반공반북주의' 극복과 통일운동을 전면화하여, 권위주의 세력들이 대중을 포섭하는 강제적 설득수단을 차단하고 이를 통해 지배동맹 내부의 분열에 주목해야 한다는 견해가 민주화운동의 주류였다. 그러나 이에 대해서는 민중운동 내부의 자유주의 진영의 환상일 따름이라는 강력한 비판이 제기되었다. 즉, 국가에 비해 허약한 시민사회와 시장은 강력한 국가를 견제할 어떤 민주적 견제의 역량을 내재하지 못했고 심지어는 권위주의 정권과 타협하는 기회주의적 속성을 보였기 때문에 한국사회의 민주화 이행은 한계를 벗어날 수 없었다는 것이다. 이른바 자유주의 세력의 한계가 민주화의 한계를 규정했다는 평가였다. 결국 문제는 노동자·농민을 중심으로 한 이른바 민중역량을 선차적으로 꾸릴 수 있는가 하는 논쟁으로 귀결되었다. 반권위주의 연합은 자유주의 세력과 민중진영 간의 동맹을 의미하는데 역사적 경험에 비추어 보면 민중진영이 선차적으로 형성되기 전에는 이 같은 반권위주의 동맹은 유효하지 않다는 견해가 강력히 대두된 것이다.

12 "군사분계선 우리 측 지역에는 북과 남은 자유로운 래왕을 실현하여야 합니다. 북과 남의 로동자, 농민, 청년학생들과 정치인, 경제인, 문화인, 종교인을 비롯한 각계각층 인사들이 차별 없이 상대 측 지역을 자유로이 래왕하면서 제한 없이 접촉하며 활동할 수 있도록 하여야 합니다. 북과 남은 자유래왕을 실현하는 데 머물지 않고 정치, 경제, 문화를 비롯한 모든 분야를 서로 전면 개방하는 길로 나가야 합니다. 분단의 장벽을 허물고 북과 남 사이의 자유래왕과 전면 개방을 실현하기 위하여 지체 없이 북과 남 사이의 협상이 이루어져야 할 것입니다."(김일성 신년사, 1990.1.1)

북의 계기를 살려 한국정부의 '창구단일화론'을 약화시키고 국가보안법 등 반통일 장치들을 부각시켜 남한 당국의 통일정책의 허구성을 폭로하겠다는 데 주안점이 있었던 것으로 보인다(이정철, 2011: 60~61). 이에 대해 노태우 전 대통령은 1990년 8월 13~17일간을 민족대교류기간으로 정해 남북대화를 허용하는, 당시로서는 파격적인 제스처로 화답했고, 그 결과 남쪽만이긴 하지만 건국 이래 최초의 합법적인 민간 통일회담장이었던 범민족대회의 개최를 용인하였다.

이는 2가지 의미를 지니고 있었다. 먼저, 1989년의 공안국면을 치유하고 사회주의권 붕괴 이후 새롭게 탄력을 받기 시작한 북방정책과 통일운동의 국내적 정당성을 획득하게 되었다는 점이다. 다른 한편으로는 북한에게 당국 간 회담의 명분을 줄 수 있었다. 실제 그로부터 한 달 뒤 북한은 1차 남북고위급회담을 전격적으로 수용하였고, 1988년과 1989년에 있었던 것과 같은 다양한 당 내외의 반대와 이견의 목소리 역시 잦아들었다.

이 같은 성과는 3당합당의 효과이기도 했다. 손주환 전 공보처 장관(인터뷰, 서울, 2011. 10. 15)에 따르면 3당합당 이전 여소야대 시절 한국 정치구조는 선명성을 내세우는 야당이 주도권을 잡고 나머지 야당을 견인하는 형태였다. 그러나 3당합당은 이 같은 게임의 룰을 바꾸어 선명 야당이 정국을 주도하는 것이 아니라, 중도세력이 주도하는 룰을 갖게 되었다는 것이다.

노태우 전 대통령이 3당합당으로 국내적 정당성을 강화하자 북한 역시 재야나 선명 야당과의 대화만으로는 실질적인 성과를 얻을 수 없음을 인정하기 시작했다. 때마침 시작된 세계사적 냉전해체의 국면 역시 당국 간 대화를 강화하는 요소로 작용하였는데, 국제적 상황변화는 북한의 입지를 좁혀 남북 당국 간 대화를 부정할 수 없게 만들었던 것이다. 동맹국이었던 소련과 중국이 한국정부의 국내적 정당성을 인정하며 한소수교나 한중수교 압박을 가해오고 한국정부가 높아진 외교력으로 유엔 단독가입을 강력히 추진하자 북한은 남한 당국을 공식적으로 인정하는 정책을 취하지 않을 수 없었던 것이다.

이제 남북기본합의서를 향한 총리회담이 시작되었고 당국 간 회담이
탄력을 받게 되었다.

한국 주도성 신화의 역설과 북핵 정국

김종휘 전 수석은 당시 외교안보정책의 원칙으로 선제적 접근, 종합적
접근, 청와대 주도의 3원칙을 들고 있다(김종휘 인터뷰, 서울, 2011. 11.
19). 이런 3대 원칙이 처음부터 세워졌던 것이었는지 사후적 평가인지
는 알 수 없지만 그 요지는 청와대의 외교안보사령탑을 시스템화하고
이를 통해 한국의 자율성을 극대화하며 특히 남북대화에 관한 한 한국
우위의 접근법을 분명히 한다는 것이었다고 요약할 수 있다.

실제 당시 회고록들은 대부분 한국의 자율성에 대한 자화자찬 일색
이다.

> 북한에 관해서는 그러나 '내가 당신네(미국) 힘을 실질적으로 빌리고
> 있지만 직접은 안 된다. 나를 통해서 해야 한다' 그렇게 나왔어요. 한반
> 도 비핵화선언도 처음에는 미국이 일방적으로 하려고 달려들었다고.
> 세계에 있는 전술 핵 철수를 선언하면서 한반도에도 비핵화선언을 하려
> 는 것을 내가 브레이크를 걸어 '안 된다. 이건 내가 해야 한다'고 나온
> 거야(노태우, 2007: 128~129).

> 김종휘 전 수석 : "6공 때도 미국이 핵문제와 관련하여 우리 의사와는
> 관련 없이 일방적인 조치를 취하려 했지만, 우리가 끝까지 막았다."(노
> 태우, 2007: 127)

> 김종휘 전 수석 : "우리는 비핵화선언을 11월에 하고 핵부재 선언을 12
> 월에 확인한 것은 철수에 시간이 걸렸기 때문이다. 우리는 비핵화선언

을 구상하면서 미국이 (핵무기를) 가져 나가는 시점을 기다렸다가 철수한 다음 날 발표한 것이다."[13]

그러나 실제 핵문제에 관한 미국 측 입장은 다소 버전이 다르다. 이에 대한 갈루치의 평가를 보자.

그러나 미국의 입장에서 볼 때 … 핵부재 선언까지 한 것은 시쳇말로 오버한 것이었다. 미국은 그때까지 한국 내 핵무기의 존재에 대해 확인도 부인도 않는 이른바 NCND 정책을 유지해왔기 때문이다. 이에 대한 기자의 질문을 받고 부시 대통령이 한 대답은 정치적 모호성의 입장에서 명언이었다. "나도 그가 한 말을 들었소. 그렇다고 그것을 따질 생각은 없소."(Robert Gallucci et al., 2005: 11)

노태우 전 대통령이나 기타 정책입안자들은 한결같이 한국의 정책적 자율성이 높은 수준이었다고 술회한다. 하지만 이는 과신이었다. 앞서 갈루치의 주장에서 보듯이 한국정부의 정책적 자율성이라는 것은 미국이 방치하고 허용하는 선 내에 머무르는 것이었다.

이 같은 자율성에 대한 과신과 더불어 한반도 문제에 대한 한국 주도성에 대한 강조는 은연중에 문제를 더욱 복잡하게 만들고 있었다. 북미교섭 과정에서 한국은 직접협상을 반대하였던 것이다.

김종휘 전 수석 : "미국 역시 북한과 대화하고 싶어했다. 우리는 시종일관 '안 된다. 한반도 문제는 어디까지나 우리가 해결한다. 너희는 이 해결을 위한 긍정적 영향을 미칠 여건조성에 협조해야 한다'고 강조했다. 북한과 직접대화 제안에 미국이 응하려는 것을 우리가 못하게 한 것이

---

13 이에 대해서는 노태우 전 대통령의 생각도 마찬가지였다. "나와 부시의 생각이 일치한 것도 중요한 점이다. 나는 북한의 핵무기를 없애기 위해 미군이 배치한 핵무기를 내보내야 한다는 입장이었고, 미국은 전 세계에서 핵무기를 철수하기 위한 정책을 은밀히 추진하고 있었기 때문이다. 다행히 미국 측은 이 문제를 내가 주도해서 선언을 내놓기까지 전폭적으로 지지를 아끼지 않았다." (노태우, 2007: 137)

다. 단 한 번 예외가 있었다. 캔터 국무부 차관-김용순 회담이었다. 처음에 미국은 캔터 차관과 북한 외교부 강석주 차관의 회담을 갖고 싶다고 여러 차례 이야기해왔다. 나는 노 대통령에게 보고한 후 양해를 받아, '좋다, 단 한 번이다. 그러나 상대는 강 차관이 아닌 김용순으로 해야 한다'는 조건을 붙여 한 차례 허용했다."(노태우, 2007: 135~136)

북일교섭에 대한 한국 정부의 입장 역시 마찬가지였다.

나는 일이 고약하게 되었다고 생각했다. 가네마루는 자신이 평양에서 했던 일을 인정받으려고 했기 때문이다. 가네마루는 그때 이미 76세의 노령이었다. 그는 '북한에 가서 본인이 한 활동에 관해 실상을 말씀드리고 이해를 구하고자 직접 온 것'이라고 말을 꺼냈다. … 하여튼 나는 일본 측이 우리를 제쳐놓고 북한과 만난 데 대해 가네마루에게 '당신이 왜 나쁘게 그따위 짓을 했느냐'고 하지 않고 '당신은 참 좋은 사람인데 저쪽에서 유혹해서 그렇게 된 것이다'고 하며 하나하나 짚어가며 이야기 했다. 그래서 다시 한 번 우리 한국을 제쳐놓고는 어느 누구도 북한과 교섭해서는 안 된다는 원칙이 세워진 것이다. 나는 그때 외교적인 주도권이 매우 중요하다는 것을 다시 한 번 실감했다. 일본은 당시 우리가 북방정책을 펴는 것을 보고는 뭔가 위축되는 듯했다. 그래서 자신들도 북한과 만난다는 것을 갖고 한번 건드려 봤다가 우리의 지적을 받고는 놀란 것이다(노태우, 2007: 119~120).

한국 주도성론은 일면 당연한 듯하지만 다른 한편 북한의 입장에서 볼 때 그것은 명백한 대북 고립화 노선이었다. 그동안 한국정부가 주장해온 교차 승인론의 진의마저 의심스럽게 만드는 것이었다. 당시 미국이 제안한 다자체제에 대한 한국의 입장 역시 분명했다. 한국 주도성과 남북 당사자주의를 보장하지 않는 어떤 협상체제도 반대한다는 것이었다.

베이커의 〈2+4 회담〉 구상이 시기적으로 적합하지 못하며 … 〈조선일보〉는 한반도와 독일의 차이점을 들어 반대입장을 분명히 했다. 특히 우리 군사문제에 소련과 일본이 교전 당사자가 아니라는 점을 들어 통일문제 개입에 반대했다. 필자는 "모든 한반도 관련문제는 직접 당사자인 남북한 간에 협상과 합의를 통해 해결되어야 한다는 것이 정부의 기본방침"이라고 강조했다. 베이커 장관은 … 다자적 노력은 한국의 주도적 노력을 저해하지 않을 것이므로 한국이 다자적 접근방식의 가능성을 배제하지 않기를 희망했다. 그러나 우리 정부는 당사자적 접근을 일관되게 강조하고, 미국도 한국의 입장을 지지해왔음을 설명했다. '2 + 4'에 대한 반대입장을 분명히 한 것이다(이상옥, 2002: 360~370).

김종휘 전 수석 : "노 전 대통령이 6자회담을 반대해서 실현되지는 못했다. 6자회담을 하게 되면 어떤 문제는 남북한 당사자 회담에서 논의되고 어떤 것은 6자회담에서 논의되고 해결할 것인지 선을 그을 수 없게 된다. 주한미군이 됐든, 안보문제가 됐든 전부 얽혀 있는데 어떻게 하라는 것인가. 게다가 강대국의 이해관계가 끼면 대화가 안 되게 마련이다. 6공에서는 북한이 한국을 제쳐놓고 다른 나라들과 대화한다는 것은 불가능했다. 한국의 국력과 군사력이 강해지고 한미·한일 관계가 강화되면서 미국, 일본은 한국과의 대화 없이는 북한과 만나지 않겠다고 분명하게 못 박았다. 북한으로서는 자신들이 믿어 온 중국, 소련의 연결 끈마저 끊어지는 상황에 몰리고 무역마저 감소했다. 그런 상태에서 한국 측이 가슴을 열고 받아들이겠다고 하니까 한국정부와 얘기할 수밖에 없게 된 것이다."(노태우, 2007: 116~120)

한국의 입장에서 보면 이 같은 당사자주의는 물러설 수 없는 원칙이었다. 특히 역사적 맥락을 떠나서 민족주의의 논리에서 보면 이는 너무나 당연한 요구였다. 그러나 외교적 압박과 동시에 진행된 유엔 동시 가입이나 한중수교는 북한으로 하여금 극도의 피포위 의식(*siege mentality*; 이정철, 2008: 130)에 시달리게 하였다. 특히나 교차승인에 대한 노골적인 반대는 북한으로 하여금 자체의 핵무장을 결심하게 만드는 메커니즘으로 작동하기도 했다(이정철, 2011: 66~68). 즉, 북일 수교나 북미수교의 가능성을 차단한 채 한러수교, 한중수교를 선제적으로 성취한 한국정부가 북한의 굴복을 요구하는 상황 자체가 북한을 또 다른 극단적 선택으로 내몰고 있었던 것이다.

한국의 보수세력은 북한은 어려울 때 대화에 응하므로 압박하면 대화를 이룰 수 있다고 주장한다(김종휘 인터뷰, 서울, 2011. 11. 19). 그러나 이 같은 단순한 논리의 이면에 북한의 핵개발사가 깔려 있다는 점을 상기한다면 섣부른 압박정책이 가져올 부작용에 대해서 성찰하지 않을 수 없다. 당시 제대로 된 포용정책에 기반해서 교차승인이라는 명백한 목표를 향해 움직였다면 북한의 핵문제를 제때에 정리할 수 있었을 수도 있었다는 평가 역시 귀담아들을 만하다.[14]

1992년 8월 한중수교 이후 한국정부의 대북 압박은 매우 급속도로 진행되었고 남북대화를 위해 외교를 활용한다는 명분이 무색할 정도로 남북대화에 대한 한국의 입장도 차갑게 식어갔다. 한중수교는 대통령의 뜻과는 달리 사실상 북방정책의 종료로 받아들여졌고(이상옥, 2002: 53~80), 이는 곧바로 보수관료들에 의한 대북 압박으로 이어졌다. 다음 달 9월에 있었던 8차 고위급회담에서 훈령조작 파동은 그 시작이었다. 10월에는 '남한 조선노동당' 사건이자 이선실 간첩단 사건이 공개되어 남북관계를 더욱 경색시켰고 결정적으로는 조율이라도 한 듯 이 사건이 발표된 바로 다음 날 한미 국방장관 간 연례안보협의회에서 팀스피릿 훈련을 재개한다는 발표가 공표되었다(Robert Gallucci et al., 2005: 16). 북한을 비핵화와 기본합의서에 동의하게 만든 가장 결정적 동력이었던 팀 스피릿 중단조처가 1년 만에 뒤집힌 것은 북한에게는 매우 심각한 안보적 위기였다. 한중수교로 북소관계에 이어 북중관계마저 악화일로로 치닫고 있는 상황에서 북한에게 다른 선택의 여지가 없었다. 외교적 압박을 통해 한국이 대화의 주도권을 잡는다는 원래의

---

14 물론 당시 북한의 핵개발을 한·미·일이 공동으로 저지해야 한다는 국제공조가 가동되기 시작했기 때문에 한국으로서는 다른 대안이 없었을 수 있다. 그러나 한국 정부가 진정한 자율성이 있었다면 이럴 때 진가를 발휘하였을 것이다.

의도와는 달리 북한으로 하여금 더 이상 대화에 기대할 수 없게 만든 역효과를 낳고 만 것이다. 한국정부의 자율성 과잉과 주도성 과신이 오히려 북핵문제를 대화가 아니라 대결로 치닫게 한 한 요인이 되었던 것이다. 주지하다시피 남북대화의 모멘텀은 사라졌고, 사태는 결국 1994년 한국이 배제된 북미직접대화를 통해서 가닥을 잡게 되었다.

노태우 전 대통령은 한미관계에서나 남북관계 그리고 다자체제 모두에서 한국의 주도성을 강조하였지만, 상황은 그리 만만치 않았다. 북방정책에서 한국이 누린 자율성은 국제 세력 배분구조의 거시적 재편 과정에서 미국의 '상대적으로 우호적인 방치정책'을 취함으로써 가능한 것이었다(전재성, 2002: 267). 그것은 미국이 현안이라고 판단할 때 더 이상 한국의 자율성과 주도성이 인정되지 않음을 의미하는 것이었다. 그 적절한 사례가 바로 1993년과 2002년 북핵문제에 대해 미국이 보여 준 대응이었다.

한국의 자율성과 주도성에 대한 착시현상은 어쩌면 한국의 민주화 과정이 반드시 거쳐야 했던 경로의 하나였을지도 모른다. 노태우 정권 초반 외교통일정책은 권위주의 정부의 오명을 벗고 올림픽의 성공적 개최를 위한 정책수단의 위상에 머무르고 있었다. 하지만 3당합당 이후 국내적으로는 민주적 정당성에 대한 자신감을 갖게 되고 대외적으로는 한소수교와 유엔 동시가입 그리고 한중수교라는 성과를 맛보면서 외교통일정책 그 자체가 정권 정당성의 구성요소이자 권력의 자율성을 경험하는 잣대라는 인식이 확산되었다. 민주화의 진전과 신정치연합의 형성이 대외정책의 주도성에 대한 자신감을 증폭시킨 것이었다.

이 과정에서 특히 이데올로기적 승리를 맛본 보수세력들에게 남북관계보다 중요한 것은 세계로 나가는 것이라는 인식이 싹트기 시작했다. 이른바 민주적 정당성에 기반을 둔 새로운 보수세력들이 김영삼 후보의 집권 이후 '국제화' 및 '세계화' 모토를 강조하고, 남북관계에 대한 전통적인 민족주의적 시각을 교정하기 시작하였다. 북한은 이제 시대에 뒤떨어져 가는 세력이었고 따라서 북한에 대한 압박은 대화를 위한 수단이 아니라, 북한체제의 해체를 겨냥해야 한다는 이데올로기적 적대감과 민주적 승리테제를 자신들의 정책기반으로 하고 있었다. 이 시기 북방외교의 성과는 이 같은 자신감을 맛보게 해준, 그래서 정당성 과잉에 빠지게 만든 역설적 성공이었다. 이것이야말로 '한국적 (신)글로벌 보수'가 탄생하게 된 배경이었던 것이다. 김영삼 정부 시절 그리고 이명박 정부 시절에도 계속되는 이 같은 대북 접근법이야말로 1992년 말 노태우 정부에서 분화된 새로운 보수의 요체였다.

'신보수' 세력의 경우 대북 정당성 우위 테제에 기반해 한반도 문제의 국제화라는 테제와 한국 주도성 및 외교적 자율성 테제를 결합하고 있었다. 반면 기존 보수진영은 대북문제에 관한 한 여전히 민족주의적 접근법을 유지하며 한국 주도성을 결합시키고자 하였다. 따라서 후자에게 '한국 주도성' 테제는 한반도 문제의 한반도화를 의미하는 것이었다.

앞서 지적하였듯이 '신보수'가 표방하는 한국의 자율성과 주도성 테제는 국제관계에서 의도만큼 쉽게 실현될 수 있는 것은 아니었다. 특히 한국 주도성을 한반도 문제의 국제화와 결합시키고자 하는 순간 그 한계는 더욱 명확해졌다. 한국의 외교적 자율성이 온전하지 않은 한, 한반도 문제의 국제화와 한국 주도성을 결합시킬 능력에는 한계가 있었기 때문이다. 1992년 이후 고개를 든 '신보수' 세력은 북핵문제가 점점 국제화되고 있는 상황에서 한국 주도성을 강조하다 보니 우리의 원래 목표였던 교차승인 전략을 폐기하기에 이르렀다. 의도와 달리 북한을 궁지에 몰아넣는 봉쇄와 압박에만 의존하게 되었고 결국 북한을 핵개발이라는 외통수로 몰아넣었던 것이다.

요컨대 한반도 문제의 국제화와 한국 주도성 테제의 결합을 뒷받침할 만큼 한국외교의 자율성이 강화되지 않는 한, '신보수' 세력이 김영삼 정부에도 이명박 정부에도 주기적으로 강조하는 한국 주도성은 사실상 과유불급(過猶不及)의 신화에 불과한 것이다.

글을 마치면서 : 위임 리더십의 공과

1988년의 7·7 선언이 '북방정책'의 의지 표명이기도 하지만 동시에 그것은 확장된 국내정치에 대한 고려, 즉 민주화 세력의 통일공세에 대한 노태우 정부의 대응이기도 했다. 나아가 1989년의 대북 공안국면 역시 중간평가 유보에 대한 민주화 운동 진영의 예상되는 비판에 대한 선제적 공세였다. 이처럼 이 시기의 대북정책은 북한을 대상으로 하기보다는 국내정치 과정의 정당성 확보에 일차적 목표를 둔 정책수단이었던 것이다.

1990년 이후 상황은 달라졌다. 1989년 말 예상치도 못한 독일 통일과 동구권 붕괴 그리고 소련의 변화를 맞아 대통령은 전환기적 외교인식을 갖게 되었고, 동시에 3당합당이라는 국내적 정당성 강화조치에 성공하게 되었다. 이제 국내정치 상황과 대북정책이 상호 상승작용을 일으키자 대통령은 강한 외교통일 드라이브를 추구하기 시작했다. 약 1년 반 정도로 볼 수 있는 이 시기는 남북관계나 4강 외교에서 한국 역사상 전범이 될 만한 것이었다. 한소수교, 유엔 동시가입 그리고 한중수교라는 외교적 성과와 8차에 걸친 남북총리회담 그리고 남북기본합의서와 비핵화선언 채택이라는 중요한 성과를 낳았기 때문이다. 국내적으로 강화된 민주적 정당성과 우호적인 대외환경 변수는 노태우 정부의 대외정책과 대북정책에 날개를 달아주었던 것이다.

대북정책 결정과정과 체계라는 관점에서 보면 노태우 정부의 대북정책의 성공은 밀사라는 비공식 라인의 존재를 부인할 수 없다. 동시에 공식적으로는 대통령과 청와대에 모든 권한을 집중시키는 시스템을 창출하고 컨트롤 타워를 장악하여 투톱체제의 운영체제를 대통령이 독점한 것 또한 매우 현명한 조처였다. 남북관계의 특성상 공식라인과 비공식라인을 동시에 운영하는 것이야말로 불필요한 문제를 사전에 제거하고 사후에도 여러 가지 해결책을 상호가 조율할 수 있는 유용한 방식이었기 때문이다. 이런 체계가 가장 원활하게 운영된 것이 남북관계가 가장 활발했던 1990년에서 1992년 초까지의 상황이라는 사실은 참고할 만하다.

그러나 권력투쟁의 결과 투톱체제의 한 축이 무너지게 되자 대통령의 인식도 한계에 다다르게 되었다. 밀사체제의 붕괴는 곧바로 대통령의 인식 틀의 축소와 대북정책 조정수단의 약화를 의미하였고, 그 결과 다양한 관료들의 이익체계가 강화되고 그들 간의 갈등이 심화되기 시작하였다. 그 선두에 선 것이 대북 공안정국 조성에 주력한 안기부이고, 다른 한 축은 자신들의 부처이익에 매몰된 외무부와 국방부였다. 외무부는 특히 북방정책 전 기간 중 소외되어 있다가 1992년에 가서 자신들의 목소리를 내기 시작했고, 북방정책의 실질적 성과에 따른 스포트라이트를 독점하였다. 국방부는 대규모 군사연습 자체가 자신들의 이해관계와 연관되어 있었기 때문에 대결주의 정책을 선호하게 되어 있었음은 물론이다. 이 모든 것이 대통령의 힘이 약화되고 새로운 권력이 부상하는 레임덕 세션에서 일어난 관료들 간 갈등(bureaucratie rivalry)의 결과였고, 이 과정에서 훈령조작사건이라는 웃지 못할 비극이 탄생한 것이었다.

물론 이 같은 관료적 대결의 과정에는 단순히 그들의 이익갈등 체계만 작동하고 있었던 것은 아니다. 노태우 전 대통령의 대북정책에 대해서 한국사회 보수 내에서 새 흐름이 조성되기 시작했고 이들 '신보수' 진영은 나름의 시대인식을 통해 민족주의와 결별하고 세계화 담론을 제기하기 시작하였다. 구 공산주의 체제에 대한 이데올로기적 적대감과 힘의 심화 그리고 민주적 승리 테제로 무장한 새로운 '글로벌 보수' 진영에게 민족주의적 보수진영의 전통적 대북정책은 낡은 것일 따름이었다. 이들에게 북한체제는 통일의 대상이 아니라 극복과 붕괴의 대상일 따름이었다. 노태우 정부의 임기 말 나타났던 대북정책의 극심한 진동은 이 같은 한국 보수의 분화와 분열에 따른 귀결이었다. 대통령 스스로 이 같은 분화에 대해 적절한 리더십을 형성하지 못하였기 때문에 남북기본합의서나 비핵화선언과 같은 획기적 성과마저 무용지

물이 되고 말았다.

1990년에서 1992년 초까지 노태우 전 대통령의 대북정책은 그 전 시기에 비해 그리고 그 후 시기에 비추어 봐도 전향적인 것이었다. 그러나 대통령 스스로가 보수세력의 분화에 대해 대응하지 못하였고, 결과적으로 국내정치의 변화에 적절하게 대처하며 국내정치에 대북정책을 조응시키지 못하였다. 때문에 대통령은 대북정책에 관한 한 임기 말 극심한 레임덕을 피할 수 없게 되었고, 대통령까지 기망하는 대담한 한국적 '신보수' 이데올로그, 즉 한국적 네오콘의 부상에 적절히 대응하지 못하였다. 결과적으로 북핵문제의 씨앗을 제거하지 못하고 북한에게 핵개발의 빌미를 제공하고 만 것이다.

이 시기 대통령을 보좌한 보수진영의 일부는 김영삼 정부에서 활약하였고, 또 다른 일부인 '민족주의 보수세력'은 김대중 정권에서 6·15를 낳는 데 기여하고 있었다. 아이러니하긴 하지만 결국 김영삼 정부 시절의 '대결'도 김대중 정부 시절의 '협상'도 모두 노태우 전 대통령이 씨를 뿌린 것이었다. 자신의 권한을 아래로 위임해 준 대통령이 만든 세력분화의 귀결이었던 것이다. 그 점에서 노태우 전 대통령이야말로 '원리주의 이데올로기'와 '승리테제'에 사로잡혀 남북관계를 대결로만 몰아가는 이후의 '신보수' 세력에 비해, 보수주의가 어떻게 실용주의를 결합시키는가의 전범을 보여주었던 리더십이었다고 하겠다. 그의 한계는 다만 세력연합 내부에서 발생한 민족주의와 글로벌주의, 특수성과 보편성의 분화에 적절히 대응하지 못한 전환기 리더십(*transitional leadership*)과 '위임' 그 자체에 연유하고 있을 따름이었다.

■ 참고문헌

단행본

공보처(1992), 《제 6공화국 실록》, 정부간행물제작소.

김일성(1989), 《김일성 저작집 41권》, 조선로동당출판사.

노태우(2007), 《노태우 육성 회고록》, 조갑제닷컴.

_____(2011), 《노태우 회고록(하): 전환기의 대전략》, 조선뉴스프레스.

박철언(2005a), 《바른 역사를 위한 증언 1》, 랜덤하우스중앙.

_____(2005b), 《바른 역사를 위한 증언 2》, 랜덤하우스중앙.

유석렬(1989), "북방외교의 현황과 추진방향", 한국정치학회 편, 《민족공동체
　　　와 국가발전》.

이정철(2008), "북한의 핵 억지와 강제", 민주사회정책연구원 편, 《민주사회
　　　와 정책연구》, 민주사회정책연구원.

이상옥(2002), 《전환기의 한국외교》, 삶과 꿈.

이장규 외(2011), 《경제가 민주화를 만났을 때》, 올림.

장달중(1996), "냉전체제와 남북한의 국가발전", 경남대 극동문제연구소 편,
　　　《분단 반세기 남북한의 정치와 경제》, 경남대학교 출판부.

Gallucci, Robert et al., 김태현 역(2005), 《북핵 위기의 전말: 벼랑 끝의 북
　　　미협상》, 모음북스.

학술논문 및 보고서

김달중(1989), "북방정책의 개념, 목표 및 배경", 〈국제정치논총〉 29집 2호,
　　　41~52쪽.

김연철(2011), "노태우 정부의 북방정책과 남북기본합의서: 성과와 한계",
　　　〈역사비평〉(겨울), 80~110쪽.

이정철(2011), "김일성의 남방정책과 남북기본합의서: 냉전해체의 비대칭성과
　　　동맹재편전략의 좌절", 〈역사비평〉(겨울), 46~79쪽.

전재성(2002), "노태우 행정부의 북방정책 결정요인과 변화과정 분석", 〈국제
　　　문제연구〉 24호, 259~279쪽.

O'Donnell, Guillermo. (1994), "Delegative Democracy", *Journal of Democracy* 5(1): 55~69.

기타

김종인(2011. 12. 14), 14:00~17:00, SK경영경제연구소(인터뷰).

김종휘(2011. 11. 19), 09:30~12:30, SK경영경제연구소(인터뷰).

박철언(2011. 10. 3), 08:00~10:00, 코리아나 호텔 3층 사까에(인터뷰).

손주환(2011. 10. 15), 15:00~18:00, SK경영경제연구소(인터뷰).

시사저널(2006. 5. 8), 검색일: 2012. 2. 19, http://www.sisapress.com

통일뉴스(2005. 5. 12), 검색일: 2011. 7. 5, http://www.tongilnews.com

노태우 시대의 대전략과 우방국 외교 : 대미, 대일관계

8

박철희

국제적 전환기의 한일 대외전략 비교 :
반응형 외교와 능동적 전략 외교

노태우 대통령이 집권한 1987년부터 1993년 초까지 한반도를 둘러싼 국내 및 국제정세는 급격하게 변동했다. 말 그대로 전환기라고 할 만한 상황이었다.

국내적으로는 6 · 29 민주화 선언을 통해 권위주의 통치와의 결별을 선언하고 국민들의 직선에 의한 대통령 선출을 통해 정치적 정당성을 확보한 민주화의 발판을 닦음으로써, 경제적 성장에 더하여 정치적 민주화라는 날개를 단 한국이 국제사회에서 위상을 제고할 수 있는 호기를 잡았다. 그 이전에는 경제성장에도 불구하고 정치적 권위주의와 독재, 인권탄압의 영향으로 대외적 이미지가 손상되었던 데 반해, 정치적 민주화를 이룬 한국은 동아시아는 물론 세계에서도 자신의 손으로 민주화의 위업을 달성한 몇 안 되는 국가로서 주목을 받게 되었다.

즉, 정치적 민주화는 외교적 자신감 회복과 지평확대를 위한 새로운 기회를 제공했다. 따라서 상승한 국력과 격상된 국가의 이미지를 외교적으로 어떻게 활용할 것인가는 국가적으로 아주 중요한 선택의 문제였다. 한국이 어떠한 지향점을 가지고 대외관계에 임하느냐 하는 것은 단지 한국 및 북한의 이해관계뿐만 아니라, 국제사회의 주목거리이기도 했다. 노태우 대통령 시기는 상승하는 한국(Rising Korea)의 대외전략적 선택능력이 시험대에 오른 시기였다.

대외적으로는 사회주의권 종주국가인 소련에서 고르바초프(Mikhail Gorvachev) 대통령이 등장하여 페레스트로이카(Perestroika)와 글라스노스트(Glasnost)를 표방하면서 국가운영체제에 대한 전면적인 재조정 작업에 들어가 서방국가들과의 관계를 재구축하고자 했다. 기존의 국가중심적 사회주의 모델이 발전과 번영에 도움이 되기보다는 장애물이 된다는 인식하에 소련의 새로운 도약을 위한 주춧돌을 새로 놓으려는 과감한 시도였다. 결국, 개혁과 개방에 의해 소련체제 내부의 문제점들이 전면에 드러나면서 소련이 붕괴하는 과정을 거쳤지만, 냉전체제 변화의 시발점이 된 소련과 사회주의권의 변화에 어떻게 대응할 것인가 하는 점은 한국 외교의 중차대한 과제였다. 특히, 이 무렵, 한국이 경제적으로 고도성장을 지속하고, 정치적으로도 민주화를 이루게 되면서 소련을 위시한 사회주의 국가들로부터도 발전의 모델로서 주목을 받던 터라 한국의 선택은 대단히 중요했다. 1989년 베를린장벽의 붕괴로 상징되는 냉전질서의 해체에 대해 냉전의 고도로 남아 있는 한국이 여하히 대응해 나갈 것인가 하는 점은 한국은 물론 한반도에 거주하는 민족 전체의 운명을 가를 수 있는 실험대였다. 다시 말하자면, 미국과 소련으로 대표되던 자유주의권과 사회주의권의 대결이 후자의 약화와 몰락으로 이어지면서 국제적인 힘의 전이(*power transition*)가 급속하게 이루어지던 시기였기 때문에, 국제적인 변화의 급물살에 휩쓸려 한반도의 운명이 표류하거나 방기될 것인가, 아니면 주체적인 외교적 노력을 통해 자주외교의 물꼬를 틀 것인가가 달려있는 시점이었다.

일본과 한국의 국제환경 변화에 대한 대응의 차이는 한국 외교의 새로운 지평을 연 노태우 시대의 진면목을 가늠할 수 있는 신선한 잣대를 제공해 준다.

사회주의권이 요동하던 1980년대 말 일본의 국내정치도 요동쳤다. 1955년부터 지속해 오던 자민당의 일당 우위체제는 정치부패로 인해 도전을 받고 고령화 사회로의 진입에 대비한 증세 필요성이 강조되면서 소비세 도입을 강행하다가 야당인 사회당을 중심으로 한 비판에 직면하여, 1989년 참의원 선거에서 과반수 확보에 실패한다(박철희, 2011: 217~230). 아이러니컬하게도 국제사회에서 사회주의권이 몰락의 길을 걷던 시점에 거의 국민적 관심사에서 벗어나 있던 일본 사회당이 자민당의 자충수에 의해 국민적 인기를 회복하는 예기치 못한 정치의 장이 열렸다. 자민당 일당 우위체제가 야당의 새로운 도전에 직면한 시기는 냉전의 종언과 맞물려 들어갔다(장달중, 2002). 사회주의권에서 사회주의 정당들이 권력의 종말을 맞던 시점에, 일본에서는 일시적이나마 일본 사회당의 인기가 상승하면서 자민당이 위기에 봉착하고 사회당과의 물밑접촉을 통한 정당연합의 시도가 이루어지게 된 것이다. 1989년 참의원 선거 이후 일본의 대북접촉 창구가 민간 및 야당 차원을 넘어서서 여당인 자민당과 정부 간 교섭으로 격상된 데에는 크게 2가지 요인이 작용하였다. 하나는, 한국의 노태우 정부가 북한 및 사회주의권과의 새로운 관계정립을 시도함으로써 그때까지는 막혀 있었던 대북접촉의 통로가 넓혀진 때문이었다. 노태우 대통령이 7·7 선언을 통해 북한이 미국, 일본 등 한국의 우방국과 관계를 개선하는 것을 반대하지 않는다는 점을 밝힌 이후, 일본은 북한과 새로운 접점을 만들어야 할 필요성에 직면했다. 다른 하나의 요인은, 참의원에서 과반수 확보에 실패한 자민당이 사회당과의 협력이 절실해지면서 거래와 타협을 통한 여야 합의도출 필요성에 직면하게 되었다는 점이다. 한국과의 우호관계를 지속해온 자민당과는 달리, 북한과의 관계에 집중해온 사회당은 자민당과의 접점을 북한과의 우호적 관계수립에 정략적으로 활용하고자 하였다. 가네마루(金丸)로 대표되는 자민당 수뇌부도 사회당의 요구에 부응하면서 이루어진 것이 가네마루와 타나베(田辺)를 중심으로 한 1990년 일본 의원방북단 활동이었다. 이 자리에서 가네마루와 김일성은 양국 간 관계정상화를 위한 수교교섭의 시작에 합의하였고, 대외적으로 공표되지는 않았으나 수교 후 대북 경제협력 자금의 규모도 언급한 것으로 알려져 있다(重村智計, 2000: 80~117). 이후 북한과 일본 외무성은 8차에 걸친 북일 수교협상을 벌이지만, 납치된 것으로 추정되던 이은혜의 생사확인 문제를 둘러싸고 이견이 커져 북한과의 독자적인 관계수립에 실패한다(신정화, 2004: 221~264). 대외전략의 한일 비교에서 중요한 점은, 일본이 국내정치적인 고려를 전제에 두고 한국이 적극적으로 추진하던 북방정책으로 열린 틈새를 타 북한과의 국교정상화를 추진하려 했다는 점이다. 이는 국가 대전략의 전제 위에 선 선택이라기보다는 주변환경의 변화에 임기응변적이며 수동적으로 대응하는 반응형 외교(*reactive diplomacy*)의 일환이었다.[1] 가네마루의 방북으로 시작된 북일 외교교섭 추진은 자민당의 참의원 과반수 확보 실패와 한국의 북방정책 추진에 의해 열려진 기회의 창(*window of opportunity*)을 활용하려는 시도였다. 그러나, 일본의 궁극적인 대북 외교전략의 새로운 틀 마련은 2001년 이후 고이즈미(小泉)의 등장까지 기다려야 했다(Shinoda, 2007).

일본이 대외전략의 전반적인 수정을 대담하게 시도한 것은 1991년 발발된 걸프전에 대한 전비부담과 그에 따른 국내정치적, 국제적 파장을 감당하지 못하면서부터였다. 한국의 노태우 정부는 걸프전이 발발하자, 한국이 할 수 있는 일과 할 수 없는 일의 경계를 분명히 하고, 가능한 한 신속한 지원조치를 발표하고 행동에 옮기는 데 주안점을 두

---

1 일본 외교정책이 반응형이라는 지적은, Kent Calder(1988), "Japanese Foreign Economic Policy Formation: Explaining the Reactive State", *World Politics* 40: 517~541. 이에 대한 비판적인 고찰은, 박철희(2006), "일본의 대외정책 결정패턴의 변화", 이면우 편, 《일본의 국가 재정립》, 한울아카데미, 174~212쪽을 참조.

었다. 이에 반해, 헌법 규정상 자위대를 해외에 파견할 수 없는 일본은 130억 달러라는 거액의 자금지원을 결정했지만, 다국적군에 의한 전쟁이 빨리 끝나는 바람에 적시에 이를 제공하는 데도 실패했다. 결국 일본은 전비를 요구한 미국에게도 평가를 받지 못하고 침략에서 벗어난 쿠웨이트에게서도 평가를 받지 못한 채, 국제사회로부터 '수표발행식 외교'(checkbook diplomacy) 또는 '일국평화주의'(one country pacifism) 라는 비난을 감수해야 했다. 이 같은 국내정치적 폐쇄감과 좌절감을 타개하기 위해 제시된 것이 오자와 이치로(小澤一郎)에 의해 제기된 '보통국가론'이었다.[2] 이후 일본은 보통국가화의 전략을 실천하는 방향을 전개하지만, 보통국가론은 국제정세의 변화에 대한 주도적인 전략적 선택이었다기보다는 국제사회와 국내여론의 비판에 직면해 마련된 반응적 전략이었다. 일본의 새로운 전략적 가능성 모색이라기보다는 일본의 자존심 회복을 위한 외교적 시도였다.

냉전의 종언에 대해 일본은 어떻게 대응하려 했는가 하는 점도 흥미롭다. 기본적으로 미일관계에 의해 외교전략의 큰 틀을 규정받던 일본은 냉전종결 이후 부시(Bush) 대통령 주도로 동아시아 전략재편 및 동아시아 주둔 미군의 감축이 논의되자 여기에 어떻게 대응하느냐 하는 과제에 봉착하였다. 공고한 것으로 여겨지던 미일관계는 '동맹 표류'라고 부를 만큼 양국관계 재정의에 곤란을 겪는 상태에 직면한다. 동맹의 표류는 2가지 방향에서 지적되었다. 하나는, 일본의 지식인들이 냉전종식을 새로운 국제질서의 태동을 위한 기회로 포착하면서, 미국일변도의 국제질서로 발전하기보다는 다자주의적 협력관계가 발전할 것으로 해석하는 경향이 커졌던 데 기인한다(船橋洋一, 1997).[3] 후일 1994년에 발간되는 이른바 '히구치 보고서'(Higuchi Report)의 형태로

---

2 일본의 보통국가론에 대한 개괄적인 소개는 다음을 참고할 것. Yoshihide Soeya & Masayuki Tadokoro & David Welch(2011), *Japan as a Normal Country? : A Nation in Search of a Place in the World*, Toronto: University of Toronto Press.

3 그러나, 실제 국제질서는 다자주의적 기운이 고양되기보다는 미국의 일국중심주의가 10여 년간 지속되었다는 것이 정설이다.

집약된 이 같은 흐름은 미일동맹에 앞서 다자주의적 협력을 논의하는 데에서 나타난다.[4] 미국의 식자층은 이를 미일동맹을 일본식으로 재정의한 것으로 위화감을 표현했다(Cronin & Green, 2004). 동맹의 표류가 지적된 또 다른 이유는, 1991년 이후 제기된 북핵위기와 관련하여 미국이 북한 선제공격 시 일본의 군사적 지원이 가능한가를 문의하면서 제기되었다. 당시 일본은 헌법과 법률의 제약 때문에 실제로 아무 것도 할 수 없다는 사실이 밝혀지면서 동맹의 편무성(one-sidedness)에 대한 논의가 제기된 일이 있다. 이에 대한 대응은 1995년 하시모토-클린턴(Hashimoto-Clinton) 공동선언에 가서야 정리되었다.

이와 같이 보면, 일본은 사회주의권의 거대한 변혁기, 그리고 냉전의 종식이라는 국제체제의 변화에 대해 1990년대 초반까지 수동적, 임기응변적, 반응적인 외교에 머물렀다고 해도 과언은 아니다. 이에 반해, 노태우 정부 시기에 나타나는 한국의 외교전략은 종합적, 체계적인 동시에 민족자존에 기반을 둔 주도적인 발상에 기인했다. 노태우 대통령 본인이 외교문제를 다룬 노태우 회고록 하권의 제목을 '전환기의 대전략'이라고 자칭하는 데에서도 이는 분명하게 드러난다(노태우, 2011). 서울 올림픽에 더 많은 국가들, 특히 사회주의권 국가들의 참가를 유도하면서 생겨난 외교감각이 대통령 집권기까지 이어지는 대전략의 추진체계는 다음과 같이 정리될 수 있다. 남북관계의 현실에 대한 냉철한 직시가 출발점이었다. "박정희 대통령 시절, 7·4 남북 공동성명, 6·23 공동선언이 있었지만, 남북한 관계의 개선에는 한계가 있다. 판문점에서 양쪽이 만나 얼굴을 마주해도 평행선을 달릴 뿐이다. 따라서, 국제적인 여건조성이 필요하다."(노태우, 2011: 136) 남북한 대치상태를 해결하고 북한의 개방을 유도하기 위해서는 '원교근공(遠交近攻) 전략'을 원용하고자 했다. 즉, "1차로 비동맹국, 그 다음에는 북

---

4 이 과정에 대한 논의는 다음을 참조할 것. 박철희(2004), "전수방위에서 적극방위로", 〈국제정치논총〉 44집 1호, 169~190쪽.

한과 관계를 맺는 나라들, 즉 소련과 중국, 동구권까지 친해지자"라고 정하고(노태우, 2011: 140), 북방정책의 3단계 추진을 구상한 것이다. "1단계는 여건을 조성하는 단계로서, 소련, 중국, 동구권과 수교를 하고, 2단계는 남북한 기본합의서를 통해 남북한의 통일기반을 조성하고, 3단계는 한국의 생활문화권을 연변, 연해주 등 북방으로 넓히는 작업을 진행시킨다"는 것이었다(노태우, 2011: 140~141). 이를 통해 한국이 "동북아의 변방국가가 아니라 명실공히 중심국가로서의 위상을 갖출 수 있을 것"이라는 목표를 세운 것이었다(노태우, 2011: 141). 이는 안보전략의 구상에서 출발한 대전략이 외교전략으로 이어지는 발전을 여실히 보여준다. 노태우 대통령이 안보보좌관이었던 김종휘에게 명하여 '외교안보수석실'을 만들고, 줄곧 그를 전략의 입안자 및 집행자로 활용한 이유가 여기에 엿보인다(노재봉 외, 2011: 418).

이 같은 전환기 대전략의 입안은 3가지 점에서 주목된다. 첫째, 한국의 안보와 외교의 근간을 구성하는 북한문제를 풀기 위한 주도적인 전략을 자체적으로 수립했다. 특히, 기존의 대결지향적 대북정책을 지양하고 북한을 개혁과 개방으로 유도하여 통일 여건을 조성하기 위한 뚜렷한 정책지향성을 천명했다는 데 의미가 있다. 둘째, 올림픽이라는 외생적 계기가 있었기는 하지만, 사회주의권의 변화, 특히 소련의 대변화를 감지하고 당시까지 금기사항에 가까웠던 사회주의권과의 교류협력 및 국교정상화를 대담하게 외교의 목표로 상정했다. 따라서, 사회주의권의 몰락과 냉전의 해체가 이루어진 이후의 사후적인 대응이나 반응이 아니라, 국제조류의 변화에 동시진행적으로 적응하고 때로는 변화를 선도적으로 유도하기도 했다. 셋째, 북방정책의 주도적인 입안과 추진에도 불구하고 전통적인 우방인 미국과 일본과의 관계를 손상시키지 않았으며, 미국과의 관계를 오히려 강화시켰다.

노태우 시대의 대외관계는 기본적으로 북방정책의 추진이 중심에 놓여 있었으며, 북방정책이라는 대전략을 추진하기 위한 틀에 한국의 대외관계를 종합적이고 유기적으로 배치시켰다. 김종휘 외교안보수석도

"북방정책이 국정의 최우선 과제였다"라고 회고한다(노재봉 외, 2011: 412). 따라서 일본의 반응적 전략과는 달리, 노태우 정부는 새로운 국제정치 철학에 기반을 둔 국가 대전략을 바탕으로 주도적이며 적극적인 정책추진을 통해 냉전질서의 변화에 능동적으로 적응해 나갔다. 북방정책을 총지휘한 김종휘 수석은 "외부의 힘이 질서개편을 요구하기 전에 우리가 북방외교를 선도적으로 추구했다"는 말로 한국의 외교적 주도권을 강조한다(노재봉 외, 2011: 417). 노태우 대통령 본인도 "나는 북방정책의 성과를 평가함에 있어 우리 외교가 능동적으로 바뀌었다는 사실에 가장 큰 의미를 부여하고 싶다"(노태우, 2011: 252)고 고백한다.

한미관계 I : 대북정책에서의 주도권 확립

북방정책의 독자적 구상과 미국의 중재자 역할 유도

북방외교를 입안하고 추진할 때 노태우 대통령은 그때까지 한국 외교의 상식이었던 미국과의 사전협의를 반드시 거치지는 않았다. 그러나 노 대통령의 진심은 미국에 대해 한국이 하는 일을 숨기려고 한 것이라기보다는, 한국문제에 대한 한국의 주도권을 확실하게 확립하려는 시도였다. 그는 회고록에서 "건국 이래 우리의 외교정책은 줄곧 수동적이었다. 어떤 사태, 예를 들면 주한미군이 철수한다, 북한이 비동맹회의에 들어간다고 해야 움직이는 그런 외교였다. 그러던 것이 우리가 동구권 국가나 소련, 중국, 베트남과 외교관계를 맺고 유엔에 가입하고 남북회담을 해서 기본합의서를 끌어내게 한 것 등이 우리가 처음으로 선수를 치고 나간 것이다"라고 적고 있다(조갑제, 2007: 106).

1988년 7월 7일 발표한 '민족자존과 통일 번영을 위한 특별선언'에는 "남북 간의 소모적인 경쟁 대결외교를 종식하고 북한이 국제사회에 발전적 기여를 할 수 있도록 협력하며 … 북한이 미국, 일본 등 우리 우방과의 관계를 개선하는 데 협조할 용의가 있으며 …" 등 미국과 직접적인 관계를 가진 구절이 적지 않다. 하지만, 노 대통령은 이 선언이 미국 측과 사전에 협의하지 않고 독자적으로 구상한 것이라고 밝힌다(노태우, 2011: 145). 다만, 선언 이틀 전인 7월 5일 신동원 외무차관을 미 대사관에 보내 릴리(James Lilley) 대사를 만나게 하고 소련과 중국 측에 미국이 중개자 역할을 해달라고 부탁했다고 한다(노태우, 2011: 146). 미국의 승인이나 협의를 얻기보다는 미국이 가진 외교자산을 한국 외교전략의 실행을 위해 중개를 부탁한 것이다. 실제로 노 대통령이 1990년 6월 3일 고르바초프와 샌프란시스코에서 첫 한소 정상회담을 할 때, 고르바초프를 샌프란시스코에 방문하도록 설득하고 이를 미리 한국에 알려주는 등 한소 정상회담 성사를 위해 음으로 양으로 도움을 준 것은 슐츠(Schulz) 전 미 국무장관이었다(노태우, 2011: 202). 노 대통령은 미국과의 지속적인 동맹관계를 보여주기 위해 이 정상회담 직후 백악관을 방문하였고, 그 자리에서 부시 대통령은 "북한으로부터의 위협이 상존하는 한 한국에 대한 미국의 방위공약과 한미 간 군사협력 관계는 변함이 없다는 점"을 확인하였다(노태우, 2011: 235).

미국은 고르바초프의 등장으로 신데탕트(New Detente) 시대가 열리는 마당에서 동맹국인 한국이 소련과의 관계정상화를 시도하는 것에 반대하거나 말릴 이유가 없었다.

한미동맹에 기초한 국방정책의 기조 유지

한반도에서 전쟁을 방지하고 평화정착을 위해서는 국방정책의 방향설정이 아주 중요했다. 노태우 정부에서 국방정책의 방향은 철저하게 한미동맹의 기초 위에 선 것이었고, 남북관계의 개선도 한국의 국방강화와 연결된 측면이 아주 강했다. 따라서, 한미관계에 금이 갈 이유는 없었다.

노 대통령은 회고록에서 국방정책의 방향을 다음과 같이 기술한다. 첫째, 우리의 군사력을 지속적으로 증강시킨다. 현대전에 걸맞게 합동군 체제를 갖추고 한국군의 전력을 극대화한다. 둘째, 과거에 껄끄러운 측면이 없지 않았던 한미동맹 관계를 튼튼히 한다. 셋째, 북한에 대한 군사적 지원을 차단한다. 소련 및 중국의 북한에 대한 지원, 특히 최신무기를 공급할 능력을 갖고 있는 소련의 무기공급을 차단한다는 3가지 기둥을 세웠다는 것이다(노태우, 2011: 279). 이는 한미동맹을 견고히 하면서도, 한국군의 현대화를 통해 전력을 극대화하는 동시에, 북한의 배후 지원세력을 차단하여 한국의 안보를 튼튼히 하겠다는 전략적 발상에 기초한 것이었다. 따라서 북한의 대남전략에 공동으로 대처하려고 하는 미국의 이해와 상응하는 부분이 많았다.

북한문제에 대한 주도권 확립

북한은 노 대통령이 발표한 7·7 선언을 근거로 미국과 일본과의 독자적인 관계개선을 추진하고자 하였다. 그러나 노 대통령은 이 문제에 대해, "우방국인 미일과 북한과의 관계개선은 남북회담의 의미 있는 진전을 전제로 해야 하며 남북 간의 대화와 협의를 거치지 않는 관계개선은 할 수 없다"는 점을 확실히 했다(노태우, 2011: 308). 1991년 9월 23일 뉴욕에서 열린 한미정상회담 당시 노 대통령은 부시 대통령에게 '북한은 한국을 통하지 않고 미일과 직접 접촉을 시도할 것으로 보이는데 이는 남북한 간의 신뢰구축과 협력 평화통일을 저해하는 것입니다. 미국의 대북 직접접촉은 남북대화에 부정적인 영향을 주게 될 것입니다'라고 한국을 배제한 북미 간의 직접접촉에 쐐기를 박음으로써 남북한 관계개선이 북미 접촉에 우선해야 한다는 생각을 분명히 했다(노태우, 2011: 376). 노 대통령은 다른 곳에서도 자신의 재임 중 "미국이 핵문제와 관련하여 우리 의사와 관련 없이 일방적인 조치를 취하려 했지만, 우리가 끝까지 막았다"고 술회한다(조갑제, 2007: 126).

또한, 그는 "핵문제든 뭐든 한반도에서 일어나는 일에 대해서는 모두다 한국이 주도한다. 그리고 미국은 이를 지원한다는 원칙"을 확실하게 지켰다고 증언한다(조갑제, 2007: 135). 노 대통령의 궁극적 관심사는 한반도 문제 해결에 대한 한국의 주도권 확립이었음을 다시 한 번 확인해 주는 대목이다.

전술핵무기 철수 결정과 비핵화 공동선언

미국은 걸프전이 끝난 이후 전 세계에서 핵무기를 철수하기 위한 정책을 은밀히 추진했다. 한편, 한국으로 보자면, 북한이 개발하는 핵무기를 없애기 위해서는 미군이 배치한 핵무기를 내보내야 할 사정에 놓여 있었다. 한국에 배치된 미군의 전술핵무기에 대해서는 대통령 취임 후 미국 측으로부터 보고를 받은 것으로 알려져 있다. 김종휘 수석의 증언에 의하면, 대통령 취임 며칠 후 메네트리 미8군 사령관과 릴리 대사가 다른 배석자를 두지 않은 보고를 통해 대한민국에 배치된 전술핵무기에 대해 대통령에게만 보고를 했다고 한다(조갑제, 2007: 139).[5] 전 세계 전술핵 철수계획을 인지한 노 대통령은 1991년 7월 2일 부시 대통령과의 정상회담에서 북한 핵문제는 한국이 나서서 해결할 것임을 분명히 하고 미국 측의 협조를 구했다. 당시 노 대통령은 조건부 전술핵 철수를 제기했다. 즉, 다음과 같은 3가지 요건이 충족될 경우 주한 미군 보유 핵무기의 철수를 수락할 수 있다고 밝힌 것이다. "첫째, 미국의 한국에 대한 핵우산은 계속 확실하게 제공되어야 한다. 둘째, 북한은 모든 핵관련 시설 및 물질에 대한 IAEA의 전면사찰을 수용해야 한다. 셋째, 북한은 핵 처리시설의 건설을 중단하고 폐기해야 한다"는 것이었다(노태우, 2011: 374~375). 부시 대통령이 미국은 북한과 핵문제를 직접 협상하지 않는다는 약속을 하자, 노 대통령은 비핵화선언을

---

5 회고록에 따르면 당시 전술핵무기는 군산 한 군데에만 있었다고 한다.

검토 중임을 설명했다. 이에 따르면, 비핵화선언에는 "첫째, 한국은 장기적으로 핵 없는 세계를 지향한다. 둘째, 원자력을 평화적으로만 이용한다. 셋째, 한국은 핵무기를 제조, 보유, 반입하지 않는다. 넷째, 한국은 핵확산 금지조약과 IAEA의 핵안전협정을 준수하여 완전한 국제사찰에 응한다"는 내용을 담을 것임을 설명했다(노태우, 2011: 375). 미국과 한국이 한반도의 비핵화에 대해 기본적으로 이해가 일치한다는 바탕 위에서 한국은 미국의 핵우산에 의한 보장과 핵의 평화적 이용을 보장받고 비핵화선언을 통해 북한을 압박하겠다는 전술을 구사한 것이다. 김일성이 북한 핵사찰의 전제조건으로 동시 사찰을 제기하여 북한 원자력시설과 함께 남한에 있는 미군시설도 동시에 사찰하자고 주장했기 때문에, 한국에 배치된 전술핵무기를 선제적으로 제거함으로써 북한의 핵개발 논리에 쐐기를 박자는 발상이었다.

노 대통령은 회고록에서 "북한이 핵을 만들지 않도록 우리가 먼저 선수를 쳐야 한다고 생각했다. 그래서, 나는 우리가 미국보다 먼저 비핵화선언을 하고, 남북문제에 관한 한 한국이 주도권을 가졌다는 점을 분명히 선언하기로 했다"고 적고 있다(조갑제, 2007: 131). 이후 김종휘 수석을 통해 미국과 조율하여 '북한이 핵개발을 포기할 경우 주한미군의 전술핵 철수도 검토할 수 있다'는 합의를 이끌어냈다(노태우, 2011: 310). 이를 바탕으로 9월 24일 노 대통령은 유엔총회 연설에서 '북한이 핵무기 개발을 포기한다면 한반도의 핵문제에 대해 남북한 간 협의를 추진할 수 있다'는 공식적 입장을 밝혔고, 9월 27일에 부시 대통령이 전 세계에 배치된 전술핵무기를 철수하겠다고 선언할 때, '한반도 주변의 핵도 모두 제거되어야 한다'고 주장할 수 있었다(노태우, 2011: 313). 이 같은 사전작업을 마친 다음, 노 대통령은 1991년 11월 8일 한반도 비핵화선언을 선제적으로 단행하였고, 이어 북한과의 합의를 통해 1992년 1월 20일 '한반도 비핵화에 관한 공동선언'을 이끌어낼 수 있었다.

한반도 비핵화 공동선언과 관련된 일련의 과정은 노태우 정부의 대미외교와 관련하여 중요한 점을 시사해 준다. 첫째, 당시 미국 행정부의 전술핵 철수 움직임을 일찌감치 감지하고 이를 북핵문제와 연계시켜 정책적 카드로 활용했다. 둘째, 주한미군의 전술핵 철수를 기정사실로 받아들이면서도, 미국의 지속적인 핵우산 제공을 확약받아 한국 안보의 공백을 막았다. 셋째, 북한 핵문제 해결을 위한 주도권을 한국이 쥘 수 있도록 미국의 협력을 확보하였다. 북한이 주장하는 주한미군 철수와 전술핵 폐기에 대해 북미 간의 대화보다는 남북한 간의 합의 도출을 통해 한반도 평화정착 프로세스와 긴밀하게 연계시킨 점은 높이 살 만하다. 다만, 비핵화선언이 본래 의도했던 대로 '북한이 핵무기 개발을 포기한다면'이라는 전제조건을 충족시키지 못한 시점에서 선제적으로 비핵화 공동선언을 발표한 것은 아쉬움이 남는다. 북한 핵개발 포기에 대한 검증이 없이 선언적인 비핵화에 그침으로써 후일 핵문제 해결에 불씨를 남겨놓았다.

미국과의 공통 이해에 대한 확신

미국에 대해서 노 대통령이 한반도 문제에 관한 한 주도권을 쥘 수 있었던 것은 그의 확고한 미국에 대한 신뢰에 있었다. 그는 "한국이 미국의 이해에 상치되는 방향으로 나가면 불행해진다. 미국의 힘을 우리의 국력증강과 번영에 도움을 줄 수 있도록 함께한다는 것을 우리의 외교전략으로 해야 한다"고 할 만큼 한국과 미국 간의 상호이익에 대한 확신을 가지고 있었다(조갑제, 2007: 111). 노 대통령의 미국에 대한 인식도 신뢰에 기반을 둔다. 그는 "금세기에 어느 나라가 제일 침략적이고 상대방 나라에 불행을 안겨 주었으며, 반대로 어느 나라가 우리를 돕고 혜택을 주었는지를 분석해 보면 역시 미국이라는 나라가 후자에 속한다"고 술회한다(조갑제, 2007: 111). 그의 미국에 대한 신뢰의 배경에는 미국에 대한 감사를 포함한다. 미국 상원과 〈뉴욕타임스〉 등이 서울 올림픽을 반대할 때, 그는 미국에 달려가 다음과 같이 호소했다고 한다. "내가 당신들과 함께 피를 흘렸다. 6·25 때 당신들 피 흘린 것 내가 누구보다 고맙게 생각한다. 그 갚음은 아니지만 혈맹의식에서 내가 월남에 가서 싸웠다. 그래서 자유를 지킨 우리가 나라의 발전에 계기를 삼으려고 올림픽을 개최한 거다."(조갑제, 2007: 108)

노 대통령은 동북아에서 한국의 위상이 중요시되고 있으며, 대한민국이 동북아의 영국이 될 수 있다고 믿었다(조갑제, 2007: 108). 그는 "미국이 피를 나누면서 도와준 우방이 이렇게까지 발전한 데 대해 미국은 보람을 느끼면서 자랑스러워하기까지 했다. 게다가 한국 대통령이 미국의 이익에도 일치하는 일을 하겠다는데 싫어할 리가 있겠는가"라고 자신감을 피력했다(조갑제, 2007: 68). 그 배경에는 '한미 두 맹방이 북의 공산 군사국가에 어떻게 대처하느냐는 문제를 놓고 서로 비틀거린다는 것은 비극이자 아이러니가 아닐 수 없다'는 신념이 있었다(조갑제, 2007: 66). 북방정책의 조율사였던 김종휘 수석은 다음과 같이 한미 간 공통이해를 확인한다. "노태우 대통령은 북방외교를 꿈꾸면서 중국과 소련의 대북 군사지원 차단을 그리셨을 것이다. 노 대통령은 북한에게 부드럽게 말로 접근했지만, 잘 드러나지 않는 이면의 집요한 대북 압박정책과 북한의 대미·대일 차단정책은 외부관찰자가 상상하기 어려운 일이었다. 노태우 정부 청와대는 군사력 강화, 한미 협력 증진, 중소 접근으로 북한을 무섭게 몰아붙이고 압박했다"고 북방정책의 이면을 소개하였다(노재봉 외, 2011: 487).

한미관계 Ⅱ: 민족자존에 바탕을 둔 군사동맹의 변환

노 대통령은 한반도 문제에 대한 한국의 주도권을 확립하려고 한 이외에도, 미국에 대한 민족자존을 내세우는 것을 거리끼지 않았다. 이 같은 민족 자주의식은 박정희 대통령의 영향을 받은 것으로 보인다. 노 대통령은 박정희와 10월유신에 대한 생각을 묻는 질문에 대해, "나를 비롯한 군 장교들은 10월유신을 민족자존이자 자주국방이라고 생각했다. 민족주의 색채가 강했다"고 술회한다(조갑제, 2007: 97). 이것은 노태우 재임기간 중 국정지표가 "민족자존"인 것으로 연결되었다(노태우, 2011: 395). 그는 종종 "남의 눈치보고, 추종하고, 이게 무슨 자주외교권을 가진 나라인가. 그러고도 민족의 자존이 있다고 자부할 수 있는가"라고 자문하곤 했다고 한다(노태우, 2011: 432).

용산 미군기지 반환 결정과 정전위원회 대표 한국군 장성 임명

대통령 외교안보비서관을 지낸 민병석은 용산 미군기지 이전 문제를 처음으로 제기하고 추진했던 게 노태우 대통령이라고 밝히고 있다(노재봉 외, 2011: 487). 노 대통령은 서울 한복판에 위치한 미군기지가 100여 년간 외국군대에 의해 점유되어 왔다는 사실에 착목하고 민족자존의 정신에 비추어 이것이 바람직하지 않다고 여겼다(노태우, 2011: 395). 임진왜란 때 고니시 유키나가(小西行長)가 주둔하고부터 청나라군, 일본군, 그리고 미군이 같은 자리에 머물렀다는 점에서 민족 자존심을 건드리는 곳이었다. 노태우 대통령이 취임한 것이 1988년 2월 25일인데 3월 17일에 안보보좌관에게 용산 미군기지 이전 검토를 지시한 것을 보면, 평상시 이 문제에 대한 관심이 남달랐음을 알 수 있다. 노태우 행정부에서 국방부장관을 지낸 오자복의 증언에 의하면, 어느 날 일상적인 결재를 받고 나오는데 대통령이 다시 불러 가보니 '미 8군의 골프장을 찾아오라'고 주문하였다고 한다(노재봉 외, 2011: 518). 이 문제에 대해 본인은 물론 육해공군 총장들도 반대하자, 노 대통령은 조용히 '가지고 가서 긍정적인 답이 나올 수 있도록 재검토해달라'고 부탁했다는 것이다. 노 대통령은 1988년 6월 8일 방한한 갈루치(Gallucci) 미 국방장관에게 육군본부와 해공군본부가 올림픽 이후 대전 교외로 이전한다는 사실을 감안할 때, 연합사도 이전할 단계가 되었다는 사실을 통보하였다. 그 이후 협상을 거쳐 1992년 11월 5일 미군 골프장 조기환수가 이루어지고 그 자리에 나중에 국립박물관이 들어섰다.

민족자존의 관점에서 추진된 다른 국방분야 사업들은 군사정전위원회 수석대표를 한국군 장성으로 바꾼 것, 주한미군의 AFKN TV채널을 UHF채널로 바꾼 것, 정부종합청사 근처 내자호텔을 환수한 것 등을 들 수 있다(노태우, 2011: 398). 특히 군사정전위원회 수석대표를 한국군 장성으로 임명한 것은 남북대화와 협상의 시대가 다가올 것이라는 예상 아래 군도 북한군과 대화하고 협상하는 경험을 축적할 필요가 있다는 전략적 판단에 근거한 것이었다.

평시작전권 환수와 합동군 체제 구상

민족자존의 관점에서 추진된 또 하나의 정책전환은 평시작전권 환수였다. 전시가 아닌 평시에도 외국군 지휘관에게 한국군이 지휘통제를 받는다는 것은 한국의 자존심과 국가주권에 직결된 문제라고 노 대통령은 인식했다. 6·25전쟁 시 낙동강 전선까지 후퇴한 한국군이 미군을 주축으로 한 유엔군에 의존하지 않을 수 없어서 1950년 7월 14일 작전통제권을 유엔군에 이양한 것이 계기였다.

군사력 증대를 위해 필요한 것은 국방비 지출의 증대와 군 병력 및 장비의 증강과 더불어 군의 장래를 설계하고 독자적으로 작전지휘와 통제를 할 수 있는 능력을 갖추는 일이 필요하다는 발상에서 추진한 사업이었다(노태우, 2011: 400). 또한, 주한미군 감축문제가 제기되던 시점에서 한국 방위를 위해 한국 측이 주도적 역할을 수행하고, 미국 측은 지원역할을 하는 것을 원칙으로 하려는 미국의 의향을 반영한 것이기도 했다(노태우, 2011: 423). 즉, 한국 방위의 한국화를 위한 준비작업의 일환이었다.

그러나 노태우 정부는 작전통제권을 환수함에 있어 다음과 같은 고려 아래 평시작전통제권에 국한하여 이를 추진하였다. 첫째, 북한이 남북한 기본합의서와 비핵화 공동선언을 실천에 옮기지 않는 한 한국의 안보 현실에는 근본적인 변화가 없다. 따라서, 한미연합 억제 방위 체제를 뒤흔들 필요가 없다. 둘째, 전시작전권 행사의 이원적 행사는 방위태세의 실질적 약화와 혼란을 가져올 수 있다. 셋째, 율곡사업의 꾸준한 추진에도 불구하고 한국의 단독작전 능력에는 미흡한 점이 많다. 넷째, 전시작전권 이원화는 한미연합 안보체제를 근본적으로 약화 시킬 수 있는 요인이 될 수 있다(노태우, 2011: 401~402).

평시작전통제권의 환수를 추진함과 더불어 노태우 대통령은 '8·18 계획'으로 불리는 군 상부구조 개편계획도 추진하였다. 육해공군으로 나 뉘어 있던 군제를 합동군제로 바꾸어, 합동참모회의를 합동참모본부로 개편하고 합참을 대폭 강화하여 평시작전권 환수 후의 조치에 대비한 것도 노태우 대통령 시절에 이루어진 성과였다(노재봉 외, 2011: 528).

한일관계

노태우 대통령은 일본과의 관계에서도 한반도 문제의 한국주도권 확립 에 가장 큰 관심을 보였다. 그의 회고록에 일본에 관한 부분은 가네마 루의 방북결과 설명과 그에 대한 본인의 소회를 기술한 것이 가장 크게 부각되어 있는 데서 이러한 점이 확인된다. 또한, 일본에 대해 상대적 으로 낮은 평가를 내린 가운데, 어떻게 하면 일본에 앞서 소련과의 경 제협력을 추진할 것인가에 관심을 두었던 것으로 보인다.

일본의 독자적 북한 접근에 대한 견제

미국이 한국을 제쳐 놓고 핵문제를 비롯한 제반 문제에서 북한과 직접 상대하는 것을 저지하고자 했던 것과 같은 맥락에서, 노태우 정부는 우방국인 일본도 한국과 긴밀히 협의를 거치지 않은 상태에서 북한과 접근하는 것을 차단하고자 하였다.

1990년 평양을 방문하고 돌아온 가네마루가 북한에서의 활동을 설명하고 이해를 구하고자 방문했을 때, 노태우 대통령은 한국의 이해를 구하지 않고 북한에 접근하려는 일본을 견제했다. 가네마루와 김일성이 합의했다는 8개항에 대해, "이것은 가네마루 선생의 뜻이라기보다는 북한이 교활하게 유혹한 것"이라며 따지고 들어, 일본 측이 한국을 제쳐 놓고 북한과 만난 점에 대해 불만을 표시하였다. 후일 보좌관들이 가네마루를 너무 심문하는 게 아니냐고 했을 정도였다고 한다. 이에 대해, 가네마루로부터 "금후 한국과 긴밀히 협의하면서 머리 너머로 거래하는 일이 없도록 하겠다"는 답변을 이끌어내, 한국을 제쳐 놓고는 어느 누구도 북한과 교섭해서는 안 된다는 원칙을 세웠다(조갑제, 2007: 119). 노 대통령은 여러 차례에 걸쳐 "북한이 움직이려면 모든 면에서 한국을 통하지 않으면 안 되게끔 만드는 게 아주 중요한 부분"이라는 지적을 한다(조갑제, 2007: 117).

노 대통령은 북한의 변화를 유도하기 위해 북한의 우방이었던 사회주의권 국가들과의 독자적인 외교관계 수립에 최선을 다하였지만, 한국의 우방들이 한국 정부가 바라는 북한의 변화를 유도하지 못한 상태에서 성급하게 북한에 접근하려는 것을 철저하게 막고자 했던 일면이 드러난다.

일본에 대한 불신 및 저평가

반면, 노 대통령은 소련과의 수교를 추진할 때, 고르바초프나 옐친이 한국에 대해 가졌던 경제협력의 기대를 극대화하는 일환으로 소련의 일본에 대한 저평가를 활용하였다.

일본에 대한 노태우 대통령의 인식은 군데군데 드러나 있으나, 일본에 비해 한국이 매력적인 경제협력 파트너임을 부각시키려 노력한 점을 알 수 있다. 고르바초프와의 첫 정상회담에서 노 대통령은 일본에 대해, "일본은 대외무역에서 큰 흑자를 보고 있는데 그들은 조금이라도 손해 보는 일은 꺼리는 입장입니다. 그런 점에서 대소관계도 주저하고 있는데 우리 한국은 그렇지 않습니다. 우리가 대소경협에 적극적으로 나서게 되면 일본도 따라올 것입니다"라고 말한다(노태우, 2011: 205). 한소수교에 박차를 가하고 싶은 심정을 이야기하지만, 일본에 대한 경계심을 한소외교에 활용하는 측면을 엿볼 수 있다. 그런 맥락에서 노 대통령은 일본이 우방국임에도 불구하고, 고르바초프와의 샌프란시스코 회동을 사전에 알려주지 않았다. 샌프란시스코 정상회담 뒤 일본을 방문했을 때, 가이후 도시키(海部俊樹) 일본 총리가 노 대통령에게 "왜 한소 정상회담을 하기로 한 사실을 귀띔해 주시지 않았습니까"라고 서운함을 표시했다고 한다(노태우, 2011: 208).

1990년 12월 14일 크렘린궁에서 열린 제2차 고르바초프-노태우 정상회담 당시에도 고르바초프와 노 대통령의 일본 인식이 드러난다. 당시 고르바초프는 "한국은 일본의 지도자들과 다르므로 한소 간에는 못할 일이 없다고 봅니다. 일본은 우리가 무릎 꿇기를 기대했으나 천만의 말씀입니다"라고 말함으로써 우회적으로 한국에 대한 호감을 드러냈다(노태우, 2011: 212). 1991년 4월 19일 제주도에서 열린 3차 고르바초프-노태우 정상회담에서도 북방 4도 문제로 꼬인 일소관계를 보면서, 노 대통령은 고르바초프에게 "일본에서의 일은 잊어버리고 신혼여행을 왔다고 생각하십시오"라고 말해, 일본이 그다지 흔쾌한 외교 상대가 아니라는 점을 은근히 드러낸다(노태우, 2011: 225).

고르바초프의 뒤를 이은 옐친(Yeltsin)에게서도 한국과 일본을 대비시켜 언급하는 점이 확인된다. "일본은 북방 4개 섬과 관련하여 우리한테 이래라저래라 강요하며 그 결과에 따라 경협 여부를 결정하겠다고 합니다. 그것은 우리 러시아가 대국이라는 사실을 망각한 것입니다"라는 옐친의 말을 소개하는 데서 드러나듯이, 경제협력 파트너로서의 한국의 경쟁력을 드러내고자 하였다(노태우, 2011: 231).

노 대통령의 일본에 대한 인식은 북핵문제 관련 언급에서도 드러난다. 그는 "일본은 핵무기를 만들 수 있는 기술이 있으면서도 그것을 포기하고 미국의 핵우산의 보호를 받고 있다. 자신들이 안보에 지불해야 할 비용을 미군에 부담시키는 셈이다. 실리를 제대로 챙기고 있다"라고 적고 있다(노태우, 2011: 371). 일본은 실리 위주의 국가라는 인상을 강하게 가지고 있었다는 점이 확인된다.

셔틀 외교의 시작

노 대통령의 주된 관심이 북방외교에 있었지만, 이것이 일본에 대한 외교적인 경시로 나타난 것은 아니었다. 노 대통령은 1990년 5월에 일본을 국빈 방문하였고, 미야자와(宮澤) 일본 수상도 1992년 1월 방한하였다. 당시, 일본 대사를 지낸 오재희의 회고에 의하면, 한일 간에도 독일이나 프랑스의 경우처럼 양국 정상이 격의와 형식을 초월하여 서울이나 도쿄가 아니더라도 가깝고 편리한 장소에서 수시로 만날 필요가 있음을 강력하게 건의하였고, 노 대통령도 전적으로 동감하였다고 한다(노재봉 외, 2011: 436).

그러나, 1990년 초부터 언론에 부각되기 시작한 일본군위안부 문제로 한일관계에 커다란 걸림돌이 생겨났다. 1990년 1월 전 일본군위안부 윤정옥 씨가 실명을 공개한 경험담을 〈한겨레신문〉에 소개하면서 이 문제가 세상에 처음 알려졌다. 처음 정부의 공식 개입을 부정하던 일본 정부의 자세는 1992년 1월 11일 요시미(吉見) 일본 중앙대 교수가 일본군이 관여했다는 증거자료를 발표하면서 대전환을 맞는다. 이후 미야자와 내각이 주도하여 이루어진 조사는 1992년 7월 6일 가토(加藤) 관방장관에 의해 발표되었고, 군대위안부 모집, 시설 설치, 관리, 운영에 일본정부 관여가 있었다는 사실을 인정하였다.[6]

위안부 문제가 일단락된 후에야 노 대통령은 다시 한 번 일본을 방

---

6 http://www.awf.or.jp(검색일: 2012.2.29)를 참조. 이와 같은 조사결과는 1993년 8월 4일 고노(河野) 관방장관 담화로 이어지고, 무라야마(村山) 내각 시절 아시아여성기금의 창설로 이어진다.

문하게 되었으며, 1992년 11월 8일 교토에서 정상회담을 가짐으로써, 서울과 동경이 아닌 도시에서 정상회담을 가지는 선례를 만들어 셔틀 외교의 시발점을 만들 수 있었다.

글을 마치면서 : 한미동맹과 북방정책의 조화

노 대통령 시대의 외교에서 가장 주목되는 부분은 북방외교라는 새로운 지평선을 개척하면서도 전통적인 우방이었던 미국 및 일본과의 관계를 손상시키지 않았다는 점이다. 이후 진보적인 성향의 김대중, 노무현 정권이 북한과의 관계개선을 시도하는 가운데 미국과의 관계가 흔들렸던 점을 감안한다면, 균형감을 잃지 않은 외교방식이었다.

노태우 대통령 스스로 평가를 내리듯이, 노태우 정부의 외교노선은 "국익 중심의 자주외교"였다(노태우, 2011: 268). 그 핵심은 새로운 발상에 기초한 북한에 대한 안보체제의 확립과 통일을 준비하기 위한 외교적 지평확대였다. 그 기저에는 북한에 대한 감상적인 우호감이 아닌 현실주의적 평가가 자리 잡고 있었다. 노 대통령은 북한을 적대시하는 정책을 포기하고 북한을 포용하는 정책의 효시를 보여주기는 했으나, 북한을 결코 신뢰한 것은 아니었다. 노 대통령은 북한이 한국이 주도하는 북방정책과 대북정책에 끌려온 것은 "우리의 힘이 우세해야 상대가 꺾인다"는 그의 공산주의관을 입증하는 것이라고 밝히고 있다(노태우, 2011: 221). 그는 1991년 11월 4일 슐츠 전 미 국무장관을 만난 자리에서 "1992년 내에 한국과 중국 양국이 공개적으로 교류할 것이며 미국과 함께 북한의 도발위협을 제거하면 북한은 굴복할 수밖에 없을 것입니다"라고 말함으로써 북한에 대해 우세적인 위치를 가지고 다루려는 의도를 숨기지 않았다(노태우, 2011: 241). 하지만 동시에 북한을 흡수하거나 적대관계를 지속하자는 것은 아님도 분명히 한다. 1991년 11월 21일 첸지첸 중국 외교부장과의 만남에서 노 대통령은 "우리는 북한이 우려하는 독일식 흡수통일은 생각하지 않고 있습니다. 우리는 동족인 북한과의 오랜 적대관계를 버리고 신뢰를 회복해 협력관계를 맺자는 것이지, 우리의 경제력이 강하다고 해서 지배하자는 것은 결코 아닙니다"라고 밝히고 있다(노태우, 2011: 246). 그러나 북한을 있는 그대로 받아들이자는 논의도 아니었다. 기본적으로 시장경제와 민주주의를 받아들이게 하는 것이 목표였다. 노 대통령은 "우리 역시 북한을 흡수한다든지 북진을 한다든지 하는 힘의 방법을 쓰지 않더라도 북한이 시장경제와 민주주의만 받아들인다면 통일을 이루게 되는 것이다. 이념을 바꾸게 하는 것이 바로 통일이다"라고 적고 있다(노태우, 2011: 256). 따라서 이 점에 있어서 한국과 미국의 이해관계는 상치되는 것이 결코 아니었다. 오히려 노 대통령은 북한이 북방정책으로 인해 사면초가에 빠지게 되었다고 평가한다(노태우, 2011: 286).

노 대통령이 북방정책을 통해 북한에 대한 새로운 발상과 새로운 접근법을 시도한 것은 틀림이 없었지만, 한국의 안보에 대한 궁극적인 관심을 버린 적이 없었으며, 한국의 안보는 한미동맹이 강력할 때에만 보장된다는 인식을 결코 포기하지 않았다. 그러면서도, 민족자존의 정신에 입각하여, 국방분야에서의 자주적 능력을 향상시키고 미국에 대한 종속적 이미지를 극복하기 위한 노력을 동시에 경주했다는 점은 특기할 만하다.

■ 참고문헌

단행본

노재봉 외(2011), 《노태우 대통령을 말한다: 국내외 인사 175인의 기록》, 동화출판사.

노태우(2011), 《노태우 회고록(하): 전환기의 대전략》, 조선뉴스프레스.

박철희(2011), 《자민당정권과 전후체제의 변용》, 서울대 출판문화원.

신정화(2004), 《일본의 대북정책 1945~1992년》, 오름.

이면우 편(2006), 《일본의 국가 재정립: 정치제도의 변화를 중심으로》, 한울아카데미.

장달중 외(2002), 《세계화와 일본의 구조 전환》, 서울대학교출판부.

조갑제(2007), 《노태우 육성 회고록》, 조갑제닷컴.

重村智計(2000), 《北朝鮮の外交戰略》, 講談社現代新書.

船橋洋一(1997), 《同盟漂流》, 岩波書店.

Cronin, Patrick & Michael Green. (2004), *Redefining the U.S.-Japan Alliance*, Honolulu: University Press of the Pacific.

Shinoda, Tomohiko. (2007), *Koizumi Diplomacy*, Seattle: University of Washington Press.

Soeya, Yoshihid & Masayuki Tadokoro & David Welch. (2011), *Japan as a Normal Country?: A Nation in Search of a Place in the World*, Toronto: University of Toronto Press.

학술논문 및 보고서

박철희(2004), "전수방위에서 적극방위로: 미일동맹 및 위협인식의 변화와 일본방위정책의 정치", 〈국제정치논총〉 44집 1호, 169~190쪽.

Calder, Kent. (1988), "Japanese Foreign Economic Policy Formation: Explaining the Reactive State", *World Politics* 40: 517~541.

노태우 정부의 주요 경제정책 평가 : 성장, 금융자유화 및 개방, 물가안정화 정책을 중심으로

9

송치영

들어가며

거시경제지표를 살펴보면 노태우 정부가 전두환 정부로부터 물려받은 경제는 더 이상 바랄 것이 없는 수준이었다. 노태우 정부 출범 당시 한국경제는 약 100억 달러 이상의 경상수지 흑자를 기록한 가운데 약 12%의 증가율로 초고속 성장하고 있었으며, 금상첨화로 인플레이션 은 3% 정도로 매우 안정적이었다. 또한 몇 개월 후 1988년 하계올림 픽이 서울에서 개최되어 한국경제의 발전상이 세계적으로 홍보되면 한 국 제품의 브랜드 가치가 높아져 수출은 더욱 촉진될 것이고, 이에 따라 한국경제의 상승세가 가속화될 것으로 기대되었다. 지금까지의 호황이 앞으로도 지속된다면 멀지 않은 시기에 한국경제는 선진국 수준에 근접할 수 있다는 기대를 불러일으킬 정도였다.

그러나 그 속을 자세히 들여다보면 결코 한국경제의 미래가 낙관적이지만은 않았다는 것을 발견할 수 있다. 경상수지가 만성적인 적자에서 큰 폭의 흑자로 돌아선 것은 국제유가, 국제금리, 원화가치가 낮은 현상, 이른바 '3저'라는 외부충격에 주로 기인했다. 따라서 민주화의 진전으로 국내노동자의 임금이 빠르게 상승하는 가운데 이와 같은 호의적인 외부충격이 사라지면 경상수지는 악화되어 언제라도 다시 적자로 돌아갈 수 있었다. 또한 낮은 인플레이션은 전두환 정부가 극히 안정적인 기조로 경제를 운용한 결과의 산물로서, 만약 억제된 물가상승 압력이 밖으로 표출되기 시작하면 큰 폭으로 상승할 가능성이 매우 높았다. 중화학공업 육성을 주축으로 한 그동안의 수출주도형 경제성장은 일부 업종에서의 심각한 중복·과잉투자, 정부의 지나친 보호로 인한 산업경쟁력의 약화, 경제력 집중, 소득분배 악화 등의 문제를 초래하였기 때문에 향후 한국경제의 성장잠재력 저하가 우려되었다. 더욱이 정부의 규제와 보호 속에서 산업정책의 지원역할을 주로 하였던 금융부문이 아직 국제경쟁력을 제대로 갖추지 못한 상황에서 미국을 비롯한 서방 선진국들이 금융 자유화 및 개방의 확대를 강력히 요구했다. 만약 이러한 요구에 적절히 대응하지 못하고 개방을 무작정 미룬다면 결국 선진국과의 마찰을 초래하여 오히려 한국경제가 또 다른 어려움에 처할 수도 있는 상황이었다. 이 밖에도, 빠른 성장과정에서 악화된 소득분배구조, 미흡한 사회복지제도, 국민소득수준을 따라가지 못하는 주택보급률 등 경제의 어려움이 산적해 있었다.

이를 정리하면, 노태우 정부 출범 시 한국경제는 비록 물가안정 아래 호황을 누렸지만 단기적으로는 경상수지 악화, 물가급등 등으로 인한 경착륙의 위험성이 높은 수준이었으며, 장기적으로는 잠재성장력의 확충, 금융개방의 효율적인 확대, 분배구조의 개선 등에 대한 노력이 획기적으로 요구되었다. 따라서 경제적 측면에서 볼 때, 노태우 정부에게 주어진 역할은 '3저' 호황 이후 한국경제의 경착륙 가능성에 대비해야 할 뿐만 아니라 새로운 성장동력의 개발을 통해 경제성장력을 확충하고 금융부문을 효율적으로 발전시킬 수 있도록 금융 자유화 및 개방을 적절히 확대하는 것이었다. 또한 이와 더불어 분배구조를 개선하고 사회복지를 확충하여 국민의 삶의 질을 향상시키는 것 역시 노태우 정부가 경제정책에서 중점을 두어야 할 부분이었다. 노태우 정부는 출범 초기에는 서울올림픽 준비에 정책의 비중을 상대적으로 높이 두었기 때문에 한국경제가 당면한 문제에 적극적으로 대응하지 못하기도 하였으나,[1] 전반적으로는 수권기간 중 시대적 역할을 인식하고 문제해결을 위해 노력하였으며, 이에 다양한 정책처방을 제시하였다. 노태우 정부가 중점적으로 추진한 정책은 첨단산업육성·제조업 경쟁력 강화·사회간접자본 확충 등을 골자로 한 성장잠재력 확충정책, 금리자유화·주식시장개방 등의 금융 자유화 및 개방화 확대정책, 물가안정화 정책, 주택 2백만 호 건설·토지공개념법의 도입·재벌기업의 비업무용 부동산 매각조치 등의 부동산가격 안정화 정책, 연금·의료보험 확대 등의 복지정책 등을 포함한다.

이 장에서는 여러 정책 중 성장잠재력 확충정책, 금융 자유화 및 개방 확대정책, 물가안정화 정책을 중심으로 노태우 정부의 경제정책을 소개하고 평가하고자 한다. 경제정책의 경우 복수의 정부를 거쳐 정책이 추진되기도 하며, 정책의 효과가 때로는 장기적으로 나타나기 때문에 한 정부가 추진한 정책의 효과를 정확히 평가하는 것은 매우 어려운 일이다. 따라서 이 장에서는 정책시행의 동기, 의의, 내용, 특징 등을 중심으로 정책을 평가하였다.

성장잠재력 확충정책

한국경제는 석유화학, 철강, 기계, 조선 등 중화학공업을 중심으로 수출주도형 성장전략을 이용하여 1970년대에 고도의 경제성장을 달성하였다. 1973년부터 박정희 정부는 저금리 정책금융 및 세제혜택 제공,

---

1 정권 초기에는 이전 정부로부터 이어진 유사 이래의 최대 호황이 앞으로도 한동안 지속될 것으로 기대하여 문제해결에 안이하게 대응하였을 가능성도 높다.

가격통제, 수입규제 등의 수단을 동원하여 중화학공업을 보호·육성하는 산업정책을 강력히 시행하였으며, 그 결과 경제규모가 비약적으로 확대되고 1인당 소득수준이 크게 향상되었다. 그러나 이 과정에서 경제력 집중의 심화, 과다한 외채, 소득분배 악화, 국제수지의 만성적 적자, 인플레이션 가속화, 관치금융에 따른 금융산업의 낙후, 부동산 투기 등의 부작용이 초래되기도 하였다. 또한 일부 업종에서는 중복·과잉 투자로 투자의 효율성이 낮아지고 정부의 지나친 보호로 산업경쟁력이 낙후되는 문제도 발생하였다. 따라서 향후 성장잠재력이 저하되어 한국경제가 지속적으로 건실하게 성장하기 어렵다는 우려가 증가함에 따라 전두환 정부는 중화학공업 중심의 경제성장정책의 문제점을 시정하고자 하였다. 특히 발전설비, 자동차, 중전기기 등 중복·과잉 투자가 심각한 부분에서 기업합병 등을 통해 투자조정을 시행하여 투자의 효율성을 향상시키고, 이와 함께 수입자유화를 확대하여 국내시장에서의 경쟁을 제고하고자 하였다.[2] 그러나 강력한 경제안정화 정책의 시행으로 물가가 안정된 가운데 1985년 이후 '3저'로 인한 수출호조로 국내경기가 크게 활성화되고 외채규모도 축소되면서 혁신적 경제개혁에 대한 의지는 약화되었다.

이전 정부로부터 '3저' 호황을 물려받은 노태우 정부가 주택 2백만호 건설정책을 추진함에 따라 국내경기는 활황세를 이어갔으며, 그 결과 노태우 정부 출범 첫해인 1988년 한국경제는 전두환 정부의 고도성장기와 비슷한 11.7%의 높은 성장률을 기록하였다. 사실 한국경제의 근본적인 문제들이 해결되지 않았으며 경기활성화가 주로 외부적인 요인과 일시적인 내수진작 정책에 주로 기인하고 있음에도 불구하고, 이와 같은 고도성장은 한국경제가 건실한 성장잠재력을 보유하고 있다는 착각을 불러일으켜 산업구조조정과 같은 근본적 개혁에 대한 필요성을

---

2 업종별로는 투자조정과정에서 신규기업의 진입을 억제하여 특정 기업의 독점적 지위가 오히려 강화되는 부작용이 발생하기도 하였다 (강호진, 1991; 유승민, 1995).

약화시켰다. 1989년 들어 임금상승, 원화절상 등의 영향으로 수출부진이 지속되는 등 경제의 위기감이 팽배해지자 노태우 정부는 한국경제의 성장잠재력에 문제가 있다는 것을 심각하게 인식한 것으로 보인다. 특히, 산업부문 간 불균형, 열악한 기술수준, 경제하부구조 부족의 심화, 수입유발적 산업구조 등을 경제성장의 원동력을 취약하게 만드는 주요 요인으로 파악하였다(공보처, 1992: 49). 이에 따라 노태우 정부는 기술개발과 사회간접자본 확충을 주요 내용으로 하는 성장잠재력 확대정책을 추진하였다.

첨단산업 위주의 산업고도화와 제조업 경쟁력 강화를 주축으로 한 산업구조조정 정책을 추진하였는데, 이들 정책의 핵심은 기술개발지원이었다. 먼저, 첨단산업의 높은 부가가치와 여타 산업에 대한 생산성 및 효율성 파급효과, 첨단제품에 대한 세계적인 수요 증가 등을 이유로 첨단산업을 적극적으로 육성하고자 하였다.[3] 또한 선진국의 제조업 경쟁력이 약화되는 점을 기회로 삼아, 투자기반과 숙련된 기능인력 등의 장점을 가지는 기계, 자동차, 전자 등 성장유망 제조업에 대한 투자를 확대하여 유망제조업 분야의 경쟁력을 향상시키는 전략을 수립하였다. 이를 위해 첨단기술과 제조업기술 개발에 대해 정부가 적극 지원하고자 하였다. 노태우 정부는 재정보조와 장기저리융자 등을 통해 기업 간 공동연구를 장려하였는데, 예를 들어 공동기술사업과 첨단요소 기술개발사업 등을 신설하여 산업계와 학계가 공동으로 참여하는 차세대 기억소자 개발, 신소재 개발, 첨단 중형컴퓨터 개발 등 첨단기술 개발연구에 지원하였으며, 제조업의 경우에는 중소기업의 공통애로기술 개발에 중점적으로 지원하였다. 또한 고급기술 인력 및 연구개발 인력의 원활한 공급을 위하여 1992~1995년 중 이공계대학 학부

---

3 정밀전자(반도체 등), 전자제어기기(산업용 로봇), 신소재, 정밀화학, 항공기, 고속전철 등 16개 업종을 첨단기술산업 지원대상으로 선정하고 금융, 조세, 인력 등의 부문에 걸쳐 지원시책을 마련하였다. 예를 들어, 1990~1991년 중 약 7천 5백억 원의 특별융자를 장기저리로 첨단기술산업에 지원하였다.

정원을 1만 6천 명, 대학원 정원 1만 명을 증원하기로 결정하여 전기, 전자 등 첨단관련학과에 집중적으로 배정하였다.

당시 한국경제가 고도성장을 이루어 이른바 신흥공업국 대열에 진입하였지만 아직 기술수준은 높지 않았으며 독자적으로 핵심기술을 갖출 만한 연구역량을 갖추지는 못하였다.[4] 국내기업은 주로 세계 일류기업의 신제품을 모사하는 모방적 형태의 연구개발 수준에 머물러 있었으며, 일류기업과의 기술격차를 저임금으로 보완할 수밖에 없었다(박준경, 1995). 또한 1970년대 이래 기술개발연구에 대한 투자가 빠른 속도로 증가하였지만 주요 선진국에 비해서는 아직 낮은 수준이었다(〈그림 9-1〉). 한편 〈표 9-1〉에 제시된 박준경 외(1992)의 연구결과에 따르면 1979~1988년 중 한국경제의 잠재성장률은 8.1%로 추정되었는데, 이 중 기술진보가 경제성장에 기여한 정도는 1.0%p로 나타났다. 비록 잠재성장률에 대한 기술진보 기여율이 1970년대보다는 상승하였지만 일본 고도성장기(1953~1962년)의 1.8%p와 서유럽 전후부흥기(1950~1962년)의 1.4%p에 비해서는 현저히 낮은 수준이다. 또한 향후 경제활동 참가율 및 평균노동시간의 하락으로 생산요소투입량 증가가 둔화될 것이므로 기술진보가 획기적으로 향상되지 못한다면 한국경제는 성장력의 한계에 부딪혀 잠재성장률의 하락이 불가피하였다.

그동안 한국경제는 주로 자본축적을 통해 경제성장을 촉진하고자 하였으나, 고든(Gorden, 2004)이 지적하였듯이 기술혁신이 빠르게 진행되지 않는다면 자본과 같은 생산요소의 증가가 생산성 향상에 미치는 영향이 제한적이어서 높은 경제성장률을 유지할 수가 없었다. 이러한

---

4 1970년대까지 한국은 자체적인 기술개발이 어려워 선진국으로부터 일괄방식(*turn-key base*)으로 도입한 생산설비를 운용하면서 기술을 습득하였으며, 과학기술처가 체계적인 기술개발정책을 시행하기 위해 1982년 특정연구개발사업을 도입하는 등 1980년대에 들어와 비로소 전략적인 계획에 기반을 두어 국가 주도로 기술개발을 시작하였다. 1980년대 후반부터는 기술개발의 중요성이 크게 부각되어 각 부처별 또는 범정부적으로 연구개발사업이 적극적으로 추진되었다. 그 결과 상공부의 공업기술개발사업(1987), 동력자원부의 대체에너지 기술개발사업(1988), 범부처적 선도 기술개발사업(1992) 등 새로운 연구개발사업이 시작되었다(이장재, 1993: 24~35).

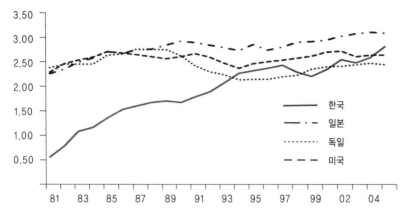

〈그림 9-1〉 각국의 GDP 대비 연구개발 비중 (%)

자료: 국가과학기술통계서비스, http://sts.ntis.go.kr

〈표 9-1〉 요소별 성장기여도

(단위: %)

구 분	1970~1988	1970~1979	1979~1988
생산요소투입	4.7	5.2	4.3
• 노동	2.8	3.2	2.5
• 자본	1.9	2.0	1.8
총요소생산성	3.3	2.9	3.7
• 자원의 재배분	0.8	0.7	0.9
• 규모의 경제	1.7	1.5	1.8
• 기술진보	0.8	0.7	1.0
잠재성장률	8.1	8.1	8.1

자료: 박준경 외 (1992).

측면에서 노태우 정부가 중점산업의 설비투자를 주로 지원했던 과거의 산업지원 체계에서 연구개발지원 중심의 체계로 그 지원방식을 전환한 것은 견실한 경제성장세를 유지하기 위한 시의적절하고 의미 있는 변화라고 볼 수 있다. 이는 노태우 정부가 기술발전이 지속적 경제성장에 필수적이라는 장기적 비전을 가지고 있었다는 것을 시사한다.

핵심기술의 개발은 대규모의 자금을 필요로 하는 반면, 그 과실은 장기적으로 발생하기 때문에 기술개발의 수익성이 불확실한 상황에서 민간기업이 위험을 감수하고 기술개발에 독자적으로 투자하기가 쉽지 않다. 또한 연구개발의 결과로 생산된 제품의 가격이 연구개발투자의 위험성을 적절히 반영하지 못하기 때문에 민간기업의 연구개발투자가 미흡해질 수 있다(Cohen & Noll, 1991). 정부가 주도적으로 나서서 연구개발을 독려하지 않는다면 민간기업은 그저 남의 기술을 쉽게 모방하여 단기적인 이익을 창출하는 데에 주로 집중할 것이며 장기적으로 수행되는 핵심기술의 개발에는 소홀히 할 것이다. 노태우 정부는 기술개발에 정부개입의 필요성을 강하게 인식하고 이를 실천에 옮기려고 시도한 것으로 보인다.

물론 노태우 정부가 갑자기 기술개발지원을 시작한 것은 아니다. 전두환 정부도 기술개발의 중요성을 인식하고 기술개발을 지원하였으나 이는 주로 기초기술 위주였다. 반면에 노태우 정부는 첨단 및 핵심기술의 개발에 높은 비중을 두었으며 이러한 기조는 다음 정부로까지 이어졌다. 따라서 노태우 정부의 기술개발지원 정책은 한국경제의 기술저력을 확충하는 데에 중요한 초석을 다졌다고 평가할 수 있다.

노태우 정부는 경제성장 잠재력을 증대시키고자 기술개발지원 이외에 사회간접자본 확충에도 적극적인 노력을 기울였다. 사실 노태우 정부는 사회간접자본의 부족현상이 매우 심각한 시점에서 전두환 정부로부터 정권을 인수하였다. 경제안정화를 최우선의 과제로 설정하였던 전두환 정부는 재정정책을 긴축적으로 운영하였으며 이에 따라 대규모 자금이 소요되는 사회간접자본 투자에는 소극적이었다. 수도권과 부산의 지하철 건설, 지방도와 시군도의 포장 등 주로 지역균형발전, 국민생활 편의 향상, 서울올림픽 경기시설 확충을 위해 사회간접자본 시설을 일부 확충하였으나 철도, 항만, 공항 등 산업활동을 지원하기 위한 핵심적인 사회간접자본 시설 투자에는 적극적인 태도를 보이지 못하였다. 그 결과 1987년 현재 사회간접자본이 전 산업 자본스톡에서 차지하는 비중이 22.4%로서 10년 전인 1977년에 비하여 1.9%p나 하락하였다. 또한 1987년 전 산업의 자본계수(자본스톡/총생산)가 1977년의 1.87%에 비하여 1.32%p 상승했음에도 불구하고 사회간접자본 부문(전기, 가스, 수도, 운수, 보관, 통신, 금융, 보험, 부동산업)에서는 오히려 자본계수가 하락하였다(한국개발연구원 외, 1991: 10). 이같이 사회간접자본의 신규공급이 저조한 가운데 '3저' 호황 등으로 경제가 급속하게 팽창함에 따라 사회간접자본 시설에 대한 수요가 크게 확대되자 전 부문에 걸쳐서 사회간접자본 애로현상이 심각하게 발생하고 기업의 물류비용이 증가하였다. 예를 들어, 1989년 경부고속도로의 화물차 왕복소요시간이 1980년에 비해 2배로 증가하였으며, 1989년 자동차 수가 약 266만 대로 1980년에 비해 5배 정도 증가했음에도 불구하고 도로의 총연장 길이는 1.2배 증가하는 데에 그치는 등 도로의 수송능력이 한계에 다다랐다. 사회간접자본의 부족은 물류비용 증가로 이어져 한국경제가 추가적인 비용을 부담하도록 하였는데, 교통정체와 항만시설 부족으로 발생하는 경제적 손실이 각각 연간 1조 원, 6천억 원에 달하는 것으로 추정되었다(공보처, 1992: 461).[5]

이같이 심각한 사회간접자본 부족문제에 처하여 노태우 정부는 이에 단편적으로 대응하기보다는 사회간접자본 투자기획단을 설치하여 종합적·체계적으로 대응하였다. 1991년 3월에 발족한 투자기획단은 대통력 직속기구로서 투자의 우선순위 및 중장기 투자계획을 검토·조정

---

5 한국개발연구원 외(1991)에 따르면 전 산업의 제조원가 중 전력·가스·수도와 운수·보관·통신의 사회간접자본 부문이 차지하는 비중이 1975년 1.2%와 2.1%에서 1987년에는 각각 1.7%와 2.6%로 상승하였다.

하며, 투자계획의 집행상황을 점검하고 지원하는 역할을 하였다. 이같이 대통령으로부터 권한을 위임받은 전담부서가 설치됨에 따라 이후 사회간접투자는 더 효율적이고 강력하게 추진될 수 있게 되었다.[6] 노태우 정부는 이 기구를 이용하여 1992~1996년 제7차 경제사회발전 5개년계획 기간 중 총 39조 원 규모의 사회간접자본 투자계획을 수립하였으며, 1991년 중에는 우선 세계잉여금으로 추가경정예산을 편성하여 1조 원 규모로 신공항과 경부고속철도 사업을 시작하였다. 추가경정예산까지 편성하여 사업추진을 서두른 것은 사회간접자본 부족문제의 해결이 시급하기도 하였지만, 일단 사업을 시작하면 다음해부터는 예산배정이 용이하게 되어 사업의 연속성을 유지할 수 있기 때문이기도 한 것으로 보인다.

〈표 9-2〉에서 확인할 수 있듯이 영종도 신공항, 경부고속철도, 서해안고속도로, 서울외곽순환 고속도로, 광양항 등 1990년대 중반 이후 완료되어 현재 한국경제의 주축을 이루는 사회기반시설 대부분이 노태우 정부 시절에 그 계획이 구체화되어 추진되었다. 서울과 동해안을 잇는 동서고속전철은 아직도 착공되지 않았으며, 예산확보 문제 등으로 일부 대규모 사업의 진행이 당초 계획보다 지연되기도 하였지만 노태우 정부가 계획하고 적극 추진하였던 시설들이 이제는 대부분 완공되어 한국경제에 큰 기여를 하고 있다.

노태우 정부의 사회간접자본 투자정책은 다음과 같은 특징을 가진다고 평가할 수 있다. 첫째, 투자계획규모가 도로, 철도, 항공, 항만 등 전 분야의 사회기반시설을 획기적으로 확충할 수 있을 정도로 매우 방대하였다. 당초 투자기획단이 계획한 1992~1996년 5년간의 투자액 39조 원은 1987년 현재 사회간접자본스톡의 약 56%에 해당하고, 1992년 GDP의 약 15%에 달하는 방대한 규모이다.[7] 1991년의 정부지

---

6 노태우 대통령은 "사회간접투자 사업은 기획단에 전적으로 위임하였으며, 가급적 관여하지 않는 방향으로 일을 추진하였다"(노태우, 2011: 59)라고 회고하고 있다.

7 사후적으로는 당초의 계획보다 훨씬 큰 규모의 지출이 이루어졌다.

<표 9-2> 노태우 정부가 계획 또는 추진한 주요 사회간접자본 시설

부문	내용
도로	서해안, 중부내륙, 서울외곽순환, 제2경인, 대구 – 춘천, 대구 – 부산, 대전 – 진주 – 충무, 청주 – 상주, 천안 – 논산, 공주 – 서천, 강릉 – 속초, 당진 – 대전, 군산 – 함양 고속도로 신설
철도	경부고속전철 건설, 동서고속전철 건설, 호남고속전철화
항만	광양항 1단계 및 2단계 건설, 부산항 4단계 건설, 인천항 갑문 증설, 아산항 · 동해항 · 목포항 · 포항항 · 속초항 · 제주항 확충
항공	수도권 신공항 및 청주 신공항 건설, 김포공항 · 김해공항 · 제주공항 · 울산공항 · 사천공항 · 광주공항 확장
상하수도 / 용수	영월댐(한강유역), 횡성댐(한강유역), 밀양댐(낙동강유역), 용담댐(금강유역), 적성댐(섬진강유역), 부안댐(직소천), 탐진댐(탐진강), 보령댐(용천) 등 건설
지하철 / 전력	서울 2, 3, 4호선 연장, 서울 5, 7, 8호선 건설, 부산 1호선 4단계, 부산 동서시내전철 및 2호선 건설, 보령 · 삼천포 화력발전소와 영광 · 월성 · 울진 원자력 발전소 확충, 안양 · 분당 · 일산 · 부천 열병합 발전소 건설, 보령화력 · 삼천포화력 · 당진화력 등 발전용량 확충, 무주양수발전소 건설 등

자료 : 공보처(1992).

출 규모가 약 23조 원 정도였던 점을 감안하면 당시로서는 상상하기조차 힘들 정도의 야심찬 계획이었다고 평가할 수 있다. 노태우 정부가 실제로 시행한 투자실적 자체의 비중은 그리 높지 않아 노태우 정부의 성과를 가볍게 평가하기도 하지만, 노태우 정부가 계획한 대형 사회간접자본시설의 건설이 대부분 재임 중에 착공되어 다음 정권에서도 사업연속성이 유지되었기에 이러한 평가는 적절치 않다. 둘째, 사회간접자본 투자를 계획하고 조정할 때 정치적인 배려보다는 경제적 효율성을 우선적으로 고려하였다. 기존 사회간접자본의 시설용량과 장기적 수요량 등을 정밀하게 분석한 후 산업지원효과의 효율성을 우선적으로 고려하여 투자계획을 설정하였으며,[8] 여당이나 야당의 정치적 이익이나 요구는 크게 고려하지 않은 것으로 보인다.[9] 이는 여당과 야당 모

---

8 한국개발연구원 외(1991) 참조.

9 물론 예외도 있는 것으로 알려져 있다. 이장규(2011)에 의하면 당시 야당이 새만금사업을 포기하도록 유도하기 위해 그 대안으로 노태우 정부가 서해안고속도로 건설을 제안하였다고 한다.

두가 노태우 정부의 사회간접자본 투자계획을 강력하게 반대했던 사실로부터도 간접적으로 엿볼 수 있다. 그러나 아직 미착공된 동서고속철도, 적절한 수요예측보다는 정치적 배려의 비중이 높았던 청주공항 등을 고려하면 일부 계획에서 그 치밀성이 떨어졌다는 비판을 면하기 어렵다. 셋째, 사회간접자본 확대정책에서 노태우 정부는 매우 강력한 추진력을 보여주었다. 사회간접자본 투자기획단이 제안한 투자계획을 실행에 옮기기 위해 1991년 추가경정예산을 편성하고 그 다음해에 사회간접자본 예산을 확충하는 과정에서 국회의 강력한 반발에 부딪혔을 뿐만 아니라 정부부처 내부의 반대도 만만치 않았다. 고속철도, 신공항, 서해안 고속도로 등과 같은 사회기반시설은 본질적으로 장기의 투자기간을 필요로 하기 때문에 사실상 노태우 정부의 재임기간 내에는 완공이 절대로 불가능하였다. 따라서 노태우 정부가 임기 내 단기적인 성과에만 연연했더라면 구태여 강력한 반대를 무릅쓰고 무리하게 이를 추진할 필요가 없었을 것이다. 당시 담당 공무원들이 한국경제에 대한 장기적 비전을 갖지 못한 채 사회기반시설의 확충에 대한 필요성을 절실히 인식하지 못하였거나 대통령도 여소야대의 정국에서 정치적인 부담만을 고려하여 소극적인 자세를 취하였다면 노태우 정부의 사회간접자본 확대정책은 제대로 추진되지 못하였을 것이다.[10] 이는 그 이후의 정부들이 대규모 장기 프로젝트를 수행할 때 추진력을 점점 상실하는 것과 크게 대비된다.

1990년대 후반 이후 한국 정부는 사회·경제 민주화의 진전으로 사회복지 지출에 대한 비중을 증가시켜야 했을 뿐만 아니라 외환위기 발생 이후 경제의 건실성을 회복하기 위해 재정지출을 긴축적으로 운용해야 했기 때문에 노태우 정부가 시작한 대규모 사회간접자본 구축사

---

10 김종인 당시 청와대 경제수석은 사회간접자본 투자확대에 대한 반대가 심하여 추가경정예산 편성에 어려움이 발생하자 1991년 7월 노태우 대통령에게 이를 보고하면서 "지금 시작해도 몇 년 걸리는데 지금 하지 않으면 장래 한국경제에 큰 문제를 일으킬 것"(노태우, 2011: 58)이라고 주장했다고 한다. 여기서 당시 담당 공무원들의 사회간접자본 확충정책에 대한 강한 의지를 엿볼 수 있다.

업을 당초의 계획대로 진행하기에 어려움이 컸다. 이러한 현실에서 당초 계획을 훨씬 초과하는 비용이 소요되었던 사업을 지속적으로 추진하여 결국 완공한 것은 이들 정부의 공로가 크다. 그런데 지가상승으로 인한 토지보상비 증가로 대형 국책건설사업의 비용이 크게 상승하고 있으며 환경문제, 정치적 이해득실의 갈등, 성장과 분배정책 간 자원배분 문제, 지역균형발전 문제 등으로 대형 국책사업에 대한 국민적 또는 정치적 합의를 도출하는 것이 점점 어려워지고 있다. 따라서 만약 노태우 정부에서 대형 사회기반시설 구축사업을 계획하고 시작하지 않았더라면 그 이후의 정부도 이에 대한 대규모 투자를 시행하기 어려웠을 것이며, 그 결과 사회간접자본 부족의 어려움이 과거보다 심화되었을 가능성이 있다.

금융 자유화 및 개방화 확대정책

노태우 정부는 이전에 비해 금융부문의 자유화 및 개방화를 더 심각하고 적극적으로 추진하였다. 그동안 자유화 또는 개방은 주로 무역거래와 관련이 있었으며 금융부문에서는 심각하게 고려되지 않았다.[11] 금융 자유화 및 개방에 대한 노태우 정부의 적극적인 태도는 민주화 및 개방화가 진전되었던 당시의 사회적 분위기와 무관하지 않았을 것으로 추측된다. 또한 고도성장이 지속되고 국제수지가 흑자를 기록하여 한국의 경제규모가 확대되고 국제적 위상이 상승하였지만 금융부문은 상대적으로 낙후되어 있었기 때문에 금융 자유화 및 개방과 같은 혁신적인 조치를 통하여 금융부문의 효율성을 제고하고 발전을 촉진해야 한

---

11 전두환 정부에서도 한일은행(1981.6), 제일은행(1982.9), 신탁은행(1982.9), 조흥은행(1983.3) 등 4개의 시중은행을 민영화하는 등의 금융자율화 조치가 취해졌다. 그러나 민영화 후에도 은행의 임원인사, 자산운영 등에 대해 정부가 지속적으로 개입하여 금융자율화의 의의가 크게 부각되지 못하였다(한국경제 60년사 편찬위원회, 2010: 45).

다는 주장이 학계의 동의와 지지를 강하게 받았다.[12]

그러나 노태우 정부가 금융 자유화 및 개방 확대를 추진한 것은 무엇보다도 미국 등 선진국의 금융개방에 대한 외부적 압력이 컸기 때문이다. 1980년대 중반 이후 규제완화, 기술진보, 증권화, 신금융상품의 개발, 금융기법의 발달, 국제화 등의 영향으로 선진국 금융시장은 획기적으로 발전하였다(World Bank, 1997). 그러나 선진국 금리가 상대적으로 낮은 가운데 선진국 금융기관 간 경쟁이 심화되자 선진국 금융기관과 투자가들은 성장잠재력이 클 뿐만 아니라 상대적으로 높은 투자수익률이 기대되는 신흥국의 금융시장에 깊은 관심을 갖게 되었으며, 이에 따라 선진국 정부는 우리나라를 비롯한 신흥국의 금융개방을 강력히 요구하였다.[13] 우루과이라운드의 다자간 금융서비스 협상, 선진국과 신흥국 간 쌍무적 협상을 통하여 금융개방의 확대를 요구하였으며, 정부는 이와 같은 요구에 적절히 부응하지 못할 경우 무역마찰을 초래하는 등 오히려 한국경제의 발전을 제약할 것을 우려하였다(공보처, 1992: 304~305). 또한 실물경제의 고도화에 상응하는 수준의 효율적인 금융시스템을 구축하기 위해서는 금융개방이 필요하며, 금융개방 이전에 금융자유화를 통해 국내금융부문의 시장기능을 확대하고 경쟁력을 강화하는 것이 필요하다고 생각하였다.

일반적으로 경제자유화와 관련하여 무역자유화, 국내금융자유화, 금융개방의 순서가 가장 바람직한 것으로 알려져 있다(McKinnon, 1982, 1993; Edward, 1985). 무역자유화를 통해 경제규모를 어느 정도 확대하고 외화부족문제를 해결한 후 국내금융부문의 자유화를 추진하

---

12 이장규(2011: 399)에 의하면 전두환 정부 말기 재무부 관료였던 윤증현 금융정책과장은 은행의 대출금리를 조정하는 작업을 하면서 다음과 같은 생각이 들었다고 회고한다. "결정하는 사람조차도 자신이 없는 인위적인 금리조정을 언제까지 해야 하는가도 답답했습니다. 그래서 이대로는 안 되겠다 싶어 금리자유화를 생각하게 되었습니다." 그 당시 일부 경제관료 사이에서도 관치금융의 한계를 체감하고 금융자율화의 필요성에 대한 인식이 증가했던 것으로 보인다.

13 예를 들어, 1991년 1월에 열린 한·미 양국정상회담에서 미국은 한국에게 금융 자유화 및 국제화에 적극성을 보일 것을 요청하였다.

여 국내금융시장의 효율성과 경쟁력을 확보하고, 그 다음에 국내금융시장을 대외적으로 개방하는 것이 바람직하다는 것이다. 금융개방이 금융자유화에 선행되면 자칫 국내금융이 외국자본에 의해 지배당하여 국내금융산업이 발전할 수 있는 기회가 아예 사라질 수 있으며, 금융정책의 효율성이 약화될 수 있다. 남미 국가의 경우 여러 가지 자유화를 동시에 수행하여 경제의 기본구조 자체가 흔들렸던 반면,[14] 한국의 경우 적어도 1997년 외환위기가 발생하기 이전까지는 위와 같은 순서를 지키려고 노력하였다.[15] 노태우 정부와 그 다음 정권인 김영삼 정부는 본격적인 금융개방 이전에 금융자유화를 어느 정도 진척시켜 국내금융부문의 경쟁력을 높임으로써 금융개방 후에도 국내금융이 선진 외국자본과 동등하게 경쟁할 뿐만 아니라 국내자본시장이 안정성을 유지할 수 있도록 계획을 세우고 추진하고자 하였다. 그런데, 외부적인 압력, 세계경제의 급속한 글로벌화 등으로 대외적인 금융개방의 속도는 계획보다 빠르게 진행되었으나, 국내 사정으로 금융자유화의 속도는 미진하였다.

노태우 정부가 추진한 금융개방 사례로는 주식시장 개방, 증권업 개방, 보험업 및 은행업 개방확대 등을 들 수 있는데, 이 장에서는 대표적으로 외국인의 국내주식시장 직접투자허용 정책을 소개한다. 1981년 10월부터 외국인은 수익증권이나 국가펀드를 이용하여 간접적으로 국내주식시장에 투자할 수 있었으나, 주식을 직접 매입하여 국내 상장기업의 주주가 될 수는 없었다. 노태우 정부는 마침내 1992년 1월 3일부터 외국인이 국내주식시장에서 주식을 직접 매입할 수 있도록 허용하였다. 해외자본이 일시에 대규모로 유입되면 국내 주식시장의 불안정성이 증가하고 외국자본의 지배력이 증가할 것을 우려하여 일단 상

---

14 Corbo et al.(1986).

15 외환위기의 발생 이후에는 국제유동성을 확보하고자 금융개방을 일시에 큰 폭으로 확대하였기 때문에 금융자유화, 금융개방이 혼재하여 진행되었다. 한국의 금융개방 시기 및 내용에 대한 자세한 역사는 한국은행(2011)을 참조할 것.

장주식 개별종목당 외국인 전체와 개인별 보유한도를 각각 10%, 3%로 제한하였으며 향후 이를 단계적으로 확대하기로 하였다. 비록 부분적 개방이지만 이는 한국의 자본시장을 본격적으로 개방하는 첫 조치라는 점에서 중요한 의의가 있다. 그동안 국내기업은 주로 국내은행 차입을 통해 필요자금을 조달하였지만, 주식시장 개방으로 주식시장이 활성화되면 기업은 주식시장에서도 자금을 원활하게 조달할 수 있게 되어 선진국 기업들과 같이 은행에 대한 자금의존도도 줄이고 직접금융의 비중을 높일 수 있다. 정부가 채권시장보다 주식시장을 먼저 개방한 것은 당시 국내채권시장의 발달 정도가 매우 미약했으며, 국내금리가 선진국 금리에 비해 매우 높았기 때문에 채권시장개방 후 해외자금의 유입이 규모가 과다하게 증가하여 국내금융정책의 어려움이 가중될 것을 우려하였기 때문이다.[16]

1990년 이후부터 주식시장이 침체에 빠져 있었고 1991년 하반기부터는 경기가 하락세를 보였다는 점을 고려하면 주식시장 개방시기는 적절하였다고 판단된다. 주식시장 개방은 기업의 자본조달 비용감소와 자본조달 용이성의 확대를 통해 투자를 증가시키고 경제성장을 촉진함으로써 경기변동을 안정화시키는 경기역행적(counter-cyclical) 역할을 할 것으로 기대할 수 있었다. 또한 외국인의 국내주식에 대한 수요가 증가하면 침체한 주식시장을 활성화시킬 것으로 기대할 수 있었기 때문이다. 예상대로 주식시장 개방 이후 국내주식시장이 확대되고 주가가 상승하는 추세를 보였다. 1991년에 약 28%였던 GDP대비 주식시장 시가총액비율이 개방 이후 1993년과 1994년에는 각각 약 58%, 68%로 크게 상승하였으며,[17] 종합주가지수는 1991년 말 600.92포인트에서 1993년 말에는 866.68포인트로 약 44%나 상승하였다. 그런데, 주식시장 개방의 경제성장 효과에 대해서는 아직 확실한 실증적

---

16 1991년 말 현재 한국의 대표적 시장금리였던 3년 만기 회사채 수익률이 약 19%였던 반면, 미국의 2년 만기 재무성증권 수익률은 4.75%로 한국의 4분의 1 정도밖에 되지 않았다.

17 시가총액대비 거래량 비율도 1991년 82%에서 1993년 172%로 크게 상승하였다.

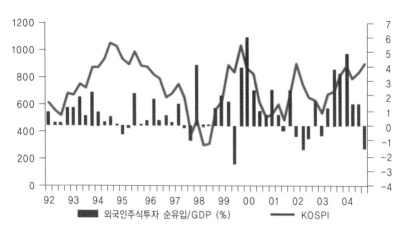

〈그림 9-2〉 외국인 주식투자 순유입과 주가지수 추이

(단위: %)

외국인주식투자 순유입/GDP (%) ― KOSPI

자료 : 한국은행, "경제통계시스템", http://ecos.bok.or.kr

증거가 존재하지 않는다. 윤덕룡 외(2008)의 연구결과에 의하면 1992
년 주식시장 개방 후 오히려 단기적으로는 총투자율이 감소한 것으로
나타났다.[18] 금융개방의 경제성장 효과는 주로 장기적으로 시현될 수
도 있기 때문에 앞의 연구결과가 최종적이라고 판단할 수는 없지만,
1992년 주식시장 개방이 적어도 단기적으로는 국내경제성장을 촉진하
는 역할을 하였다고 단언하기는 어렵다.

주식시장 개방 이후 외국인 투자가 국내주식시장에 매우 중요한 영
향력을 발휘하게 되었는데, 외국인의 국내 주식투자 순유입이 주가를
결정하는 중요한 요인이 되었다(〈그림 9-2〉). 이는 국내주식시장과
해외금융시장의 통합도가 증가했다는 것을 의미하여, 외국자본의 유출
입이 국내주식시장, 더 나아가 주식시장과 연계되어 있는 금융시장의
변동성에 큰 영향을 미치게 되었다는 것을 나타낸다. 결국 1997년에는
외국인 주식투자자금의 유출이 갑자기 증가하여 대폭적인 주가하락을

---

18 이와는 대조적으로, 95개국 패널자료를 이용한 베카에르트 외(Bekaert et al., 2005)의 실증분
석 결과에 따르면 주식시장 개방이 연간 경제성장률을 약 1%p 증가시킨 것으로 나타났다.

초래하는 등 금융위기 발생의 주요한 원인으로 작용하기도 하였다.

한편, 노태우 정부는 금융자유화의 일환으로 금리자유화, 단자회사 처리 중심의 금융산업개편, 은행의 겸업화 허용, 비은행금융기관의 진입장벽 완화 등의 정책을 결정하고 추진하였다(공보처, 1992). 아래에서는 노태우 정부의 대표적인 금융자유화 정책이며 당시로는 매우 획기적이라고 할 수 있는 금리자유화 정책을 소개한다. 한국경제는 그동안 만성적으로 자금부족현상이 지속되어 고금리가 유지되었으나, 국제수지가 호전되는 한편, 저축이 투자를 초과하고 금융시장의 실세금리가 하락세를 보이자 노태우 정부는 1988년 12월 5일 여신금리를 중심으로 금리자유화를 단행하였다. 금리자유화 성공여부는 자유화 이후 실세금리가 하락하느냐에 달려 있었기 때문에 정책당국은 금리자유화 정책의 시행과 함께 대규모의 통화를 시중에 방출하였다. 그러나 시행 초기 잠시 하락세를 보였던 실세금리가 기업의 자금수요 증가로 다시 상승하는 가운데 국제수지 악화로 기업의 수익성이 악화됨에 따라 정부는 1990년 4월부터 제2금융권의 금리인하를 인위적으로 유도하는 등 다시 금리를 규제하였으며, 이로써 노태우 정부의 첫 번째 금리자유화 시도는 실패하였다. 실패원인이 예상치 못한 경기하락세에도 있지만 재무부 장관이 정책시행 후 바로 교체되어 정부의 실천의지가 약화된 것도 일부 기인한 것으로 알려져 있다.[19]

그런데, 정부의 금리규제가 실세금리 인하에는 효과가 없으며 자금흐름만 왜곡시킨다는 비판이 강하게 제기되고, 미국이 한국 정부에 대해 금리자유화 등의 금융자유화에 대한 압박을 지속하는 가운데 향후 주식시장 개방 등의 금융개방이 진행되면 금리규제가 더는 어려울 것으로 예상됨에 따라 정부는 1991년 8월 '금리자유화 추진계획'을 발표하고 금리자유화를 다시 추진하였다. 과거의 실패경험을 교훈삼아 이

---

[19] 금리자유화를 주도하였던 당시 사공일 재무부 장관은 금리자유화에 대한 의지가 매우 강했으나 시행 후 바로 물러났다. 이장규(2011: 407)에 의하면 후임인 이규성 장관은 금리자유화보다는 물가안정, 경기안정화 등을 우선적으로 고려하는 안정론자로 알려져 있다.

번에는 금리자유화가 순조롭게 정착될 수 있도록 약 6년에 걸쳐 4단계로 나누어 추진하기로 하였다. 여신금리는 빠른 속도로 자유화하는 한편, 수신금리는 여신금리 상승에 대한 파급효과 등을 고려하여 장기・거액 수신상품부터 신중히 자유화하며, CD, 회사채, 기업어음 등 시장성 상품의 금리는 규제의 실효성이 낮아 조기에 자유화하는 것을 금리자유화 정책의 원칙으로 정하였다. 따라서 그 첫 단계로 당좌대출금리, 상업어음・기업어음・무역어음 할인금리 등의 여신금리와 CD금리, 거액상업어음 및 거액무역어음 매출금리, 3년 이상 정기예금 금리 등의 수신금리를 자유화하였다. 1단계 조치 이후 회사채 수익률, 콜금리 등의 실세금리가 하락추세를 보여 금리자유화는 전반적으로 순조롭게 진행된 것으로 평가된다. 그러나 앞에서 언급한 대로 1단계에서 자유화된 상품의 대부분은 규제의 실효성 자체가 낮은 것들이어서 금리자유화가 실세금리에 미친 영향은 그리 크지 않았다. 4단계의 금리자유화 과정 중 첫 단계만 노태우 정부에서 시행되었으며 나머지는 김영삼 정부에서 마무리되었는데,[20] 1~3단계의 금리자유화 효과를 분석한 한국금융연구원(1995)의 연구결과에 따르면 금리자유화 이후 금리의 변동성이 증가하기는 하였지만 금리의 하향안정세가 지속되었으며 금융상품 간 재정거래가 증가하여 금리의 자원배분 기능이 향상된 것으로 나타났다.

노태우 정부가 담당했던 1단계 금리자유화 대상에 포함된 여신과 수신의 비중이 각각 10% 정도였던 점을 고려하면 노태우 정부에서의 금리자유화 진척도는 높지 않았다. 그러나 금융자유화의 대표적 정책인 금리자유화의 기본방향과 일정을 구체적으로 수립하고 그 첫 단추를 끼웠다는 것만으로도 노태우 정부의 공로가 크다고 볼 수 있다. 그럼에도 불구하고 금리자유화 추진계획이 너무 수신금리 자유화에 대해

---

20 2단계와 3단계 금리자유화는 각각 1993년 11월과 1994년 7월~1995년 7월에 시행되었다. 한국의 금리자유화는 최종적으로 2004년도에 완결되었지만, 1996년 7월에 4단계 자유화 조치로 단행된 수시입출금식 수신과 단기시장상품에 대한 금리자유화로 실질적으로 마무리되었다.

소극적이었다는 점을 짚고 넘어가지 않을 수 없다. 수신금리에 대한 규제가 일시에 풀릴 경우, 금융기관의 수신경쟁으로 수신금리가 상승하고 이에 따라 여신금리도 상승하면 금리자유화로 기업의 자금조달 비용이 상승할 수 있으며, 만약 수신금리만 상승한다고 하더라도 예대마진이 축소되어 은행의 수익성이 악화될 것이라는 우려가 금리자유화 추진계획에 반영된 것으로 보인다.[21] 그러나 금리자유화의 목적은 결국 금융부문에 경쟁원리를 도입하여 자원배분의 효율성을 향상시키고 금융기관의 규제이익을 최소화하는 것이다. 따라서 여신금리와 함께 수신금리도 적극적으로 자유화하고 추진기간을 최소화함으로써 국내 금융기관이 경쟁적 환경에 더 빠르게 적응하여 개혁의 효율성을 높이는 방향으로 계획이 수립되었어야 하는 아쉬움이 있다. 추진과정에서 은행의 수익이 떨어지거나 일시적으로 여신금리가 상승하는 것은 경쟁 도입과 자원배분 효율성 제고를 위해 치러야 하는 비용으로 생각했어야 한다.

지금까지 노태우 정부가 추진한 금융자유화와 금융개방의 대표적인 사례를 소개하였다. 그런데 금리자유화의 주요 정책은 주로 김영삼 정부에서 시행되었고, 금융개방 폭은 김대중 정부에서 획기적으로 확대되었으므로, 노태우 정부의 금융자유화 및 개방실적은 실제로 이들 정부에 비해 미진하다고 볼 수 있다. 그런데 노태우 정부 시절에는 금융개방 또는 자유화라는 용어 자체가 낯설었을 뿐만 아니라 자본시장의 발달이 매우 미약하였고 금융은 정부규제와 보호 아래 산업정책의 지원역할을 주로 하였다. 이러한 시대에 금융시장을 선진국에 개방하고 경쟁체제를 도입하는 계획을 본격적으로 수립하고 이를 추진한다는 것이 노태우 정부로서는 그리 쉬운 일이 아니었을 것이다. 물론 외부적인 압력이 노태우 정부의 금융개방 및 자유화 정책의 결정에 중요한

---

21 또한 김대식·안국신(1989)은 당시 한국은 과점적 금융구조를 가졌기 때문에 수신금리를 자유화해도 수신경쟁으로 수신금리가 급등하지는 않을 것으로 예측하였다.

역할을 하였다. 그러나 만약 국내금융의 낮은 발전 정도로 인해 금융개방과 자유화는 시기상조이며 오히려 통화금융정책에 혼란과 부담을 가중시킬 것이라는 기존의 반대논리에 집착하였다면 외부압력도 노태우 정부를 크게 움직이지 못하였을 것이다. 노태우 정부가 국내자본시장에 해외자본의 투자를 허용하고 국내금융시장에 경쟁원리를 도입해야만 오히려 금융시장이 발달하고 자원배분 기능의 효율성이 증가할 것이라는 개방적이고 당시로서는 모험적인 생각을 갖지 못하였다면 금융개방 및 자유화는 더욱 지연되었을 것이다. 노태우 정부의 개방성은 지속적인 성장을 유지하고 선진국으로 진입하기 위해서는 민간의 자율과 창의를 바탕으로 시장경제질서를 정착시키는 것이 필요하다는 당시 경제자유화 및 민주화 분위기와 무관하지 않은 것으로 보인다. 금융개방과 자유화가 한국 금융부문의 발전에 중요한 기여를 하였으며, 노태우 정부는 이에 중요한 토대를 마련하였다.

한편, 당시 금융개방과 금융자유화의 경험이 일천하였기 때문에 노태우 정부가 정책에서 빠뜨린 중요한 부분도 존재한다. 예를 들어 금융자유화에 상응하여 금융감독을 강화해야 한다는 것을 미처 고려하지 못하였으며, 금융개방정책을 추진하면서 외국자본의 갑작스런 유입중지(sudden stop)나 유출반전(sudden reversal)으로 금융위기가 발생할 수 있다는 위험성을 인식하고 이에 대한 대응방안을 논의하는 것을 소홀히 하였다. 다음 정부인 김영삼 정부도 이 문제를 심각하게 다루지 못한 가운데 1997년 말에 시작된 금융위기를 겪으면서 비로소 엄격한 금융감독과 자본이동 반전에 대한 대비책의 중요성이 크게 부각되었다. 물론 금융위기의 발생가능성이 매우 낮은 것으로 인식하던 당시의 분위기에서 이를 선제적으로 심각하게 논의하기가 어려웠을 것이다. 그러나 노태우 정부가 적어도 이에 대한 논의라도 시작했더라면, 김영삼 정부가 금융자유화와 개방을 확대하면서 이를 중요한 정책적 과제로 다루었을 것이며, 그 결과 금융위기 발생의 가능성이나 금융위기의 심각성이 낮아졌을 것이라고 가정해 볼 수 있다.

물가안정화 정책

노태우 대통령 재임 시 물가는 다른 정부에 비해 상대적으로 높은 상승률을 나타내었다. 노태우 정부 통치기간인 1988~1992년 중 소비자물가는 연평균 7.4% 상승하였는데, 이는 1980년대 이후 역대 어느 정부보다도 단연코 높은 수준이다. 이는 높은 물가가 경제정책의 주요 대상으로 관리되는 이명박 정부에 비해서도 거의 2배 이상 높은 수준이다. 가격변동이 심한 농산물과 에너지 관련 상품을 제외하고 물가를 측정하는 근원인플레이션으로 비교하여도 결과는 동일하다(〈표 9-3〉).

노태우 정부 시대에 물가가 높은 상승세를 보인 것은 다음과 같은

〈표 9-3〉 한국경제의 거시경제 지표 추이

(단위: %)

기간	소비자물가 상승률	GDP 디플레이터[1]	근원 인플레이션율	명목임금 상승률	경제 성장률	경상수지/ GDP
82~87년	3.5	4.8	4.0	10.5	10.4	0.9
88~92년	7.4	8.2	7.0	17.6	8.7	1.3
88년	7.1	6.7	6.1	15.5	11.7	7.9
89년	5.7	5.7	6.0	21.1	6.8	2.3
90년	8.6	10.4	8.4	18.8	9.3	−0.5
91년	9.3	10.2	8.3	17.5	9.7	−2.4
92년	6.2	7.9	6.2	15.2	5.8	−0.7
93~97년	5.0	6.1	4.7	11.0	7.4	−1.5
98~02년	3.5	2.4	2.9	6.0	5.0	4.7
03~07년	2.9	1.9	2.5	6.9	4.3	2.5
08~10년[2]	3.6	3.3	3.2	3.4	2.9	2.4

주: 1) GDP 디플레이터 증가율을 나타냄.
    2) 단, 명목임금 상승률은 2008~2009년의 값을 나타냄.
자료: 1) 한국은행, 경제통계시스템, http://ecos.bok.or.kr/
     2) 한국경제 60년사 편찬위원회(2010).

원인에 주로 기인한다. 첫째, 정권초기의 높은 물가상승률은 전두환 정부 시절부터 이어진 이른바 '3저'로 인한 경상수지 흑자기조와 관련이 깊다. 만성적인 경상수지 적자국이었던 한국은 '3저'라는 외부적 환경변화에 힘입어 1986년부터 경상수지 흑자를 기록하기 시작하였으며, 흑자 규모가 1988년에 약 145억 달러, GDP 대비 약 8% 수준까지 증가하였다. 경상수지 흑자기조는 노태우 정부 초기인 1989년까지 이어졌는데, 이로 인해 원화절상 압력이 크게 증가하였으나 원/달러 환율의 변동이 제한됨에 따라 시중의 통화유동성이 크게 확대되어 물가상승압력으로 작용하였다. 또한 경상수지 흑자는 고도의 경제성장을 촉진하여 높은 국민소득 증가세를 초래한 결과 소비, 투자를 중심으로 총수요 증가를 유발하였으며, 이 또한 물가를 상승시키는 원인으로 작용하였다.

둘째, 노태우 정부 시대의 높은 물가상승률은 높은 임금상승률로 인한 생산비용 상승과도 관련이 깊다. 1987년 6·29 민주화 선언 이후 민주화 과정에서 노동운동이 활성화되어 노동자들의 임금인상에 대한 요구가 확산된 결과 임금이 빠르게 상승하였다. 1988~1992년 중 연평균 명목임금 상승률이 거의 18%에 달하였으며, 이는 이전의 전두환 정부와 이후의 김영삼 정부에 비하여 약 70% 정도 높은 수준이다. 당시의 높은 명목임금 상승률은 높은 예상인플레이션과 노동생산성 증가율을 반영하였을 수도 있다. 그러나 노태우 정부 재임 중 전체적으로 실질임금 상승률이 노동생산성 증가율을 크게 초과한 것으로 보아 명목임금은 예상인플레이션과 생산성 증가율 이상으로 상승한 것으로 판단된다.

셋째, 공공서비스 가격의 인상, 부동산 가격 상승, 개인 서비스 요금의 자율화로 서비스 부문의 물가가 크게 상승한 것 역시 전체적으로 높은 물가상승률을 초래한 주요 요인으로 작용하였다. 전두환 정부는 임금, 유가 등 비용측면의 인상요인이 발생하였음에도 불구하고 물가안정을 유지하기 위하여 공공요금의 인상을 최대한으로 유보하였으며,

이러한 기조는 노태우 정부 초반까지 이어졌다. 그러나 공공요금의 인상억제가 공공서비스 부문의 적자를 확대함에 따라 결국 1991년에는 교통, 통신 등의 공공요금이 일시에 인상되어 서비스 부문, 더 나아가 경제 전체적인 인플레이션을 유발하였다. 또한 1980년 중반을 전후하여 안정세를 보이던 부동산 가격이 1987년 하반기 이후부터 다시 빠른 상승세를 나타내어 노태우 정부가 들어선 1988년 이후 1990년까지 주택가격이 연 15% 이상 오르는 등 높은 상승률을 기록하였다. 이는 인구의 도시집중화와 핵가족화에 따른 주택 및 토지 수요 증대, 국제수지 흑자에 따른 해외자금의 유입, 고도 경제성장에 따른 부동산 수요 증가 등에 주로 기인하였으며, 결국 집세, 임대료 등 부동산 관련 서비스 가격의 상승을 초래하였다. 한편, 1991년에는 이·미용료 등 개인 서비스 가격이 자율화되어 일시에 크게 상승함에 따라 서비스 부문의 물가상승을 부추기었다.

높은 인플레이션에 대응하여 노태우 정부가 시행한 물가안정화 정책은 통화공급 안정화 정책, 부동산가격 안정화 정책, 산업의 원가상승 압력 억제정책 등 크게 3가지로 분류할 수 있다. 먼저 통화당국은 경상수지 흑자로 인한 해외부문에서의 과도한 통화증발로 초래되는 물가상승압력을 억제하기 위해 1988년 12월, 1990년 2월 두 차례에 걸쳐 은행의 지급준비율을 종전의 7.0%에서 11.5%로 인상하였다. 1989년 5월부터 1991년 1월까지는 일부 장기저축성 예금을 제외한 은행예금 증가액의 30%를 지급준비금으로 추가 예치하도록 하는 한계지급준비 제도를 한시적으로 시행하기도 하였다. 1989~1990년에는 중앙은행 채권인 통화안정증권의 발행을 확대하여 적극적으로 시중의 통화량을 직접 환수하고자 하였다.[22] 한편 노태우 정부는 부동산가격 안정화를 위해 매우 적극적인 정책을 시행하였는데, 대표적으로 1988년 이후 2

---

22 통화안정증권의 발행 잔고는 1988년 말과 1989년 말 현재 전년대비 각각 88%, 13% 증가하였으며, 이후 1990년과 1991년에는 오히려 감소세를 나타내었다.

백만 호 건설계획을 추진하여 주택공급을 획기적으로 증가시키고자 하였으며, 1989년에는 부동산투기 억제를 위해 강력한 조세제도와 부동산 소유제한 조치를 골자로 하는 토지공개념 제도를 도입하였다.[23] 또한 물가상승이 비용상승으로 이어져 산업부문의 경쟁력을 약화시키는 것을 완화하기 위하여 국제유가 하락세를 이용하여 전력·수도 및 도시가스 요금 및 석유류 가격의 인하정책을 추진하였으며, 100인 이상 사업체에 대해 임금인상을 연 10% 이내로 억제하도록 하였다.[24]

이와 같은 물가대책은 물가안정화에 어느 정도 기여한 것으로 보인다. 소비자물가로 측정한 인플레이션율이 1991년에는 9.3%까지 상승하였으나, 노태우 정부의 마지막 해인 1992년에는 6%대로 하락하였으며, 새 정부가 출범한 그 다음 해에는 여세를 몰아 4.8%까지 하락하였다. 그럼에도 불구하고 1980년대 이후의 물가추세를 고려할 때 노태우 정부 시대는 고인플레이션 시기였다는 것을 부정하기는 어렵다. 물론, 노태우 정부 시대의 빠른 물가상승은 전적으로 노태우 정부가 시행한 경제정책의 직접적인 결과라고 볼 수는 없으며, 이전 정부의 물가정책, 대외 경제환경 변화 역시 이에 중요한 역할을 하였다. 특히 경상수지 흑자가 지속되어 대외부문으로부터의 통화증발이 크게 증가하였을 뿐만 아니라 이전 정부의 강력한 물가억제 정책으로 인해 분출되지 못하고 누적되었던 물가상승압력이 노태우 정부 시대에 들어와 일시에 표출되어 물가가 상승한 측면을 무시할 수는 없다. 그러나 적어도 노태우 정부가 출범 초기에 물가상승압력에 더욱 적극적으로 대처하였더라면 과도하게 높은 인플레이션은 방지할 수 있었을 것이다.

먼저, 경상수지 흑자에 대응하여 노태우 정부는 흑자폭이 이전에 비해 크게 확대되었음에도 불구하고 전두환 정부와 동일한 정책을 취하였다. 복수통화 바스켓환율제도하에서 외환시장에 강력하게 개입하여

---

23 토지공개념 제도에는 주택소유상한제, 토지초과이득세, 개발이익환수제 등이 포함되어 있다.

24 전력·수도 및 도시가스 요금은 실제로 1988~1991년 중 연평균 4.9% 하락하였다.

원/달러 환율의 변동을 제한하였으며, 이로 인해 생겨나는 통화증가는 통화안정증권을 발행하여 흡수하고자 하였다. 즉, 환율안정과 물가안정이라는 두 마리 토끼를 잡기 위하여 전형적인 불태화(sterilized) 외환시장 개입정책을 활용하였던 것이다. 그러나 통화안정증권의 발행잔고가 누적되어 이자지급 및 상환부담이 증가하였고 결국 통화관리에 부담으로 작용하였으므로 이와 같은 정책은 물가안정의 측면에서는 단지 일시적인 효과만을 나타내었다고 볼 수 있다. 만약 원/달러 환율의 변동이 외환시장의 수급사항을 더 많이 반영하도록 하였더라면 원화가 더 큰 폭으로 절상되었을 것이며, 그 결과 대외부문의 통화증발로 인한 물가상승압력을 크게 완화할 수 있었을 것이다. 물론 원화가치를 안정적으로 유지하고자 한 것은 원화절상으로 수출경쟁력을 약화시키고 싶지 않다는 정책적 목적이 있었다. '3저'에 힘입은 경기상승세를 꺾지 않고 1986년부터 이어진 고도성장을 유지하고자 한 것이나, 그 대가로 높은 인플레이션이라는 비용을 지불해야만 했다.

그런데, 당시 복수통화 바스켓제도하에서는 외환당국이 이른바 '실세조정장치'를 두고 외환시장의 수요와 공급을 제대로 반영하지 못하는 환율수준을 유지함에 따라 선진국은 한국을 환율조작국이라고 강하게 비난하였다. 결국 이를 더는 피할 수 없다는 판단 아래 노태우 정부는 1990년 3월 관리변동환율 제도의 일종인 시장평균환율제도를 도입하여 환율결정에서 시장기능을 강화하였다.[25] 따라서 이왕 환율제도의 변경을 고려하였다면 이를 정부출범 초기로 일찍 앞당겨 물가상승압력에 좀더 효율적으로 대처할 수도 있었다는 아쉬움이 있다. 1988년 노태우 정부가 출범한 해에 중앙은행의 독립문제가 불거져 재무부와 한국은행 관계에 긴장감이 지속되었다. 이로 인해 통화정책과 외환정

---

25 시장평균환율이란 국내 은행 간 외환시장에서 이루어진 현물환거래의 환율을 거래량으로 가중평균하여 계산한 환율을 의미한다. 시장평균환율제도에서는 전 영업일의 시장평균환율을 당일의 기준환율로 정하고 원/달러 환율이 이 기준환율을 중심으로 상하 일정범위 내에서만 변동하도록 하였다.

책 간의 적절한 협조가 이루어지지 않아 노태우 정부가 환율제도 변경을 포함한 적극적인 정책으로 물가상승압력에 효율적으로 대처하지 못한 것으로 보인다.

한편, 물가안정 정책의 일환으로 전두환 정부가 공공요금의 인상을 최대한으로 억제하였으며, 그 결과 공공요금의 상승압력이 계속 누적되었다. 그러나 노태우 정부는 정권을 인수한 이후에도 이전 정부의 정책을 그대로 유지하였기 때문에 여전히 공공요금의 인상압력이 적절히 표출되지 못하였다. 마침내 더는 공공요금의 인상을 억누를 수 없는 상황에까지 이르러 1991년에는 교통 및 통신 요금, 1992년에는 전기요금을 큰 폭으로 인상하였다. 공공요금의 인상을 억제하려면 공공서비스 부문의 적자를 보전해줄 수 있는 재정투입이 충분히 뒷받침되어야 하나 이에는 한계가 있다. 또한 저렴한 공공요금은 공공서비스에 대한 과다한 수요를 초래해 결국 인상압력이 더욱 증가한다. 따라서 공공요금 가격을 무한정으로 억제하는 것은 불가능하며, 결국 나중에 더 큰 폭으로 인상해야 하는 결과가 발생한다. 따라서 공공요금 문제에 대해서는 노태우 정부가 그 심각성을 경시하였거나 늑장 대응을 하였다는 지적을 피하기 어렵다. 정부출범 초기부터 공공요금의 인상압력을 심각히 고려하여 단계적 요금인상 정책을 취하였다면 결과적으로 공공요금의 상승폭이 작아 물가압력에 대한 효과가 낮았을 것이다.

글을 마치면서

이 장에서는 성장, 금융자유화 및 개방, 물가정책을 중심으로 노태우 정부의 주요 경제정책을 소개하고 평가하였다. 앞에서의 논의를 요약하면 다음과 같다. 첫째, 노태우 정부는 기술개발과 사회간접자본 확충을 주요 골자로 하는 성장잠재력 확대정책을 추진하였다. 핵심·첨단 기술개발지원 정책은 중점산업의 설비투자지원 중심에서 연구개발지원 중심으로 산업정책의 체계가 전환되는 중요한 계기를 마련해 주었으며, 한국경제의 기술저력을 확충하는 데에 중요한 초석을 다졌다고 평가할 수 있다. 한편, 사회간접자본 확충정책은 그 투자계획이 매우 방대하였을 뿐만 아니라, 정치적인 배려보다는 경제적 효율성을 우선적으로 고려하는 특징을 보여주었다. 또한 정치권의 강한 반대에도 불구하고 매우 강력한 추진력을 보여주었다.

둘째, 노태우 정부는 주식시장을 개방하고 금리자유화를 추진하는 등 이전에 비해 금융자유화 및 개방화 확대에 적극적인 태도를 보였다. 이는 금융시장 발달과 효율적 자원배분을 위해서는 정부의 규제와 보호 아래 있던 국내금융시장에 경쟁원리를 도입해야 한다는 노태우 정부의 시장중심적·개방적·모험적 성향을 반영한다. 그러나 금융자유화가 진전되면 금융부문의 건전성과 안정성을 유지하기 위해서 금융감독의 강화가 필요하다는 것을 미처 고려하지 못하였으며, 외국자본의 불안정한 유출입이 금융위기 발생의 위험성을 높일 수 있다는 것을 인식하고 이에 대한 대응방안을 논의하는 것을 소홀히 하였다.

셋째, 통화공급 안정화정책, 부동산가격 안정화정책, 산업의 원가상승압력 억제정책 등의 물가대책은 물가안정화에 어느 정도 기여한 것으로 보인다. 그러나 노태우 정부가 출범 초기에 환율변동의 신축성을 높이고 공공요금의 인상압력이 과도하게 누적되지 않도록 적절히 관리하는 등 물가상승압력에 더 적극적으로 대처하였더라면 인플레이션을 완화하는 데에 도움이 되었을 것으로 판단된다.

노태우 정부 출범 시 한국경제는 비록 물가안정 아래 호황을 누렸지만 구조적 변화가 강하게 요구되는 경제적 전환기였다. 아직 내부적으로 준비가 부족했음에도 불구하고 금융시장에 대한 외부적인 개방압력이 점점 거세졌으며, 경제성장의 중추적인 역할을 했던 중화학공업의 성장동력이 약화되던 시기였다. 또한 임금과 부동산 가격이 크게 상승하여 기업의 경쟁력이 약화되었으며 소득분배구조와 사회복지의 개선이 강하게 요구되었다. 노태우 정부는 이러한 현실을 나름대로 인식하고 여러 가지 정책적 대안을 제시하고 이를 추진하였다고 평가할 수 있다. 노태우 정부가 추진한 사회간접자본 확충이나 금융자유화 및 개방 등의 정책은 한국경제에 지대한 영향을 미쳤다. 두 정책 모두 다음 정부에서도 계속 추진되었기 때문에 이 중 노태우 정부가 공헌한 부문만을 분리하는 것은 불가능하다. 그렇지만 노태우 정부가 이 분야에서 선구자적인 역할을 하여 정책의 물꼬를 텄다는 데에는 이의를 제기하기 어려울 것으로 생각된다.

■ 참고문헌

단행본

강호진(1991), "전환의 모색과 갈등의 표출: 1980년대", 구본호·이규억 편, 《한국경제의 역사적 조명》, 한국개발연구원, 261~298쪽.

공보처(1992), 《제 6공화국 실록: 노태우 대통령 정부 5년 ③ 경제》, 정부간행물제작소.

김대식·안국신(1989), 《개방경제하의 금리정책》, 한국개발연구원.

노태우(2011), 《노태우 회고록 (하): 전환기의 대전략》, 조선뉴스프레스.

박준경(1995), "산업구조의 변천", 차동세 편, 《한국경제 반세기》, 한국개발연구원, 52~66쪽.

_____·김주훈·성소미·이홍구(1992), 《산업경쟁력 제고방안》, 한국개발연구원.

유승민(1995), "산업정책", 차동세 편, 《한국경제 반세기》, 한국개발연구원, 40~51쪽.

윤덕룡·김태준·문우식·송치영·유재원·채희율(2008), 《금융개방의 경제적 효과와 과제》, 대외경제정책연구원.

이장규(2011), 《경제가 민주화를 만났을 때: 노태우 경제의 재조명》, 올림.

이장재(1993), 《국가연구개발사업비교연구: 특정연구개발 사업과 공업기술개발사업을 중심으로》, 과학기술정책관리연구소.

한국개발연구원·국토개발연구원·해운산업연구원·건설기술연구원·교통개발연구원(1991), 《사회간접자본 애로요인분석과 정책과제》.

한국경제 60년사 편찬위원회(2010), 《한국경제 60년사: I. 경제일반》, 한국개
발연구원.

한국금융연구원(1995), 《금리자유화가 경제에 미친 영향》, 금융조사자료.

한국은행(2011), 《우리나라 외환제도와 외환시장》.

Cohen, L. R. & R. G. Noll. (1991), "Government Support for Commercial
R&D", Cohen, L. R. & R. Noll(ed.), *The Technology Pork Barrel*,
Washington, D. C. : The Brookings Institution, pp. 17~36.

McKinnon, R. (1993), *The Order of Economic Liberalization*, Baltimore,
M. D. : Johns Hopkins University Press.

World Bank. (1997), *Private Capital Flows to Developing Countries: The Road
to Financial Integration*, New York, N. Y. : Oxford University Press.

학술논문 및 보고서

안종길(1993), "수신금리자유화와 통화신용정책의 유효성", 〈금융연구〉 7권 2
호, 117~156쪽.

Bekaert G. & C. R. Harvey & C. Lunblad. (2005), "Does Financial
Liberalization Spur Growth?", *Journal of Financial Economics* 77(1) :
3~55.

Corbo, V. & J. de Melo & J. Tybout. (1986), "What Went Wrong with
the Recent Reforms in the Southern Cone", *Economic Development
and Cultural Change* 34(3) : 607~640.

Edward, S. (1985), "The Order of Liberalization of the External Sector in
Developing Countries", *Essays in International Finance* No. 156,
International Finance Section, Department of Economics, Prince-
ton University.

Gordon, R. (2004), "Five Puzzles in the Behavior of Productivity Invest-
ment and Innovation", *NBER Working Paper* No. 10660, Cam-
bridge, M. A. : National Bureau of Economic Research.

McKinnon, R. (1982), "The Order of Economic Liberalization: Lessons
from Chile and Argentina", *Carnegie-Rochester Conference Series on
Public Policy* 17(1) : 159~186.

기업과 정치권 관계
전환기의 대기업정책

10

조성욱

들어가며

노태우 정권의 대기업 정책은 정치민주화와 함께 경제정의 및 경제자율화라는 시대적 요구의 관점에서 이해할 필요가 있다. 1970년대의 경제개발연대를 지나면서 급성장한 대기업집단에 의한 경제력집중은 자원배분 및 경제활동에서 부작용을 발생시켰다. 또한, 일부 대기업과 재벌의 경제력집중은 사회적 형평 또는 경제정의와 부합하지 않는다는 사회적 비판이 제기되었다. 재벌의 경제력집중 및 독과점화 비판에 대한 정권의 대응은 독재적 정치권력이 공고한 시기에는 형식적이고 상징적일 수 있었다. 하지만 민주화 요구가 강해지면서 이런 비판에 대한 정부의 대응은 보다 실질적으로 변화할 수밖에 없었다. 이 시기의 대기업정책은 이전 전두환 정권에서 발생한 국제그룹의 해체[1]와 같은 정치권력의 강압적이며 강제적인 정책수단과는 구별된다. 정치적 민주주의라는 당시의 시대흐름에 맞추어 법·제도적인 장치를

---

1 1985년 발생한 국제그룹의 해체는 1993년 7월 29일 헌법재판소에서 위헌이라는 판결을 받았다.

통한 접근방법을 유지하고자 한 것으로 보인다. 또한, 현실적으로 대기업의 규모가 커지고 수출 등으로 사업영역이 국내를 벗어나면서 대기업의 정부의존도가 감소하였다. 오히려 정부가 북방외교정책을 추진하며 해외로 진출한 대기업의 네트워크를 이용하는 등 정부의 대기업 의존도가 증가하였기 때문에 대기업정책 방법은 과거와는 달리 법·제도적 측면에 의존할 수밖에 없었다.

노태우 정권의 대기업정책은 '법·제도적 장치를 통한 대규모 기업집단의 경제력집중 완화'를 목적으로 하였다. 이를 위하여 전두환 정권 말기인 1987년 4월 대규모 기업집단의 경제력집중 억제를 위한 정책인 공정거래법을 대부분 유지 또는 강화하였다. 경제력집중 억제를 위해 이미 도입된 지주회사금지, 상호출자금지, 출자총액제한 제도 도입, 부당내부거래행위 규제, 금융보험회사의 계열사에 대한 의결권 제한 등을 유지하였다. 그뿐만 아니라 대기업에 대한 여신관리가 강화되고 계열사 간 채무보증에 대한 제한이 추가로 도입되었다. 자본시장이 상대적으로 낙후되었던 당시의 상황에서 금융권 대출은 기업의 외부자금조달에 주요한 역할을 하였음에도 불구하고 금융권의 여신 및 대출은 일부 대기업과 대기업집단의 계열사로 편중되어 있었다. 대기업에 대한 여신관리강화와 계열사 간 채무보증제한은 이러한 문제를 완화하기 위해 도입되었다.

법·제도적인 접근이라고 하더라도 대기업집단에 의한 시장지배 및 경제력집중에 대한 개별 법 차원의 규제는 위헌논의를 야기할 수 있었다. 하지만 1987년 10월 29일 제9차 개정헌법이 "경제민주화"를 위해 국가가 경제에 대한 규제와 조정을 할 수 있도록 명시함에 따라 경제력집중 억제에 대한 헌법적 근거가 마련되었다. 제9차 개정헌법 제199조에 따르면 대한민국의 경제질서는 개인과 기업의 경제상의 자유와 창의를 존중함을 기본으로 하며, 국가는 균형 있는 국민경제의 성장 및 안정과 적정한 소득의 분배를 유지하고, 시장의 지배와 경제력의 남용을 방지하며 경제주체 간의 조화를 통한 경제의 민주화를 위하여 경제에 관한 규제와 조정을 할 수 있다.

이러한 법·제도적인 장치를 마련하는 노력에도 불구하고 대기업이 경제에서 차지하는 비중과 중요도는 유지되었기 때문에 정책목표가 성공적으로 달성되었다고 보기는 어렵다. 결국 대기업의 경제력집중은 노태우 정권에만 국한되지 않고 지속적으로 한국경제에 존재하는 문제가 되었다. 경제민주화 문제뿐만 아니라 수익성과 효율성을 무시하고 차입금과 출자를 통해 외형적 성장을 추구하면서 경제 전반에 걸쳐 그 비중을 확대해온 재벌문제는 심지어 시스템 위기로까지 연결되었다. 실제로 재벌문제는 김영삼 정권 말기 경제위기의 원인으로 지적되었다. 1997년 경제위기 당시 이루어진 구조조정 이후에도 생존한 재벌이 경제에서 차지하는 영향력은 지속되는 것으로 평가된다.

이 장은 노태우 정권의 대기업정책의 배경과 성과, 한계점을 논의하고자 한다.

대기업정책의 배경

1970년대 중화학공업 육성을 위해 정부가 실시하였던 과감한 투자를 통한 성장전략은 대기업으로 하여금 기업규모를 확대하고 정부주도산업으로 사업을 확장하도록 유도하였다. 대규모 사업 수주에서 더 유리한 입장에 서기 위해 기업들은 외형을 확장하는 동시에 새로운 사업에 진출하려는 노력을 경주해야 했고, 이 과정에서 재벌 간 중복투자도 발생하였다. 이러한 결과 대기업집단이 경제에서 차지하는 비중인 경제력 집중이 매우 높아졌다. 일반집중 또는 경제력집중은 특정시장에서의 독과점과는 달리 여러 시장에 걸친 독과점적 지위를 가지며 인적·물적 자원을 포함하여 경제전반의 자원 및 경제활동에서 막대한 지배력을 갖는 현상을 의미한다. 실질적으로 경제력집중은 한 개의 기업에 의해 이루어지기보다는 창업자 가족이 실질적으로 소유하고 지배하

<표 10-1> 광공업부문의 대규모 기업집단 경제력 집중도 추이

(단위 : %)

구분	10대 재벌					30대 재벌				
	1977	1981	1985	1987	1989	1977	1981	1985	1987	1989
출하액	21.2	28.4	30.2	27.9	27.0	32.0	39.7	40.2	36.8	35.2
부가가치	20.1	20.4	24.1	23.4	22.7	29.1	30.8	33.1	31.9	29.6
유형고정자산	N/A	23.2	27.9	28.6	25.3	N/A	36.7	39.6	37.9	35.3
고용	12.5	12.1	11.7	11.6	11.8	20.5	19.8	17.6	17.6	16.6

자료 : 공보처(1992); 공정거래위원회·한국개발연구원(1991).

는 이른바 대규모 기업집단, 즉 재벌에 의해서 이루어진다.

광공업부문에서 대규모 기업집단의 경제력 집중도는 높을 뿐만 아니라 1970년대와 비교할 때 증가한 것으로 나타났다. 〈표 10-1〉에 따르면 출하액 기준으로 볼 때 1977년 32%였던 30대 재벌그룹 비중은 1987년 36.8%로 증가하였고 부가가치 기준으로 볼 때는 29.1%에서 31.9%로 증가한 것으로 나타났다. 반면 고용에서 재벌이 차지하는 비중은 출하액, 부가가치 또는 유형고정자산과 비교할 때 상대적으로 낮았고 심지어 감소하는 추세를 보였다. 1977년 20.5%였던 고용비중이 1987년에는 17.6%로 감소했다.

경제규모가 작고 해외경제가 비교적 안정적이던 때에는 정부가 주도하는 특정사업에 집중적으로 투자하는 전략이 상당한 효과를 나타낸 것으로 보인다. 그러나 고도성장의 결과 경제규모가 확대되고 복잡해지는 한편 GATT, 우루과이라운드 등 개방화, 국제화가 본격적으로

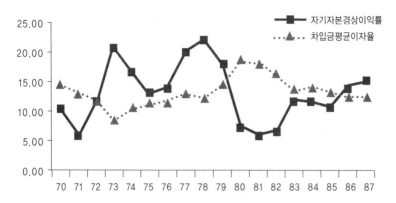

〈그림 10-1〉기업의 수익성 추이 (1970~1987)

자료: 한국은행, "기업경영편람".

진행되면서 여러 가지 부작용이 나타났다. 조성욱(Joh, 2003)에서 사용한 것과 동일한 방법으로 작성한 〈그림 10-1〉은 1970년부터 1987년까지 우리나라 기업들의 수익성 추이를 나타낸다. 1980년대 우리나라 기업의 수익성은 매우 낮았다. 기업의 영업이익률에서 이자를 포함하여 자금조달에 따른 비용(금융비용)과 금융수익을 감안한 경상이익률은 기업이 자금을 조달하기 위해 차입한 차입금 금리와 비교할 때보다도 낮았다. 기업활동이 수반하는 위험을 감안할 때 평균적으로 경상이익률은 차입금 금리보다도 높아야 함을 감안하면 이는 기업활동이 비효율적으로 이루어졌음을 시사한다. 대기업집단에 의한 경제력집중과 시장의 독과점화가 심화되는 것은 또 다른 부작용이었다. 또한, 2차 오일쇼크로 세계경제가 어려워지는 과정에서 기존에 과도한 투자를 집행했던 기업들은 재무적 어려움에 봉착하였다. 이러한 이유들로 인해 1980년대 초반 전두환 정권은 산업합리화라는 명목으로 부실 대기업들에 대하여 정부가 직접 개입하는 구조조정을 단행하였다.

대기업의 경제력집중과 독과점은 경제문제를 야기할 뿐만 아니라 경제정의 및 사회정의에 대한 관심이 증가함에 따라 국민의 불만을 고조시키는 정치적, 사회적 이슈가 되었다. 독과점 문제를 해소하기 위해 설정된 '경쟁압력에 의하여 기업체질을 개선하고 소비자의 권익을 보호하는 동시에 경제력집중을 어떻게 완화할 것인가'와 같은 정책방향에는 이러한 정치적 고려도 영향을 미친 것으로 판단된다. 정치민주화에 대한 요구가 폭발적으로 표출되는 시기에 대기업정책이 과거 정권처럼 법에 근거하지 않고 자의적이거나 강제적으로 이루어지기는 어려웠다. 현실적으로 대기업으로 경제력이 집중됨에 따라 기업과 정부의 관계는 과거 박정희 정권 또는 전두환 정권 시절보다 훨씬 많은 힘을 대기업에 실어주었다. 또한, 해외로 진출한 재벌의 경우, 절대적인 수출규모가 증가하고 기업 매출에서 수출이 차지하는 비중이 증가하면서 정부 또는 정치권의 영향력이 감소할 수밖에 없었다. 그리고 정부가 중국, 러시아 등과 북방외교를 추진하기 위해 이들 외국정부와 간접적 또는 비공식적으로 대화를 시도하는 단계에서도 이들 국가에 진출한 대기업들의 역할이 상당하였다(박철언 인터뷰, 서울, 2011. 10. 3). 이처럼 문호개방과 외국과의 교류 등에서 이미 국제화를 이룬 대기업에 대한 정부의 의존도가 증가하였기 때문에 이들에 대한 정부정책이 제도적인 장치에 의존하는 것은 당연한 결과였다.

노태우 정권에서 정부와 기업 간의 관계가 과거에 정부가 주도하던 것과 달리 기업의 힘이 강해지는 과도기이자 전환기였음을 보여주는 하나의 사건이 부동산 강제매각조치이다. 전국의 지가상승률이 1988년 27.5%, 1989년 32.0% 1990년 20.6%로 급등하자 정부가 기업에 투기억제를 요청했으나 기업은 이를 수용하지 않았다(김종인 인터뷰, 서울, 2011. 12. 14). 결국에는 1991년 '부동산 투기억제와 물가안정을 위한 특별보완대책'으로 비업무용 토지를 의무적으로 매각 처분하도록 했다. 정부 스스로 '추진과정상 다소의 무리가 있었음을 부인할 수 없다'(공보처, 1992)고 인정하는 이 대책은 과거 정부의 강제적인 방법에 의존하는 모습을 보여주는 동시에 행정부 요청을 무시하는 등 강해진 기업의 힘을 보여준다. 또 1992년 12월 대통령선거에서 "정치외도"를 한 현대그룹 정주영 회장의 경우는 대기업 또는 대기업 총수가 자신의 힘에 대해 가지는 믿음을 보여주는 경우다.

경제에 대한 정치권의 영향력과 최고 권력자인 대통령의 영향력이 급격히 감소하고 있음을 보여주는 또 하나의 예는 선경(현 SK그룹)의 이동통신사업 포기사건이다. 1992년 노태우 정권 임기 말에 제2이동통신 민간사업자로 선경이 선정되자 '노태우 사돈기업 특혜'라는 비판이 심해졌고 결국 선경이 사업권을 반납하였다(정진호, 2011). 선경은 다음 정권인 김영삼 정권에서 한국이동통신의 민영화 입찰에 참여하여 통신사업에 진출하게 되었다. 이 사건은 경제 및 기업에 대한 정치권의 결정이 번복되는 데 정치민주화가 영향력을 발휘했음을 보여준다.

대기업정책의 주요 내용

전두환 정권 말에 개정된 공정거래법에 포함된 대기업정책의 주요 내용은 다음과 같다. 대기업집단에 대한 규제는 2조 기업집단과 계열회사를 정의한 후, 8조 지주회사금지, 9조 상호출자의 금지, 10조 출자총액제한, 11조 금융보험회사의 의결권제한, 13조 주식소유현황 등의 신고, 14조 대규모 기업집단의 규정, 16조 시정조치 등을 포함한다.

지주회사는 일반적으로 타회사의 주식을 주된 자산으로 소유하면서 그 회사를 지배하는 것을 주된 사업내용으로 하는 기업으로 사업상의 지주회사는 타회사의 주식 보유액이 자산총액에서 차지하는 비율이 50% 이상인 회사를 의미한다. 지주회사는 소액의 자본으로 다수의 기업을 소유할 수 있어 불합리한 경제력집중의 수단으로 작용할 수 있다는 논리로 금지되었다. 지주회사가 금지된 상황에서 기업집단은 동일인(법인 또는 자연인)이 사실상 사업내용을 지배하는 2개 이상의 기업을 뜻하며 '사실상 지배'는 주식의 소유관계 등 시행령이 정하는 기준에 의해서 판단된다. 지주회사금지 정책은 1999년까지 지속되다가 경제위기 이후 지배구조 및 구조개혁의 일환으로 1999년 4월부터 폐지되었다.

상호출자금지

상호출자란 두 개의 회사가 서로의 주식을 인수하거나 취득하여 소유하는 것을 의미한다. 기업 A가 기업 B에 출자한 자본은 기업 A에서 관계회사의 유가증권 또는 투자자산 등의 형태로 처리되는 동시에 기업 B의 자기자본의 형태로 처리된다. 그런데 기업 B가 기업 A의 주식을 소유한다면 B의 자산에는 A의 주식이 포함된다. 기업 A와 기업 B가 같은 기업집단에 포함된 경우, 기업집단의 총자산에는 상호출자된 지분만큼의 자본이 두 번 계상되는 효과를 갖는다. 따라서 실제 자금의 도입이 없는 가공적인 출자라는 취지에서 이를 금지하였다. 또한, 상호출자를 통한 기업지배력을 교환 소유함으로써 지배력을 강화할 수 있다. 1990년 1월 13일 2차 법개정에서 대규모 기업집단 소속 금융·보험회사 간 상호출자를 추가로 금지하고 상호출자 예외허용항목을 축소시켰으며 상호출자 및 출자총액 제한 제도 위반행위에 대한 과징금 제도를 신설하였다.

출자총액제한

1986년 12월에 이루어진 출자에 대한 규제의 초기 목표는 '기업집단의 경제력집중 억제와 가공자본 조성을 통한 계열기업 확대방지'로 1987년 4월부터 대규모 기업집단 소속회사들 간에 순환출자 등에 의한 출자규모를 제한하는 제도를 도입 시행하였다. 이 제도의 배경에는 기업 A가 기업 B에 출자하고, 기업 B는 기업 C에 출자하고 다시 기업 C가 기업 A에 출자하는 간접적 순환출자방식의 경우, 궁극적으로는 상호출자와 비슷한 효과를 갖지만 상호출자금지 규제만으로는 막을 수 없다는 인식이 존재한다. 이 제도는 간접적 순환출자방식을 포함해 대규모 기업집단이 무분별하게 확장하는 것을 막기 위한 수단의 필요성을 반영한 것으로 평가된다. 이 제도가 처음 도입될 당시에는 자산총액 4천억 원 이상의 기업집단 소속 계열사를 대상으로 규제하며 출자한도는 순자산의 40%로 설정했다가 1993년 개정을 거쳐 1995년부터는 25%로 출자한도의 제한기준이 강화되었다. 규제 초기에는 공업발전법 또는 조세감면규제법에 의한 합리화 계획 또는 합리화 기준에 따른 출자, 보유주식에 대한 신주배정 또는 주식배당으로 인한 출자, 담보권 실행이나 대물변제의 수령으로 인한 출자 등을 한도에 포함하지 않는 예외로 인정하였다.

부당내부거래 행위규제

내부거래는 동일 기업집단 소속 계열기업 간의 거래를 의미한다. 부당내부거래는 회사가 특수관계인이나 다른 회사에 대하여 상품, 용역, 자금, 자산, 인력 등을 무상으로 제공하거나 현저히 유리한 조건으로 거래함으로써 계열회사를 지원하는 행위를 의미한다. 따라서 거래조건이 다른 기업과의 거래에 적용되는 조건과 차별이 없으면 위법이 아니다. 부당내부거래는 경쟁력이 없는 부실기업 또는 한계기업의 퇴출을 지연시키고, 기업집단의 계열사가 속한 시장에 대한 진입비용 또는 위험을 높여 신규진입을 억제한다. 또한, 계열기업과 독립기업 간의 공정경쟁기회를 박탈하는 등 자유롭고 공정한 시장경제 질서를 저해할 수 있다.

금융 · 보험회사의 의결권 제한

국내의 주요 재벌은 복수의 금융 또는 보험회사를 계열사로 보유하며 이들 회사의 자금력을 바탕으로 상당한 규모의 계열사 주식을 보유한다. 금융기관에 투자한 투자자의 자금을 기초로 계열사의 소유지배관계에 영향을 미치는 것은 투자자의 이해와 상충될 수 있다. 이 제도의 도입으로 대규모 기업집단 소속 금융·보험회사는 계열사 주식에 대한 의결권을 행사할 수 없게 되었다.

채무보증제한제도

1970년대 및 1980년대는 금융기관의 여신 및 대출이 대기업집단 계열사에 상당히 집중되었다. 1997년 경제위기의 발생으로 많은 재벌들이 도산하기 전까지 금융기관은 대규모 기업집단에 대한 대출을 상대적으로 안전하다고 여겼다. 대기업집단에 속한 기업이 채무변제를 하지 못하는 경우 다른 계열사가 대신 변제를 약속하는 채무보증이 일반적이었기 때문이다. 집단 전체가 부실화되지 않는 이상 채무보증을 제공받은 기업의 채무변제 위험이 상대적으로 감소하는 것으로 금융기관은 판단할 수 있었다. 또한, 집단 전체가 부실화되는 경우 정부가 구제금융 등을 제공하리라는 대마불사(大馬不死, too-big-to-fail)의 믿음이 존재하였으므로 금융기관은 재벌계열사에 대한 대출을 선호하였다. 하지만 채무보증을 받은 기업이 채무불이행을 하는 경우 보증을 제공한 기업의 우발적 채무가 현실화되어 부채가 급증하고 재무적 곤경에 빠질 수 있다. 채무보증제한은 채무보증에 의해 ① 재무구조가 불건전하게 될 가능성을 완화하고, ② 계열사 간 상호의존관계가 심화되면서 한 계열사의 부실이 다른 계열사로 전이되어 계열사가 동반 부실화될 위험을 축소하고, ③ 신용도 또는 사업성에 무관하게 재벌 계열사로 여신이 집중되는 현상을 심화시켜 중소기업의 여신이용이 제약되는 부작용을 완화시킬 수 있다. 사회적 관점에서 이러한 대출 관행은 바람직하지 않다. 채무기업에 대한 신용평가 대신 지급보증과 대마불사에 기초한 여신제공이 기업들로 하여금 담보로 제공하기 위한 자산확보와 기업의 계열사 및 외형을 확대하도록 인센티브를 왜곡하기 때문이다.

1992년 12월 8일 개정하고 1993년 4월 시행된 공정거래법에서 채무보증제한제도가 도입되었다. 이 제도가 도입된 후 은행 및 제2금융권을 포함한 국내 금융기관의 여신과 관련하여 기업이 국내계열사에게 제공하는 지급보증은 자기자본의 200%로 제한되었다.

여신관리제도

1974년 도입된 여신관리제도는 상위 30대 재벌에 대하여 여신한도를 설정하고 이들 기업이 부동산을 취득할 때는 주거래은행으로부터 자구노력 의무를 부과받도록 하였다. 31~50대 재벌의 경우 여신한도를 부과하지는 않았지만, 부동산 취득 시 주거래은행의 승인을 받도록 하였다.

대기업정책에 대한 평가

대기업집단에 대한 정책의 출발점에서 제기된 경제력집중 문제는 크게 개선된 점이 없다. 성태윤·김우찬(2008)은 상위 4대 재벌과 8대 재벌들이 총자산과 매출에서 차지하는 비중이 작지만 증가하는 추세임을 보여준다. 또한, 공정거래위원회(2001)에 따르면, 광공업부문에서 30대 기업집단의 출하액 누적 점유율은 1987년 37.3%에서 1991년 38.8%, 그리고 1994년에는 39.6%로 증가한 것으로 나타났다. 즉, 재벌에 의한 경제력집중이 완화된 것으로는 보이지 않는다.

개별기업집단의 관점에서도 계열사 및 영위업종 수가 지속적인 증가세를 보였다. 1986년 계열사 전체의 자산총액이 4천억 원 이상인 32개의 기업집단이 대규모 기업집단으로 지정되었다. 금융업·보험업종에 속한 기업의 경우는 자산규모가 아니라 자본총액과 자본금 중 큰

금액으로 규모를 산정하였다. 경제규모의 성장과 함께 이러한 자산조
건을 만족하는 기업집단이 1992년에는 78개로 크게 증가하였다. 따라
서 1993년부터는 자산총액순위 30위에 속한 기업집단으로 규제대상을
한정하였다. 30대 재벌의 경우 계열사 수와 영위업종 수가 지속적으
로 증가하는 것으로 나타났다. 1984년 평균계열사 수는 16.4개였으나
노태우 정권이 끝난 후 20.1개로 증가하고, 평균영위업종 수도 급증
하였다.

〈표 10-2〉 대규모 기업집단 및 계열사 추이

(단위: 개)

구 분	1987.4	1988.4	1989.4	1990.4	1991.4	1992.4
기업집단	32	40	43	53	61	78
계열회사	509	608	673	798	920	1,056

자료: 공보처(1992).

〈표 10-3〉 30대 재벌의 계열사 수와 업종 수의 추이

(단위: 개)

구 분	1987.4	1991.4	1993.4	1995.4	1997.4
계열사 수 합계	493	570	604	623	819
평균계열사 수	N/A	19.0	20.1	20.8	27.3
평균영위업종 수		12.1	18.3	18.5	19.8

자료: 공정거래위원회(2001).

<표 10-4> 유형별 경제력집중 위반 건수

	1987	1988	1989	1990	1991	1992	1993	1994	계
지주회사관련		2	1	13				1	17
상호출자금지	1	18	1			5		1	26
출자총액제한		5	9	8	3	30	4	4	63
채무보증관련								2	2
의결권행사		2							2
합계	1	27	11	21	3	35	4	8	110

자료 : 공정거래위원회(2001).

〈표 10-4〉는 경제력집중과 관련한 제도에 대한 위반행위를 정리하였다. 유형별로 볼 때 상호출자금지는 도입된 직후인 1988년 18건으로 위반이 많았으나 이후에는 많은 기업들이 상호출자를 해소한 것으로 보인다. 출자총액제한제도에 대한 위반행위는 꾸준히 있었고 위반 횟수 역시 가장 많았다. 출자는 그룹전체에 대한 소유통제와 관련된 사안이라 재벌들이 출자의 절대적 규모를 감소시키지 않았고 앞서 논의한 대로 상호출자에 따른 제약이 다수의 계열사를 통한 출자구조로 회피할 수 있는 것과 관련이 있는 것으로 보인다.

기업의 순자산 가운데 계열사의 주식으로 보유한 자산비율에 대한 제한이 이루어짐에 따라 출자비율이 감소하는 추세를 보였다. 기업의 출자총액이 감소한 것은 아니지만, 순자산액이 빠르게 증가하였기 때문에 출자비율이 감소한 것이다. 그리고 예외인정금액도 지속적으로 증가하였다.

출자총액제한제도와 관련된 이슈는 소유집중의 문제이다. 전두환, 노태우 정권 당시에는 크게 제기되지 않았으나 김영삼 정권에서는 소수의 대주주가 직접 또는 계열사를 통해 높은 지분율을 확보함으로써

<표 10-5> 대규모 기업집단 출자현황

(단위: 10억 원)

구분	1987.4	1988.4	1989.4	1990.4	1991.4	1992.4	1993.4	1994.3
출자총액 (A)	3,257	3,569	4,401	5,890	6,747	7,435	8,158	9,683
순자산액 (B)	7,476	9,430	13,460	18,334	21,248	25,820	29,146	36,100
출자비율 (A/B)	43.6	37.8	32.7	32.1	31.8	28.8	28.0	26.8
출자한도 초과	1,246	887	687	398	272	7		
예외 인정금액		118	238	519	579	691	653	732

자료: 공정거래위원회(2001).

기업의 소유와 경영을 지배하며 부의 편중문제를 야기한다는 비판이 제기되었다. 1994년 공정거래법 개정을 통해 이런 문제를 완화하고 재벌로 하여금 소유분산을 추구하도록 소유분산이 일정요건을 충족하는 경우, 출자총액제한 규정에서 배제하는 정책을 시도하였다. 이 정책은 소유권(cash flow rights)과 통제권(control rights)에 대한 이해부족에서 기인한 것으로 보인다. 젠센과 메클링(Jensen & Meckling, 1976)의 주장처럼 소유지분이 높은 경우 내부주주와 외부주주 간의 대리인문제 또는 이해상충의 문제는 오히려 완화될 수 있으며, 문제가 되는 것은 소유권이 낮음에도 불구하고 통제권이 큰 경우, 즉 소유와 지배의 괴리가 큰 경우이다(Bebchuk & Kraakman & Triants, 1999). 존슨 등 (Johnson et al., 2000)이 주장한 것처럼 기업의 자원을 내부자 이익을 위해 약탈(tunneling)할 인센티브가 커지는 문제점을 갖는다. 김선구 외(2003)는 소유분산정책과 달리 출자총액제한제도는 소유권과 의결권의 괴리를 억제하는 것으로 볼 수 있다고 주장한다.

자금시장에서도 대기업집단은 여신 및 대출의 상당부분을 차지했다.

<표 10-6> 5대 및 30대 계열 기업군의 은행대출금 및 여신비중
(관리대상대출금 및 여신 기준)

(단위: %)

구분		1987.10	1988 말	1989 말	1990 말	1991 말
대출금	5대 계열	12.4	9.7	7.2	6.6	
	30대 계열	20.8	18.3	14.7	13.5	9.8
총대출금	30대 계열	26.3	24.2	20.7	19.8	20.4
여신	5대 계열	13.4	11.1	8.4	7.6	
	30대 계열	24.4	23.3	18.3	16.8	

원자료: 한국은행 은행감독원; 공보처(1992) 재인용.

〈표 10-6〉은 5대 및 30대 계열 기업군의 은행대출금 및 여신비중을 보여준다. 1974년 도입된 여신관리제도는 실물경제 및 금융구조 변화에 따라 대기업 또는 기업집단 계열사로 여신이 편중되는 것을 막기 위해 강화되었다. 노태우 정권이 등장하기 바로 이전인 1987년 총대출금의 경우 30대 계열사에 대한 대출이 26.3%를 차지하였다. 총 대출은 여신관리대상대출 및 해외지점대출, 연불수출금융, 특별외화대출, 산업합리화 관련 대출을 포함한다. 30대 계열 기업군에 대한 여신관리가 이루어짐에 따라 이들이 차지하는 비중은 감소하는 추이를 보인다. 그 결과 5대 및 30대 계열 기업군이 차지하는 대출금과 여신비중이 지속적으로 감소하였다.

30대 계열 기업군에 대한 여신은 감소하는 반면에 중소기업들에 대한 여신대출은 지속적으로 증가하였다. 예금은행으로부터의 대출에서 중소기업이 차지하는 비중은 1987년 말 41.1%에서 1988년 46.0%, 1989년 48.5%, 1990년 53.9%, 그리고 1991년에는 54.6%로 증가하였다. 1992년 말 시중은행의 경우 대출증가액의 45%를, 지방은행의 경우 80% 이상을 중소기업에 대출하도록 규정한 중소기업대출 의무비율을 설정하였다. 반면에 단자회사, 종금사, 보험회사, 리스회사와 같은 비은행금융기관의 중소기업에 대한 대출은 크게 증가하지 않았다.

<표 10-7> 중소기업 대출비율 추이 (잔액기준)

	1987	1988	1989	1990	1991	중소기업대출 의무비율(1992년 말)
예금은행	41.1	46.0	48.5	53.9	54.6	시중은행: 대출증가액의 45% 이상 지방은행: 대출증가액의 80% 이상
단자회사	42.7	39.9	44.7	43.4	42.5	어음할인보유액 및 팩터링 금융의 35% 이상
종금사		25.5	25.5	24.8	26.1	총여신잔액의 25% 이상
보험회사	35.8	30.9	32.3	33.6	38.9	총기업대출증가액의 35% 이상
리스회사	38.8	37.0	42.9	51.4	50.4	리스계약액의 50% 이상

자료: 공보처(1992).

글을 마치면서

노태우 정권의 대기업정책은 주요 정책목표였던 '경제력집중 완화'를 달성하는 데는 크게 성공하지 못한 것으로 보인다. 하지만 노태우 정권의 대기업정책은 기업에 대한 정치권의 영향력이 감소하고 정치적 민주화와 경제정의 및 경제자율화 요구를 받는 시대적 흐름에 맞춰 법제도의 정비를 통해 정책목표를 추구했다는 점에서 과거정부와의 차별성을 갖는다. 또한, 노태우 정권의 대기업정책은 1987년 법제화된 제도를 유지, 계승하였다. 그뿐만 아니라 자본금융시장에서 대기업집단 계열사들이 갖는 상대적으로 우월한 지위로 인해 자본공급이 편중되는 현상을 완화하고자 자본조달에 대해서도 정책적 관심을 가졌다는 점에서 대기업집단에 대한 이해가 높아졌음을 보여준다.

■ 참고문헌

단행본

공보처(1992), 《제6공화국 실록》, 정부간행물제작소.

공정거래위원회·한국개발연구원(1991), 《공정거래 10년: 경쟁정책의 운용성과와 과제》, 공정거래위원회·한국개발연구원.

공정거래위원회 편(2001), 《시장경제 창달의 발자취: 공정거래위원회 20년사》, 공정거래위원회.

학술논문 및 보고서

김선구·류근관·빈기범·이상승(2003), "출자총액제한제도의 바람직한 개선방향", 서울대학교 기업경쟁력 연구센터 연구보고서.

성태윤·김우찬(2008), "2008 외환위기 이후 10년: 재벌정책의 전개, 문제점, 그리고 향후 과제", 〈한국경제의 분석〉 14권 2호, 125~213쪽.

조성욱·김명애(2010), "대기업집단 출제총액제한제도에 대한 재무금융적 평가", 〈한국경제의 분석〉 16권 3호, 73~110쪽.

Bebchuk, L. & Kraakman, R. & Triants, G. (1999), "Stock Pyramids, Cross-ownership and Dual Class Equity: The Creation and Agency Costs of Separating Control from Cash Flow Rights", *NBER Working Paper* No. 6951.

Jensen, M. C. & Meckling, W. H. (1976), "Theory of the Firm: Managerial Behavior, Agency Costs, and Ownership Structure", *Journal of Financial Economics* 3(4): 305~360.

Joh, S. W. (2003), "Corporate Governance and Firm Profitability: Evidence from Korea Before the Economic Crisis", *Journal of Financial Economics* 68(2): 287~322.

Johnson, S. & La Porta, R. & Lopez-De-Silanes, F. & Shleifer, A. (2000), "Tunneling", *American Economic Review* 90(2): 22~27.

기타

김종인(2011.12.14), 14:00~17:00, SK경영경제연구소(인터뷰).

박철언(2011.10.3), 08:00~10:00, 코리아나 호텔 3층 사까에(인터뷰).

정진호(2011.08.19), "〈어제의 오늘〉 1992년 제2이동통신 사업자로 선경그룹 선정", 〈경향신문〉.

노태우 정부 노동정책의 의의와 위상

허재준

11

들어가며

'이보다 더 좋을 수는 없다.' 1988년 2월, 경제에 관한 한 노태우 정부는 그렇게 출발했다. 그러나 정치적 정통성의 측면에서는 유리한 입장에 있지 않았다. 정치인 노태우는 12·12 쿠데타를 통해 집권에 성공한 전두환 장군 세력의 제2인자로서 민주화운동을 탄압한 전두환 집권세력의 일원이었고, 기존 정치제도의 울타리 안에서 대통령이 되려했다가 거센 저항에 떠밀려 부득이 직선제 수용 등 민주화 선언을 했다고 당시 국민들은 생각했다. 이러한 민의는 1988년 4월 국회의원 선거에서 여소야대의 결과로 표출되었다. 그러나 노태우 대통령의 정계진출의 배경이 어떠했든, 대통령 후보로 추대된 배경이 무엇이었든, 대선에서 그의 득표율이 어느 수준이었든 그는 박정희 대통령의 유신정부 이후 16년 만에 국민들의 직접투표를 통해 당선된 첫 민선 대통령이었다.

노태우 정부는 권위주의 정부로부터 민주정부로의 이행과정에서 첫 정부이고, 노태우 정부에 몸을 담은 사람을 포함하여 많은 사람들이 표현하듯 한국 사회가 민주화로 넘어가는 과도기 정부였다(강영훈, 2011: 59; 이병기, 2011: 781). 그만큼 민주화 시대에 벌어진 많은 일들이 노태우 정부와 음으로 양으로 관련되어 있을 수밖에 없다. 과거의 한 시대는 누가 어떤 시각으로 기록하느냐에 따라 평가가 아주 많이 달라질 수 있다. 더군다나 중요한 시기임에도 불구하고 아직까지 학술적 연구가 없어 공백으로 남아있는 노태우 정부에 대해서라면 더더욱 다시 말할 필요가 없을 것이다.

노태우 대통령은 1948년 정부수립을 포함하여 한국이 건국 후 세 번의 구조개혁을 거쳤다고 하면서 세 번째 체제를 '1987년 체제'라고 부른 바 있다(노태우, 2011b: 528). 노사관계나 노동운동을 연구하는 학자들은 과거 25년간의 노사관계를 정리하는 과정에서 흔히 '1987년 체제', '1997년 체제'라는 용어를 사용한다(예컨대 최영기, 2011; 이성희, 2011 등). 1987년의 민주화 선언 이후 봇물처럼 터진 노동자 시위와 사용자 우위적으로 유지되어 온 노사관계에 대변혁이 일어난 시기가 가져온 10년간의 노사관계 특징을 가리키기 위한 용어이다. '1997년 체제'란 외환위기 이후 정리해고가 법제화되고 1987년 이후 10년간에 비해 노동권 보호만이 아니라 기업활동에서 경영상의 권리 또한 배려되기 시작한 특징을 가리키기 위한 말이다.

'1987년 체제'를 가능하게 한 배경에는 여러 가지가 있겠으나 중요한 요인으로서 2가지 사실을 들 수 있다. 1987년 이전 25년간의 권위주의 정부 아래에서 노동권이 과도하게 억압당했다는 점, 경제적으로 전례 없는 호황기가 1987년 이후 지속되었다는 점이 그것이다. 노조나 노동자가 다소 과도한 요구를 하더라도 과거의 억압적 역사 속에서 당한 상대적 불이익에 대한 보상차원에서 용인하는 분위기가 존재했고, 기업들은 경제호황이 주는 여유가 있어 그 요구들을 수용할 수 있었다. 그 외에 '1987년 체제'를 가능하게 한 다른 이유를 하나 더 꼽는다면 거기에 노태우 정부에 대한 평가가 개입할 것이다.

노태우 정부가 정치적 정통성의 측면에서 취약한 위치에 있었기 때문에 불가피한 선택이었다고 평가절하하든, 무위(無爲)의 접근으로 노사관계를 안착시켰다고 후한 평가를 하든 노태우 정부의 노동정책이 '1987년 체제'를 가능하게 했다는 사실은 부인할 수 없다. 김영삼 정부가 일련의 개혁 어젠다의 마지막 항목으로 노사관계 개혁을 시도했지만 실패했는데 이처럼 명시적으로 개혁을 추진하는 것만이 정책은 아니기 때문이다.

1987년 여름 내내 국내 주요 일간지는 노사분규를 보도하는 데 가장 많은 지면을 할애했다. 그로부터 24년 후인 2011년 여름 내내 언론들은 양극화문제나, 희망 없는 빈곤층 혹은 청년층이나, 복지문제를 논의하는 칼럼과 그에 대한 견해를 싣는 데 연일 지면을 할애했다. 사설에서도 일주일이 멀게 느껴질 만큼 복지문제를 다루었다. 일부 논자들은 과거 20년간의 정책을 신자유주의적 정책으로 단정하고 그것이 양극화를 가져온 주범이라는 일언이폐지(一言以蔽之)식 진단을 한다. 그리고는 과거 정책에서 지양할 점뿐만 아니라 계승해야 할 점까지를 한꺼번에 단죄하며 정책 대전환의 필요성을 주장하기도 한다.

과거를 돌아보는 이유는 오늘을 살펴보기 위해서이다. 2000년대에는 여러 각도에서 양극화 경향이 확인되고 명시적으로 언급되기 시작했다. 하지만 1990년대 중반 이후 자영업자들의 경영환경은 호전되지 않았고 임금근로자 내에서도 학력 간, 기업규모 간, 기업단위 노조의 협상력에 따른 격차가 지속적으로 확대되고 있었다. 현재 관측되는 양극화 상황이나 복지논쟁에 비추어볼 때 노태우 정부 때 일어난 노사관계와 노동시장 변화는 어떤 의미를 갖는가? 노태우 정부 노동정책의 배경과 내용은 무엇인가? 노태우 정부의 노동정책은 과거 정부와 비교해서 어떠한 점에서 차별성을 지니는가? 그 철학적 기반은 무엇이고 노동정책이 나아가야 할 방향에 비춰볼 때 적절한 것이었는가? 이러한 질문들은 이 연구가 노태우 정부의 노동정책 평가를 시도하면서 염두에 둔 점들이다.

노태우 정부 시대의 노사관계 특성이나 의의에 대해서는 다수의 논문이 존재한다. 그러나 이들 논문이 노태우 정부 평가라는 측면에서 접근하고 있지는 않다. 노태우 정부의 노동정책에 관한 행정차원의 자료(공보처, 1992; 국무총리행정조정실, 1993; 자료집, 1993a, 1993b)와 노태우 정부에서 달라진 노동관계법의 내용을 정리한 문헌(노동부, 2006a, 2006b, 2006c, 2006d)은 존재한다. 그러나 노태우 정부의 노동정책을 오늘의 노동사회정책의 쟁점에 비추어 보고 평가한 논문은 아직 없다. 이 장은 앞에서 질문형식으로 제기한 문제의식에서 노태우 정부 때 일어난 노사관계와 노동시장 변화의 의의를 노태우 정부를 전후로 한 50년간 일어난 변화의 맥락에서 살피고 그 위상을 평가하는 것을 목적으로 한다.

노태우 정부에 대해서는 많은 논자들이 이행기적 성격과 그 의의를 말한다. 이 장의 문제의식에 비추어 볼 때에 노태우 정부는 성장과 분출되는 분배욕구를 양립시켰던 정부라는 점에서 독특함을 지닌다. 물론 노태우 정부의 경제정책이나 노동정책이 현재에도 그대로 원용될 수는 없다. 하지만 노동시장에서 체념과 불만이 팽배하고 복지욕구가 분출되고 있는 현재, 성장과 복지를 양립시키는 중요한 매개고리였던 노태우 시대의 노동정책을 검토하는 것은 오늘날의 문제해결 모색에도 일정한 시사점을 지닐 것이다.

이 장은 다음과 같이 구성되어 있다. 서론에 이은 두 번째 절에서는 노태우 정부 시기에 이루어진 노동권 변화의 배경이 무엇이고 과거와 구별되는 내용이 무엇인지를 고찰한다. 세 번째 절에서는 이러한 변화 속에서 이루어진 기업의 대응에 관해 살펴본다. 네 번째 절에서는 노태우 정부 시기의 노동정책이 가져온 노동시장 및 근로조건의 변화와 의 내용과 그 의의를 살펴본다. 마지막 절은 요약 및 결론이다.

정치체제 변화와 노동권 변화

노태우 정부가 노동정책에서 과거 정부와 다른 접근을 취하게 된 배경은 의심할 나위 없이 6·29 민주화 선언을 통해 한국 사회가 정치·사회적 민주화 시대로 이행하게 된 데 있다. 노태우 대통령은 자신의 회고록에서 건국 후 대한민국의 역사를 3가지 체제로 나누었다. 자유민주주의와 시장경제를 국가정체성으로 삼은 국민국가의 탄생이 '1948년 체제', 직업관료제도, 기업, 군대가 생산과 건설을 최고의 미덕으로 삼고 국민들을 이끌어 경제발전에 성공함으로써 민주주의의 물질적·제도적 토대를 건설했던 '1961년 체제', 그리고 민주화운동의 대세를 수용하여 한국 사회의 탈권위주의 및 자율화를 전면적으로 추진하기 위해 6·29 민주화 선언 이후 등장한 '1987년 체제'가 그 3가지다(노태우, 2011b: 528). 현대사에 관한 좀더 일반적인 평가와 용어사용법에 의한다면 이러한 구분은 건국기, 산업화기, 민주화기에 해당한다.

성장과 안보를 제반 정책의 최우선 순위에 두었던 박정희-전두환 정부는 국가차원에서 보편적 복지제도를 도입하기에는 시기상조라고 판단하고 그 대신 기업에게 복지책임을 일정부분 맡기고 단체행동권은 제한하는 방식으로 산업평화를 보장해 주었다.[1] 1987년 11월에 개정된 노태우 정부 헌법은 구헌법에 있던 단체행동권 유보조항을 삭제함으로써 단체행동권의 제한범위를 대폭 축소했다.

박정희-전두환 정부는 노동3권과 같은 집단적 노사관계는 억압하는 대신 근로기준과 같은 개별적 근로관계에서는 국제적 표준을 넘어서는 관대함을 보이는 방식으로 노사관계를 규율했다. 개별적 근로관계를 규율하는 근로기준법 안의 여러 곳에 그 유제는 지금도 남아 있다. 휴

---

1 유신헌법은 노동3권을 법률이 정하는 범위 내에서만 보장하고 공무원, 국영기업체·공익기업체 직원, 국민경제에 중대한 영향을 미치는 사업체에 종사하는 근로자의 단체행동권은 제한하거나 인정하지 않았다. 전두환 정권 헌법은 단결권과 단체교섭권에는 제한을 두지 않았지만 단체행동권은 법률에 의하여 제한받는다는 제한규정을 두었다.

업수당을 통상임금의 70% 수준으로 높게 정한 것이랄지, 시간외근로 할증을 50%로 설정하고, 이직사유와 무관하게 이직근로자에게 1년 근속에 1달치 임금 상당액을 퇴직금으로 지급하게 한 규정 등은 바로 그 유제들이다. OECD 국가들에서 휴업수당은 임금의 60%, 시간외근로 할증은 25% 수준이고 퇴직금은 비자발적으로 퇴직시킬 때에 금전적 보상의 성격으로 지급하는 것이 일반적인 점에 비추어 보면 위와 같은 근로기준법 조항들은 노동자에 매우 관대한 기준들이다.

비록 크지 않은 금액이지만 기업들로 하여금 부양가족 수에 비례해 가족수당을 지급하게 하고 산전후 휴가기간 동안 전적으로 사용자 부담의 유급휴가를 부여한 근로기준법도 복지제도가 거의 전무하다시피 한 상태에서 도입된 박정희 정부 시대의 유제들이다. 이는 가족수당이나 모성보호제도를 도입하는 선진국들에서 모두 기업이 임금의 일부로 근로자에게 급여를 지불하는 것이 아니라 조세나 사회보험료를 납부하고 그것을 재원으로 사회복지기관이 수당을 지급하는 보편적 제도의 틀 안에서 운영하는 점과는 대조를 이룬다.

1987년의 6·29 민주화 선언은 급격한 정치·사회·문화적 변혁의 계기가 되었고 그에 따라 노사관계환경도 크게 변화했다. 구질서에서 신질서로의 이행은 갈등을 수반한다. 1987년의 노사관계도 여기에서 예외가 아니었다. 25년간 지속하던 권위주의적 환경이 민주화 시대로 변화하자 우리나라 산업화 역사상 최다의 노사분규가 발생하였다. 1987년 한 해에 3,749건의 노사분규가 발생했는데 그 중 3,625건이 6·29 민주화 선언 이후 2달 동안 발생한 것이었다. 이러한 분규건수는 1977~1986년의 10년간 발생한 노사분규 1,736건의 2.1배에 해당하는 수치이다(노동부, 2006d: 102). 이로부터 당시 노사분규가 어느 정도로 폭발적이었는지 알 수 있다. 당시 전경련 회장이던 구자경 LG그룹 회장은 기자간담회에서 노사분규 때문에 한국에서 기업경영을 못해 먹겠다고 말할 정도였다(이장규, 2011: 34).

1987년 이전 파업발생건수는 220~270건에 참가자 수도 2.9만~

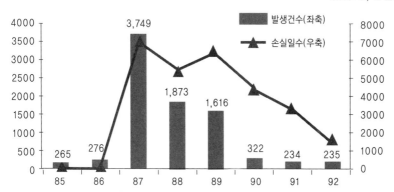

〈그림 11-1〉 노사분규 발생건수와 손실일수

(단위: 건, 천일)

자료: 한국노동연구원(2003). 《2003 KLI 노동통계》.

4.9만 명에 불과하였다. 그러나 1987년에만 3,749건의 파업이 발생하였고 참가자 수도 무려 126.2만 명에 이르렀다. 그 이후 참가자 수는 크게 줄어들었으나 파업발생건수는 3년 연속 1천여 건이 넘었다(〈그림 11-1〉). 그러나 1990년대 들어서는 안정화되었다. 초기의 폭발적 노사분규 증가는 장기간 힘의 비대칭 관계 속에서 주장되지 못하고 억눌려 있던 노동자의 권익 주장이 한꺼번에 터져 나왔기 때문이다. 이는 외환위기 이후 증가한 노사갈등이 고용의 불안정성이 심화되면서 나타난 것과는 대조를 이룬다.

임금근로자 1천 명당 노동손실일수로 정의되는 파업성향을 계산해 보면 1987년에 755.8일에 달했다. 외환위기 이후에도 100일대 수준에 머물렀고 최근에 100일 미만 수준인 것을 감안하면 당시 노동손실일이 얼마나 높은 수준이었는가를 알 수 있다.

변화한 환경에 맞추어 노동조합의 설립도 봇물을 이루었다. 1986년의 노동조합 수는 2,658개였다. 6·29 민주화 선언 후 신규노조 설립이 늘어나 1987년에는 노동조합의 수가 4,086개로 증가했다. 이 과정에서 조합원 수는 1986년 103.6만 명에서 1987년 126.7만 명으로, 조

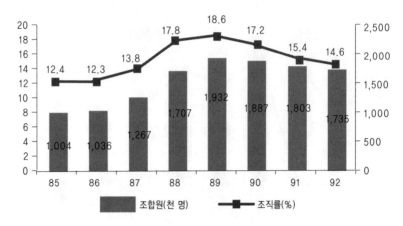

〈그림 11-2〉 조직률 및 노동조합원 수

자료: 한국노동연구원(2003). 《2003 KLI 노동통계》.

직률은 12.3%에서 13.8%로 증가했다(노동부, 2006d: 114). 1989년
도에도 신규노조 설립 붐은 계속되어 노조원 수, 단위노조 수가 20%
이상 증가되었다(노동부, 2006d: 115).

정치적·사회적 민주화의 흐름 속에서 노동운동이 폭발적으로 고양
됨으로써 노조 조직률은 다시 1987년 13.8%에서 1988년에는 17.8%
로 급등했다. 그리고 1989년에는 18.6%로 정점을 이루었다(〈그림
11-2〉). 그 후 노동조합 조직률은 하락세로 반전하여 외환위기를 겪
으면서도 12% 내외에 머물렀고 2002년 이후에는 10% 내외에 머물러
현재까지는 1989년의 조직률이 역사상 최고 수준으로 남아 있다. 조합
원 수 역시 1989년의 193만 명이 역사상 최고 수준이었다. 단결권과
단체행동권의 행사결과 노동조합과 노사분규가 이처럼 늘어남으로써
노동자들의 단체교섭권은 현저히 증대되었고, 그 결과 한국경제는 사
상 유례 없는 임금 증가율을 경험했다.

이러한 일련의 상황전개는 과거 박정희-전두환 정부 시대의 노사관
계 안정이 자율보다는 공권력에 의해 억압된 표면적인 안정이었음을 대
변했다. 과거 권위주의 정부가 기업단위 위주의 노동조합을 허용하고,

기업 내에서 사용자의 절대우위를 보장해 줌으로써 안정적인 노사관계가 유지되었으나 그것은 힘의 불균형에 의한 안정이었다. 그러던 것이 이제 민주화 과정에서 노사 간 힘의 역전상황이 벌어진 것이다.

산업혁명 후의 역사적 과정에서 산별·직종별 노조체제를 물려받은 서구의 경우 노사분규는 전국적 노동조합에 의해 주도된 총파업이라는 전국적 연대형태를 띠는 반면 당시 우리나라의 노사분규는 기업이나 사업장 단위에서 이루어졌다. 이는 박정희-전두환 정부 시대의 노동조합법이 기업별 단위노동조합 설립만을 허용하는 규정, 이른바 '조직형태 강제규정'을 두어 기업별 노동조합 형태로 유도해왔던 점과 관련이 있다. 비록 1987년에 이 규정을 삭제함으로써 기업별 차원을 넘어서도 조직을 허용하는 자유설립주의로 노동조합법이 전환했지만 당시로서는 전국적 노동조합이 파업을 조직화할 만한 역량도 갖지 못했고 개별 사업장의 노동조합들도 개별 사업장 단위를 넘어선 연대를 도모한다는 개념을 갖지 않았다.

이러한 노사분규 발생에 대해 노태우 정부는 초기에 노사자율해결의 원칙을 공식입장으로 내세웠다.

> 박(朴) 대통령이나 전(全) 대통령 시절에는 근로자들의 정당한 요구까지도 정부가 억누른 것이 사실이었다. 그렇게 눌렸던 욕구가 일시에 폭발하게 된 것이다. 민주화를 한다는 나와 정부가 정당하다고 판단되는 근로자들의 요구를 어떻게 수용하지 않을 수 있겠는가(노태우, 2011b: 50).

> 그 동안은 경제개발에 정책의 무게를 두면서 기업에 손해가 된다는 이유로 '준법 파업'까지 공권력을 투입해 처벌한 사례가 있어 왔다는 것이 사실이다. 그 때문에 근로자들의 입장에서는 정부가 항상 기업주 편만 들고 자신들은 박해한다는 인식을 가질 수 있었다(노태우, 2011b: 51).

이장규(2011)와 같이 노태우 정부가 노사관계에 대해 자율해결원칙에 입각해 개입하지 않았다고 평가하는 논자들이 있으나 이는 사실과 다르다. 노태우 정부에서 공권력 개입이 이루어지지 않았던 것은 아니다. 자율해결만을 기대하기에는 당시의 분규행태가 사용자의 재산권 침해를 개의하지 않는 데까지 나아갔고 대다수의 파업이 법을 개의치 않고 불법적인 형태를 띠었기 때문이다.

제 3자 개입금지, 복수노조금지, 노동조합 정치활동 금지, 공무원 단결권 제한, 노동조합 가입 탈퇴 제한, 행정관청의 조사권 유지와 같은 불합리한 조항들을 가졌던 노동법, 사업장 점거와 기물파괴와 같이 사용자의 재산권을 침해하는 불합리한 행태로 저항하는 노동자, 민주화 열기를 배경으로 촉발된 사회분위기 변화, 이 삼자를 배경으로 분출된 노사분규에 대해 권위주의 시대와 같은 강력한 공권력 개입도 어려웠지만 그것들이 자율적 해결이라는 원칙만으로 해결이 될 수 있는 상황도 아니었다. 이는 6·29 민주화 선언 이후의 힘의 공백상태에서 권위주의적 기업풍토와 가부장적 노사관계 속에서 희생을 강요당했던 노동자들의 저항이 일어나자 드러난 노사관계의 실체이기도 했다.

경제수석 비서관을 역임했던 김종인은 자신이 노사문제와 관련해 일했던 경험에 바탕을 두어 박정희 정부의 노사관계 문제 대응법에 대해 다음과 같이 평한 바 있다.

> 우리나라 노사관계를 살펴보니 노동청이 생길 때부터 노동청장은 대부분 치안국장 출신들이 임명됐습니다. 그러니까 노사문제란 경찰력으로 대응하는 것으로 알았다는 뜻이지요(조갑제, 2007: 299).

과거방식의 노사분규 통제에 익숙해 있던 공안당국의 책임자들은 6·29 민주화 선언 이후 노사분규가 격화되자 권위주의 정부에서와 같은 개입을 준비했다. 노태우 전 대통령의 회고를 인용하자면 "그 시점에서는 공권력을 투입해 정면으로 막는 것과 시간을 두고 폭발력이 어느 정도 가라앉은 후에 대처하는 2가지 방안을 생각할 수 있을 뿐이었다."(2011b: 51) 1987년 8월 치안본부는 가두시위에 대한 의법조치를 발표하고, 좌경척결을 위한 3대방안을 발표하는 등 본격적 대량구속을 예비했다. 검찰은 노동부·경찰과 함께 합동수사본부를 설치했다. 8월 27일에는 김정렬 총리가 좌경용공세력 척결을 위한 담화를 발표했다. 이러한 일련의 조처들을 취하면서 금성사 평택공장 위장취업 및 해고근로자 5명을 구속하고, 경남지역 노동자협의회 의장 황창호 등 2명을 제3자 개입혐의로 구속하는 등 9월 7일까지 노동쟁의와 관련하여 95명을 구속했다(노동부, 2006d: 103).

그러나 파업이 일어나면 과거와 같이 강경일변도로 개입하지는 않았다. 노사문제 불개입원칙을 선언하고 초기에 이러한 원칙을 견지했지만, 그것은 어디까지나 준법파업에는 개입하지 않는다는 취지였다. 노사분규가 폭발적으로 일어나자 노태우 정부는 한편으로는 폭발적 노사분규를 진정시키기 위한 단안을 내리고 공권력으로 개입하면서, 다른 한편으로는 노동자들의 투쟁을 이익분쟁의 틀 안에 묶어 놓고 노동자들을 중산층화하기 위한 종합대책에 부심했다.

당시 노태우 정부가 추진한 노사관계 안정화 방향은 다음과 같다(노동부, 2006d: 104). ① 노사분규 사전예방을 위해 아직 미숙한 노사 간 교섭능력을 보완한다. 그 구체적 방안으로서 노사협의회를 활성화시켜 상호신뢰기반을 구축하고 기업 경영지표 분석 등 관련정보의 올바른 이해를 돕기 위한 각종 서비스를 제공하며 노사교육을 통한 상호 이해의 폭을 증대한다. ② 노사분규 발생 때 신속·공정하게 조정하기 위해 노동위원회의 조정·심판 기능을 강화하고 노동쟁의조정법상의 조정절차보다 우선적으로 임의조정절차를 적용하게 하여 자주적 조정을 정착시키는 방안을 마련한다. ③ 임금구조 및 근로조건 개선으로 불필요한 노사갈등을 해소한다. 이를 위해 학력별·성별 임금격차를 완화하고 각종 수당체계를 단순화하는 등 임금체계를 개편하며, 작업환경을 개선하고 산업재해 예방조치를 강화한다. ④ 근로자의 복지 욕구를 수용하기 위해 주택마련, 재산형성, 사회복지사업 확충 등을 지원한다.

다음 절에서 서술하듯이 이러한 노사관계 안정화정책 중 ①, ②는 관련법 개정 등을 통해 어느 정도 성과를 거두었지만 노동관계법 중 국제규범에 미달하는 집단적 노사관계 조항들은 미루어지고 만다. 1988년 12월, 여소야대 국회에서는 1987년 11월 노동관계법이 개정된 후 다시 전개된 노동관계법 개정 논의를 반영하여 공무원 및 교원 노동조합 인정, 노조의 정치활동 제한 폐지, 공무원 및 방위산업체 종사자에 대한 쟁의행위 금지규정 삭제 등을 내용으로 하는 노동관계법이 국회를 통과했다. 그러나 3당합당 후 근로기준법을 제외한 여타 법률의 개정안은 대통령의 거부권 행사로 인해 폐기되었다.

적절한 재의 논점을 제시함 없이 거부권 행사로 집단적 노사관계에 관한 개선요구를 일괄적으로 폐기한 것은 집단적 노사관계에 관한 장기적 노동정책의 방향에 대해 적극적 고려가 없었음을 보여주는 증거이다. 이러한 접근은 박정희-전두환 정부의 무게를 고려할 때 이해될 수 있는 측면이 없지 않다 하더라도, 김영삼 정부에서 OECD에 가입을 신청했을 때 자격시비를 불러일으켜 집단적 노사관계에 관한 국내규범이 국제규범에 도달할 때까지 10년 동안 고용노동사회위원회의 모니터링을 받는 조건으로 OECD에 가입하는 불명예의 한 원인이 되었다. 그와 함께 최근 20년 동안 적어도 중앙단위의 노사정 관계가 지속적으로 갈등관계를 빚고 비협조적인 관계를 지속하는 쟁점을 제공했다. 그러나 분배문제와 밀접한 관련을 갖는 개별적 근로기준의 차원이나 복지프로그램 확충에 관해서 노태우 정부는 나름의 어젠다를 수립하고 추진해 나갔다.

남녀고용평등법 제정을 통해 여성의 경제활동 참가를 촉진하고, 생산직 근로자 교섭력 증대를 통해 학력별 임금격차도 개선하였다. 복지제도의 확충은 최저임금제 도입, 의료보험 확대, 국민연금 도입, 근로기준법 적용범위 확대를 통해 이루어졌다. 임금체계 개편은 25년이 지난 지금도 미완의 과제로 남아 있지만 노태우 정부의 노동정책은 임금수준 및 상대임금, 근로시간 등에 커다란 변화를 가져오고, 그 결과

근로자의 삶의 질과 소비유형에도 큰 변화가 초래되었다.

기업의 대응

1987년 노사분규가 가열되는 상황에서 노태우 민정당 대표는 "현재의 노사분규는 경제를 파괴해서 기업 자체를 없애자는 것이 아니라 더 발전시키자는 것으로 생각한다. …"(8월 11일)고 말한다. 이어서 정인용 부총리는 "정부는 당사자들이 노사분규를 자율적으로 해결하도록 한다는 원칙을 고수할 생각입니다. 앞으로도 공권력 발동을 위주로 한 미봉책은 안 쓰겠습니다"(8월 15일)라고 말하며 정부의 입장 전환을 선언했다(이장규, 2011: 35).

하지만 노태우 정부가 노사분규가 일어났을 때에 과거 박정희-전두환 정부가 공권력으로 개입하던 방식을 완전히 배제하고 당사자 간 자율대화를 강조했던 것만은 아니었다. 대기업 경영자의 호소에 의해 개입하는 사례도 있었다. 민간주도 경제를 주창하며 '정부는 뒤로 물러나 달라'던 재계는 노사분규에 대해서는 '정부가 강력하게 개입해 해결해 달라'고 요청하지 않을 수 없었다.

> 1990년 현대자동차에서 대규모 노사분규가 발생했다. 그때 김종인 경제수석이 내 뜻에 따라 정세영 회장에게 '정부는 더 이상 간섭하지 않겠다. 어떻게 현대자동차에서만 연례행사처럼 노사분규가 일어나느냐? 기업주와 근로자 양측 모두에게 문제가 있으니 당신들 스스로 해결하라'고 했다. 그랬더니 정세영 회장이 '이번만 지켜주면 절대로 내년에는 노사분규가 일어나지 않게 하겠다'고 해서 공권력을 투입해 해결해 주었다. 그런데 이듬해에 다시 노사분규가 발생했다. 그러자 김 수석이 정 회장에게 '작년에 약속했던 대로 이번에는 공권력을 투입하지 않겠다. 당신들이 알아서 해결하라'고 하고는 일절 개입하지 않았다(노태우, 2011b: 51).

이 같은 사례에서 알 수 있듯이 노태우 정부에서 노사관계에 대한 정부의 대응이 준법파업에는 개입하지 않는다는 쪽으로 무게중심이 옮겨갔던 것은 부인할 수 없는 사실이었다. 그럼에도 불구하고 당시 발생하는 노사분규에는 근로자들이 극단적 방법으로 자신들의 권익보호를 위한 주장을 하곤 했던 과거 권위주의 정부 시절의 유제가 남아 있었다. 기물파괴나 공장점령과 같은 불법적 시위가 불법인지에 대한 의식조차 없이 행해지는 경우도 많았다.

권위주의 정부 시대의 과도한 억압에 대한 기억, 그에 기초한 관대한 여론, 과격해야 자신들의 이해가 받아들여지는 것을 보아온 근로자들의 암묵지(暗默知), 공권력이 해결해 주던 관행으로 인해 축적될 수 없었던 기업 인사노무관리 노하우, 이러한 요인들이 복합적으로 작용하여 불법적 분규가 만연하고, 기업 또한 구사대를 통해 불법·합법을 가리지 않고 대응하거나 속수무책인 상태로 양보했다. 당시에는 노동문제에 관한 한 정부와 기업은 가해자이고 노동자는 피해자라는 정서가 지배적이었고 누적된 피해를 본 쪽에서 요구를 하는 것은 당연하다는 분위기였다. 또한 격화되는 노사분규를 두고 정치적·사회적 '정상화'로 가는 과정에서 나타나는 당연한 진통으로 보는 시각이 우세했다 (이장규, 2011: 35~37).

이석채(당시 청와대 경제비서관)는 이렇게 회고한다. "정권이 바뀜에 따라 정책의 기조가 복지·형평·분배 쪽으로 크게 선회하리라는 판단을 하고 있었으나 그것이 급격하거나 지나쳐서는 안 된다는 생각이었습니다. 그래서 나름대로 차기 정권에 제시할 대안을 만드는 작업을 1987년 4월께부터 시작했더랬습니다. 그러나 6·29 선언이 나오고 노사분규가 격렬해지면서 모든 게 수포로 돌아갈 수밖에 없었지요."(이장규, 2011: 37) 경제적 측면에서 이처럼 아쉬워하거나 우려하는 목소리가 없지 않았으나 그러한 목소리는 위력을 발휘할 수 없었고 이내 묻혔다.

당시 기업들이 아무런 자구책도 모색하지 않았던 것은 아니다. 정부가 노사자율해결의 원칙을 공식입장으로 내세우자 기업들은 자구책의 일환으로 구사대 등을 조직했다. 그 대표적인 것이 1987년 7월 말 국제상사 구사대의 행동이다. 이처럼 초기에는 기업들이 노동자들의 파업이나 점거에 맞서 구사대를 통해 대응했다. 구사대들의 행동양식도 불법과 합법을 가리지 않는 것이었다.

당시 발생했던 파업의 합법성 여부를 통해 검토해 보면 노태우 정부에서 불법파업의 비중이 점차 줄어들긴 했지만 1988년에는 전체 파업의 82.9%가 불법적인 것이었다(〈표 11-1〉). 하지만 해를 거듭할수록 파업건수도 줄고 합법적인 형태로 파업을 하는 양상이 늘어갔다. 1988년의 부당노동행위는 전년도에 비해 거의 3배 가까이 처리되어 노조에 대한 사용자의 인식과 대응은 아직 권위주의 정부의 행태를 벗어나지 못했다. 하지만 근로자를 경영의 파트너로 여기는 기업들도 늘어갔다. 그리하여 기업 내 노사협의회가 양적 질적으로 활성화되기 시작했다.

파업을 수습한 기업이나 파업까지 나아가지 않은 기업들은 소양교육 등을 통해 노사관계 합리화를 도모했다. 당시 직업훈련제도를 이용한

〈표 11-1〉 파업의 불법·합법 여부

(단위: 건)

	전체	불법	합법
1988	1,379	1,143(82.9)	236(17.1)
1989	1,319	859(65.1)	460(34.9)
1990	320	183(57.2)	137(42.8)
1991	238	96(40.3)	142(59.7)
1992	237	86(36.3)	151(63.7)
1993	150	36(24.0)	114(76.0)
1994	104	35(33.7)	69(66.3)
1995	88	14(15.9)	74(84.1)
2000	250	67(26.8)	183(73.2)
2005	287	17(5.9)	270(94.1)

주: 괄호 안은 비중. 결측값이 있어 전체 분규발생건수는 실제 건수보다 적음.
자료: 노동부, "노사분규 DB".

훈련내용과 그 효과를 조사한 실태조사 결과들을 살펴보면 훈련 중에서 기업들의 소양교육 비중이 높았고, 그것이 생산성 향상에 도움이 된다고 응답한 점들을 발견할 수 있다.

김종인은 당시 노사문제에 대한 기업의 대응을 이렇게 평가한다.

> 1985년 2 · 12 총선 이후 직선제 개헌 욕구가 일기 시작하면서 민주화를 위한 국민들의 열망이 표출되기 시작했습니다. 현명한 기업가라면 정치 민주화가 기업문화에 어떤 영향을 미칠 것인가에 대해 대비책을 세웠어야 합니다. 그런데 우리 기업들은 노사문제는 정부가 공권력으로 해결해 주는 것으로만 생각해 대비를 하지 않았습니다(조갑제, 2007: 298).

당시 기업들이 상황변화에 대비해서 임금인상을 절제하는 보상체계 안을 개발하든가, 생산성을 높이는 방안을 모색하든가, 근로자를 효율적으로 배치해서 인건비를 줄이는 노력은 하지 않고 노조 없는 경영을 유지하기 위해 임금을 올려주고(삼성그룹), 국내 1위 기업의 자존심상 삼성에 질 수 없다고 임금을 올려(현대그룹) 임금인상 경쟁을 오히려 부채질했다고 김종인은 보고 있다. 그러다가 임금이 천정부지로 치솟자 그 책임을 정부에 돌렸다는 것이다(조갑제, 2007: 298).

당시 국내 기업들은 원유가격 하락, 국제금융시장의 이자율 하락, 플라자 합의 이후 엔고가 가져온 상대적 원화가치절하 덕택에 생산원가는 절감되고 가격경쟁력은 높아져 '단군 이래 최대의 호황'을 누렸다. 이처럼 당시 한국 기업들이 급격히 상승한 노동자의 요구에 부응할 만한 경제적 여유를 가졌다는 점에서는 운이 좋았지만, 지금의 시각으로 보면 근로자의 임금인상과 복지요구를 들어주는 여유가 존재했다는 점이 기업들에게 행운만은 아니었다고 볼 수 있는 측면이 존재한다. 당시의 임금상승에 기업들은 생산성 향상, 임금체계 개선과 같은 구조적 측면의 개선노력을 강도 높게 추구하지 않았기 때문이다. 사회 분위기상 운신의 폭이 적었다고 볼 수 있지만 중장기적, 전략적으로 그러한 노력을 기울일 여지조차 없었던 것은 아니었다고 판단되기 때문이다. 그 결과 우루과이라운드의 진행과 시장개방이 불가피하다고 판단되는 1992~1993년경에는 기업들 사이에서 위기감이 팽배하게 된다. 시장이 개방되면 일본 가전사에 시장을 모두 빼앗길 수도 있다는 위기감은 구자경(1992)에 절절하게 표현되어 있다.

분규 발생의 원인은 고용노동부에 의해 임금체불, 임금인상, 해고, 단체협약, 기타의 다섯 범주로 나누어 집계되었다.[2] 노태우 정부 아래

〈표 11-2〉 발생원인별 노사분규 추이

(단위: 건)

	전체	임금체불	임금인상	해고	단체협약	기타
1990	322	10	167	18	127	
1991	234	5	132	7	90	
1992	235	27	134	4	49	21
1993	144	11	66	1	52	14
1994	121	6	51	3	42	19
1995	88	–	33	1	49	5
2000	250	7	47	2	167	27
2005	287	–	36	–	236	15

주: 1) '기타'는 근로조건 개선, 조업단축, 정리해고, 회사매각에 따른 해고, 희망퇴직자 모집 반대, 소사장제 반발, 기업통합 반대, 인사발령 등을 포함함.
　　2) 1990년과 1991년에는 노사분규의 원인에 단체협약이 별도 집계되지 않음.
자료: 노동부. "노사분규 DB".

2 임금협상과 단체협약 개정협상이 동시에 진행되어 파업이 발생하면 그 원인을 집계과정에서 단체협약으로 분류하기 때문에 단체협약 요인에 의한 파업이 과대평가되는 측면이 있지만 노태우 정부 당시에는 분규원인 통계에 단체협약이라는 범주가 존재하지 않았다.

에서 일어났던 노사분규의 대부분은 임금인상과 관련된 것이었다(〈표 11-2〉). 이는 외환위기 이후의 분규 원인이 단체협약을 둘러싸고 일어난 것과 현저한 대조를 이룬다. [3]

노동시장 변화와 근로조건 변화

한국경제의 여건

한국에서는 1990년대에 들어서야 정보화 기술진보의 영향이 본격화되기 시작한 반면 구미에서는 이미 1980년대부터 정보화와 세계화의 영향으로 기업들이 급격한 변화를 겪었다. 낮아진 수송비, 통신비와 생산기지를 전 지구적 차원으로 다원화한 구미기업들은 자국 내에서 저임금 노동력에 대한 수요를 줄이고 실업문제를 심화시켰다. 독일을 제외하면 구미국가들에서는 하루가 다르게 제조업 경쟁력이 쇠퇴했다. 이로 인해 구미기업들은 1980년대 내내 조직의 군살을 빼고, 영업영역을 재조정하는 등 구조조정(restructuring)에 휩싸여 지냈다. 노동소득 분배율은 지속적으로 감소했다. 미국의 경우 저임금근로자들의 실질임금은 1973년 이후 오히려 감소했다. 유럽에서는 저임금근로자들의 실질임금이 감소하지는 않았지만 한 번 올라간 실업률은 떨어질 줄을 몰랐다. 오일쇼크를 겪으면서 증가한 실업은 원유가격이 하락해도 줄어들지 않았다.

그와 대조적으로 1987년 이후 한국의 기업들은 원유가격 하락, 국제금융시장의 이자율 하락, 플라자 합의 이후 엔고가 가져온 상대적

---

3 외환위기 이후에는 고용조정의 가능성을 사전에 차단하려는 노조와, 경영권을 보호하고 행사하려는 사용자 간의 갈등이 분규의 원인이 되는 사례가 증가했다. 외환위기 이후에는 노조가 구조조정 및 고용조정에 대한 방어장치에 관심이 컸던 반면 사용자는 이것이 경직성을 부과하거나 경영권을 침해한다고 판단하여 갈등을 빚는 경우가 많았기 때문이다.

원화가치절하 덕택에 생산원가는 절감되고 가격경쟁력은 높아져 사상 최대의 호황을 누렸다. 경제는 아무도 걱정하지 않았다. 성장률은 1987년과 1988년 연거푸 12%를 상회했고 1989년에도 11.7%에 달했다. 1985년까지 만성적 적자상태이던 경상수지는 1986년부터 내리 흑자를 기록했고 1988년에는 흑자규모가 145억 달러를 상회했다. 그 3년 동안 경제전망은 당초 전망했던 것보다 잘 되는 쪽으로 계속 틀렸다. 어떻게 하면 넘쳐나는 국제수지 흑자를 줄이느냐가 고민이었다. 한국경제에 다시 경상수지 적자가 쌓이고 물가가 불안해질 수도 있다는 것은 상상할 수 없는 일이었다. 그런 말을 하는 사람은 십중팔구 경제를 핑계로 민주화를 반대하고 다시 독재시대로 회귀하려는 사람이라고 매도당할 상황이었다. 증권시장에서는 자고 나면 주가가 올랐다. 상장기업들의 유상증자가 줄을 이었고 농민들이 소를 판 돈으로 주식 투자에 뛰어들 정도였다(이장규, 2011: 27~29).

한국경제는 그저 굴러가는 대로 놓아만 두면 잘될 것처럼 보였다. 남은 일은 성장의 과실을 나눠 갖는 작업을 충실히 하는 것에 있는 것처럼 보였다. 복지, 형평, 분배는 노동자들만의 슬로건이 아니라 '경제정의'라는 이름으로 정부의 공문서에도 빠지지 않고 등장하는 중심 단어가 되었다. 기업들은 임금인상 요구를 흡수하기에 커다란 어려움이 없었다. 과도하고 예외적이라고 할 정도로 호의적인 국제경제 환경은 노동비용 상승이 주는 압박을 상쇄할 수 있게 해주었다.

임금증가, 근로시간 단축, 3D기피, 소비패턴 변화

노태우 정부 5년간 소비자물가를 감안한 실질임금은 58.2%, 명목임금은 126% 증가했다. 연평균으로는 실질임금이 9.6%, 명목임금이 17.7%씩 증가한 것이다. 노태우 정부 이전의 과거 어느 정부에서도 그리고 민주화 이후 어느 정부에서도 실질임금이 이렇게 증가한 적은 없었다. 1988년을 제외하면 노태우 정부 내내 실질임금 상승률은 국민

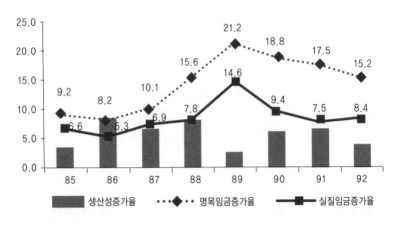

〈그림 11-3〉 국민경제 생산성증가율, 명목임금증가율, 실질임금증가율

자료: 한국은행, "국민계정"; 고용노동부, "사업체노동력조사".

경제 생산성증가율을 큰 폭으로 상회했다(〈그림 11-3〉). 그에 따라 구미국가와는 대조적으로 노동소득분배율도 증가했다. 1990년대 초의 노동소득분배율은 현재와 그다지 차이가 없다(〈그림 11-4〉). 더구나 2000년대에 자영업자 규모가 지속적으로 줄어든 점을 감안한다면 노태우 정부 시기의 노동소득분배율 증가속도는 현저하게 빨랐다.

노태우 정부 시기에 일어난 노동시장 변화 중 또 다른 중요한 현상은 근로시간의 단축이다. 주당 실근로시간이 처음으로 50시간 미만으로 감소했는데(〈그림 11-5〉) 이는 1953년 이후 처음으로 법정근로시간을 주 48시간에서 주 44시간으로 단축시킨 조치에 영향을 받은 것이다(〈표 11-3〉).[4] 현재도 여전히 우리나라 근로자의 연간 근로시간이 OECD 최고수준을 자랑하지만, 실근로시간이 추세적으로 감소하기 시작한 것은 노태우 정부에서였다.

---

4 2000년대의 근로시간 감소 또한 2000년을 정점으로 주 40시간으로의 법정근로시간 단축 논의가 활발하게 진행된 후 2004년 법이 개정되어 사업체 규모에 따라 단계별로 법정근로시간이 단축되는 데 기인한다.

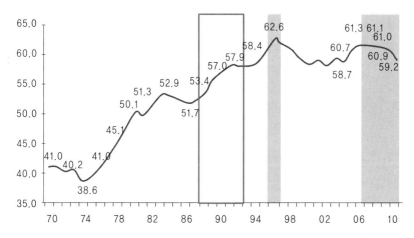

〈그림 11-4〉 노동소득분배율 추이

주 : '피용자보수/국민소득'으로 정의된 노동소득분배율임.
자료 : 한국은행, "국민계정".

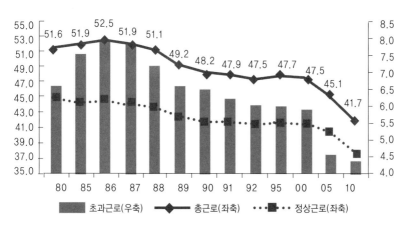

〈그림 11-5〉 주당 근로시간 추이

초과근로(우축)　　총근로(좌축)　‥■‥ 정상근로(좌축)

자료 : 한국노동연구원(2011), 《2011 KLI 노동통계》.

전두환 정부까지의 경제발전 과정에서 한국 경제에서 일자리가 부족하기는 했을지언정 단순인력 부족을 겪은 적이 없었다. 따라서 외국인력의 국내취업은 내국인으로 대체할 수 없는 전문직종에 한해서만 허용했고, 외국인근로자 도입경로는 해외투자기업이나 외국에 기술이나 산업설비를 수출한 업체에게 연수생 도입을 허가하는 형태로만 존재했다. 1987년 이후 임금상승과 호황이 지속됨에 따라 근로자들의 소득수준이 크게 향상되자 제조업 생산직의 3D 일자리에 취업하려는 사람들이 급격히 감소하기 시작했다. 어느 나라에서나 소득수준이 향상되면 한편에 실업자가 존재함에도 불구하고 3D 일자리에서는 인력난을 겪는 현상이 나타나는데(로저 뵈닝, 1996), 한국에서도 그러한 현상이 나타난

〈표 11-3〉 법정근로시간 규제 변화 (일반 사업장 · 근로자)

법제개정일	법정근로시간	적용 대상	주요 경과기간	전체 적용시점
1953. 5. 10	48시간/주			
1989. 3. 29	44시간/주			1991. 10. 1
경과규정	46시간/주	300인 이상, 금융보험업	1990. 9. 30	
	46시간/주	300인 미만	1991. 9. 30	
2003. 8. 29	40시간/주			2012. 1. 1
경과규정	44시간/주	1,000인 이상, 금융보험업, 공기업	2004. 6. 30	
	44시간/주	300~999인	2005. 6. 30	
	44시간/주	100~299인	2006. 6. 30	
	44시간/주	50~99인	2007. 6. 30	
	44시간/주	20~49인	2008. 6. 30	
	44시간/주	20인 미만	2011. 12. 31	

자료: 한국노동연구원(2011), 《2011 KLI 노동통계》.

것이다. 1987년의 대통령 선거에서 공약한 주택 2백만 호 건설이 1990년대 들어 추진되자 단순기능인력 부족현상은 더욱 심각하게 노정되었다.

중소기업 생산직 부족률이 1987년부터 급증하기 시작하여 1991년에는 10%를 상회했다. 단순기능인력에 대한 인력부족이 본격화되자 기업의 반응은 크게 2가지로 나타났다. 일군의 기업들은 3D 업종의 생산설비를 동남아 등 해외로 이전하여 현지에서 값싸고 풍부한 노동력을 활용하여 생산을 계속하는 길을 택했다. 다른 일군의 기업들은 국내에서 생산활동을 지속하면서 국내인력 부족을 외국인 고용으로 해결하려고 하였다. 그런데 외국인의 국내취업은 내국인이 대신할 수 없는 전문직종에 한하여 허용하고 외국인 단순기능인력의 국내취업은 허용되지 않은 상황이었기 때문에 합법적으로 단순기능인력을 고용하는 길은 가로막혀 있었다. 이로 인해 1987년에 4,217명이던 불법체류자가 1991년에는 41,877명으로 급증하고 외국인을 합법적으로 고용할 수 있도록 허용해 달라는 요구도 중소기업 사업주로부터 강하게 제기되었다(허재준, 2010).

노태우 정부는 1991년 11월 해외투자기업이나 외국에 기술이나 산업설비를 수출한 업체에게만 연수생 도입을 허가하던 사증발급 지침을 고쳐 다른 제조업 기업들도 연수생을 도입할 수 있도록 허용했다. 연수생 도입제도의 취지 및 목적이 외국진출 한국기업의 현지공장 근로자를 모기업에서 연수시켜 현지공장의 경영효율성을 제고하고 개도국에 대한 기술이전 등 경제협력을 도모하는 데에서 나아가 인력난을 겪는 국내 중소제조업에서 외국인근로자를 일정기간 연수하도록 하여 인력부족을 간접지원하는 데까지 확대한 것이다.

이처럼 노태우 정부 시기는 근로자의 삶과 작업장에 새로운 질적 변화가 일어난 시기이다. 1974년을 전후로 무한노동공급 시기가 끝나(배무기, 1982) 노동시장이 수급구조에 움직일 기반이 마련되고 불완전 고용이 현저히 줄어들었다면, 1980년대 말은 소득수준 향상에 따라, 근

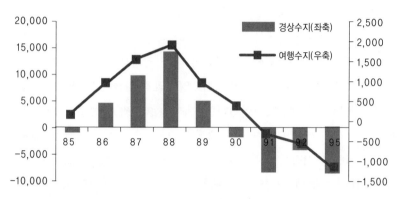

〈그림 11-6〉 경상수지와 여행수지

(단위: 백만 달러)

자료: 통계청, KOSIS.

로자들이 어렵고 힘든 일을 기피함으로써 외국인력 수요가 늘어났다.

소득과 여가가 함께 증진되자 근로자 소비생활에도 질적 변화가 일어났다. 노태우 정부 후반기에는 고급 내구성 소비재인 자동차에 대한 수요가 늘어 마이카 시대가 도래했고, 고급 개인소비 서비스인 해외여행 수요가 늘어나 본격적인 해외여행 시대를 열게 되었다. 이러한 점은 국제수지 중 여행수지의 변화를 통해서도 확인할 수 있다(〈그림 11-6〉). 국내로 유입되는 외국인 관광객이 많지 않았음에도 불구하고 1990년까지 흑자를 보이던 여행수지는 1991년부터 적자로 전환한다. 이러한 변화는 북방외교가 가져온 시장확대가 기업 차원의 인적교류를 촉진했던 점과 더불어 한국인들의 의식과 행동의 세계화에 기여했다.

최저임금제도 도입

최저임금제도는 국가가 노사 간의 임금결정과정에 개입하여 임금의 최저수준을 정하고, 사용자에게 그 수준 이상의 임금을 지급하도록 법으로 강제함으로써 저임금근로자를 보호하는 제도이다. 1953년에 제정된 근로기준법 제34조 및 제35조에 최저임금제도를 실시할 수 있는 근거를 두고는 있었지만 1987년까지는 최저임금제도가 별도로 실시되지 않았다. 1970년대 후반기에 저임금해소를 위한 행정지도가 행해진 적이 있었을 뿐이다.

노태우 정부는 1988년에 최저임금제도를 도입했다. 노동수요는 생산량이 늘어남에 따라 증가하고 임금수준이 올라가면 감소한다. 실업자가 많고 생산 증가율이 생산성 증가율에 미치지 못하는 상황에서는 최저임금제도의 도입이나 최저임금수준의 인상은 일자리 창출을 저해한다. 그리하여 이미 취업해 있는 인사이더들의 임금은 높여주지만 저임금근로 노동시장에 참여하고 싶은 구직자들의 취업기회를 줄인다. 생산증가율이 높고 노동시장이 인력부족 상황에 있을 경우 최저임금제도와 같은 규제 도입은 저임금근로자의 임금증가에 기여하며 기업들의 생산성 향상 노력을 자극한다. 더불어 저임금근로자의 상대임금을 증대시킴으로써 소득불평등을 완화하는 효과를 지닌다. 노태우 정부하의 최저임금제도 도입은 이처럼 고용사정을 악화시키지 않으면서 분배상황을 개선하는 효과를 갖는 것이었다. 당시 생산직 인력부족문제가 대두되는 상황에서 최저임금제도와 같은 규제의 도입은 저직능근로자의 소득을 높여줌으로써(make work pay) 노동시장 참여를 촉진하고 이들의 근로조건 향상에 기여했다. 1988년부터 연차적으로 적용범위를 확대한 최저임금제도는 1990년 전체근로자의 63%를 그 적용범위 아래 포괄했다(〈표 11-4〉).

이러한 효과는 소득분배 상황 개선으로 이어졌다. 이는 불평등지표의 추이를 통해서 확인할 수 있다. 노태우 정부 내내 도시근로자의 지니계수는 큰 폭으로 하락하였다. 1987년 9.3% 수준이었던 상대빈곤율은 1992년에는 7.7%로 줄어들었다(〈그림 11-7〉).

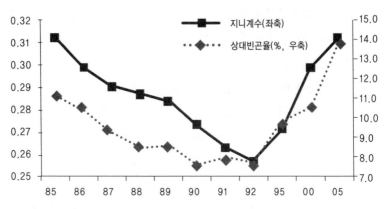

〈그림 11-7〉 지니계수와 상대빈곤율

자료 : 통계청, "도시가계조사".

〈표 11-4〉 최저임금제도 적용대상 추이

적용연도	적용범위	근거규정	적용범위 내 근로자 비율
1988	제조업 (상시근로자 10인 이상)	최저임금법 시행령(1987. 7) 제2조	17.9%
1989	제조업, 광업, 건설업 (상시근로자 10인 이상)	최저임금법 시행령(1988. 7. 일부 개정) 제2조	18.4%
1990 ~ 1999.8.	전 산업 (상시근로자 10인 이상)	최저임금법 시행령(1989. 7. 일부 개정) 제2조	63.1%
1999.9. ~ 2001.8.	전 산업 (상시근로자 5인 이상)	최저임금법 시행령(1999. 3. 일부 개정) 제2조	79.9%
2001.9. ~ 현재	전 산업 (모든 사업장)	최저임금법(2000. 10. 일부 개정) 제3조 단, 부칙에 의하여 새로이 적용되는 사업장은 개정 최저임금 시행 후부터 적용	100.0%

주 : 적용근로자 비율은 통계청의 "경제활동인구부가조사" 2006년 8월 자료를 통해 도출한 수치.
자료 : 한국노동연구원(2011), 《2011 KLI노동통계》; 통계청(2006), "경제활동인구 부가조사".

의료보험제도 전 국민 확대와 국민연금제도 도입

최저임금제도 외에도 노태우 정부는 사회복지 확충 차원에서 의료보험
제도를 전 국민으로 확대하고 국민연금제도를 도입했다(〈표 11-5〉).
1977년 박정희 정부가 도입한 의료보험제도—당시 명칭은 의료보험
이었고 1994년에 국민건강보험으로 개칭되었다—는 출범 당시 500인
이상 사업장에만 적용되다가 1981년에 100인 이상 사업장으로 확대된
상태였다. 노태우 정부는 1988년 직장의료보험조합 범위를 5인 이상
사업장으로 확대하고 지역의료보험조합을 농어촌과 도시 전 지역으로
확대함으로써 전 국민 의료보험 적용시대를 열었다. 이를 통해 전 국

〈표 11-5〉 4대 사회보험 발달과정

고용보험	공적연금
•1995년 고용보험 도입: 　실업급여사업 30인 이상 사업장 적용 　고용안정·직업능력개발사업 70인 이상 사업장 적용 •1998년 1인 이상 사업장 적용 •2001년 모성보호사업 도입 •2004년 일용근로자 실업급여사업 적용	•1960년 공무원연금 도입 •1962년 군인연금 도입 •1975년 사학연금 도입 •1988년 국민연금 도입: 　1988년 10인 이상 사업장 적용 　1992년 5인 이상 사업장 적용 　1995년 농어촌지역 적용 　1999년 도시지역 적용(전 국민 연금) 　2003년 1인 이상 사업장 적용
건강보험	**산업재해보상보험**
•1977년 건강보험 도입: 　1977년 500인 이상 사업장 적용 　1981년 100인 이상 사업장 적용 　1988년 5인 이상 사업장 적용 　1988년 농어촌지역 적용 　1989년 도시지역 적용 •1997년 지역·공교 통합 •1999년 직장·지역·공교 통합: 　2001년 5인 미만 사업장 편입 •2003년 재정 완전통합 •2008년 장기요양보험 도입*	•1964년 산재보험 도입: 　1964년 500인 이상 사업장 적용 　1965~1973년 16인 이상 사업장 적용 　1982년 10인 이상 사업장 적용 　1987년 5인 이상 사업장 적용 　2000년 1인 이상 사업장 적용 •1998년 임금채권보장제도 도입*: 　2000년 1인 이상 사업장 적용

주: 임금채권보장제도와 장기요양보험제도를 별도로 고려하여 6대사회보험이라는 위상을 부여할 수도 있음.

민이 저렴한 가격으로 의료서비스를 이용할 수 있는 체계가 확립되었다. 비록 고령화·저출산의 영향으로 건강보험 재정에 대한 우려가 존재하지만 그간 소득재분배 효과를 거두면서도 국민건강증진에 지대한 기여를 해왔고 현재까지도 우리나라의 건강보험은 세계적으로 우수한 제도로 알려져 있다.

노태우 정부가 도입한 국민연금제도에는 아쉬움이 남아 있다. 이미 당시의 평균수명을 감안하더라도 모든 가입자가 납부한 연금보험료의 원금과 예상수익의 합계보다 더 많이 급여를 받아가도록 설계되었던 국민연금제도를 그대로 시행한 것은 그 후 연금개혁을 불가피한 것으로 만들었으며 현재까지도 여전히 차세대에 부담을 주는 형태로 남아 있다. 비록 당시 도입한 국민연금제도의 내용이 전두환 정부에서 이미 설계되고 결정되었다고 할지라도 좀더 신중하게 장기적 지속가능성에 대한 배려를 해서 도입했으면 좋았을 것이다.

글을 마치면서

노태우 정부가 어떤 시대로 기억되었으면 하고 원하는가에 대한 질문에 노태우 정부에서 정무수석을 지냈던 손주환은 이렇게 말한다.

> 전두환까지의 정부는 … 여러 사람을 박해하면서 경제 하나만은 똑똑하게 살려 놓았다. 그것으로 끝났다면 이 나라는 아르헨티나나 필리핀처럼 무너졌을 것이다. 그렇지 않게 만든 것이 노태우 대통령의 민주화이다. 다시 군부정치로 돌아가지 않고 민주주의 뿌리를 내림으로써 우리나라가 경제선진화와 민주국가도 되는 두 마리 토끼를 잡는 계기가 되었다. 민주화 의지를 한 번도 포기하지 않고 그것을 통해 '경제발전'까지를 살려놓은 시기였다(손주환 인터뷰, 서울, 2011. 10. 15).

이는 노태우 정부에 관한 전반적 평가의 틀 안에서 피력될 수 있는 하나의 견해이자 바람이다. 노동사회정책의 영역에서라면 어떠한 견해가 존재하는가? 김종인은 노태우 정부의 노동정책과 그 의의에 대해 이렇게 평가한다.

> 노태우 정부는 노조활동에 가급적 제약을 가하지 않으려고 했어요. 노조활동이 매우 활발했는데 중요한 것은 노태우 정부 시기에 근로자들의 소득이 최대로 증가했다는 점입니다. 근로자에 대한 소득분배가 제대로 이뤄졌지요. 5년간의 GDP 성장률이 125%였는데 근로자의 소득증가가 이 시기 105%에 달했기 때문에 비교적 자기 몫을 찾았다고 생각합니다. 특히 가계저축률은 10~15%로 가장 높았습니다. 그 결과 중산층이 두터워졌습니다. 여론조사를 하면 당시 80% 정도가 자신을 중산층이라고 생각하는 것으로 응답했습니다. 자동차 문화가 대중화된 것도 그 무렵입니다. 노태우 대통령은 노조가 자생적으로 성장할 수 있도록 관심을 기울였는데, 해외 순방 시 기업총수만 데리고 가던 관행에서 벗어나 산별 노조대표들도 함께 데리고 갔습니다. 기업총수와 대등한 위치를 느끼도록 한 것이지요. 제대로 운영을 못해 망하기는 했지만 노조관련 은행, 평화은행도 만들어줬습니다. 노태우 정부는 경제사회정책에서 나라가 조화를 이룰 수 있도록 하려고 애썼습니다(김종인 인터뷰, 서울, 2011. 12. 14).

보통사람을 위한 정치를 위해 노조대표를 파트너로 존중한 것은 사소한 노동법 개혁보다 더 중요한 의미를 지닐 수도 있다. 하지만 그 점은 여기서 논외로 하기로 하자. 노태우 정부가 경제사회정책에서 조화를 이룰 수 있도록 노력할 수 있었던 배경은 무엇이고 어떻게 노력했으며, 그 영향은 어떠했는가에 논의를 집중하기로 하자.

단순히 임금증가가 내수증가를 가져오는 것은 아니다. 민주화가 내수를 진작한 것은 더더욱 아니다. 노태우 정부 시기는 정치민주화를 요구하는 시대의 흐름과, 박정희-전두환 정부 시기에 다져진 경제체질과, 행운에 가까운 몇 가지 국제경제환경이 겹쳐 민주화와 소득상승과 내수증가를 동시에 성취할 수 있었다. 권위주의의 반발로 일어난 노사분규와 노동자의 요구수용이 분배개선을 가져온 측면이 있지만 그것이 가능했던 기반은 기업들의 경영사정 호전이었다. 노태우 정부 시기의 거시경제순환은 '수출증가 → 내수증가 → 기업의 매출증가 → 이윤 및 자산가격 증가 → 투자증가 → 소득증가'의 선순환 속에 있었고 노동자들의 임금인상 요구가 노동시장에 큰 부작용 없이 수용될 수 있었다.

노태우 정부 시기에 격화된 노동운동은 권위시대에 누적되었던 부채의 청산과정이었다고도 볼 수 있다. 그러한 청산과정은 한편으로는 국부 파이가 커져 있었고 다른 한편으로는 '단군 이래의 최대 호황'이라고 일컬어졌던 경제상황이 있었기에 용이하게 이루어질 수 있었다. 임금상승과 기업복지의 확대는 근로자들의 분배욕구를 일정 정도 수렴해주었고, 저임금근로자의 소득을 향상시킬 수 있는 계기가 된 최저임금제도와 전 국민 대상으로 확대한 의료보험제도는 복지체감도를 높여주었다. 소득이 증가하고 근로시간 단축으로 여가도 늘어나자 고급 내구성 소비재인 자동차에 대한 수요가 늘어 1990년대에는 마이카 시대가 도래했다. 더불어 고급 개인소비 서비스인 해외여행 수요가 늘어나 본격적 해외여행 시대가 열리게 되었다. 이를 통해 한국인들의 의식과 행동도 세계화되기 시작했다.

최저임금제도 도입과 노태우 정부 시기의 유연한 노사관계 정책은 중저임금 근로자들의 상대임금을 증가시켰다. 이를 통해 구미국가들에서와는 달리 국내 분배상황을 개선하고 양극화 현상의 출현을 막을 수 있었다. 우리나라에서 양극화 현상은 1990년대 중반 이후에야 비로소 시작되고 외환위기 이후에 가시화되었다. 기술진보 등에 기인하는 급변하는 경제환경 변화가 고직능 노동수요를 촉진함으로써 학력 간, 고직능-저직능 근로자 간 임금격차 확대경향이 강화되었다. 이러한 흐름에도 불구하고 자유주의적인 시장규율이 확산됨에 따라 노사관계의 역학도 유노조·대기업·정규직 근로자 지대(地代)를 키우는 방향으로 작용하고 대기업·유노조·정규직과 다른 노동시장 참여자 간의 격차가 확대되었다. 제조업 취업자 수가 상대적 비중뿐만 아니라 절대적으로도 줄어들면서 장인적 특성을 가진 업무에 종사하는 생산직 근로자들이 장기적으로 경력과 숙련도를 높여가면서 소득을 높일 수 있는 기회가 줄어든 것 또한 양극화에 영향을 미쳤다. 제조업 취업자 수와 비중이 줄어들기 시작한 시기가 노태우 정부 말기인 1992년이다. 노태우 시대의 소득향상과 삶의 질 향상이 제조업체의 힘든 일을 기피하는 경향을 낳고 그것이 괜찮은 일자리 부족으로 이어진 것은 아이러니이다.

작년부터 급속히 진행된 복지논쟁에 비추어 볼 때 드러나는 노태우 정부 노동사회정책의 위상이 있다. 그것은 노태우 정부가 의료보험 전국민 확대와 성장-고용-분배의 선순환을 보장할 수 있는 경제여건의 도움으로 현재와 같은 복지요구를 비켜갈 수 있었다면, 현재는 성장-고용 간의 느슨한 고리를 복구하고, 그것을 보완할 수 있는 복지제도를 구축해야 할 시점에 있다는 점이다. 디지털경제화와 세계화로 대표되는 메가트렌드가 시장의 분배상황을 악화시키는 쪽으로 여전히 작용하고 있어 단순히 시장에 맡기는 분배정의만으로는 국민의 복지요구를 수용할 수 없기 때문이다. 현재의 양극화 문제를 단순히 신자유주의적 접근의 부작용으로만 보아서는 안 되고 메가트렌드가 적응력 높은 인적자원과 기업에 대한 보상을 과거에 비해 현저하게 키우고 있고 당분간 이러한 변화동력이 지속될 것이라는 점을 고려하여 대응하여야 한다.

최근의 복지논쟁이 심화된 불평등을 배경으로 하고 김영삼 정부 시기부터 분배상황이 악화되었다는 점으로 볼 때 노태우 정부의 노동사회정책이 갖는 의미는 가볍지 않다. 격변하는 경제환경은 임금이 증가하더라도 고르게 상승하는 것이 아니라 고직능근로자의 보상을 높이는 경향을 띤다. 노태우 정부 시대처럼 준법파업에는 개입하지 않는다는 정도의 입장으로 노사자율에 맡기는 정책적 접근법이 이처럼 변화한 경제상황에서의 문제를 해결해 줄 수는 없다. 독과점적 시장력을 보유한 기업과 기업차원에서 각종 복지혜택을 누리는 근로자들이 단체협약을 통해 다시 보호와 복지를 가중시키는 행태를 자율에만 맡기는 것은 적절하지 않다. 또한 적응력 높은 인적자원과 기업들의 사회적 책임에 대한 강조 없이 복지욕구를 정부 재정에 의해서만 해결하려는 것은 차세대에 대한 배려를 하지 않는 일이다.

여소야대 시절 국회를 통과했던 집단적 노사관계에 관한 노동관계법 개정안을 적절한 재의논점 제시 없이 3당합당 이후 대통령의 거부권 행사로 일괄적으로 폐기한 것은 김영삼 정부에서 OECD에 가입신청을 했을 당시 한국의 노동관계 규제가 국제규범에 도달할 때까지 모니터링을 받는 조건으로 OECD에 가입하는 불명예의 한 원인이 되었다. 그 후 국내규범이 국제규범에 도달할 때까지 다시 적응비용을 지불하게 했다. 그와 함께 최근 20년 동안 적어도 중앙단위의 노사정 관계가 지속적으로 갈등관계를 빚고 비협조적인 관계를 지속하는 쟁점을 제공했다. 노사관계 학자들이 '1987년 체제'의 극복 필요성을 여전히 얘기하는 데에서 알 수 있다시피, 시장은 글로벌화했음에도 불구하고 아직도 1987년의 틀에서 벗어나지 못한 노사관계는 현재의 노사관계 규범에 지배적 영향을 미치고 있다.

노태우 정부의 노사관계 불개입과 노동조합의 영향력 강화가 성장률을 저하시켰다고 말하는 것은 과도한 비약이다. 그러나 유노조·대기업·정규직 노동시장의 경직성과 양극화가 심화된 것이 우리나라 노사관계가 '1987년 체제'의 한계를 극복하지 못한 것과 무관하지 않다는 점에서, 노동시장 이중구조화와 1·2차 노동시장 간의 격차가 확대된 원인진단과 그에 대한 해법모색은 노태우 정부의 평가와 그 이후 전개된 대기업 노조중심의 노사관계 전개와 관련성이 있다.

노태우 대통령은 박정희 대통령의 유신정부 이후 16년 만에 국민들의 직접투표를 통해 당선된 첫 민선대통령이다. 지금 돌이켜보면 16년은 그리 긴 기간이 아닐 수 있지만 동시대를 살았던 사람들은 그 기간을 길고도 인고를 요했던 시기로 기억한다. 역설적으로, 그에 상응하여 민선대통령 출현의 의의는 컸음에도 불구하고 동시대 보통사람들의 평가는 노태우 대통령에게 호의적 평가를 부여하는 데 동의하지 않았다. 야당분열로 운 좋게 당선된 군사정권의 계승자 정도의 취급을 받았을 뿐이다. 이는 대통령선거 직후 치러진 국회의원선거에서 여소야대 상황이 나타난 것으로부터 알 수 있다. 1987년의 6·29 민주화 선언과 10월의 헌법 개정을 거쳐 탄생한 노태우 정부 5년은 이러한 한계 속에서나마 정치적으로는 '군사독재국가'라는 그다지 긍정적이지 못한 국가 이미지를 '민주국가' 브랜드로 바꾸어 가고, 경제적으로는 '국가관리경제'를 '민간주도경제'로 변화시켜가는 과정이었다. 그리고 그에 걸맞은 노동관계와 복지체계를 갖춰나가는 과정이었다.

노태우 정부 출범시의 노사분규가 그동안 경제를 이끌어오던 기존 규범이나 관계를 송두리째 뒤흔들고 선거공약과 선심정책이 결합해서 주식과 부동산 열풍을 낳았을 뿐만 아니라 경제의 건전성을 약화시켰다는 평가가 있다. 현재에도 벌어지는바, 사생결단을 해서라도 선거에서 이기려는 전략, 득표에 도움이 되는 것이라면 무엇이든 하는 선거공약은 노태우 정부의 과실이기보다는 우리나라 민주주의가 오늘날에도 아직 극복하지 못한 민주화의 비용이다.

이런 종류의 오해를 제거하더라도 노태우 정부가 잘한 일의 유산과 아쉬움이 남는 일의 유산은 아직도 지속된다. 적절한 시기에 근로자의 소득과 소비의 질을 향상시키고 분배상황을 개선하여 중산층을 두텁게 한 것은 민주주의와 복지제도가 발전할 수 있는 토대를 만들었다. 지나치게 관대하게 설계된 국민연금제도를 도입한 영향이 두 번의 개혁에도 불구하고 여전히 논란이 된다. 그러나 시대적 배경을 떠나 당시를 평가할 수는 없다. 한 시기를 평가할 때 그 당시의 역사적 배경을 고려하지 않고 완벽한 기준에 입각해 요구하는 것은 단순히 인색함을 넘어 한 가지 위험함을 내포한다. 그러한 평가는 현재를 살피고 정책진단을 할 때에도 현재의 역사적 배경을 무시하고 현실성 없는 완벽한 모범답안만을 고집하는 데로 이어질 가능성이 높기 때문이다.

■ 참고문헌

단행본

강영훈(2011), "민주화 과도기를 잘 관리한 부드러운 대통령", 노재봉 외,
《노태우 대통령을 말한다: 국내외 인사 175인의 기록》, 동화출판사,
57~63쪽.

공보처(1992), 《제6공화국 실록: 노태우 대통령 정부 5년 ③ 경제》, 정부간
행물제작소.

구자경(1992), 《오직 이 길밖에 없다: 나의 경영혁신 이야기》, 행림출판.

국무총리행정조정실(1993), 《노태우 대통령 지시사항 종합결산 보고서》.

김형배(1988), 《노동관계법의 제문제》, 한국노동연구원.

노동부(2006a), 《노동행정사: 제1편 총괄》.

_____(2006b), 《노동행정사: 제2편 노동시장정책》.

_____(2006c), 《노동행정사: 제3편 근로자보호정책》.

_____(2006d), 《노동행정사: 제4편 노사관계정책》.

노태우(2011a), 《노태우 회고록(상): 국가, 민주화, 나의 운명》, 조선뉴스프
레스.

_____(2011b), 《노태우 회고록(하): 전환기의 대전략》, 조선뉴스프레스.

로저 뵈닝(1996), "한시적 인력수입 정책의 제현안과 이해관계의 조정", 박영
범·로저뵈닝·마놀로아벨라, 《외국인력정책에 관한 연구》, 한국노동
연구원, 46~77쪽.

이병기(2011), "네 가지 한(외침-빈곤-무지-분단의 한) 풀이에 전력하신 지도
자", 노재봉 외, 《노태우 대통령을 말한다: 국내외 인사 175인의 기
록》, 동화출판사, 778~782쪽.

이장규(2011), 《경제가 민주화를 만났을 때(노태우 경제의 재조명)》, 올림.

조갑제(2007), 《노태우 육성 회고록: 전환기의 대전략》, 조갑제닷컴.

한국노동연구원(2003), 《2003 KLI 노동통계》.

_____(2011), 《2011 KLI 노동통계》.

학술논문 및 보고서

배무기(1982), "한국노동경제의 구조변화", 〈경제논집〉 21호, 571~614쪽.

이성희(2011), "한국형 노사관계 개혁 전략과 노사관계 전망/과제", 노사관계
비전포럼 2011년 9월 30일 발표논문.

최영기(2011), "민주화 이후의 한국형 사회시스템", 노사관계비전포럼 2011년 11월 9일 발표논문.

허재준(2010), "외국인근로자 정책의 신화와 진실", 한국 사회정책학회 발표 논문.

기타

김종인(2011. 12. 14), 14:00~17:00, SK경영경제연구소(인터뷰).

손주환(2011. 10. 15), 15:00~18:00, SK경영경제연구소(인터뷰).

자료집(1993a), 〈제6공화국 정부 5년 주요 국정 성과: 경제분야〉, 1993. 1.

자료집(1993b), 〈대통령직 인수위원회에 대한 업무보고: 경제분야〉, 1993. 1.

노태우 정부 복지정책의 성취와 한계

12

강신욱

들어가며 : 노태우 정부 시기의 복지정책을 바라보는 2가지 관점

복지의 미성숙기 대 1987년 체제의 형성기

흔히 우리나라의 사회안전망이 형식적으로 완성도를 갖춘 것은 2000 년에 국민기초생활보장제도가 제정된 시점이라고 평가한다. 건강보험 과 국민연금의 적용범위가 전 국민으로 확대되고, 고용보험의 적용범 위가 충분히 확대됨으로써 이른바 4대사회보험과 공공부조제도로 구 성되는 사회안전망의 제도적 틀이 갖추어진 것이 그 시점이다. 2000년 대 들어서도 보육에 대한 정부의 지원이 대폭 확대되고 기초노령연금 이나 근로장려세제와 같은 비중 있는 제도가 시행되는 등 복지제도는 빠른 속도로 양적인 성장을 이루었다. 우리나라의 경제가 1960~1970

년대에 압축적으로 고도성장을 이룬 것에 비견하여 2000년 이후의 한국의 복지체제도 압축성장을 했다는 표현이 전혀 틀리지 않다고 할 정도이다.

그런데 이러한 해석은 반대로 그 이전의 시기, 즉 1999년까지의 복지에 대한 시각을 반영한다. 정부수립 이후 약 50년가량 한국의 복지는 매우 더디게 성장하였고 심지어 경제성장이 과도하게 강조됨으로 인해 복지제도의 정상적인 도입과 발전이 지체되거나 억제되던 시기였다는 시각이 그것이다. 1988년부터 1992년까지 집권하였던 노태우 정부도 이러한 혐의에서 크게 자유롭지 못하다. 실제로 노태우 정부 안팎에서 당시 정책을 평가했던 자료들을 통해 복지정책의 비중이 결코 크지 않았다는 점을 확인하기 어렵지 않다. 2009년 현재 국내총생산 대비 사회복지지출의 비중은 약 12.2%이고 2000년 이후의 평균비율은 9.1%인 반면 노태우 정부 후반인 1990년부터 1992년까지 그 비율은 3.2%에 불과했다. 한국개발연구원에서 발간된 《한국경제 60년사》의 사회복지·보건 분야 서술에 따르면 해방 이후 한국경제의 역사에서 사회복지제도가 정립된 시기는 1998년, 즉 김대중 정부 이후인 것으로 기술된다. 그 이전의 시기가 사회복지의 태동기(정부수립 이후 1961년까지)이거나 사회복지의 기반조성기(1962~1971년), 사회복지의 확충기(1972~1987년), 사회복지의 성숙기(1988~1997년)라는 이름으로 구분되나 이 시기들은 어디까지나 제도가 '정립'되기 이전의 시기인 것이다(한국경제 60년사 편찬위원회, 2010: 15~30).

하지만 다른 한편에서 보면 한국사회 전체를 바라볼 때 1987년 이전과 이후를 구분하는 관점도 존재한다. 이른바 1987년 체제론이 그것이다(이영성·김호기 편, 2007; 김종엽 편, 2009; 손호철, 2009). 1987년이 이전까지의 억압적 정치질서가 해소되면서 제한적으로나마 정치적민주주의가 시작된 시점으로 볼 수 있다면, 그리고 이전의 개발연대의 경제전략과 어느 정도 차별성을 발견할 수 있다면, 1987년 체제를 특징짓는 다양한 요소들을 복지제도나 복지정책의 변화에서도 확인할 수 있을 것이다. 다시 말해 노태우 정부 시기는 1987년 체제의 특징들이 형성되거나 공고화된 시기이고 그 특징들은 복지제도의 변화 속에서도 나타날 것이라는 점이다.

이 글은 후자의 관점에서 노태우 정부 시기의 복지정책을 평가하는 것을 목적으로 한다. 앞서 언급한 두 관점 가운데 첫 번째 관점, 즉 우리나라 복지제도의 발전을 크게 두 시기로 구분하는 것은 해방 이후 50년간 이루어왔던 제도적 변화의 특징들을 지나치게 간과해버릴 우려가 있다. 물론 노태우 정부시절, 혹은 김영삼 정부시절까지 복지정책의 비중이 양적 측면에서나 정치적 비중의 측면에서 크지 않았던 것은 사실이다. 하지만 이 시기의 제도적 변화 가운데에는 후일의 제도 형성을 특징짓는 중요한 요인들이 존재하며, 이 요인들에 대한 평가 없이는 복지제도가 본격적으로 확충되고 발전하기 시작했던 시기의 특징들을 제대로 이해하기 힘들 것이다. 그런데 현재 우리 복지제도가 직면하는 대표적인 문제들은 바로 1987년 체제의 특징들로 지적되는 요인과 무관하지 않다. 한 예로, 사회보험의 광범위한 사각지대가 존재하여 사회보험이 빈곤을 예방하는 데 충분한 역할을 수행하지 못하는 문제를 생각해보자. 이 문제는 국민연금이나 고용보험이 주로 대규모 사업장의 조직된 노동자를 대상으로 우선 적용되었다는 제도발달의 역사와 무관하지 않다. 그리고 대규모 사업장 위주로 사회적 보호가 확대되고 강화된 것이 1987년 체제의 한 특징이며, 적어도 복지제도 부문에서 그러한 특징이 뚜렷하게 나타나는 것이 바로 노태우 정부 시기다.

정부단위 복지정책 평가의 몇 가지 전제

어느 정부의 정책에 대해 평가하고자 할 때 통상적인 방법은 그 정부 하에서 입법화되었거나 새롭게 시행된 제도가 무엇인지 그리고 그것이 어떤 의의를 갖는지를 밝히는 것이다. 또는 특정제도에 투입되는 예산이 얼마나 늘었고, 그 결과 제도의 수혜인원이 얼마나 증가했는지를 그 정부의 성취로 제시하기도 한다. 이러한 방법론을 사용하는 것은 복지정책의 평가에서도 크게 예외가 아니다. 그런데, 이러한 방법을 통해 특정정부의 정책을 평가하는 데에는 몇 가지 유념해야 할 점이 있다.

먼저, 어떤 문제가 발생하고 그것이 표면화되기까지 시차가 존재하는 경우가 있다. 정책의 시행이 정치적으로 결정된 시점과 실제로 시행이 된 시점 사이에 시차가 있는 경우, 그리고 그것이 각각 다른 정부 아래에서 이루어진 것이라면, 정책시행의 공과를 누구의 몫으로 돌려야 하는가가 문제가 될 수 있다. 사회정책의 영역에서 정책변화를 야기한 가장 중요한 사건이라고 할 수 있는 1997년 외환위기의 경우를 예로 들어 보자. 위기가 발생한 것은 1997년, 즉 김영삼 정부 때였으나 그 위기의 여파가 각종 경제, 사회 지표를 통해 심화된 것은 1998년 이후인 김대중 정부 시기에서였다. 만일 경제성장률이나 1인당 국민소득 수준과 같은 거시경제 지표를 통해 각 정부의 업적을 평가하고자 한다면 김영삼 정부의 성과가 김대중 정부의 성과보다 높게 평가될 수 있을 것이다. 그러나 이러한 평가가 객관적일 수 없다는 데 대해서는 누구도 부인하기 힘들다. 경제지표뿐만 아니라 제도의 시행에 대해 평가할 때에도 마찬가지의 문제가 존재한다. 어떤 제도의 시행에 이르기까지 오랜 기간 동안 논의를 진행하여 온 역사가 있는 경우 특히 그러하다. 이후에서 자세히 언급하겠지만, 노태우 정부 시절 복지제도의 발전 가운데 하나로 국민연금제도가 10인 이상 사업장에 실시된 것을 들 수 있다. 그런데 이 결정은 1987년, 즉 이전 정부인 전두환 정부에서 결정된 것이다. 따라서 이를 노태우 정부의 업적으로 볼 것인지 여부는 논란의 대상이 될 수 있다. 이러한 문제에도 불구하고 이 글에서는 노태우 정부의 정책을 노태우 대통령 재임기간인 1988년 3월부터 1993년 2월까지 시행된 정책으로 간주하고 논의를 진행하고자 한다. 그 가장 큰 이유는 복지정책의 경우 정책시행을 둘러싼 정치적 결정에 대한 권리와 책임이 누구에게 귀착되어야 하는지를 파악하는 데 충분한 자료가 존재하지 않기 때문이다. 특히 과거의 논의가 노태우 정부의 정책결정에 어떻게 나타났는지를 확인하는 작업과 노태우 정부 시절의 논의가 이후 정부의 정책결정을 통해 어떻게 결실을 맺었는지가 균형 있게 다루어져야 하나, 이 역시 쉽지 않은 작업이다. 따라서 이 글에서는 노태우 대통령 재임기간 동안의 복지정책을 주로 다루되, 이 당시의 정책이 이전 및 이후 시기의 제도 발전사에서 어떤 의미를 갖는지를 첨언하는 것으로 이러한 접근방법이 갖는 한계를 보완하고자 한다.

두 번째 문제는 복지정책을 평가할 때 특별히 관련된 것으로써, 복지정책의 범위를 어떻게 설정할 것인가 하는 문제이다. 복지국가 혹은 복지체제를 논할 때 그것을 결정하는 제도의 묶음 속에는 보건의료, 사회보장, 교육, 주택, 고용 분야의 정책이 모두 포함된다. 반면, 좁게 정의할 경우 한국적 맥락에서 복지정책이란 보건복지부(김영삼 정부까지는 보건사회부)가 담당하는 정책영역 가운데 보건의료정책을 제외한 영역, 즉 사회보험(그 가운데에서도 국민연금과 건강보험)과 공공부조, 그리고 사회복지서비스 분야의 정책을 지칭하는 것이 된다. 이 글에서는 후자의 의미에서 노태우 정부의 복지정책을 평가하고자 한다. 그 이유는 노태우 정부 시기만 하더라도 사회정책의 비중이 크지 않았고 대부분의 사회정책이 경제정책의 일부로, 또는 경제정책의 목적에 종속되어 있었다고 보기 때문이다. 사회정책이 독자적인 목표와 원칙을 가지고 추진될 경우에만 전체 사회정책을 하나의 대상으로 평가하는 것이 의미가 있을 것이다. 따라서 이하에서는 주로 국민연금과 의료보험(건강보험), 그리고 생활보호제도 등을 중심으로 노태우 정부의 복지정책을 논의할 것이다.

이 글은 다음과 같은 순서로 이루어진다. 먼저 다음 두 번째 절에서는 노태우 정부의 복지정책의 중요한 내용들을 개괄적으로 살펴본다. 노태우 대통령 혹은 노태우 정부의 정책에 관여한 인사들이 말하는 복지정책의 대표적 성취들이 무엇인지를 소개하고, 복지제도의 발전사를 장기적 관점에서 보았을 때 노태우 정부 시대의 정책이 어떤 의미를 갖는지 살펴본다. 다음 세 번째 절에서는 당시의 복지정책을 특징짓는 경제적, 사회적 배경을 주요 경제·사회 지표들을 통해 확인한다. 이러한 작업은 노태우 정부의 복지정책이 변화하는 정책환경을 어떻게 반영하는지 혹은 그러한 환경변화에 적절히 대응했는지를 평가하는 데 도움이 될 것이다. 네 번째 절에서는 다시 노태우 정부의 주요 복지제도를 좀더 상세히 소개하고 그에 대해 본격적으로 평가하는 내용으로 구성된다. 노태우 정부 복지정책의 성과로 제시되는 내용들은 어떤 한계를 가졌는지를 다루는 것이 네 번째 장의 주요 내용이다. 마지막 절에서는 전체적인 논의의 요약과 총평을 통해 이 글을 마무리한다.

노태우 정부의 복지정책에 대한 자기평가

노태우 정부에서 정책을 담당했던 인물들의 회고나 후에 노태우 정부를 평가하는 여타 문헌에서는 복지정책이 비중 있게 다루어지지는 않는다. 단적인 예로, 노태우 정부 및 대통령 노태우와 직간접적으로 연관된 인사들의 회고를 담아 최근 출간된 《노태우 대통령을 말한다》(노재봉 편, 2011)에 등장하는 175명 가운데 복지분야 정책담당자나 전문가는 전혀 없다고 해도 과언이 아니다. 노태우 정부의 정책적 성과에 대한 공식적 보고라고 할 수 있는 《제6공화국 실록: 노태우 대통령 정부 5년》(공보처, 1992)이나 《제6공화국 국정평가 및 향후 과제》(국무총리 행정조정실, 1993) 등의 자료를 보면 복지정책은 경제정책의 성과 가운데 한 부분으로 소략하게 다루어진다.

이러한 경향은 노태우 대통령 스스로의 회고를 통해서도 확인된다. 《노태우 회고록》(이하 《회고록》) 중 정책에 대해 술회하는 하권에서 가장 비중 있게 다루는 부분은 외교 및 통일(14개 장), 국내정치·언론(7개 장), 경제정책(2개 장), 교육·문화(3개 장), 기타(2개 장)이고, 복지정책은 경제정책에 관한 장 가운데 일부에서 언급된다(노태우, 2011). 회고록에 정리된 주요 경제일지 가운데에서도 고용과 복지 정책과 관련된 항목은 단 3가지(1988년 4월 남녀고용평등법 시행, 1989년 3월 최저임금제 확대 적용, 1989년 7월 전 국민 의료보험 실시)일 뿐, 대다수의 내용은 사회간접자본(SOC, Social Overhead Capital) 투자와 관련된 내용(서해안 개발, 올림픽대교 개통, 울진 원전 2호기 준공, 금강 하구언 준공, 새만금 간척사업 기공, KTX 기공, 영종도 신공항 기공 등)이 차지한다. 노태우 정부 당시만 해도 복지정책은 경제정책의 일부로 간주되었음을 확인할 수 있다. 이는 경제정책과 대등한 비중으로 사회정책(복지, 보건, 교육, 노동, 환경, 문화 등)을 다루는 최근의 경향과 대조되는 모습이다.

전체 정책 가운데에서 복지정책에 부여되는 비중의 문제는 논외로 하더라도, 노태우 대통령 스스로가 복지정책의 어느 부분에 대해 의미를 부여하는지를 확인할 필요가 있다. 노태우 대통령은 재임기간에 이루어진 '복지확충'의 배경에 대해 다음과 같이 말한다.

> 나는 이미 대선 공약에서 국민들의 복지증진을 약속한 바 있으며, 재임 중에 줄곧 우리의 경제수준에 걸맞은 사회복지 정책을 추진하기 위해 노력했다. (중략)
>
> 이렇듯 6공화국은 서민과 중산층을 위한 복지정권이었다고 자부할 수 있다. 6공 기간 내내 수많은 복지정책을 추진하고 그만큼의 수요를 감내했음에도 불구하고 실질적으로 국가재정의 건전성을 훼손하지 않았다는 것은 자랑할 만한 일이라고 생각한다.
>
> 경제적인 측면에서 국민복지를 살펴봐도 6공화국에서는 크게 향상되었다고 할 수 있다. 6공 들어와 중산층이 가장 두터워지고 국민들의 생활수준이 급상승했다. 마이카 시대를 연 것도 바로 6공화국이었다.
>
> 1990년에 실시한 여론조사를 보면 자신이 중산층이라고 생각하는 사람이 70%가 넘는 것을 알 수 있다. 오히려 지금은 자신이 중산층이라고 생각하는 사람이 줄어들었는데 6공에서의 생활만족도가 그만큼 높

았다는 것을 의미하는 것이다.

　그밖에도 몇 가지 통계수치를 보면 제6공화국 들어와 도로포장률은 57%에서 81%로, 상수도 보급률은 71%에서 90%로, 주택보급률은 69%에서 76%로, 의사 1인당 국민 수는 1,218명에서 904명으로, 의료보험 수혜율은 51%에서 95%로, 자동차 보유대수는 161만 대에서 523만 대로 각각 늘었다(노태우, 2011: 54~56).

　이어서 그는 〈표 12-1〉과 같은 사항들을 재임기간 동안 복지확충의 구체적 실적으로 예시한다.

　노태우 대통령은 1948년 건국 이후 세 번의 구조개혁이 있었다고 평가하는데, 첫째는 1948년 체제로 자유민주주의와 시장경제를 국가정체성으로 삼은 국가가 탄생한 것, 둘째는 1961년 체제로 국가제도가 효율적으로 정비된 것, 셋째가 1987년 체제로 한국 사회의 탈권위주의 및 자율화를 전면적으로 추진한 것이다. 스스로 제시하는 23개의 업적 가운데 복지와 관련된 사항은 여성의 권익 및 사회참여 확대(가족법, 모자보건법, 보육법 제정 및 개정, 공무원 채용 남녀구분 폐지), 5대 신도시 및 주택 2백만 호 건설, 전 국민 의료보험화, 국민연금 도입, 중학교 의무교육 확대 등이다. 복지정책의 영역에 국한하여 본다면 〈표 12-1〉에서 제시된 내용과 크게 다르지 않다. 특히 주택가격의 상승을 억제하고 주택공급을 확대한 데 대해서는 특별히 역점을 두어 강조한다.

　6공화국이 탄생하는 시점을 2가지 측면에서 생각해 볼 필요가 있다. 먼저 성장과 분배를 조화시켜야 하는 상황이었다. 하나는 민주화가 이루어졌으므로 정부가 주택문제를 해결해야 한다는 요구가 커지고 있었다. 서민들의 집 없는 설움도 컸지만 아파트 분양권에 당첨되기만 하면 그 자리에서 몇 천만 원, 몇 억 원을 벌었느니 하는 통에 집 자체가 투기의 수단으로 여겨져서 사회 분위기가 무척 흉흉해 있었다(노태우, 2011: 42~43).

〈표 12-1〉 노태우 대통령 스스로 밝히는 복지 확충의 실적

- 1989. 7. 국민의료보험 도시지역 일반주민에게까지 확대 적용
- 1988년 10인 이상 사업장, 1992년 5인 이상 사업장까지 국민연금제도를 확대 실시함으로써 국민연금제도의 기반 구축
- 노인시설 증가: 67개 (1988) → 123개 (1992), 수용인원은 1만 7천 명 (1988) → 2만 5천 명 (1992)
- 사회복지관: 20개 (1988) → 175개 (1992)
- 노령수당 지급: 7만 6천 명 (1991)
- 사회복지 전문요원 고용: 3천 명
- 장애인 복지법 개정: 생계보조 의료비 지원, 전화요금 할인, 보장용구 특소세 면제, 공공시설 무료입장 등 (1989. 12)
- 모자가정법 제정 (1989)
- 금연구역 지정, 담뱃갑에 금연 문구 (1988)

노태우 대통령의 회고 가운데 몇 가지 특징적인 점이 발견된다. 첫째는 정부출범 초기에 성장과 분배를 조화시켜야 하는 정치적 압박을 느꼈다는 점이다. 이는 노태우 정부의 탄생이 이전 전두환 정부에서 격렬한 형태로 전개되었던 시민들의 민주화운동의 연장선상에 있다는 점을 고려할 때 크게 놀라운 점은 아니다. 1987년부터 크고 작은 노동쟁의가 지속되었던 당시 상황을 감안할 때 이러한 노태우 대통령의 인식은 어찌 보면 자연스러운 것이라고 볼 수 있다.

두 번째 특징적인 점은 노태우 정부가 서민과 중산층을 위한 정부였다고 자부하는 점인데, 노태우 대통령은 그 근거로 좁은 의미의 보건복지정책 이외에도 상수도 보급률, 도로포장률 등 사회기반시설 확충이나 주택보급률 증가, 자동차 보유대수 증가 등의 업적을 제시한다. 빈곤층이나 저소득층, 또는 전통적으로 취약계층으로 간주되던 노인, 여성, 아동, 장애인 등에 대한 정책보다는 중산층을 포함하는 폭 넓은 소득계층에 대한 정책을 강조하고, 현금이나 현물 형태의 직접적 지원이 아닌 SOC 투자나 시설확충 등 양적 측면의 개선을 강조한다.

노태우 정부 시절 보건사회부 장관과 경제수석을 지낸 김종인의 술회는 노태우 정부 복지정책의 성격과 한계를 단적으로 보여준다. 김종인은 노태우 정부 시절 복지정책은 '파이를 키워가면서 나누자'는 철학이었다고 설명한다.

지금 당장 배가 고프니까 가지고 있는 작은 파이를 조금씩이나마 나눠 가질 것이냐, 아니면 파이를 크게 키운 후에 나눌 것이냐 하는 주제였지요. 당시 결론이 '파이를 키워가면서 나누자'는 것이었습니다. 이것이 6공 복지정책의 기본이었지요(조갑제, 2007: 379에서 재인용).

그는 노태우 정부가 복지정책을 추진하면서도 재정건전성을 유지한 이유를 묻는 질문에 다음과 같이 답한다.

선진국의 경우 복지예산이 국민총생산의 30% 정도를 차지하지만 우리나라의 경우엔 5% 정도에 불과합니다. 그러니까 우리의 사회복지 시스템이 재정에 부담을 주지 않았던 겁니다. 또 한 가지는 6공 시절에 경제가 평균 7% 이상 성장했기 때문에 복지가 경제에 주는 충격을 소화할 수 있었던 셈이지요(조갑제, 2007: 379에서 재인용).

이 말을 반대로 해석하면 노태우 정부의 복지는 여전히 국민총생산의 5%를 차지하는 정도에 불과할 정도로 억제되었다는 의미이기도 하다. 또한 그 정도의 '충격'은 경제성장률이 높았기 때문에 감수할 수 있었다는 시각도 내포되어 있다. 요컨대 노태우 정부는 분배를 개선해야 하는 데 대한 정치적 부담을 느꼈던 점에서는 이전 정부들에 비해 차별화된 모습을 보였다고 볼 수 있다. 그러나 그 해법을 주로 중산층 위주의, 주택이나 SOC 투자 위주의 물량확대 정책에서 찾고 있다는 점에서는 복지정책에 대해 개발연대의 인식에서 크게 벗어나지 못하고 있음을 확인할 수 있다.

노태우 정부 시기 정책환경과 대응

경제가 빠르게 성장하던 시기에 복지확장이 억제될 수 있었던 이유 가운데 하나는 소득증대를 통해 복지욕구의 상당한 부분이 흡수될 수 있

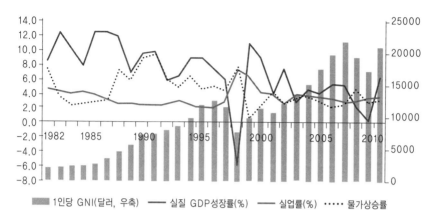

〈그림 12-1〉 1982년 이후 주요 거시경제지표의 변화

■ 1인당 GNI(달러, 우축)　── 실질 GDP성장률(%)　── 실업률(%)　····· 물가상승률

자료: 통계청, KOSIS.

있기 때문이다. 한국 경제의 고도성장기였던 1970, 1980년대에는 취업이 곧 소득증대를 의미하고, 소득증대를 통해 복지욕구가 해결되던 시기였다. 이러한 특징은 노태우 정부 시기에도 그대로 나타나는데, 이것이 노태우 정부의 복지정책의 규모를 규정했던 가장 기본적인 요인이라고 볼 수 있을 것이다.

〈그림 12-1〉에서 보듯이 1980년대 후반은 실질 GDP 증가율이 10%를 넘는 시기였다. 예컨대 1986년의 경제성장률은 12.2%였는데, 경제성장률이 두 자리 수를 기록한 것은 1978년 이후 처음이었다. 이어서 1988년까지 이른바 '3저 호황' 기간 동안 성장률은 계속 두 자리 수를 기록했고, 1990년대 초반에 들어서도 성장률은 9%에 달했다. 실업률도 3% 미만으로 떨어져서 고용사정도 매우 좋았던 것을 확인할 수 있다. 다만 1988년 이후 물가상승률이 5% 넘었고, 특히 주택가격 상승은 25%에 달하는 것이 서민생활을 위협하는 중요한 문제였다.

〈그림 12-2〉는 경제성장률과 실업률의 평균치를 각 정부별로 비교한다. 노태우 정부의 연평균 경제성장률은 전두환 정부보다는 낮은 것이었으나 이후 정부에 비해 높은 수준이다. 실업률은 김영삼 정부 집

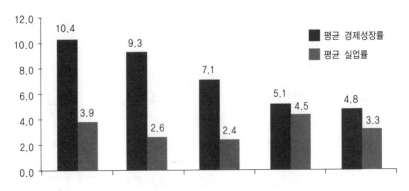

〈그림 12-2〉 주요 거시경제지표의 정부별 비교

■ 평균 경제성장률
■ 평균 실업률

자료: 통계청, KOSIS.

권기간 동안의 평균치인 2.4%보다 다소 높은 2.6%였으나 다른 정부와 비교하여 볼 때 여전히 낮은 수치였음을 알 수 있다. 성장률과 실업률을 종합적으로 고려한다면 노태우 정부 시기는 1980년 이후 시기에서 가장 좋은 상태였다고 해도 과언이 아닐 것이다.

이와 같이 거시경제지표가 양호한 상태에서 각종 분배지표도 상대적으로 양호했던 것을 확인할 수 있다. 〈그림 12-3〉부터 〈그림 12-5〉까지는 1990년 이후 2인 이상 도시근로자 가구의 상대빈곤율과 지니계수, 그리고 중산층의 비율이 어떻게 변화했는지를 보여준다. 시장소득기준 상대빈곤율(중위소득의 50% 기준)은 1990년 이후 지속적으로 상승하는 추이를 보이며, 1990년대 초반의 빈곤율이 가장 낮게 나타났다. 다만 당시 조세나 사회보장부담금, 그리고 공적 이전을 통한 소득재분배 기능은 약했기 때문에 시장소득 빈곤율에 비해 가처분소득 빈곤율은 큰 차이가 나지 않는다. 1990년부터 1992년까지는 지니계수의 크기도 줄어드는 양상을 보인다. 소득불평등이 완화되는 경향을 보인 것은 1997년 외환위기 이후 급증했던 지니계수가 위기국면이 해소되면서 다소 줄어드는 시기를 제외하면 이례적인 모습이다(〈그림 12-4〉).

분배지표가 양호했던 것은 중산층 비율의 변화를 통해서도 확인할 수 있다. 〈그림 12-5〉에서 볼 수 있듯이 도시근로자 가구 중 중위소 득의 50~150% 소득구간에 속하는 중산층 가구의 비율은 1990년대 초반 75%에 달하였다. 이러한 수치는 최근의 중산층 비율인 67~ 68%에 비해 약 8%p가량 높은 것이지만, 외환위기 직전인 김영삼 정 부 시기의 중산층 비율보다도 높은 것이다.

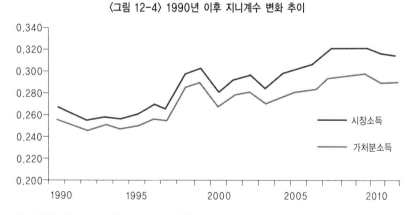

〈그림 12-3〉 1990년 이후 상대빈곤율 변화 추이

(단위 : %)

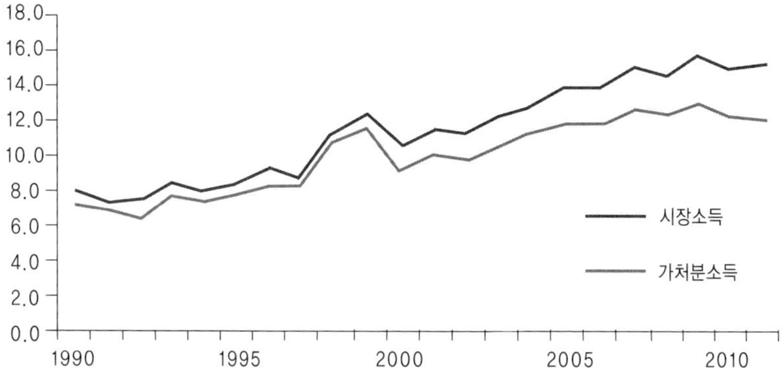

자료 : 통계청, 《도시가계조사》, KOSIS 자료 이용.

〈그림 12-4〉 1990년 이후 지니계수 변화 추이

자료 : 통계청, 《도시가계조사》, KOSIS 자료 이용.

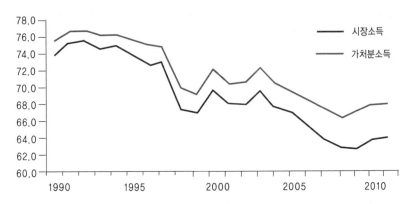

〈그림 12-5〉 1990년 이후 중산층 비율 변화 추이

(단위 : %)

자료 : 통계청, 《도시가계조사》, KOSIS 자료 이용.

그렇다면 노태우 정부 초기의 분배지표는 그 이전 시기에 비해서는 어떠했을까? 〈그림 12-6〉은 《도시가계조사》 원자료를 이용하여 추정한 1982년부터 1989년까지의 계층구성 비율을 보여준다.[1] 전두환 정부 시기인 1980년대 초중반에 비해 1980년대 후반으로 올수록 빈곤층 가구의 비율은 감소하고 동시에 중산층 가구의 비율은 증가한다. 이를 통해 노태우 정부 시기는 1980년대 이후에 적어도 도시근로자 가구만을 통해 본 분배지표는 가장 양호했던 시기라고 평가할 수 있다. 빈곤율과 불평등의 수준은 상대적으로 낮고 중산층이 가장 두터웠던 시기인 셈이다.

경제가 성장하면서도 계층 간 격차가 축소될 수 있었던 것은 성장의 과실이 저소득층까지 분배되는 메커니즘이 작동하고 있기 때문인 것으로 해석된다. 〈그림 12-7〉은 도시근로자 가구를 소득지위에 따라 10개 분위로 구분하였을 때, 하위 3개 분위의 명목 경상소득 증가율과

---

1 통계청이 제공하는 《도시가계조사》 원자료는 1988년 이전의 자료에 대해 가중치를 제공하지 않고 있다. 따라서 〈그림 12-6〉에 제시된 자료는 가구 가중치를 사용하지 않은 채 원자료를 이용하여 필자가 직접 추정한 것으로써, 1990년대 이후의 분배지표와 비교하는 데 한계가 있다.

전체 도시근로자 가구의 평균 명목 경상소득 증가율을 시기별로 비교하여 보여준다. 노태우 정부 시기의 분배구조에서 가장 눈에 띄게 나타나는 점은 1분위가 2분위보다, 2분위는 3분위보다, 그리고 3분위는 전체 계층의 평균보다 소득증가율이 높았다는 점이다. 하위 소득계층일수록 소득이 빠른 속도로 증가하다보니 경제가 성장함에 따라 소득

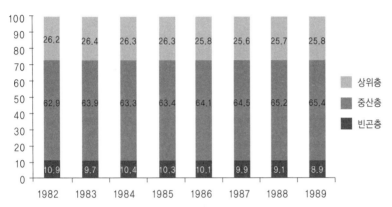

〈그림 12-6〉 1982~1989년 도시근로자가구 소득계층 구성 변화

(단위: %)

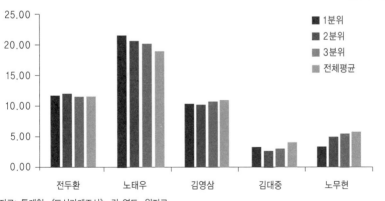

〈그림 12-7〉 소득분위별 경상소득 증가율의 시기별 비교

(단위: %)

자료: 통계청, 《도시가계조사》, 각 연도, 원자료.

격차가 축소되는 모습을 보인다. 유사한 양상이 전두환 정부에서도 발견되나 노태우 정부에서 더욱 확연하게 나타나고 있다. 김영삼 정부 이후에는 반대의 경향, 즉 저소득층 가운데에서도 소득분위가 높은 계층의 소득증가율이 더 큰 것을 알 수 있다.

이상의 사실로부터 "노태우 정부는 소득격차가 줄어들고 중산층이 두터워졌던 시기"라는 평가가 틀리지 않다는 것을 알 수 있다(김종인 인터뷰, 서울, 2011. 12. 14). 하지만 이러한 특징들이 노태우 정부의 복지정책 혹은 재분배정책 때문이라고 보기는 어려울 것이다. 우선 〈그림 12-3〉부터 〈그림 12-5〉를 통해 재분배 정책의 효과는 최근으로 올수록 더 커졌음을 확인할 수 있다. 시장소득은 정부의 개입이 이루어지기 이전 단계의 소득인 반면 가처분소득은 정부의 개입이 이루어진 이후의 소득범주이다. 즉, 가처분소득은 시장소득에다 정부가 지급하는 공적이전소득을 더하고 여기에서 다시 정부가 징수해가는 직접세와 사회보장부담금을 뺀 소득범주이기 때문이다. 따라서 시장소득으로 측정한 분배지표와 가처분소득으로 측정한 분배지표의 차이는 정부의 재분배정책의 효과를 보여준다. 이 두 곡선 사이의 거리는 1990년대 중반까지는 별로 크지 않다가 복지지출이 확대되기 시작한 2000년대 들어 본격적으로 벌어지기 시작한다.

〈그림 12-8〉은 국민들의 복지욕구 증가에 대응하기 위한 정부 노력의 지표로서 보건복지부의 예산비중 변화를 시기별로 비교한다. 보건복지 예산이 전체 정부예산에서 차지하는 비중이나 국내총생산에서 차지하는 비중은 최근의 정부로 올수록 더 커진다. 전두환 정부 시기에 보건복지예산의 정부예산 대비 비중은 2.8%였고 GDP 대비 비중은 0.4%였던 것이 노무현 정부 시기에는 각각 7.1%, 1.1%로 증가하였다. 하지만 노태우 정부와 김영삼 정부만을 비교한다면 보건복지예산의 GDP 대비 비중은 노태우 정부의 0.6%에서 김영삼 정부 시기에는 0.5%로 오히려 낮아졌다.

요컨대 노태우 정부 시기의 양호한 경제지표는 정부의 적극적 복지

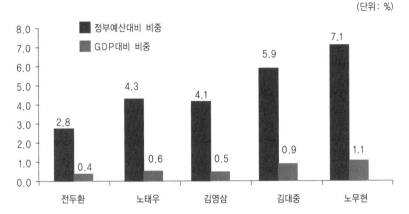

〈그림 12-8〉 보건복지부 예산 비중의 시기별 비교

(단위: %)

■ 정부예산대비 비중
■ GDP대비 비중

전두환: 2.8, 0.4
노태우: 4.3, 0.6
김영삼: 4.1, 0.5
김대중: 5.9, 0.9
노무현: 7.1, 1.1

자료: 통계청, KOSIS 및 보건복지부 연도별 예산자료.

지출이나 재분배정책의 영향이라기보다는 거시경제적 여건의 개선과
노동시장에서 분배구조의 개선 때문이라고 해야 한다. 1987년의 민주
화 이전까지 억눌려 있던 임금인상 요구가 점차 해소되면서 이른바 노
조효과에 따른 기업 규모별 임금격차가 본격적으로 나타나기 이전, 그
리고 노동시장의 유연화가 진행되기 이전의 시기였기 때문에 가능한
모습이었다.

주요 제도의 발전을 통해 본
노태우 정부 복지정책의 성과와 한계

의료보험제도

앞서 언급했듯이 노태우 정부 시절에는 의료보험과 국민연금 대상자를
확대하는 등의 굵직한 제도적 진전이 있었다. 그러한 제도적 대응을
정당하게 평가하기 위해서는 노태우 정부 시절의 복지정책 변화가 이

전이나 이후의 시기에 비해 어떤 특징을 갖는지를 확인하는 것이 그 첫 단계일 것이다.

〈표 12-2〉는 사회안전망을 구성하는 주요 제도들 가운데 건강보험 제도와 공적연금제도, 그리고 공공부조제도의 발전과정을 각 정부별로 비교한다. 먼저 건강보험제도의 발전과정에서 노태우 정부의 정책이 갖는 의미를 보면, 명실공히 건강보험의 양적 확대를 완성했다고 평가할 수 있다. 박정희 정부에서는 의료보험법을 제정한 후 14년 만에 처음 제도를 시행했고, 전두환 정부에서는 그 적용범위를 5인 이상 사업장으로 넓혔다는 것이 성과라면 노태우 정부는 농어촌과 도시자영

〈표 12-2〉 각 정부별 주요 사회안전망의 발전

정부	의료보험제도	공적연금제도	공공부조제도
박정희	1963. 의료보험법 제정 1977. 500인 이상 사업장 의료보험 적용 1979. 공무원 및 사립학교 교원 의료보험 적용	1960. 공무원연금 실시 1963. 군인연금 실시 1973. 국민복지연금법 제정, 공포 1974. 국민복지연금 시행 유보 1975. 사립학교 교직원 연금 실시	1961. 생활보호법 제정 1977. 의료보호법 제정(생활 보호에서 의료보호 분리)
전두환	1981. 100인 이상 사업장 적용 1986. 5인 이상 사업장 적용	1986. 국민연금법 공포	1982. 생활보호법 개정 (영세민 종합대책). 생활보호대상자에 자활지원 규정
노태우	1988. 농어촌지역 의료보험 실시 1989. 도시자영자 의료보험 실시	1988. 국민연금법 시행 1992. 국민연금 5인 이상 사업장까지 시행	
김영삼	1997. 국민의료보험법 제정	1994. 공공관리기금 예탁 시행 1995. 농어촌지역 확대 실시	1997. 생활보호법 개정 (부양의무자 범위 축소, 자활사업 개선)
김대중	1998. 지역조합과 공교공단 통합 2000. 건강보험 통합실시. 의약분업	1999. 도시자영자 확대 실시	1999. 국민기초생활보장제도 제정 2000. 국민기초생활보장제도 시행

자료: 한국경제 60년사 편찬위원회(2010); 한국보건사회연구원 편(2010); 양재진 외(2008)를 이용하여 필자가 재구성.

<표 12-3> 의료보험 발전의 시기별 주요정책에 따른 적용인구 변화

시기	주요 정책	적용인구(%)
1963. 12	의료보험법 제정(자발적 가입)	
1977. 1	생활보호자에 대한 의료보호사업 실시	
1977. 7	500인 이상 사업장 근로자에 대한 의료보험 실시(강제가입)	8.8
1979	공·교 의료보험 실시	21.2
1981	제1차 지역의료보험 시범사업 100인 이상 사업장으로 적용 확대	29.7
1982	제2차 지역의료보험 시범사업	35.1
1986	5인 이상 사업장 적용	47.4
1988	농어촌 지역의료보험 실시	69.5
1989	도시 지역의료보험 실시	94.2

자료: 한국경제 60년사 편찬위원회(2010).

업자까지 적용범위를 넓혔다. 농어촌지역에 의료보험을 실시하면서 적용인구는 이전의 35.1%에서 69.5%로 약 34.4%p나 증가하였고, 도시지역 자영업자에게까지 의료보험을 실시함으로써 의료보험 적용 인구는 94.2%로 비약적으로 확대된다. 의료보호 대상 인구까지 감안 하면 실질적으로 전 인구를 포괄하는 의료보장체계가 확립되었음을 알 수 있다(〈표 12-3〉).

노태우 정부의 의료보험이 확대된 배경으로 당시의 정부자료는 2가 지 배경을 지적한다. 우선 국민소득이 증대하면서 공정성 증대가 주요 과제로 등장하였고 정부는 계층 간 불균형을 시정하고 성장의 과실이 골고루 배분된다는 인식을 심어줄 필요가 있었다는 점이다. 그런데 만 일 의료보험제도가 국민 일부에게만 적용될 경우, 적용을 받는 국민들 의 의료수요가 증가할 것이고 이로 인해 의료서비스의 시장가격은 상 승할 것이다. 이는 결과적으로 의료보험의 적용을 받지 못하는 계층의 부담을 증대시킬 것이기 때문에 의료보험 미적용 계층의 불이익을 해 소하기 위해서 전 국민 의료보험체계의 조기 달성이 중요한 과제로 제

<표 12-4> 의료보호대상자 및 예산 변화 추이

	1987	1988	1989	1990	1991	1992
의료보호대상자 (천 명)	4,386	4,290	4,246	3,930	3,636	2,687
예산 (백만 원)	106,901	171,012	203,439	194,780	221,059	249,255
1인당 예산 (원)	24,373	39,863	47,913	49,562	60,797	92,763

자료: 보건사회부, 공보처(1992)에서 인용.

기되었다는 것이다(공보처, 1992: 552~553).

그러나 이러한 성취에도 불구하고 노태우 정부 시기의 의료보험 정책과정에서 몇 가지 한계가 언급되어야 한다. 첫째, 의료보험대상자의 확대와 동시에 의료보호대상자의 축소가 진행되었다는 점이다. 〈표 12-4〉에서 확인할 수 있듯이 1988년 이후 의료보호대상자는 지속적으로 축소되어 1992년에는 1987년 대비 약 61% 수준으로 떨어졌다. 물론 의료급여 예산은 같은 기간 동안 약 140억 원가량 증가하였으나 이는 1인당 연간 예산을 약 9만 원으로 증가시키는 데 불과한 것이었다. 노태우 정부 시기의 빈곤율이 상대적으로 낮았다고 하더라도 도시근로자의 가처분소득 기준 빈곤율이 6.8%에 달하는 상황에서 의료보호제도의 이러한 변화는 빈곤층의 의료욕구를 보호하기에는 턱없이 부족한 것이었다고 하지 않을 수 없다.

둘째, 직장의료보험 조합과 지역의료보험 조합 사이의 의료보험 통합이 무산된 것이다. 사실 의료보험 통합을 둘러싼 이른바 조합주의자와 통합찬성론자 사이의 논쟁, 또는 조합분리방식과 단일체계방식 사이의 대립은 이미 1980년대 초부터 있었던 것이다. 이 대립이 1988년 농어촌까지 의료보험 적용대상을 확대하는 과정에서 다시 재연되었다.

당시 통합찬성론자들의 논리는 조합주의로 시행할 경우 지역의료보험에서 재정적자가 발생할 것이지만 통합관리를 시행한다면 재정적자

없이 운영이 가능하다는 것이었다. 또한 근로자들보다 자영업자들이 경제력에서 열위에 있으므로 사회적 연대라는 가치와 소득재분배라는 정책목표를 위해서도 의료보험의 통합운영이 필요하다는 입장이었다. 반대로 조합주의자의 논리는 통합운영이 장기적으로 기존 직장조합의 재정상태까지 부실화한다는 입장이었다. 이들은 또한 자영업자와 근로자의 소득지위에 대해 통합주의자와 정반대의 견해를 가졌는데, 지역 자영업자들이 근로자보다 소득이 낮다는 것은 아무런 근거가 없고 오히려 조합의 통합은 경제적으로 취약한 근로자의 부담을 가중시킬 것이라고 주장하였다. 이러한 논지의 대립 역시 1980년대 초반에 비해 크게 달라진 것이 없었는데, 달라진 점이 있다면 1987년 민주화 투쟁이 경험을 공유하면서 통합을 주장하는 단체들 사이의 연대가 강화되었고 여소야대의 당시 정치상황에서 주요 정당들이 시민사회의 의견을 무시하기 어려웠다는 점이다.

결과적으로 의료보험의 통합은 여야의 합의에 따른 입법화에도 불구하고 대통령의 거부권 행사로 무산되었고 결국 2000년으로 통합시점이 미뤄져야 했다. 의료보험 통합이 무산된 것은 노태우 정부에서 의료보험의 확대가 갖는 한계를 분명히 보여주는 사건이다. 농어촌 및 지역가입자에 대한 의료서비스의 제공이 제약되는 상황이 빈번히 발생하는 상황에서 문제에 대한 근본적 해결이 모색되지 못했다는 것은 사회보험이 실질적으로 모든 국민들을 사회적 위험으로부터 보호하는 단계에까지 이르지 못했음을 말해준다. 여전히 이 시기의 의료보험은 "사회보험이란 보험에 가입할 수 있는 사람들을 위한 제도"(김종인 인터뷰, 서울, 2011. 12. 14)라는 인식에 뿌리를 내리고 있어 사회구성원 전체에 대한 보호를 향해 움직이지 못하였던 것이다.

공적연금

한편 공적연금 관련제도의 발전과정에서 노태우 정부의 국민연금제도 역시 일정한 진전을 이루었다. 무엇보다도 국민연금제도가 1988년 최초로 시행되었고, 1992년에는 그 대상을 5인 이상 사업장으로 확대한 것이다. 그러나 이러한 조치는 1986년 공포된 국민연금법에 따라 예정되어 있던 것임을 감안한다면, 제도의 도입을 전적으로 노태우 정부의 성과로 간주하기는 어려울 것이다. 물론 국민연금제도나 의료보험제도가 법 제정 이후 실제로 시행되기까지 수차례 유보와 변형을 거쳤음을 감안한다면 실시가 예정된 제도를 실제 시행하는 것도 중요한 정책결정이라고 볼 수도 있다. 하지만 1차로 국민연금제도의 시행이 연기될 때와 같이 경기의 급격한 충격요인이 있었던 것도 아니고 1986년부터 연금제도 실시안에 대한 구체적 논의가 정부 안에서 이루어졌던 점을 감안하면 더 이상의 연기를 고려할 여지는 없었을 것으로 추론할 수 있다.

1988년의 국민연금제도 시행은 공적연금 가입자의 확대에 크게 기여했으나 1992년의 적용대상자 확대에는 그다지 크게 기여하지 않았음을 알 수 있다. 〈표 12-5〉에 따르면 시행 첫 해에 국민연금 가입자는 약 443만 명이었는데, 이는 기존 공적연금 가입자 규모인 약 91만 명의 거의 5배에 달하는 규모였다. 또한 경제활동인구 대비 공적연금 가입자의 비중을 약 26%p가량 증가시키는 효과를 거두는 것이었다. 그러나 1992년의 적용대상 확대 조치는 국민연금 가입자의 규모를 약 58만 명가량 확대시키는 효과를 지닌 것으로써 경제활동인구 대비 공적연금 가입자의 규모를 0.4%p정도 늘리는 데 불과하였다. 이는 적용대상을 확대했을 뿐 가입률을 높이기 위한 적극적인 방안이 모색되지 못한 것으로 보아야 한다.

<표 12-5> 공적연금 가입자 추이

(단위: 천 명)

년도	총인구 (A)	경제활동인구 (B)	연금가입자				가입률(%)	
			소계(C)	국민연금	공무원연금	사학연금	총인구 대비 (=C/A)	경제활동인구대비 (=C/B)
1988	42,031	17,305	5,341	4,433	767	141	12.7	30.9
1992	43,748	19,499	6,109	5,021	922	165	14.0	31.3
1995	45,093	20,845	8,636	7,497	958	181	19.2	41.4
1999	46,617	21,813	17,383	16,262	914	208	37.3	79.7
2000	47,008	22,134	17,330	16,210	909	211	36.9	78.3
2006	48,297	23,978	18,995	17,740	1,009	246	39.3	79.2
2007	48,456	24,216	19,539	18,267	1,022	251	40.3	80.7
2008	48,607	24,032	19,616	18,335	1,030	251	40.4	81.6

자료: 한국경제 60년사 편찬위원회(2010).

공공부조제도

사회보험제도에서는 어느 정도 제도적 개선이 있었던 것과 달리 노태우 정부 당시의 대표적 공공부조제도인 생활보호제도에서는 눈에 띄는 변화가 없었다(〈표 12-2〉). 한 가지 특징적인 변화가 있었다면 생활보호대상자에 대한 서비스 수준을 높이기 위해 사회복지전담요원[2]을 이전의 49명에서 1991년 2천 명으로 증원한 것이다. 노태우 정부 시기에는 오히려 생활보호대상자의 수를 줄이는 방향으로 정책이 전환되는데, 1990년 약 34만 명이던 거택보호대상자가 1992년에는 약 2천 명가량 줄어들었고, 1988년 약 231만 명이던 전체 생활보호 대상자가

---

2 2000년대 이후에는 사회복지전담 공무원으로 이름이 바뀐다.

1992년에는 약 218만 명으로 줄어들었다(〈표 12-6〉). 대상자의 수가
줄어든 대신 생계비 지원액이 늘어나기는 했으나(〈표 12-7〉), 그 증
가속도는 경제성장 속도나 (시설보호자 급여의 경우) 물가상승률에도
미치지 못하는 수준이었다.

더구나 생활보호대상자 선정기준이 매년 꾸준히 상향조정된 것을 감
안한다면 생활보호대상자의 규모가 감소한 사실은 공공부조 수급대상
자의 선정이 이전에 비해 엄격하게 이루어졌음을 알 수 있다. 실제로
보건복지부 예산에서 생활보호예산이 차지하는 비중은 1987년의
33.1%에서 1988년에는 25.9%로 떨어졌으며 1992년에는 17.3%까지

〈표 12-6〉 생활보호대상자 규모 변화

(단위: 천 명)

	1988	1989	1990	1991	1992
거택보호	318	341	340	338	338
시설보호	75	79	81	82	83
자활보호	1,917	1,933	1,835	1,826	1,755
계	2,310	2,353	2,256	2,246	2,176

자료: 보건사회부, 공보처(1992)에서 인용.

〈표 12-7〉 1인당 월평균 생계비 지원액

(단위: 원)

	1987	1988	1989	1990	1991	1992
거택보호	27,300	29,900	35,643	39,000	43,000	49,000
시설보호	40,300	44,000	46,000	48,000	52,000	55,000
거택보호	100	109	131	143	157	179
시설보호	100	109	114	119	129	136
1인당 GNP	100	119	133	159	191	215
물가지수	100	107	113	123	134	143

자료: 보건사회부, 공보처(1992)를 이용하여 재작성.

떨어졌다. 사회보험 대상자의 양적 확대라는 외형적 변화와 비교하여 볼 때 빈곤정책의 위축은 매우 특징적인 현상이다.

글을 마치면서

소득분배구조를 통해 본 노태우 정부의 시기는 지속적인 경제성장이 저소득층에까지 이른바 낙수효과(trickle down effect)를 발휘하여 높은 경제성장과 낮은 빈곤 및 불평등이 병존하던 시기였다. 이러한 시대적 특징으로 인해 복지정책의 비중이 크게 높지 않을 수 있는데, 취업이 소득증대를 보장하고 증대된 소득이 국민의 복지욕구의 많은 부분을 해소할 수 있기 때문이다. 이러한 논리가 개발연대의 한국경제에서 복지정책의 위상을 설명하는 방식인데, 이런 관점에서 본다면 노태우 정부 시대 역시 한국 복지의 발달이 지체되었던 시기에 자리 잡고 있다.

그러나 다른 한편에서 본다면 노태우 시대의 복지는 이른바 1987년 체제의 모습을 분명히 보여준다. 1982년부터 2011년까지 이후 보건복지부의 예산의 전년대비 증가율 평균은 약 17.8%였다. 이 기간 동안 복지부 예산 증가율이 30%가 넘었던 해가 네 번 있었는데, 1988년과 1999년, 그리고 2001년과 2008년이다. 이 해는 복지제도의 발전에서 중요한 변화, 즉 새로운 제도의 시행이나 대상자 확대가 있었던 시기와 일치한다. 1988년에는 국민연금의 시행과 의료보험의 확대가, 1999년에는 국민연금의 확대가, 2001년에는 국민기초생활보장제도의 본격적 시행이,[3] 그리고 2008년에는 기초노령연금제도의 시행이 시작된 해이다. 노태우 정부는 양대 사회보험 제도상의 중요한 진전을 이룸으로써 복지제도의 외연을 넓히는 데 중요한 기여를 했다. 특히 의

---

3 정확히 말해 이 제도가 시행된 시점은 2000년 10월부터이다. 따라서 국민기초생활보장제도 시행에 따른 예산규모 증대가 본격적으로 나타난 것은 2001년부터이다.

료보험제도의 적용비율을 90% 이상으로 높인 것과 15년가량 보류되어 오던 국민연금제도의 시행을 단행한 것은, 비록 그 결정이 이전 정부에서 확정된 것이라고 하더라도 적지 않은 의의를 갖는 것이라고 평가할 수 있다.

하지만 이러한 외형적 성취에도 불구하고 노태우 정부의 복지정책은 몇 가지 면에서 한계를 보이기도 했다. 대표적인 것이 빈곤층을 대상으로 하는 생활보호제도나 의료보호제도의 대상을 줄임으로써 복지제도의 빈곤보호기능을 제약한 것이다. 이는 노태우 정부 시기의 사회보험의 확대를 위한 노력과는 대조되는 모습이다. 다른 하나는 실현의 가능성이 매우 높았던 의료보험 통합을 무산시킨 것인데, 이는 노태우 정부의 사회보험대상자 확대가 실질적인 빈곤위험 예방 기능의 강화로 연결되지 못하고 단지 제도의 외형만 갖추는 데 머물렀다는 평가를 내리기에 충분한 근거가 된다. 이러한 점에서 노태우 정부의 복지정책은 복지가, 조직된 대규모 노동자들을 중심으로 사회적 위험으로부터 보호하는 기능을 제공하고 정작 사회적 취약계층에 대한 보호에 충실하지 못했다는 비판으로부터 자유로울 수 없을 것이다. 다음 정부부터 경제성장률은 떨어지기 시작하고 곧이어 전례 없던 경제위기의 여파로 실업자와 빈곤층이 양산되었던 점을 고려한다면, 성장의 과실이 풍부할 때 복지의 확충이 더 진전되지 못한 것은 아쉬운 점이 아닐 수 없다.

■ 참고문헌

단행본

공보처(1992), 《제 6공화국 실록: 노태우 대통령 정부 5년 ③ 경제》, 정부간
　　행물제작소.
국무총리행정조정실(1993), 《제 6공화국 국정평가 및 향후 과제》.
김종엽 편(2009), 《87년 체제론: 민주화 이후 한국 사회의 인식과 새 전망》,
　　창비.
노재봉 외(2011), 《노태우 대통령을 말한다: 국내외 인사 175인의 기록》, 동
　　화출판사.
노태우(2011), 《노태우 회고록(하): 전환기의 대전략》, 조선뉴스프레스.
문옥륜 외(2000), 《의료보장론》, 신광출판사.
양재진·김영순·조영재·권순미·우명숙·정흥모(2008), 《한국의　복지정책
　　결정과정》, 나남.
이영성·김호기 편(2007), 《시대정신 대논쟁: 87년 체제에서 08년 체제로》,
　　아르케.
이장규(2011), 《경제가 민주화를 만났을 때: 노태우 경제의 재조명》, 올림.
조갑제(2007), 《노태우 육성 회고록》, 조갑제닷컴.
한국경제 60년사 편찬위원회(2010), 《한국경제 60년사: V. 사회복지·보건》,
　　한국개발연구원.
한국보건사회연구원 편(2010), 《국민기초생활보장제도 10년사》, 보건복지부
　　·한국보건사회연구원.

학술논문 및 보고서

손호철(2009), "'한국체제'논쟁을 다시 생각한다: 87년 체제, 97년 체제, 08년
　　체제론을 중심으로", 〈한국과 국제정치〉 25권 2호, 31~59쪽.
양재진(2008), "한국 복지정책 60년: 발전주의 복지체제의 형성과 전환의 필
　　요성", 〈한국행정학보〉 42권 2호, 327~439쪽.

기타

김종인(2011.12.14), 14:00~17:00, SK경영경제연구소(인터뷰).

찾아보기
(용어)

기타

찾아보기
(인명)

편저자 약력

(게재순)

강원택 康元澤

영국 런던정경대학교(LSE) 정치학 박사.

현재 서울대학교 정치외교학부 교수.

주요 저서 《통일 이후의 한국 민주주의》, 《한국 선거정치의 변화와 지속》,
《한국 정치 웹 2.0에 접속하다》 외.

이현우 李賢雨

미국 노스캐롤라이나대학교(Chapel Hill) 정치학 박사.

현재 서강대학교 정치외교학과 교수.

주요 논저 "한국과 미국의 국회의원 표결요인 비교"(〈국제정치논총〉, 2005),
"투표율 변화와 유권자 선택"(〈한국정치학회보〉, 2008), 《미국의 정치개혁과
민주주의》(공저), 《변화하는 한국 유권자 시리즈》(공저).

최준영 崔峻榮

미국 플로리다 주립대학교 정치학 박사.

현재 인하대학교 정치외교학과 교수.

주요 논문 "변화하는 국회의원 재·보궐선거: 중앙정치 대 지역정치"(〈한국정
당학회보〉, 2011), "Changing Cleavage Structure in New Democracies:
An Empirical Analysis of Political Cleavages in Korea"(*Electoral Studies*,
2008) 외.

김선혁 金善赫
미국 스탠퍼드대학교 정치학 박사.
현재 고려대학교 정경대학 행정학과 교수.
주요 저서 《분권 헌법: 선진화로 가는 길》, *The Politics of Democratization in Korea: The Role of Civil Society*, *Economic Crisis and Dual Transition in Korea: A Case Study in Comparative Perspective* 외.

박태균 朴泰均
서울대학교 국사학과 박사.
현재 서울대학교 국제대학원 교수.
주요 저서 《한국전쟁》, 《원형과 변용》, 《우방과 제국, 한미관계의 두 신화》 외.

이 근 李根
미국 위스콘신대학교 정치학 박사.
현재 서울대학교 국제대학원 교수.
주요 논저 "남북관계와 미국의 동북아정책"(〈역사비평〉, 2009), "The Clash of Soft Power between China and Japan"(*Asian Perspective*, 2010), 《노무현 정부의 실험, 미완의 개혁》(공저), *The Environmental Dimension of Asian Security*(공저).

전재성 全在晟
미국 노스웨스턴대학교 정치학 박사.
현재 서울대학교 정치외교학부 교수.
주요 저서 《동아시아 국제정치》, 《정치는 도덕적인가》, 《한국의 스마트파워 외교전략》(공저) 외.

이정철 李貞澈
서울대학교 정치학 박사.
현재 숭실대학교 정치외교학부 교수.
주요 저서 《북미대립》(공저), 《북한연구의 성찰》(공저),
《북한이탈주민을 통해 본 북한주민의 언론과 사회에 대한 이해》(공저) 외.

박철희 朴喆熙
미국 컬럼비아대학교 정치학 박사.
현재 서울대학교 국제대학원 교수.
주요 저서 《자민당정권과 전후체제의 변용》, *Japan's Strategic Thought toward Asia*(공저), 代議士のつくられ方 외.

송치영 宋致榮
미국 브라운대학교 경제학 박사.
현재 국민대학교 국제통상학과 교수.
주요 논저 "자본유입의 경기순응성과 파급경로"(〈한국경제연구〉, 2010),
"글로벌 금융위기시 국가별 주가변동 차이의 원인"(〈국제경제연구〉, 2011),
"Japanese Vocal Intervention and the Yen/Dollar Exchange Rate"(*Japan and the World Economy*, 2008), "RMB Internationalization: Prospects and Implications for Economic Integration in East Asia"(*Asian Economic Paper*, 2011), 《금융개방의 경제적 효과와 과제》(공저).

조성욱 趙成旭

미국 하버드대학교 경제학 박사.

현재 서울대학교 경영대학 교수.

주요 논저 "대기업집단 출제총액제한제도에 대한 재무금융적 평가"(공저) (〈한국경제의 분석〉, 2010), "Strategic Managerial Incentive Compensation in Japan: Relative Performance Evaluation and Product Market Collusion" (*Review of Economics and Statistics*, 1999), "Corporate Governance and Firm Profitability: Evidence from Korea before the Economic Crisis"(*Journal of Financial Economics*, 2003), 《정부 정치와 기업지배구조: 경영진으로의 인적 교류를 중심으로》.

허재준 許載準

프랑스 파리10대학교 경제학 박사.

현재 한국노동연구원 선임연구위원.

주요 저서 《고용친화적 복지전략 연구》(공저), 《고용과 성장》(공저), *Reforming Severance Pay: An International Perspective*(공저) 외.

강신욱 姜信旻

서울대학교 경제학부 경제학 박사.

현재 한국보건사회연구원 사회보장연구실 연구위원.

주요 논저 "빈곤의 지속성과 반복성을 고려한 빈곤정책의 방향"(〈경제발전연구〉, 2009), "도시근로자 가구의 소득이동성 변화실태 및 요인"(〈경제발전연구〉, 2011), 《분배구조 변화의 원인과 대응방안》(공저) 외.

통일 이후의
한국 민주주의

강원택 지음

통일은 도둑처럼 올지 모른다!
통일 이후의 민주주의 한국을 준비하는
대한민국의 현재와 미래
남북한을 진정한 통합으로 이끌
정치제도를 구상한다.

2011.12.15 | 신국판 | 192면
14,000원 | ISBN 978-89-300-8607-3

한국 선거정치의
변화와 지속

강원택 지음

한국 선거정치의
역동적 변화과정에 대한 추적!
이념, 세대, 지역주의 등 한국 선거정치에
영향을 미치는 구조적 변인이 2002년 대선
이후 어떻게 변화했고 어떠한 의미를 갖는
지 치밀하게 밝혀낸다.

2010.01.20 | 신국판 | 400면
22,000원 | ISBN 978-89-300-8443-7

EAI시민정치여론시리즈②
한국인의
국가 정체성과
한국의 정치   강원택 편

한국인의 정체성에 혼란이 생겨나고 있는 지금,
'단일민족의 신화'가 도전받고 있다!
그동안 우리가 너무나도 당연하게 여겼던
한국인의 정체성이 외부적 상황의 변화와
세월의 흐름 속에 어떻게 변화해 왔는지
그 특성을 찾아본다.

2007.01.15 | 신국판 | 280면
14,000원 | ISBN 978-89-92395-00-7

20년의 실험:
한국 정치개혁의
이론과 역사   장 훈 지음

20년 역사의 한국 민주주의는 오늘날
불확실성과 가능성을 모두 품고 있다!
지난 1987년 직선제 개헌부터 현재의
이명박 정부까지 20여 년에 걸친
우리나라의 민주주의 역사를 정치개혁의
관점에서 종합적으로 고찰, 분석한 책.

2010.03.25 | 신국판 | 320면
18,000원 | ISBN 978-89-300-8460-4

나남
nanam   031) 955-4601
www.nanam.net

의사소통 행위이론 1·2

위르겐 하버마스 지음
장춘익(한림대) 옮김

국내 최초
완역 출판

① 권 행위합리성과 사회합리화 ② 권 기능주의적 이성 비판을 위하여

우리의 일상적 삶의 터전인 생활세계는
권력과 돈에 의해서 '식민지화'되고 있다

누구도 따라올 수 없는 깊이와 범위로 비판적 사회이론의 토대를 해부한 하버마스의 역작!

'사회학계의 아리스토텔레스'라 불리는 종합의 대가 하버마스가
사회이론으로 수놓는 천의무봉의 바느질 솜씨 ─ 〈동아일보〉

하버마스의 지적 방대함을 체험하는 것만으로도 글읽기의 행복감을
느낄 수 있는 역작 ─ 〈조선일보〉

신국판 | 양장본 | 각권 592, 672면 | 각권 35,0

Tel:031)955-4601 나
www.nanam.net nanam